世界经典文学名著(全译本)

FUERMOSI TANAN QUANJI

福尔摩斯探案全集

(1)

(英)柯南·道尔 著 刘良友 译

安徽师范大学出版社

责任编辑：吴毛顺
封面设计：嫁衣工舍
选题策划：中图传媒

图书在版编目（CIP）数据

福尔摩斯探案全集. 1 /（英）柯南·道尔(Conan Doyle,A.）著；刘良友译. —芜湖：安徽师范大学出版社，2013.6

（世界经典文学名著：全译本）

ISBN 978-7-5676-0099--7

Ⅰ. ①福… Ⅱ. ①柯… ②刘… Ⅲ. ①侦探小说—小说集—英国—现代 Ⅳ. ①I561.45

中国版本图书馆CIP数据核字(2012)第299783号

福尔摩斯探案全集. 1

（英）柯南·道尔 著；刘良友 译

出版发行：安徽师范大学出版社
芜湖市九华南路189号安徽师范大学花津校区 邮政编码：241002
网　　址：http://www.ahnupress.com/
发 行 部：（0553）3883578 5910327 5910310（传真）
E-mail:asdcbsfxb@126.com
经　　销：全国新华书店
印　　制：三河市嵩川印刷有限公司
版　　次：2014年4月第1版
印　　次：2014年4月第1次印刷
规　　格：787×1092 1/16
印　　张：25. 5
字　　数：428千
书　　号：ISBN 978-7-5676-0099-7
定　　价：39. 80元

目 录

血字的研究

第一部　前陆军军医约翰·华生回忆录

一　夏洛克·福尔摩斯先生

一八七八年，我取得了伦敦大学的医学博士学位，随后到内特黎去参加军队外科医生培训。我在那里修读完全部的必修课后，就立即被派往诺桑伯兰第五火枪团做军医助理，当时这个团驻扎在印度境内。

我还没抵达这支军队的驻地，第二次阿富汗战役就爆发了。那个时候我刚刚在孟买登岸，发现诺桑伯兰第五火枪团已经离开了英国，并且已经深入敌国腹地。我和很多军官一起追赶着这支队伍。终于，我们顺利地在阿富汗境内的坎大哈找到这个军团，于是就报到上任，投入到战斗中。这场战争给许多人带来升迁的机会或者是无上的荣誉，给我却带来了灾难和不幸。我被调到巴克州旅，随后就和这个旅的其他战士一起参加了发生在迈旺德的那场生死战役。在激烈的战斗中，我的肩膀被一颗捷则尔子弹打中，肩骨被打碎了，而且伤到了锁骨下的一条动脉。如果不是摩瑞——我的那位勇敢而忠诚的勤务兵——救了我并安全地带我返回英国阵地，恐怕我早就落入那帮凶残可怕的嘎吉人的魔掌里了。

剧烈的伤痛让我元气大伤，长途跋涉以及鞍马劳顿更是把我折磨得虚弱不堪。但值得庆幸的是我总算还是和一大批伤病员一起，被转移到了位于巴基斯坦境内的白沙瓦后方医院。我在医院里能够较好地休养，渐渐地能够下床在病房里来回走动，甚至已经可以走到回廊里去晒太阳了。可就在这个时候，我们在印度属地留下的那个祸根——伤寒又一次地让我病倒在了病榻上，一连好几个月卧床不起，我的生命已经岌岌可危了。但是我最终还是从死神的魔掌挣脱出来了，我的病情开始逐渐出现好转。由于我的身体仍然极其虚弱，形容枯槁，医生经过会诊后便决定将我遣送回国，一刻也不能耽误。

于是，我搭乘“奥龙特斯”号运输舰回到祖国，于一个月后在朴茨茅斯码头登陆。当时我的身体状况实在是糟透了，承蒙当局恩准，我才获得了九个月的假期，这样可以有足够的时间来恢复身体。我自己一个人在伦敦，无亲无故，自由得像空气一样；应该说像一个每天有十一先令以及六便士固定收入的人一样逍遥自在。这样的生活状态，让我非常自然地陷进了伦敦这个大染缸，所有大英帝国的流民和懒汉都聚集在这里。我住在伦敦河滨马路的一个公寓里，一直过着这种既舒适又无聊的日子，拿到的钱很快就花完了，而且大大超出了我的承受能力，于是，我的经济状况开始让我不安了起来。不久后我想明白了：我必须离开这个大城市，搬到乡下去住，否则我的生活方式将会彻底改变。我决定搬离这个公寓，另找一个不太奢侈，花费又低的住处。

就在我作出决定的当天，我站在克莱蒂利安酒吧门口时，忽然有人拍了我肩膀一下。我回头一看，原来是我在巴茨时的一个助手——小斯坦弗。伦敦城人海茫茫，居然能碰到熟人，这对当时非常孤独寂寞的我来说，是件非常令人高兴的事。其实，斯坦弗与我本来并不非常亲密，但那天我也热情地跟他寒暄起来。见到我，他似乎也非常高兴。

我当即邀请他到侯本餐厅共进午餐，并和他搭乘同一辆车。我们的车子缓缓地驶过伦敦喧嚣的街道的时候，他非常惊奇地问我：“华生，你最近在做什么？怎么看起来面黄肌瘦的，只剩一把骨头了。”我把我的惊险遭遇简单地跟他讲了一遍。故事还没讲完，我们就到达了目的地。

听完了我的可怜遭遇后，他满脸充满怜悯地说：“可怜的家伙！你现在有什么打算吗？”

“我想先找个便宜的住处，租几间价格不高但是比较舒服的房子，不知道这样的房子好不好找”我回答说。

他说：“真是有意思，今天你是第二个对我说这话的人了。”

“第一个人是谁？”我问道。

他说：“是一个在医院化验室上班的人。今天早晨他还在连连叹气，说他找了几间不错的房子，但却因为租金太贵，他一个人住不起，而实在又找不到人合租。”

我说：“那正好，如果他真要找人合租的话，我倒可以跟他一起住。我觉得有个伴儿比自己一个人住要好多了。”

小斯坦弗越过酒杯非常惊奇地望着我，说：“你还不知道夏洛克·福尔摩斯这个人吧？要不然你也许不会愿意和他成为伙伴，长年住在一起。”

“为什么，莫非他有什么地方让人不喜欢的吗？”我问道。

小斯坦弗说：“哦，我倒不是说他有什么让人讨厌的地方。只是他在思想上有一点古怪——他总是在不厌其烦地研究某些东西。但是据我所知，他倒还算个非常正派的人。”

我问道：“他是学医的吗？”

“不是，我也不清楚他在研究什么。他在解剖学方面非常出色，还是个一流的药剂师。但据我所知，他从来没有系统地学过医学，他钻研的东西繁乱复杂，一点也不成体系，而且非常古怪。不过，他倒是积累了很多稀奇古怪的知识，足以让他的教授感到诧异。”小斯坦弗说道。

我接着问道：“你从来没问过他，他到底研究什么吗？”

小斯坦弗说：“没有，他是那种不会轻易讲出心里话的人，尽管他高兴的时候，也会滔滔不绝，非常爱讲话。”

“我倒是非常愿意见见他。如果要我和别人合住，我倒愿意跟一个好学而又安静的人住在一起。目前，我身体还不是很健壮，受不了刺激和吵闹。在阿富汗，我早就受够吵闹和刺激的滋味，这一辈子都不想再体会了。我怎样才能见到你这位朋友呢？”我问道。

小斯坦弗答道：“他现在肯定在化验室。他有时候几个星期都不去那里一次，有时候又从早到晚地在那儿工作。如果你愿意，我们吃完饭，就一起坐车到化验室去找他。”

“好的！”我说。然后我们就开始聊别的话题了。

在我们离开侯本前往化验室的路上，小斯坦弗又给我详细讲了一些关于那位先生的情况。他说：“如果你和他相处不好可不要怪我。我只是在化验室里偶然碰到过他，对他的情况略知一二，此外就一无所知了。既然是你自己提议要这么做，可不要怪我。”

我回答道：“如果我们相处不好，散伙也非常容易。”我盯着他接着说道，“斯坦弗，我看，你对这件事好像要撒手不管了，其中一定有缘故。是不是这个人的脾气真的非常可怕，还是另有原因？你不要吞吞吐吐的，照实说就行了。”

他笑了笑说：“要把难以形容的事用言语表达出来可真不容易。我觉得福尔摩斯这个人有点太理性化了，几乎近于冷血的程度。我记得有一次，他拿一小撮植物碱给他的朋友尝尝。你要知道，这并不是出于什么恶意，只不过是出于一种钻研的动机，要想正确地了解这种药物的不同效果罢了。平心而论，我认为他自己也会一口把它吞下去的。看来他对于科学的知识有着强烈的爱好。”

“这种精神是对的呀。”我说道。

他说道：“是的，不过也未免太过分了吧。后来他甚至在解剖室里用棍子抽打尸体，这应该算是一件怪事吧。”

“抽打尸体！”我惊异地喊道。

“是啊，他是为了证明人死以后还能造成什么样的伤痕。我亲眼看见过他抽打尸体。”小斯坦弗说道。

“你不是说他不是学医的吗？”我好奇地问。

“是呀。天晓得他在研究些什么东西。现在咱们到了，他到底是怎么样一个人，你自己看吧。”

他说着，我们就下了车，走进一条狭窄的胡同里，从一个小小的旁门进去，来到一所大医院的侧楼。这是我所熟悉的地方，不用人领我们就走上了白石台阶，穿过一条长长的走廊。走廊两壁刷得雪白，两旁有许多暗褐色的小门。靠着走廊尽头上有一个低低的拱形过道，这里一直通往化验室。化验室是一间高大的屋子，四面杂乱地摆着无数的瓶子。几张又矮又大的桌子纵横排列着，上边放着许多蒸馏瓶、试管和一些闪动着蓝色火焰的小小的本生灯。

屋子里只有一个人，他坐在较远的一张桌子前边，伏在桌上聚精会神地工作着。他听到我们的脚步声，回过头来瞧了一眼，接着就跳了起来，高兴地欢呼着：“我发现了！我发现了！”他对着小斯坦弗大声说着，手里拿着一个试管向我们跑来，“我发现了一种试剂，只能用血色蛋白质来沉淀，别的都不行。”即使他发现了金矿，估计也不一定会比现在更高兴。

斯坦弗给我们介绍说：“这位是华生医生，这位是福尔摩斯先生。”

“您好。”福尔摩斯热情地说，一边使劲握住我的手。我简直不敢相信他能有这样大的力气。“看得出来，您曾经到过阿富汗。”他笑着说。

我惊讶地问道：“您怎么知道的？”

“这算不了什么，”他咯咯地笑了笑，“我们现在要谈的是血色蛋白质的问题。没有问题的话，您一定能够看出我这个发现的重要性了吧？”

我回答说：“从化学研究上来说，这无疑是非常有意思的，但是在实用方面……”

“什么？”他问道：“先生，这是近年来实用法医学上最重大的发现了。难道您没看出来这种试剂可以让我们非常精确地鉴别血迹吗？请到这边来！”他急忙拉住我的袖口，把我拖到他原来工作的那张桌子的前面。“咱们弄点鲜血，”他说着，用一根长针刺破自己的手指，再用一支吸管吸了一滴血。

“现在把这一滴鲜血放到一公升水里去。您看，这种混合液和清水没什么两样。血在这种溶液中所占的比例还不到百万分之一。尽管如此，我确信我们还是能够得到一种特定的反应。”说着他就把几粒白色晶体状的东西放进这个容器里，然后又加上几滴透明的液体。不一会儿，这溶液就变成暗红色了，一些棕色颗粒渐渐沉淀到瓶底。

“哈哈！”他拍着手，就像小孩子拿到新玩具一样兴高采烈地说：“您看怎么样？”

“看来这是一种非常精密的实验。”我说。

“这简直妙极了！太妙了！过去使用的愈创木液实验法非常复杂，并且还不是非常准确。同样地，用显微镜检验血液的方法也不好操作，如果血迹干了几个钟头再用显微镜来检验，根本就起不了任何作用。但现在呢，不论血迹是新的还是旧的，这种新试剂都一样能发挥作用。这个检验方法如果能够早些发现，那世界上数以百计的逍遥法外的罪犯，早就已经受到法律的制裁了。”

“确实是这样！”我喃喃地说。

“许多刑事犯罪案件的侦破往往都取决于这一点。也许罪行已经发生几个月了，才查到嫌疑犯。也许在检查他的衣物时，也确实发现了褐色斑点。但这些斑点到底是血迹，还是泥迹、铁锈、残留的果汁，或是其他什么东西呢？这是许多专家都感到为难的问题。为什么会这样？就因为没有可靠的检验方法。现在，有了夏洛克·福尔摩斯的检验法，以后就不会有什么困难了。”他说这话的时候，两眼炯炯有神。他一只手按在胸前，向我们鞠了一躬，那个样子仿佛在对许多正在鼓掌的观众致谢一样。

“恭喜你！”我说道，他表现得如此兴奋的模样，让我感觉非常惊讶。

“去年发生在法兰克福的冯·彼少夫一案，如果当时有这个检验方法，那他一定会被判绞刑。还有布莱德弗的梅森、臭名昭著的摩勒、茂姆培利耶的洛菲沃和新奥尔良的赛姆森……我能一下子列举出二十几个类似的案件，在这些案件里，这个方法都能起到决定性的作用。”福尔摩斯说完，斯坦弗不禁大笑起来，说：“你可真是犯罪案件的活字典。你真的可以创办一份报纸了，名字就叫《警务新闻旧录报》。”

“这样的报纸读起来一定非常有意思。”福尔摩斯一边用一小块橡皮膏贴住手指的伤口，一边说，“我得小心点。”他又转过脸笑着对我说道：“我可是经常和毒品打交道。”他伸出手让我看。只见他手上几乎贴满了一样大小的橡皮膏，还有的因为受到强酸的腐蚀而变了颜色。

“我们到这儿找你是有点事情，”斯坦弗说着一屁股坐在了一只三脚高凳上，并把另一只凳子推给我，接着说，“我这位朋友正要找一个住处，您不是一直在找跟你合租的吗？我想你们应该认识一下。”

福尔摩斯听后，似乎非常高兴，他说：“我看中的是贝克街的一栋公寓式的房子，咱们两个人都非常适合。但愿您对浓烈的烟草味不是非常讨厌。”

“我抽的是‘船’牌。”我说道。

“那太好了！我常会搞些化学药品，偶尔也做些实验，您讨厌这些吗？”

我连忙说道：“完全不会的。”

“那让我想想我还有什么其他的缺点？对了，我心情不好的时候，会连着好多天不愿意说话；如果您遇到这种情况，请您不要认为我生气了，而且不用管我，我很快就会好的。您有什么缺点要说一下吗？我们住在一起之前，最好能事先了解一下彼此的缺点。”他这样刨根问底，我禁不住笑了起来。

我说：“我养了一只小虎头狗。我的神经以前受过刺激，非常怕吵闹。每天起床时间也很不固定，而且我这个人很懒。身体好的时候，我可能还有其他一些坏习惯，但目前看来主要就是这些了。”

他又急切地问道：“那您把拉提琴也算在吵闹的范围之内吗？”

我回答说：“那要看提琴的声音了。若拉得好，那真是仙乐一般美妙，可要是拉得不好的话……”

福尔摩斯高兴地笑了：“啊，这样就好了。如果您对房子也能够感觉满意的话，我认为咱们就可以算是敲定了。”

“那咱们什么时候去看房子？”我问。

“明天中午吧，您先到这儿来找我，我再带您一起去把事情定下来。”他说。

我握着他的手说：“好的，那我们明天中午准时见。”

我们离开的时候，他仍在忙着做化学试验。我便和斯坦弗一起去我住的公寓。

“哎，”我突然想起了什么，停住了脚步，转过去问斯坦弗，“他是怎么知道我去过阿富汗的呢？”

斯坦弗神秘兮兮地笑了起来，“这就是他那有点神秘的地方了，”

他说，“不只是你，有许多的人都想知道他为什么会这样料事如神。”

“哦！这里面还有奥秘？”我搓着手大声说，“这实在太有意思了。非常感谢你能够让我认识他。有道是‘研究人要从认识人开始’嘛！”

“想必你是要研究他了，”跟我分手时，斯坦弗说，“不过，你一定会发现他是个非常难啃的骨头。我敢说，他对你的了解，绝对会比你对他的了解要多得多，再见。”

“再见。”我回答道，信步往住所走去，对新结识的朋友，我内心充满了好奇。

二 推理方法

按照福尔摩斯的安排，我们第二天见了一次面，并且到第一次见面时他所说的贝克街221号乙那里去看了房子。这栋房子由两间非常舒适的卧室和一间敞亮透气的起居室组成，室内布置让人感觉心情非常愉悦，因为两个非常宽敞的窗子，屋子里光照充足，非常明亮。不论从哪方面讲，这房子都非常令人满意。尤其在我们分租以后，租金更合适了。我们当场就成交了，立刻租下了这栋房子。当天晚上，我收拾好行李从原先住的那所公寓搬了进来。福尔摩斯是在第二天的早上把他的几只箱子和旅行包一起搬进来的。我们整理箱包，重新布置摆设，足足忙了两整天。一切安排妥当之后，我们就慢慢安定下来，开始熟悉起周围的新环境了。

总体来说，福尔摩斯的确是一个不太容易相处的人。他为人沉静，生活节奏非常规律，一般在晚上十点之前休息，早上总是在我起床之前就已经吃完早餐出门了。他有时一整天都待在化学实验室里，有时在解剖室，偶尔也会走着去非常远的地方——伦敦城里的小角落。当他有工作兴致的时候，他旺盛的精力是我以前没有见过的；不过他常常也会有截然相反的状况，显得疲惫无力，躺在起居室的沙发上一整天，从早到晚一句话不说，一动不动。每当这个时候，我总能看到他眼睛里茫然若失的神情。若不是知道他平日节制有度、生活严谨又特爱干净，我真会疑心他这是服用了麻醉剂。

过去几个星期后，我对他这个人的研究兴趣以及对他的生活目的，产生了强烈的好奇心。他的外表和容貌，第一次见面足以引人注意。他六英尺多高，非常消瘦，因此身体显得格外颀长；目光锐利（茫然若失的时候除外）；细长的鹰钩鼻让他显得更加机智、果断；下颚方正面突出，表明他是个非常有毅力的人。他双手虽沾满斑斑点点的墨水和化学药品，动作却异常熟练、细致。这些是他在摆弄那些精致易碎的化验仪器时，我在一旁观察到的。

如果我说福尔摩斯这个人的确已经引起了我强烈的好奇心，我也常常想要去攻破他那闭口不谈自己的坚固的缄默堡垒，那么，读者或许会觉得我是个不可救药的多事的人吧。但是，在您下如此的结论之前，请不妨也想一想：我的生活是多么的无聊空虚啊！在这样的日子里，能够吸引我兴趣的事物又是那么的少。只有天气特别晴朗而又暖和的时候，我的健康才会允许我到外面去；同时，我在这里几乎没有好友来访，无法打破我单调沉闷的日常生活。在这种情况之下，我只能对围绕在我周围的同住伙伴的这个小小的秘密产生极其浓厚的兴趣，并且把大部分空闲时间都用在设法揭开这个秘密上。

他没有研究医学，他回答我的一个问题时，自己证明了斯坦弗关于这件事情上的说法是正确的。他既不像是为了获得学位或者荣誉而研究某一门学科，又不像是在采用某种方法，使自己进入学术界。但是他对某些方面研究的热情却是非常惊人的；在一些稀奇古怪的知识领域内，他的学识总是异常的深厚渊博，因此，他常常语出惊人。可以肯定地说，如果不是为了某一特定的目的，一个人绝对不会如此辛勤努力地工作，而仅仅是为了获得这样确切的知识。漫无目的、无书不读的人的知识是很难、非常精深的。除非是为了某一个充分的理由，否则，绝不会有任何人愿意在这么多的细枝末节上花如此多的精力。

而他某些方面知识的匮乏，和他的知识渊博的一面一样地让人惊讶。在现代文学、哲学和政治等领域，他几乎毫无所知。当我在引用托马斯·卡莱尔[1]的文章时，他竟傻里傻气地问我卡莱尔究竟是什么人，干过哪些事情。最让我感到惊讶的是：我无意中发现对于哥白尼学说以及太阳系的构成，他竟然也一无所知。现在已是十九世纪，一个知识如此渊博的人竟然不知道地球绕太阳运行这一公理，实在是令人费解。看到我如此的惊讶，他笑着说："你似乎感到非常惊讶。即使我知道这些，我也会尽力忘记它们。"

"忘记它们？"我不解地说。

他进一步解释说："你要知道，在我看来，人的大脑就像一间空的

[1]苏格兰散文作家、历史学家，作品有《法国革命》《论英雄》等。

小阁楼一样，应该选择性地装进一些东西。只有傻瓜才会把各种各样的杂七杂八的东西一股脑儿都装进去。这样一来，那些对他有用的东西反而会因为无处容身而被挤了出去，或者是和其他东西掺杂在一起，这样在用的时候就会非常困难。因此，一个真正懂得如何工作的人，他在选择把哪些东西装进那间像小阁楼一样的头脑中去的时候，会非常小心谨慎的。除了对他工作有用的东西之外，其他什么他都不会带进去的，他还会把他认为样样俱全的装进去的这些东西摆放得井井有条。你如果认为这间小阁楼的墙壁富有弹性，能够任意伸缩的话，那就大错特错了。请相信我的话，总有一天，你会发现在你的知识增加的时候，你就会忘记以前所熟悉的东西。因此，最要紧的就是不能让那些无用的东西把任何有用的东西挤出去。”

我辩道：“但那可是关于太阳系的问题啊！”

他有些不耐烦地打断我的话：“这跟我又有什么关系？你说地球是围绕着太阳转的，可是，就算地球绕着月亮走，这与我或者我的工作又有什么关系呢？”就在我几乎要问他，他的工作究竟是什么的时候，从他当时的态度，我看出这个问题可能会引起他的不悦。我便把我们的短暂的谈话考虑了一番，想尽力从里边推出一些可供使用的线索来。他说他不想去学习那些与他研究的科学无关的知识，那么他所掌握的一切知识，对他当然都是有用的了。于是我就在心中把他所研究得特别精深的学科一一列举出来，并且用铅笔写了下来。这样一看我忍不住笑了。原来是这样：

夏洛克·福尔摩斯的知识能力

1. 文学知识：零分。

2. 哲学知识：零分。

3. 天文学知识：零分。

4. 政治学知识：粗浅了解。

5. 植物学知识：因对象而异，在阿托品、鸦片及毒品方面知识丰富。但在园艺方面一无所知。

6. 地质学知识：实用，但有局限性。看上一眼，就能分辨不同土质。曾在散步回来时让我看他裤腿上的泥渍，并根据这些泥渍的颜色和黏稠度，分别说出它们是在伦敦的什么地方溅上的。

7. 化学知识：深厚渊博。

8. 解剖学知识：准确，但没有形成体系。

9. 要案文献知识：极其丰富。他似乎对本世纪发生的每一桩恐怖案件的每一个细节都了如指掌。

10. 小提琴拉得不错。

11. 是个出色的单棍行家、拳击好手和击剑高手。

12. 在英国法律方面有相当丰富的实用知识。

一条一条写完以后，我失望地把这张纸扔进壁炉。“我只不过也就是想弄明白，这位老兄把所有这些本事集于一身，再找到一个让它们全都用得上的行当，究竟是为了什么呢，”我暗自思忖，“那还不如干脆就这样算了。”

前面我提到了他的小提琴水平。他的演奏技巧的确堪称一流，但是也像他的其他技能一样，有些其他的问题。他会拉很多的曲子，包括一些极高难度的曲子，这我非常清楚，因为他曾应我之请，演奏过几首门德尔松的《无词歌》，以及其他的一些我喜欢的曲子。但他自己拉琴的时候，我却又非常难听到美妙的旋律，甚至根本就听不出他拉的到底是什么曲调。

黄昏时分，他会靠在椅背上，双眼紧闭，把小提琴放在腿上，手随意地拨弄着琴弦。有时候，拨出的弦声响亮而又令人感到忧郁。偶尔，拨弦声也会变得奇特而轻快。有一点倒是非常清楚，它们反映的是支配着他的思想的一种意识，究竟是因为拨弦有助于他进行思考呢？还是这只是他的一时兴起，信手撩拨而已，就是我所不能知道的了。这种独奏令人非常恼火，若不是通常他总紧接着演奏好几首我喜欢的曲子，作为磨炼我耐性的小小的补偿，我大概早就对他提出抗议了。

刚搬过来的一两个星期内，没有什么人来拜访过我们。于是，我认为他和我一样，孤单单的没有什么朋友。可是过了不久，我就发现他有非常多熟识的人，而且都来自迥然不同的社会阶层。其中有一个脸色发黄，獐头鼠目，长了一双黑色的眼睛。经福尔摩斯介绍，我知道他叫雷斯垂德。这个人每周至少都要来三四次。一天清晨，来了一个时髦的年轻小姐，半个多钟头后才离开。当天下午又来了一个头发灰白、衣衫褴褛的客人，样子非常像犹太小贩，他的神情似乎异常的紧张，身后紧跟着他的是一个有些邋遢的老妇人。还有一回，到访的是一个白发绅士，而另外一回是一个身穿棉绒制服的火车上的茶夫。

每次这些形形色色的客人来访时，夏洛克·福尔摩斯总是请求使用起居室，我就只好在我的卧室里待着。他常常会因为给我带来诸多不便向我致歉。他说：“我只能把这间起居室当作我的办公室，这些访客都是我的顾客。”于是，我找到一个单刀直入的绝好机会，终于可以向他提问，但为了谨慎起见，我仍旧没有勉强他对我吐露实情。我当时认为，他不肯透露自己的职业，一定有某些重大的理由。然而不久后，他主动谈起了这个问题，打消了我原来的猜测。

我记得非常清楚，那天是三月四日，我比平时早起了一会，福尔摩斯还没有吃完早餐。房东太太一直知道我有晚起的习惯，所以餐桌上没有给我留座位，连一杯咖啡也没有为我预备。我突然有些莫名的恼火，立即按了铃，简洁地通知房东太太，我要准备吃早餐。然后，我就随意从桌上拿起了一本杂志翻看，消磨等待早餐的时间，此时福尔摩斯正一声不吭地嚼着他的面包。

杂志上有篇文章，标题下面被人用铅笔画了一道标记，我自然而然地就先看了这一篇。文章的标题似乎有些夸大，叫做“生活宝鉴”。这篇文章主要用来说明：一个善于观察的人，如果能够对他接触的事物进行精确而系统的观察，他将会获得非常大的收获。我认为这篇文章确实非常突出，自有其精明、独到之处，但有些地方却也未免浅薄可笑。理论上，它的确严丝合缝；但论断上，我却觉得未免有些牵强附会，夸大其词。

作者声称，从一个人瞬息之间掠过的表情，肌肉的每一处牵动甚至眼睛的每一次眨动，都可以推测出他内心深处的想法。按照作者的说法，对于一个在观察和分析上都经过锻炼的人来说，“欺骗”是不可能的事，他所作出的结论实在是和欧几里得的定理一样准确无误。而这些结论，在一些外行看来，的确令人惊叹，在这些外行弄明白他之所以得到这个结论的各个步骤以前，他们真的会把他当作一个未卜先知、料事如神的超人。

作者说：“一个逻辑学家不需要亲眼见到或者亲耳听到大西洋或尼加拉奇布，他仅从一滴水上就能够推测出它存在的可能性，所以，整个生活就是一条巨大的链条，只要能够看见其中一环，整条链条的情况就完全可以被推想出来。推理和分析的科学正如任何其他的技艺一样，只有经过很长时间并且非常耐心的钻研才能够掌握；有人即使穷尽其毕生的精力，也未必能够达到登峰造极的状态。初学者在着手研究非常困难并且高深的事物的精神以及心理方面的问题之前，不如先从掌握较浅显易懂的问题着手。比如说遇到了一个人，第一眼就要辨认出他的过往的事情和职业。这种锻炼看起来好像非常幼稚简单，但是却能够使一个人的观察能力逐渐变得敏锐起来，并且教导人们：应该从哪些地方观察，观察些什么。人的指甲、衣袖、靴子和裤子的膝盖部分，大拇指与食指之间的茧子、表情、衬衣的袖口等，不论以上所说的哪一个细节，都能明白无误地把他的职业显示出来。如果把这些情形相互联系起来，还不能让调查案件的人恍然大悟，那简直是无法想象的。”

读到这里，我把杂志往桌上一丢，大声说道："简直是废话连篇！我一辈子都没读过这么没劲的文章。"

"什么文章？"福尔摩斯问道。

"喏，就是这篇。"我一边坐下来吃早餐，一边用小匙指向那篇文章说，"我想你肯定已经读过了，因为你在下边还用铅笔画了标记。我承认这篇文章确实是写得非常不错，但是读了之后，我还是免不了要生气。显然，这一定是一位游手好闲的懒汉，坐在书房里凭空想出来的一些纸上谈兵的理论，丝毫不切合实际。我倒是想要试试把他关进地铁[1]的三等车厢里，叫他把车里人的职业一个一个全部都说出来。我愿意跟他打个赌，一千对一的赌注都行。"

"那你输定了，"福尔摩斯安然地说，"那篇文章是我写的。"

"你写的？"我惊讶地问道。

"没错，我在观察和推理这两方面都具有特殊的才能。我在这篇文章里提到的那些理论，虽然在你看来是无比荒谬的，但实际上它们却非常实际，实际到这样的程度，甚至我就是靠它来挣得这份干酪和面包的。"他说道。

"你是怎样靠它生活的呢？"我不禁问道。

"哦，我有自己的职业。我想全世界干我这个职业的恐怕只有我一个人。我是一个'咨询侦探'，或许你能够明白这是一个怎样的行业吧！伦敦城中，有许多的官方侦探和私人侦探。每当他们遇到困难的时候就会来找我，那么我就设法把他们引到正轨上去。他们把所有的证据都提供给我，一般情况下我都能凭着我所掌握的犯罪史知识，把他们的错误都一一纠正过来。犯罪行为都有它们非常相似的地方，如果你能够对一千个案子的所有详情细节都了如指掌，而对第一千零一件案子却不能做出解释的话，那才是怪事呢！雷斯垂德是一位著名的侦探，最近他陷在一桩伪造案里不知所措，所以才来找我。"他说道。

"那另外那些人呢？"我问道。

"他们多半是由私人侦探介绍来的，都是碰到一些麻烦或者问题、需要别人加以指引或给予帮助的。我仔细听取他们所讲述的事实经过，他们则认真听取我给出的意见。这样，佣金就来到我的口袋里了。"他略显得意地说。

我又问："你的意思是说，别人虽然亲眼或亲身经历了事情，但都

---

[1]1863年1月10日，世界上第一条地铁在伦敦开通，1890年完成电气化改造。

无法给出解释，而你足不出户，却可以解释这些疑难问题，对吗？”

“正是如此。因为我有一种利用直觉分析事物的能力。偶尔也会遇到一两件稍微复杂的案件，这样的话，我就得奔波一番，亲自出马侦查。你知道，我有非常多特别的知识，把这些知识应用到案件上去，就能让问题迎刃而解了。那篇文章里所提到的几点推断法则虽然曾经被你嘲笑，但在实际工作中，对我却有着无比重要的价值。观察能力是我的第二天性。咱们初次见面时，我就对你说过，你是从阿富汗来的，你当时好像还非常惊讶呢。”

“没错，一定有人告诉过你。”我问道。

“不是的。我当时第一眼看到你就知道你是从阿富汗来的。由于长久以来的习惯，一系列的思索像飞一样掠过我的脑际，因此在我得出结论时，竟没有觉察得出结论所经的步骤。但是，这中间是有一定的步骤的。在你这件事上，我的推理过程是这样的：‘这一位先生，具有医务工作者的风度，但却是一副军人气概。那么，显而易见他是个军医。他是刚从热带回来，因为他脸色黝黑，但是，从他手腕的皮肤黑白分明看来，这并不是他原来的肤色。他面容憔悴，这就清楚地说明他是久病初愈而又历尽了艰辛。他左臂受过伤，现在行动起来还有些僵硬不便。试问，一个英国的军医在热带地方历尽艰苦，并且臂部负过伤，这能在什么地方呢？自然只有在阿富汗了。’这一连串的想法，历时不到一秒钟，因此我便脱口说出你是从阿富汗来的，你当时还感到惊奇呢。”他静静地说着。

我微笑着说：“听你这样一解释，这件事非常简单。你使我想起埃德加·爱伦·坡[1]的作品中的侦探人物杜班来了。我真想不到除了小说以外，在现实生活中竟会真有这样的人物存在。”

福尔摩斯站了起来，点燃他的烟斗。他说：“你一定以为把我和杜班相提并论，这是对我的一种称赞。但是，在我看来，杜班实在是一个微不足道的家伙。他先静默一刻钟，然后才突然道破他朋友的心事，这种伎俩未免过于做作，过于肤浅了。不错，他有些分析问题的天赋，但决不是爱伦·坡想象中的非凡人物。”

我问道：“你读过加博里约[2]的作品吗？你对勒高克这个人物的评价如何，他可以算得上一个侦探吗？”

---

[1]美国诗人、作家，也是侦探小说的创始人，作品有《乌鸦》《莫格街的凶杀案》等。

[2]法国侦探小说之父，作品有《勒高克先生》《勒鲁日之案》等。

福尔摩斯轻蔑地哼了一声。他恶声恶气地说道："勒高克是个不中用的笨蛋。他只有一件事还值得提一提，就是他的精力。那本书简直令我感觉腻透了。书中的主题只是谈到怎样去辨识不知名的罪犯。我能在二十四小时之内解决这样的问题。可是勒高克却费了六个月左右的工夫。有这么长的时间，真可以给侦探们写一本教科书了，这样可以好好教导他们应当避免些什么。"

我听到他把我所钦佩的两个人物说得这样一文不值，心中感到非常恼怒。我走到窗口，望着热闹的街道，自言自语地说："这个人也许非常聪明，但是他却太骄傲自负了。"

他听了非常不满地抱怨着说："这些天来一直没有罪案发生，也没有发现什么罪犯，干我们这行的人，头脑真是没用了。我深知我的才能足以使我成名。从古到今，从来没有人像我这样，在侦查罪犯上既有天赋又有这样精湛的研究。可是结果如何呢？竟没有罪案可以侦查，顶多也不过是些简单幼稚的罪案，犯罪动机浅显易见，就连苏格兰场[1]的人员也能一眼识破。"

我对他这种自以为是的谈话口吻仍然感觉非常不舒服。我想，最好是能够换个话题。

"我正琢磨，那个人在找什么呢？"我指着街上一个体格健壮、衣着平平的汉子问道，此人在街对面慢慢地走着，神情焦急地望着一个个门牌号码。他手里拿着一个蓝色大信封，显然他是在送信。

"您是说那个退役的海军陆战队中士吧？"夏洛克·福尔摩斯说。

"又在吹牛了！"我心想，"他知道我没法去验证他猜的对还是猜错了。"

我脑子里刚转过这个念头，只见我们一直盯着的这个男人看见了我们的门牌号码，疾步穿过马路而来。下面传来一阵非常响的敲门声，一个低沉浑厚的嗓音和上楼梯沉重的脚步声。

"给夏洛克·福尔摩斯先生的信。"他说着，一步踏进了房间，把信交给我的同伴。

这可是个揭穿他吹牛的最好机会。他信口开河的时候，根本就想不到这一层。"劳驾，朋友，"我用最和蔼的语气说道，"请问您是干什么工作的？"

"信差，先生，"他粗声回答，"制服送去补了。"

"那以前呢？"我一边问，一边有点幸灾乐祸地瞟了一眼福尔

[1]指伦敦警察厅。

摩斯。

“海军陆战队中士，先生，皇家轻步兵团的。先生，没有回信？好的，先生。”他两腿一并，举手敬了个礼，转身走了出去。

三　劳瑞斯顿花园街命案

这个时候，我不得不承认，福尔摩斯的理论已经在短短几句谈话后得到了充分的验证，这确实让我非常震惊。我渐渐开始崇拜起他的推理分析能力来了，虽然我心里仍然隐隐约约地有些怀疑，觉得这也许是他只是为了捉弄我，精心安排的一出戏，但他费尽心机来捉弄我似乎有些说不通，而他究竟有什么目的，我就不得而知了。我看着他，看见他已读完信，一副若有所思的样子，完全出了神。

“您究竟是怎么推断出来的？”我问。

“推断出来什么啊？”他没好气地说。

“他是退役的海军陆战队中士啊。”我接着问道。

“我没时间说这些鸡毛蒜皮的事情。”他粗声粗气地回答，随即笑了笑，“请原谅我的粗鲁。您打断了我的思路；不过也许这样也好。怎么，您当真看不出那人是个海军陆战队中士？”

“确实看不出。”我悻悻地说道。

“了解这个一点也不难，可是如果让我解释是怎么了解这一点的，那就有点困难了。如果有人要您证明二加二等于四，您想必会觉得挺为难，可您对这个事实还是确信无疑的。即便隔着一条街，我还是看到了那人的手背上刺了挺大的一个蓝锚。这就让人想到海员。而他站立时保持一种军人的姿势，两颊又留着合乎行伍规定的髯须。这样我们就推断出海军陆战队了。这个人身上，有一种自视颇高的味道，看上去是惯于发命令的。您一定也注意到他那副昂着头挥动手杖的模样了。从他的脸上，我们也可以看出这是个沉着、正派的中年人——所有这些事实让我断定，他曾经是个中士。”

“太妙了！”我情不自禁地喊道。

“小事一桩。”福尔摩斯说，不过我从他的表情看得出，我这样由衷地惊奇和赞美，还是让他非常得意的。“我刚才还在说无案可办呢。看来我是说错了——看看这个！”他把那个信差捎来的信扔给我。

“喔，”我匆匆看了一遍，出声喊道，“这太可怕了！”

“这事看上去是有点不同寻常，”他平静地说，“劳驾给我再念一遍好吗？”

下面就是我念给他听的那封信：

尊敬的福尔摩斯先生：

昨天夜里，在布瑞克斯顿街的尽头的劳瑞斯顿花园街3号发生一起命案。今天凌晨两点钟前后，巡逻警察忽然看见该房有光亮，因了解此处无人居住，故怀疑其中有什么事情发生。于是巡警上前，发现房门大开，前室空无一物，只有一具男尸。尸体衣着整齐，衣袋中的一张名片上写有“伊诺克·德雷伯，美国俄亥俄州J克利夫兰城人”等字样。现场没有被抢劫的迹象，也没有发现导致死者死亡的任何证据。屋内虽有几处血迹，但男尸本身并无任何伤痕。对于死者如何进入空屋，我们百思不得其解，深感此案非常棘手。望您能在十二点之前到达现场进行勘察，我将在那里等您。在您未有任何指示以前，我们将会保持现场原状。若您不能亲临现场，请务必详告，如蒙指教，不胜感激。

托比亚斯·格莱森敬上

听我把信读完，福尔摩斯说道：“格莱森在伦敦警察厅也可以算得上是首屈一指的人物。他和雷斯垂德算是那群蠢货中的佼佼者。他们两人还算眼疾手快、机警干练，但都过于保守，因循守旧得厉害。他们彼此间钩心斗角、明枪暗箭，多猜善妒的程度比得上两个卖笑的妇人。如果他们两个人一起侦查这个案子，肯定会闹出非常多的笑话来。”

看到福尔摩斯还能够不慌不忙、若无其事地在那里滔滔不绝，我非常惊讶。我大声朝他喊道：“真的是一分钟也耽误不得，需要我帮你雇辆马车来吗？”

“去不去那里我还没决定呢。我真的是这世上少有的懒鬼。可是，那也只是当我犯懒的时候才这样，因为我有时也是非常勤快的呢。”

“什么？这不正是你一直希望发生的事情？”我问道。

“我亲爱的朋友，这跟我又有什么关系呢？即使是我把这件案子全盘解决了，格莱森和雷斯垂德这一帮人也会毫无疑问地把全部功劳都算在自己头上。因为我是非官方的。”他说道。

“但他现在的确是在向你求助啊。”我不解地问。

“是的。他知道我比他要略胜一筹，就算当面他也会承认这个的；但是，他宁愿割下自己的舌头，也决不会愿意在第三者的面前承认的。

尽管如此，咱们还是可以去瞧瞧。我可以单干，独自一人破案。即使得不到什么，我倒也可以借此嘲笑他们一番，走吧！”他得意地说。

他很快地穿好大衣，匆忙的神情表示他跃跃欲试的心情已经战胜了无动于衷和消极冷漠。

他说：“戴好帽子。”

“你的意思是我也去吗？”我问道。

“是的，要是你没有其他事情的话。”一分钟后，我们便上了一辆马车，急匆匆地驶向布瑞克斯顿街。

这天早晨，天空雾蒙蒙、阴沉沉的，屋顶上可以看到一片灰蒙蒙，像是泥泞地面的一个映像。福尔摩斯的兴致非常高，大谈起了克雷莫纳[1]小提琴以及如何分辨一把斯特拉迪瓦里小提琴和一把阿马蒂小提琴。而我，则一声不吭，因为这阴郁的天气，再加上我们马上将要面对的惨案，实在是无法让心情舒展。终于，我打断了他有关音乐的长篇大论，说：“对于眼前这桩案子，您看起来并没有放在心上。”

他回答说：“目前我们对情况一无所知，在掌握到全部证据或是细节之前就开始推理，这可是一个致命的错误。这只会让我们的判断产生偏差。”

“可是您很快就可以掌握到情况了。”我边说边伸出手向前指了指，“如果我没看错的话，这条就是布瑞克斯顿街，前面那栋房子应该就是案发现场。”

“是的，停车，车夫，快停车！”距离房子还有一百米的时候，他坚持下了车。

我们慢慢地往前走着，前面的劳瑞斯顿花园街3号阴森森的，笼罩着让人心神不安的气氛，光看样子就感觉像一座凶宅。这里连着有四幢房子并排坐落在街边，离街稍远，两幢有人居住，两幢空着且常年都关着门，3号就是空着的一处。这个空屋有上下三排临街的陈旧窗户，显得幽静凄冷、空荡荡的，尘封的玻璃上密密麻麻地贴着“招租”的字条，非常像眼睛上长的白翳。

每幢房子前面都有一个小花园，用来把房子和街道隔开。花园里长着一些没人照管的花草。一条细细长长的小径横穿过花园，是用掺了沙砾的黏土铺就而成，上面堆积的泥土微微泛黄。整个晚上都在下雨，因此到处泥泞不堪。花园围有三英尺高的砖砌的矮墙，墙头上竖着一道道木栅栏。一个身材高大魁梧的警察正倚在墙上，身旁围着几个吵吵嚷嚷

[1]意大利北部城市，许多著名的弦乐器制作大师都出自该城。

爱看热闹的闲人，他们努力伸长了脖子朝房子里张望着，就是想看看里面是什么样的状况，但好像什么也看不见。

我本来以为夏洛克·福尔摩斯会马上冲进屋子，迫不及待地开始破案，但是他看上去一点也不着急，一副漫不经心的样子，这在我看来像是故意装出来似的。他在人行道上慢悠悠踱着步，面无表情地凝望着地面、天空，以及对面的屋子和那排围栏。这么看了一通过后，他缓缓走上花园的小径，确切地说是沿着小径一侧的草丛往前走，眼睛始终盯着地面。他两次停住脚步，有一次我看见他在笑，还听见他得意地喊了一声。潮湿的泥地上有许多脚印；但由于警方人员在上面来来回回走过，我实在想不出我这位同伴还指望能有什么发现。不过，他敏锐的洞察力，我确实已经打心眼儿里佩服了，所以我坚信他一定能看出许多我看不见的迹象。

在屋子门口，我们碰见一个脸色白净、头发淡黄的高个子男人，他手里拿着一个记事本，急急忙忙地走上前来，热情地握住福尔摩斯的手说："您能来真是太好了。我吩咐他们了，一样东西都没有动过。"

"除了那儿吧！"我的同伴指着那条小路回答说，"即使被一群野牛刚踩过，也不会比这更糟。不过，格莱森，想必您心里已经有底了，才允许手下人这么干的吧？"

"我在屋子里面都忙不过来了，"这个侦探含糊其辞地说道，"我的同事雷斯垂德先生在这儿。外面的事儿归他管。"

福尔摩斯朝我瞥了一眼，讥讽地耸了耸眉毛说："有您和雷斯垂德二位在这儿，旁人再插手也未必会另有发现啊。"

格莱森满意地搓着双手说："我想，凡是能做的事情，我们都已经做了。不过，案情挺离奇的，我知道您对这类案子非常有兴趣。"

"您不是坐马车来的吧？"夏洛克·福尔摩斯问。

"没坐，先生。"

"雷斯垂德呢？"

"也没坐，先生。"

"那咱们就去瞧瞧那个房间吧。"他突然没头没脑地接了这么一句，说完就大步走进屋子；格莱森跟在后面，满脸惊诧。

过道没有铺地毯，脏兮兮的、短短的，通往厨房、配菜间和杂物间。过道左右两侧各有一扇门。其中一扇显然有好几个星期没开了。另一扇开进去就是餐厅，这起神秘的案子就发生在那儿。福尔摩斯走进房间，我随后跟在他后面进去了，凶杀现场的气氛让我感到心里非常压抑。

这是一间方形的大房子，因为房内没有摆设任何家具，所以显得格外宽敞空旷。墙壁上糊着廉价的花纸，因太长时间无人使用，有些地方已经斑斑点点地有了霉迹，另一些地方，花纸已大片大片地剥落，露出了里面变色发黄的墙壁。房门对面是一个漂亮精致的壁炉。壁炉框的材质是白色的假大理石，炉台一端有一截红色的蜡烛头。这个厨房只有一扇窗，而且玻璃上蒙着厚厚的灰尘与污垢，异常污浊，因此，室内的光线非常昏暗，整间屋子都像被涂上了一层黯淡阴郁的色彩。这栋房子到处都积满了厚厚的灰尘，这更加深了阴郁的氛围。这些都是我后来看到的景象。

刚走进屋子里的时候，我的注意力全部集中在那个令人毛骨悚然、恐惧万分的男尸身上。他躺在地板上，全身僵直，一双茫然无光的眼睛凝视着已经褪了色的天花板。他有四十三四岁，身材中等，肩膀宽宽的，一头黑色的鬈发，留着短硬的胡子；他身上穿着厚厚的黑尼礼服和背心，装着洁白的硬领和袖口，下面是浅色裤子。他身旁的地板上有一顶整洁的礼帽。看来他死前有过一番痛苦的挣扎，他双拳紧握、两臂伸张、双腿交叠着，僵硬的脸上露出恐怖惊惧的神情。在我看来，这是一种愤恨仇视的神情，是我从不曾见过的。凶恶的面部表情，加上龇牙咧嘴瞪眼等挣扎的怪状，令他看起来非常恐怖，尤其再配上他那低低的额头，扁塌的鼻子和前突的下巴，看起来就像一个怪模怪样的扁鼻猿猴。此外，他那种极不自然的痛苦翻腾的姿态，让他看起来更加可怕。我也曾经见过各种各样死的状态，但没见过比劳瑞斯顿花园街3号厨房中更为恐怖的死亡状况了。

消瘦而颇有侦探风范的雷斯垂德，此时也站在了门口，他向我和我的朋友打招呼。

“这件案子绝对会轰动全城，先生。我也不算是没经验的新手，但是我还真没有见过比这更离奇的案件了。”他说。

格莱森接着问道：“有什么线索吗？”

“什么也没有。”雷斯垂德随声附和。

我的同伴走到尸体前面，跪下来全神贯注地查看着。

“你们肯定他身上没有任何伤痕吗？”他指着周围的血迹问。

“没有。”两位侦探异口同声地回答。

“那么，这些血迹肯定属于另外一个人，或许那个人就是凶手。如果这是一起凶杀案的话，不禁使我联想起一八三四年犹垂克特的范·坚森死时的状况。格莱森，你还记得那个案子吗？”

“有点记不起来了，先生。”格莱森答道。

“你真应该把那个旧案重新读一下。世界上本来没有什么新鲜事，发生的事都是前人做过的。”

在说这些话的时候，他用手指敏捷地在尸体上摸摸按按，一会儿又解开尸体的衣扣检查了一番，他的眼里重新出现了我以前谈到的那种茫然。他检查得非常迅速，但出乎意料的细致和认真。最后，他嗅了嗅死者的嘴唇，又检查了死者皮靴的靴底。

“尸体没有被动过吧？”他问道。

“除了一些必要的检查，没有再动过了。”

“那么，现在可以把他送去埋葬了，已经没有必要继续进行检查了。”

格莱森早已安排了担架和四个抬担架的人。他一招呼，他们就进来把死者往外抬。在他们抬起尸体的时候，一枚戒指滚落在地板上。雷斯垂德连忙捡了起来，拿着它莫名其妙地端详着。

“这是一只女式结婚戒指，一定有个女人来过。”他说着便把戒指拿给在场的每一个人看。我们都围了上去。这只略显朴素的金戒指无疑是一位新娘佩戴的饰品。

“这么一来，案情就更复杂了，本来就够让人头痛的了。”格莱森说。

“你怎么不会料定这只戒指会让这个案子更加清晰呢？这样呆呆地望着它没有任何用处。”福尔摩斯接着问道，“在他衣袋里都检查出了什么东西？”

“全部都在这里，”格莱森指着楼梯最后一阶上的一小堆东西说，“有一只伦敦巴罗德公司生产的97163号金表，一根非常粗非常结实的爱尔伯特金链，一枚刻有共济会会徽的金戒指和一枚刻了虎头狗脑袋的金别针，虎头狗的眼睛镶着两颗红宝石。有个俄国造的名片夹，里面装着印有克利夫兰、伊诺克·德雷伯的名片，J字首和衬衣上的E J D三个缩写字母相符。没有钱包，只有些零钱，共七英镑十三先令。另外里面还有一本袖珍版的小说《十日谈》，卜迦丘的，扉页上写着约瑟夫·斯坦格森的名字，里面还夹着两封信，一封是寄给德雷伯的，另一封是寄给约瑟夫·斯坦格森的。”

“寄到什么地方呢？”

“河滨路美国交易所，留交本人自取。两封信都是从盖恩轮船公司寄来的，内容是通知他们轮船从利物浦起航的日期。看来这个倒霉的家伙正准备要赶往纽约呢。”

“你们有没有调查过斯坦格森这个人？”

“先生，我当时立即就进行了调查。我已经把广告稿送到各家报馆去刊登，另外还派了人去美国交易所询问调查，现在还没有回来。”格莱森说。

“那跟克利夫兰方面联系了吗？”

“今天早晨我们已经发了一份电报过去。”

“你们是怎么问的？”

“就是把事情的详细情况作了一下说明，希望他们能向我们提供任何有用的情报。”

“你有没有提到你认为最关键的细节？”

“我问到了斯坦格森。”

“问别的了吗？难道这个案子就没有一个关键性的问题值得你再发一份电报吗？”

听到此话，格莱森有些生气了，说：“我要说的在第一封电报上都说了。”

福尔摩斯暗暗地笑了，正打算开口说些什么，雷斯垂德来了，他得意洋洋地搓着手。我们跟格莱森在房里谈话时，他在前屋。他说：“格莱森先生，我刚刚发现了一件非常重要的事情。如果不是我仔细地检查了墙壁，就可能会把它遗漏了。”这位侦探说话的时候，两眼炯炯发光，显然是因为比同僚略胜一筹而自鸣得意。“请到这边来！”他快速地走到前屋。因为尸体被抬走了，屋中的空气似乎清新了许多。

“好，请站在那儿！”说着他用靴底划着一根火柴，照亮墙壁。“瞧这个！”他得意地说。

前面我也曾提到过，墙壁上糊的许多处花纸已经脱落。就在雷斯垂德指的这个墙角上，在一大片花纸剥落而露出的一块粗糙的泛黄墙壁上，有一个用鲜血潦草写成的字：

瑞秋尔（RACHE）

“你们怎么看这个字？”这个侦探像马戏团的老板炫耀自己的本领一样大声地说，“这个字之所以被大家忽略，是因为它被写在房间里面最黑暗的角落，谁都没有想到过来这里看看。这是凶手蘸着他或者是她自己的血写成的。看，还有血沿着墙壁往下流的痕迹呢！这就可以看出：这决不可能是自杀。但是为什么要选择写在这个角落呢？我可以告诉你，看到壁炉上的那段蜡烛了吗？当时它应该是点着的，如果这根蜡烛是点着的，那么这个墙角应该就是屋子里最亮而不是最暗的地方了。”

格莱森不屑地说：“但是，就算你发现了字迹，这又有什么意义呢？”

“什么意义？这说明写这字的人正在写一个女人的名字‘瑞秋尔’（Rachel），但是一定被什么事情打断了，因此就没来得及写完。记住我的话吧！等到整个案情弄清楚后，你一定会发现一个叫‘瑞秋尔’的女人跟这案子有关。你现在可以任意取笑我，福尔摩斯先生；你或许确实非常精明能干，但最后看来，姜还是老的辣。”

福尔摩斯听了他的话后，不禁放声大笑了起来，这下可激怒了这个小个子。

我的同伴说：“非常抱歉！你确实是我们三人中第一个发现字迹的，这个重大发现自然应该归功于你。而且正如你所说，由此当然可以看出，这是昨晚惨案中的另一个人所写。可我还没有来得及检查这间屋子。如果你允许的话，现在我就要进行检查了。”

话刚落地，他就迅速从衣袋里掏出一把卷尺和一个又大又圆的放大镜。拿着这两样东西，他轻快地来来回回走过餐厅，时而停住，时而跪下，有一次甚至还把脸贴在了地板上。他工作得如此聚精会神，以至于似乎忘掉了我们在场，一直念念有词，自言自语，并且始终处在一种亢奋的状态中，一会低声惊叹，一会哼哼唧唧，一会吹口哨，一会发出几声满是信心和希望的轻轻的叫声。

我盯着他，不由想到了一头训练有素的纯种猎犬，仿佛它正在眼前的树丛中来回奔跑，急切地发出呜呜的叫声，表明如果不找到猎物的踪迹决不肯罢休。他的工作持续了二十多分钟，无比精确地测量了我压根儿看不见的那些印记之间的距离，有时还用一种同样让我感到莫名其妙的方式拿卷尺在墙上来回地比划。在一个地方，他还非常小心翼翼地从地板上捻起一小撮灰色的粉末，装进一个信封。最后，他用放大镜仔细检查墙上的血字，非常认真地看了一下每一个字母。之后，他似乎已经满足了，他终于把卷尺和放大镜收了起来。

“人们都说，天才就是历尽千辛万苦也不回头，”他笑着说，“这的确是个非常差劲儿的定义，不过对侦探这一行倒还是挺适用。”

格莱森和雷斯垂德刚才一直在盯着这位业余同行在忙乎，神情显得既好奇，又带一些轻视。我已经开始意识到这样一个事实，这就是夏洛克·福尔摩斯所做的哪怕最细微的一个举动，也一定是与某个明确而实用的目的有关的，但是这两个侦探显然是意识不到这一点的。

“您有什么意见，先生？”他俩异口同声地问道。

“如果我贸然出手相助，岂不是要抢了二位的功劳？”福尔摩斯说道，“你们干得如此出色，别人想要插手也非常难呀。”他说这些的时候，透出一股嘲讽的味道。“不过，如果你们随时把案情的侦破情况告诉我，”他接着说，“那我倒是还愿意全力相助的。另外，我想跟那个发现尸体的巡警谈一谈。你们能告诉我他的姓名和住址吗？”

雷斯垂德翻看了一下手中的记事本，回答说：“约翰·兰斯已经下班了。您可以去肯宁顿园门街奥德利大院46号找他。”

福尔摩斯拿笔记下了这个地址，随即招呼我说：“走吧，华生医生，咱们去找他。”他转身对两位侦探说：“告诉你们两位一件事情，说不定你们破案时会有用。这的确是一件谋杀案，凶手是个男的，身高有六英尺多，正当壮年，按照他身材的比例来说，他的脚小了一些，穿着方头粗皮靴，抽特里其雪茄烟[1]。他与被害者乘坐同一辆四轮马车来的，拉车的马三块蹄铁都是旧的，但右前掌的蹄铁刚换不久。凶手非常可能是位面色赤红，右手留有非常长指甲的人。不过这仅仅只是一些猜想，但也许对你们侦破案件会有帮助。”

雷斯垂德和格莱森互看了一眼，脸上都露出一丝怀疑的笑容。雷斯垂德问：“您说死者是被谋杀的，那他是怎么被害死的呢？”

“被毒死的。”夏洛克·福尔摩斯明了地回答，然后大步向外走去。“还有，雷斯垂德，”他又回头说，“‘Rachel’是个德语词，是‘复仇’的意思，因此你不必耗费心机去找瑞秋尔小姐了。”

他说完这句话，扬长而去，留下那两个竞争对手张口结舌地站在那儿发呆。

四　警察兰斯的叙述

我们离开劳瑞斯顿花园街3号的时候，已经是午后一点钟了。我俩一起到附近的电报局去发了一封长长的电报。随后，他雇了一辆马车，让车夫送我们去雷斯垂德告诉他的那个地址。福尔摩斯说：“任何东西都比不上直接得到的证据管用。其实，这个案子我早就已经胸有成竹了，但是咱们还得把该查明的情况搞清楚为好。”

我说：“福尔摩斯，你实在是让我感到莫名其妙。你刚才和他们所说的那些细节，连你自己也不一定像你自己表现出的那么有把握吧。”

---

[1]一种两头都有开口的雪茄，命名源自产地印度。

“每个细节都不会有问题。”他答道，“我一到那儿，就注意到有辆马车贴着街道沿石阶行驶时留下的两道车辙。昨天晚上下雨以前，整个星期都没有下过雨，所以留下这么深的车辙的马车一定是昨天夜里去那儿的。另外还有马蹄的印痕，其中一只蹄印比其他三只清晰得多，表明这块蹄铁是新换的。既然这辆马车是昨天晚上下雨之后去的，而整个早上都没有马车去过——这一点格莱森已经告诉过我了，那么这辆马车晚上势必停在那儿，因此，那两个人就是乘这辆车去那幢屋子的。”

“这好像比较简单，”我说，“那么另一个男人的身高是怎么知道的呢？”

“哦，一个人的身高，在绝大多数情况下，可以根据他的步长推算出来。计算并不复杂，可我还是别用数字来烦您吧。从屋外的泥地和室内的尘土上，我都测得了这家伙的步长。我另外还有一个办法来验证我的计算。一个人在墙上写字的时候，会本能地写在跟视线齐平的高度。而他现在把字写在离地六英尺的地方，这样结果就显而易见了。”

“那他的年纪怎么推算出来的呢？”我问。

“如果一个人毫不费劲一跳就是四英尺半，他肯定不可能会是个老头儿。花园小路上的水潭就这么宽，而他显然是一下子跳过去的。漆皮靴是绕过去的，方头靴却是跳过去的。这个问题没什么奥妙，我只不过是把我在那篇专论里提倡的观察和推理原则，拿几条用于日常生活罢了。你还有什么事情感到迷惑吗？”

“那手指甲和印度雪茄烟呢？”我又问他。

“墙上的字是人蘸着血用食指写的。我用放大镜能看出字迹旁边有些墙粉被刮了下来。如果这个人修剪过指甲的话，决不会这样。从地板上我还收集到了散落下的一些烟灰，颜色非常深而且呈起状，只有印度雪茄的烟灰才会是这样的。我专门研究过雪茄烟灰的不同样子。事实上，我还写过这一专题的论文呢！我可以毫不谦虚地说，不管是什么名牌的雪茄或纸烟的烟灰，只要看上一眼，我就能马上识别。也恰恰是在这些细枝末节上，才能显出一个干练精明的侦探天才与格莱森、雷斯垂德那些人的差别。”

“那红脸呢？”我接着问。

“哦，那就更称得上一个大胆的推测了，不过我非常自信。但是就这个案件目前的情况看来，你还是暂时不要问我这个了吧。”

我拍了拍额头：“我的脑子真有些转不过弯来了，越想越觉得非常神秘。比方说，如果现场真是有两个人的话，那么他们究竟怎么进入空屋里面的？带他们去的车夫怎么样了？一个人是如何能迫使另一个人服毒的呢？血是来自哪里的？既然凶手不是为了图财害命，那他的目的又会是什么？女式结婚戒指又是从哪儿来的？最重要的是，在逃走之前凶手为什么会在墙上写下德文的‘复仇’呢？说真的，我真的没办法把这些问题都一一地联系起来。”

他带着赞许的微笑说：“你把案中所有的疑点总结得非常简明扼要，这非常好。虽然在主要的案情上面我已大体上有了眉目，但是许多地方仍然不是非常清楚。至于雷斯垂德发现的血字，其实不过是设了一个圈套，暗示这可能是什么社会党或者秘密团体所干的，目的是要把警察引入歧途而已。那字其实并不是德国人写的。如果稍加注意，你就可以看得出字母A是多多少少仿照着德文的样子写的。而真正的德国人却常常写拉丁字体。因此，我们十有八九可以这么说，这字母肯定不是德国人所写，而是出于一个并不怎么高明的模仿者之手，他做的也实在有点多此一举。这只是企图引导侦查工作误入歧途的一个小把戏而已。华生，关于这个案子我不准备再多告诉你些什么了。你知道，一个魔术师如果把自己的戏法说穿了，他可就得不到观众的赞赏了。所以我如果把工作方法跟你讲太多，那么，你一定就会得出这种结论：福尔摩斯这个人其实也没什么大不了的。”

我回答说：“那怎么会呢。侦探术早晚一定会发展成为一门精确的科学，而你差不多已经创立出来了。”

福尔摩斯听我这么说，又看一脸的真诚，高兴得脸都涨红了。我早已发觉，当别人赞扬他在侦探术上的成就时，他会像听到别人称赞自己是美貌的姑娘一样敏感。

“我再告诉你一件事。穿皮靴的人和穿方头靴的人是搭乘同一辆马车来的，他们之间应该非常友好，甚至是傍着膀子从花园走进去的。进屋之后，他们曾在屋内来回走动；说得更准确一点，穿皮靴的人站着没动，穿方头靴的人在屋里不停走动。这些都是从地板上的尘土判断出来的。同时我注意到，穿方头靴的人越走越激动，因为他的步子越迈越大。他边走还边说着什么，最后狂怒，惨剧就发生了。我所知道的情况就是这样了，其他的就是一些猜测和怀疑了。幸好一开始有个好基础，咱们抓紧时间，下午我还要去听诺尔曼·聂鲁达的音乐会。”

我们不停地交谈着，车子不断穿过伦敦昏暗的街道和阴凉的小巷。在一条最肮脏、最荒凉的巷口，车夫停下了。他指着漆黑砖墙之间的一条小胡同说：“那就是奥德利大院了，你们出来的时候就到这里找我。”

那个叫奥德利大院的建筑并不是非常雅致。我们穿过那条狭窄的小胡同，来到了这个方形大院里，院内地面是用石板铺成的，四周是一些脏乱简陋的住房。我们穿过一群衣着脏乱的孩子，钻过一排排晒得褪了色的衣服，最终找到了46号。这位警察的门上钉着一个小铜牌，上面刻着他的名字“兰斯”。我们上前一问，知道他正在睡觉呢。于是，我们走进一间小客厅里等他醒来。没过多大一会儿，这位警察走了出来。

“我在局里都已经报告过了。”他显得有些不高兴，自己的好梦被搅了。

福尔摩斯从衣袋里掏出一个半镑金币，放在手中把弄，说：“我们现在非常想听，你从头到尾给我讲一遍。”

“非常乐意说我知道的一切。”他两眼紧盯着福尔摩斯手中的金币说。

“那么，让我们听听整个事情的经过吧！”福尔摩斯说。

兰斯坐了下来，他好像在努力地使自己的讲述没有遗漏，皱起眉头说：“那我从头说起。我晚上十点到第二天早上六点这段时间当班。昨夜十一点钟的时候，有人在白哈特街打架，此外，我的巡逻区内一片平静。一点钟左右，就开始下雨了。这时，我遇见了亥瑞·摩契，他在荷兰树林区一带巡逻。接着，我们俩就站在亨瑞埃塔街的拐角处聊天。一会儿，大约是两点或两点刚过一点的时候，我想该再转转了，那时布瑞克斯顿街依然平安无事。这条街又泥泞又偏僻，夜里连个人影都没有，只有一辆马车驶过。我边溜达，边寻思如果能喝上一盅热酒该有多美。此时，忽见劳瑞斯顿花园街3号那房子的窗口射出了灯光。我一直知道劳瑞斯顿花园街的那两所房子是空着的，其中一所最后的房客是得伤寒病死的，但房东一直不愿意修理。所以当我看到那窗口里面透出灯光，吓了一大跳，担心出什么事了。等我走到屋门口的时候——”

“你马上就停住了，接着转身走回花园门口，”福尔摩斯突然插嘴问，“你为什么要这么做？”

兰斯一下子跳了起来，满脸狐疑，瞪着他那一双大眼睛望着福尔摩斯：“天哪！确实是那样，先生！可是您是怎么知道的呢，天哪！您看，我走到门口的那一刹那，我突然觉得自己太单薄，太恐怖了，还是找个人跟我一起进去比较好。我倒并不怕人世的什么东西，但我当时猛然想起，说不定是那个因伤寒死去的旧房客，正在那儿检查那个要他性命的阴沟呢！当我脑袋里闪过这个念头时，我吓得转身就走，到大门口去看还能不能看到摩契的提灯。但是街上连个影子都没有。”

“街上一个人也没有吗？”

“别说人影了，先生，连只狗都没有。于是，我只好鼓足勇气又走回去，并把门推开。里面静悄悄的，我就走进那间有灯光的屋子里。壁炉台上燃着一支红色的蜡烛，烛光摇摆闪烁着，透过烛光我看见——”

“好了，你当时看到的情景我都看到了。你在屋里来回走了几圈，还在死尸旁边跪了下来，然后还去推了推厨房的门，接着——”

听到这里，约翰·兰斯突然跳了起来，一脸的惊愕，眼中透出怀疑的神情。

他大声说：“当时你是不是躲在那儿，居然能看得这样清清楚楚？在我看来，这些事你都不可能知道的。”

福尔摩斯笑了，掏出了自己的名片，越过桌子丢给这位警察。“你千万别把我当成凶犯抓起来，”他说，“我也只是一条猎犬，但我不是狼；格莱森和雷斯垂德先生都会向您证明这一点的。那么，请接着往下讲。之后你又干了些什么呢？”

兰斯又重新坐了下来，但是脸上显然还是带着狐疑的神情。“我走到大门口，吹响了警笛。摩契和另外两个警察应声赶过来。”

“当时街上一个人都没有吗？”

“是呀，正经人肯定都早就回家了。”

“这是什么意思？”

警察笑了笑，说：“这辈子我见过的醉汉不计其数，可从来没有看见过像那家伙那么烂醉如泥的人。我走出屋子的时候，他正倚着栏杆站在门口，扯开嗓门，放声唱着克伦巴茵[1]曾唱过的那段小调或是诸如此类的曲子。他站都站不稳了，真是非常让人头疼。”

“这是怎样的一个人？”夏洛克·福尔摩斯问。

约翰·兰斯好像对这样的打岔有点不高兴。“他是个非常特别的酒鬼，”他说，“要不是我们腾不出手来，肯定要把他带回局里。”

“他的脸——他的衣着，这些您注意过吗？”福尔摩斯不耐烦地打断他说。

“我注意到了，因为是我在扶他——我和摩契一边一个扶他来着。他个子挺高，脸膛红彤彤的，下巴上……”

“够了。”福尔摩斯大声说道，“他后来怎么样了？”

“我们忙得根本没工夫去管他。”这巡警悻悻然地说，“我敢担保，他应该记得自己回家的路。”

“他穿什么样的衣服？”

“一件咖啡色的外套。”

“手上有没有拿马鞭？”

---

[1]意指活泼伶俐的少年女仆人，也是意大利传统戏剧中的程式化角色。

“马鞭？没有。”

“他准是把马鞭放在车上了。”我的同伴低声说，“后来您有没有看见或听见一辆马车经过？”

“没有。”

“这半镑金币给您了。”我的同伴说着，起身拿好帽子，“兰斯，恐怕您这辈子都别想升官了。您这脑袋瓜子不光是长着看的，还该好好用用才行。昨晚您本来是有机会升个军士军衔的。您抓住的那个人，正是我们在找的这案子的关键人物。现在说这些已经毫无意义了，我只是告诉您而已。我们走吧，医生。”

我俩一起回去找马车，那警察满腹狐疑地待在屋里，不过显然他心里也觉得非常的难过。

“这个笨蛋！”我们乘车回寓所的路上，福尔摩斯愤然地说道，“你想想，好不容易有这么一个绝好的机会，他居然会给白白错过。”

“我还是想不明白。兰斯说的完全符合您的想法，这没错，这桩案子里确实还有另外一个人。但是，这个人离开屋子之后，干吗还要回去呢？作案的人通常都不会这么做的呀。”

“戒指，伙计，戒指：他是回去找这个的。如果我们没别的办法逮住他，我们不妨拿这个戒指当诱饵。我会逮住他的，医生——我敢押一赔二跟您赌一把，他肯定会上钩。这事我还真得谢谢您。要不是您，我说不定还不会去呢，那样一来，我就要错过这次平生最有意思的研究：血字研究，呃？为什么不能用有点色彩的词儿呢？这条谋杀的红线，贯穿在生活灰暗的雾团之中，我们的职责就是找到它，把它剥离出来，纤毫毕露地展现在人们眼前。现在我们去吃午饭吧，然后是诺曼·聂鲁达的音乐会。她的起音和弓法都非常的美妙。肖邦的那支小曲子，她拉得棒极了：特啦——啦——啦——里啦——里啦——来。”

这位非官方侦探，倚靠在车座上，像只云雀一样一路哼着歌曲，我却一直在偷偷地想，人类的大脑可真是无所不能啊！

五　广告引来的不速之客

上午在外面奔波了一场，我的身体已经有点支撑不住了，下午就开始感到非常的疲倦。福尔摩斯去听音乐会之后，我就躺在了沙发上，想尽量睡上两小时，却怎么也睡不着。我的脑袋里全是关于劳瑞斯顿花园街3号惨案的那些稀奇古怪事情的思考和猜测，大脑处在一种非常亢奋的状态。我一闭上眼睛，被害者那狰狞、扭曲的像狒狒一样的面容就立即浮现出来。那张脸实在是太可怕了，我不由得对那个除掉长着这么一张脸的家伙的人有些感激，除此之外很难再有别的什么情感。但是，怎么能单凭一个人的相貌，就能判断这个人的罪恶呢？就如这位克利夫兰的伊诺克·德雷伯。但我还是清楚地知道，我们必须要伸张正义，从法律的角度来说，被害人是个恶棍并不能成为宽恕凶手的理由。

福尔摩斯曾推测说，这个男人是被毒死的，我思前想后觉得这个推测确实非常不平常。我记得福尔摩斯曾嗅过被害者的嘴唇，他一定已经发现了某种迹象才会有这样的判断，这一点我非常确信。再者，尸体上既没有什么伤痕，也没有被勒死的痕迹，倘若并非中毒而死，那致死的原因又是什么呢？但是，地板上那大摊的血迹又是谁的呢？屋里没有厮打的痕迹，也没有找到凶器。如果这一类问题得不到解答，我想不管是福尔摩斯还是我都不能安睡。但看到福尔摩斯即镇定而又自信的神态，我确信他对全部情节早就有了自己的想法，尽管我还猜测不出究竟内容是什么。

福尔摩斯回来的时候，已经非常晚了，但是这绝对不可能是因为音乐会才回来这么晚。他回来时，晚饭已在桌上摆好了。

“音乐会太棒了。”福尔摩斯说着便坐了下来，“还记得达尔文关于音乐的见解吗？他认为，早在人类具有说话能力之前，就已经有了创造和欣赏音乐的能力了。这也许就是我们所以如此不可思议地能够轻易被音乐所感染的原因。在我们内心深处，对于宇宙混沌初期的朦胧岁月，一定还残留着一些模糊难辨的记忆。”

我说：“这种见解好像过于宽泛了吧。”

福尔摩斯说：“如果一个人想要诠释大自然，那么，他所能想象的领域就必须要和大自然一样的广阔无垠。怎么了？你今天看起来和平常不太一样。一定是布瑞克斯顿街的案子叫你心神不安了吧。”

我说：“说真的，这个案子确实让我心绪不定。经过了在阿富汗的那番苦难之后，我本应该能够锻炼得坚强些。在迈旺德战役中，我也曾亲眼看到过自己的战友们血肉横飞，但那时我并没有丝毫的感到过害怕。”

“我完全可以理解你。这件案子确实有些古怪离奇之处，这才让我引起想象。没有想象的话，恐惧也不存在。你读过今天的晚报了吗？”

“还没有。”

“新闻报道把这个案子叙述得非常的详细。但却对提到抬尸时，有一枚女式结婚戒指掉落在地板上的细节只字未提。这样做倒是更好。”

“为什么？”

“看看这则广告，”他说，“今天上午，离开现场后，我就立刻让各家报纸登了一则广告。”

他将报纸递给我，让我看了一眼他指的地方。这是“失物招领栏”的里头的一则广告。广告是这么写的：

今天早晨在布瑞克斯顿街、白鹿酒馆和荷兰树林之间捡到结婚金戒指一枚。失者请于今晚八时至九时到贝克街221号华生医生处认领。

“请原谅，”福尔摩斯说，“我用了你的名字登广告。如果是写我自己的名字，这些笨蛋侦探中或许有些人就会识破，到时候他们肯定就会插手了。”

“这没有关系，”我回答说，“不过，要是有人来认领的话，我可没有什么戒指呀。”

“哦，你有，”说着他就交给了我一枚戒指，“这只就足以应付过去。几乎和原来的那只一模一样。”

“那你觉得谁会来认领呢？”

“哦，那个穿棕色外衣的男人肯定会来，咱们那位红脸膛的穿方头靴子朋友。如果他自己不来，也会是他打发来的一个同党。”

“他就不会觉得这样做太危险了吗？”

“绝对不会。咱们首先假定我对这桩案子的想法是正确的，而我有一切理由相信它是正确的，那么这个人宁愿冒再大的风险，也不肯失去这枚戒指。据我看来，他是在弯腰去看德雷伯的尸体时把戒指掉在地上的，可他当时并没觉察。离开那座宅子以后，他发现丢了戒指，于是急忙赶回去，可是看到由于自己一时粗心，没把蜡烛吹灭，已经把警察给招来了。他只好假装喝醉了酒，免得人家会对他此刻出现在大门口萌生怀疑。现在，您不妨设身处地帮他想一想。把事情前前后后想过以后，他一定会有这么一个想法，就是戒指完全可能是在离开宅子以后掉在半路上的。然后他会怎么做呢？他会急不可耐地去看晚报，指望在失物招领栏里找到它。他看到这则启事当然会眼睛发亮，会喜出望外。他干吗要害怕会有圈套？在他眼里，根本没有理由把找戒指跟谋杀联系在一起。他应该会来的，他会来的。不出一小时您就能见到他了。”

“然后呢？”我问。

"哦，然后您就让我来对付他吧。您有武器吗？"

"我有一把老式的军用手枪，还有几个弹夹。"

"您最好把它擦一下，装好子弹。他是个会铤而走险的人；虽然我说会趁他没防备的当口制服他，不过凡事还是多做个准备为好。"

我走进卧室，按照他的话做准备了一下。当我拿着手枪回来时，只见餐桌已经收拾干净，福尔摩斯正在小提琴上拨弦，这是他最喜欢的消遣。

"案情复杂起来了。"我进屋时，他说道，"我发给美国的电报，刚刚来了回电。我对这桩案子的想法是正确的。"

"您的想法是……"我急切地问。

"我的提琴换一套弦线，会好得多。"他应声说，"把您的手枪放在衣袋里。那家伙来的时候，用平时的语气跟他说话。其余的事情交给我。别老是盯着他，免得惊动他。"

"现在是八点钟。"我瞧了瞧表说。

"对。大概再过几分钟他就到了。请把房门开一条缝。这样就行。再把钥匙从里面插在门锁上。谢谢！这儿有一本古里古怪的旧书，是我昨天在书摊上淘到的，书名叫《论各民族之法律》，用拉丁文印刷，一六四二年在低地[1]的列日出版。这本棕色书皮的小书问世之时，查理一世[2]的脑袋还好端端地长在脖子上呢。"

"印刷商是谁？"

"是菲利奇·德克罗伊，不晓得是个怎样的人物。扉页上写着'古列米·怀特藏书'，墨水早都褪了颜色。不知道威廉·怀特是什么人，大概是十七世纪的一位实证主义的法律家吧，连他的书法都有一种法律家的风范呢。我想他来了。"

说到这里，就听到门外铃声响了起来。福尔摩斯缓缓地起身，把椅子朝房门口的方向稍微挪了挪。我们听到女仆走过门廊，然后打开门闩的声音。

"华生医生住在这里吗？"一个语气粗鲁但非常清晰的声音问道。我们并未听到仆人的回答，只是听到大门关上，有人上楼的声音。脚步慢慢吞吞，像是在拖着步子走。我的朋友侧耳听着，脸上露出惊奇的表

---

[1]指低地国家，荷兰、比利时等，这里指比利时。列日，比利时的一个地名。

[2]英国斯图亚特王朝国王，对抗国会，压迫清教徒，最终引起内战。判死刑断头。

情。脚步缓慢地沿着过道走近了，接着就听到轻微的敲门声。

“请进。”我大声回答。

进屋来的并不是我们之前预料到的那位凶神恶煞的凶手，而是一个满面皱纹的老太婆，步履蹒跚地走了进来。她刚进屋的时候，骤然被灯光一照，似乎花了眼。她行过礼后就站在那儿，老眼昏花地看着我们，她那颤抖着的手指一直在衣袋里摸索着什么。我看了福尔摩斯一眼，他显得闷闷不乐，我也只好就装作泰然自若。她掏出一张报纸，用手指着我朋友登的那则广告说：“先生们，我是为它而来的，”说着，她又深深行了个礼，“广告上说，您在布瑞克斯顿街捡到一枚女式的结婚金戒指。那正是我女儿赛莉的，她是去年这个时候结的婚，丈夫是一条英国船上的会计。要是他回来的时候，看见她的戒指不见了，谁知道他会做出什么来呢。我简直不敢想象。他这个人平日里就是个急脾气，喝了酒以后，就更暴躁了。对不起，是这样的，昨天晚上她去看马戏，是和——”

“是这枚戒指吗？”我问道。

老太婆叫了出来：“哦，上帝保佑！这下赛莉可要高兴死了。这正是她的结婚戒指。”

我拿起一支铅笔问：“您住在哪儿？”

“宏兹迪池区，邓肯街13号。离这儿可远呢。”

福尔摩斯突然说：“可是布瑞克斯顿街不在宏兹迪池区和什么马戏团之间呀。”

老太婆转过头去，用一双小红眼锐利地瞟了福尔摩斯一眼，说：“刚才那位先生问的我的住址。赛莉住在培克罕区，梅菲尔德公寓。”

“贵姓——？”

“我姓索叶，我的女儿姓丹尼斯，他的男人叫汤姆·丹尼斯。在船上他可真是一个又帅气又正派的小伙子，是公司里拿得出手的会计；可一上岸就变了，又玩女人，又酗酒——”

“给您的戒指，索叶太太，”我按照着福尔摩斯的暗示打断了她的话头，“这个戒指应该就是你女儿的。现在物归原主了，这真令人高兴。”

老太婆絮絮叨叨以后，就把戒指包好，放进衣袋，然后慢吞吞地走下楼去。她一出房门，福尔摩斯就立刻站起，跑进他的房间里。几秒钟后，他出来的时候，已穿上大衣，系好围巾。他在匆忙中说：“我得跟着她。她一定是凶手的同党，她肯定能把我领到凶犯那里去的。先不要睡，等着我。”

客人离开后大门刚刚关好，福尔摩斯就急匆匆地跑下了楼。我从窗子往外看，看到那个老太婆有气无力地走着，福尔摩斯则尾随在她的后边不远处。我心想：如果福尔摩斯的全部看法都正确的话，他现在就要深入虎穴了。他其实用不着让我等着他，在我听到他此次冒险的结果之前，要想睡觉那是不可能的。

福尔摩斯出门时已经接近九点钟了，不知道他去多久才能回来，我只好呆坐在房里抽根烟，翻阅着昂利·穆尔杰的《波亥米传》。十点的时候，我听到女佣收拾东西回房睡觉的声音。十一点时，房东太太也拖着沉重的脚步经过房间，看来她也要回房睡觉了。将近十二点的时候，我听到了福尔摩斯用钥匙开门的声音。他走进房间来，从他的表情我就能够看出来，他并没有成功。兴奋与懊恼似乎正在他心里纠葛着。忽然间，他一下子放声大笑起来，似乎高兴战胜了懊恼。

“这件事无论如何也不能让苏格兰场的人知道。”福尔摩斯大声说着并坐在了椅子上，“我嘲笑他们的次数太多了，这次绝不能就此罢休。但就算他们知道了，嘲笑我，我也不在乎，我早晚要把面子赢回来的。”

“到底怎么回事？”我问道。

“哦，那我把这次失败的经历讲给你听听吧！这没关系的。那老太太没走多远，就一瘸一拐地像是脚痛。然后，她忽然停下来叫了一辆经过的马车。于是，我走近了些，想听清楚她要去哪里；其实本不用这么着急，因为她声音非常大，就算隔着马路我也能听清。她非常大声地说：‘到宏兹迪池区，邓肯街13号。’当时，我认为她说的是实话。等她上了车，我就跟着跳上了马车的后部。这是一个侦探必须掌握的跟踪技术。紧接着，我们就这样一路前进没有停过，马车径直奔向了目的地。快要到13号的时候，我急忙跳下车，漫步在马路上，假装在闲荡。我亲眼看见马车停下，车夫跳下车，打开车门等候客人出来，但并没有人走下来。于是，我慢慢走到马车跟前，只见车夫正在黑暗的车厢里到处寻找，嘴里不干不净地咒骂着，骂的都是我第一次听到的‘最动听’的词了。乘客早就已经无影无踪了。他想拿到这笔车费估计不知道得等到什么时候。于是我就到13号去询问，原来那里住的是一位品行端正叫凯斯维克的裱糊匠，根本没有叫什么索叶或丹尼斯的人在那里住过。”

我不可置信地大声问：“难道那个颤巍巍、有气无力的老太太能够瞒过你和车夫两个人，在行进中跳车逃跑吗？”

“她根本不是什么老太太，真该死！咱们才是老太太呢！眼拙得竟上了当。他肯定是个壮年小伙子，而且还非常聪明。不仅如此，他还是个演技高超的演员，真是无与伦比的高超。非常显然，他知道有人在跟踪他，他才用了这么一招，乘我不备时溜掉了。这次的事告诉我们，咱们现在要抓的这个人，绝不像我们想象的那样是一个人，他有非常多朋友，而且甘愿为他冒险。华生，你肯定也累坏了，您就先去休息吧！”

我确实感觉非常疲倦，所以就听他的劝回房去睡了。福尔摩斯一个人坐在炉子旁边，炉内的火微微燃烧着。在这万物沉寂的漫漫长夜里，我还不时听到他那忧郁的琴音隐隐回荡，我知道他还在思索着他正在着手解决的那个奇怪的问题。

六　托比亚斯·格莱森一试身手

第二天，城内各家报纸纷纷刊登出了“劳瑞斯顿奇案”，他们是这么命名这个案子的。

每份报纸都是长篇累牍的详细报道，有的还发表了评论。其中提到的一些情况，好多是我原来都不知道的。我的剪贴本里到现在仍然还保留着关于这件案子的许多剪报和摘录。下面是我整理出的一部分：

《每日电讯报》评论道，迄今为止在犯罪史上情节如此离奇的案件是非常少见的。遇害者用的是德国名字，凶手没有其他任何犯罪动机，加上墙上留下的恐怖血字，都说明作案的凶犯是政治难民和革命党人。在美国社会党有很多支部，死者无疑触犯了他们的某项不成文法规，因此被一直跟踪到了英国。文章还旁征博引，谈及了秘密刑事法庭制度[1]，托法娜毒药水案[2]，意大利烧炭党人案，德·布兰维利耶侯爵夫人案[3]，达尔文的进化论案，马尔萨斯的人口论案，甚至雷克利弗公路谋杀案，得出的结论是要告诫政府当局，应该加强对于在英国的外国人的防范。

《旗帜报》则指出，这类无视法律权威的暴劣行径，通常会发生在自由党执政期间。这都根源于民众心智上的不健全，以及由此引起的种种职权的软弱。受害者是一位美国绅士，在伦敦已经逗留几个星期。

---

[1]指12至16世纪中叶，在德意志威斯特法利亚实行的秘密法庭制度。

[2]托法娜是17世纪意大利妇女，发明慢性毒药水，导致六百多人死亡。

[3]17世纪的法国，有位年轻美貌的毒药杀人犯，被处斩刑。

他住在坎伯韦尔区托凯街夏庞蒂埃夫人的公寓。他由他的私人秘书约瑟夫·斯坦格森先生陪同一起来到伦敦。两人于本月四日星期二告别了房东太太，便到达尤斯顿车站，打算乘快车前往利物浦。有人在站台上看到过他们，而此后就再也没人见过他俩了，直至发现了德雷伯先生的尸体，有如报道所载，被放在距尤斯顿数英里之遥的劳瑞斯顿街的一幢空宅里。他是如何到了那里，又怎样在那儿惨遭伤害，至今仍是未解之谜。斯坦格森至今下落不明。幸运的是，我们获悉苏格兰场的雷斯垂德先生和格莱森先生将一起负责办理此案，相信这两位能干的警探肯定能够迅速破案。

《每日新闻》认为此案绝对是一桩政治案件。大陆各国的政府都在积极推行专制政体，对自由党的主张则极为排斥，后果就是驱逐了一大批因有前科而颇难成为好公民的人离开英国境内。这些人中有一套极其严格的规范，一旦触犯，则处以死刑。眼下应尽最大努力找到死者的秘书斯坦格森，以查明死者生前的爱好习惯和种种细节。死者生前住过的公寓地址已查明，这让案情有了非常大的进展，这要完全归功于苏格兰场格莱森先生的机警和精干。

我和福尔摩斯在早餐时间看了这些报道，他似乎觉得这些评论非常有意思。

“我跟您说过的！不管什么样的情况，雷斯垂德和格莱森都会是最大赢家。”

“那也得看看最后的结果吧！”

“哦，才不会呢！如果抓住了那家伙，他们就是恪尽职守，最终成功；如果那家伙跑掉了，那他们是竭尽全力，只是运气不佳。反正他们怎么样都会有道理，无论他们做了什么，都会有人捧场。这叫‘一个蠢货即使再蠢，也会有更蠢的家伙来崇拜他’。”

“发生什么事了？”听到门厅和楼梯上嘈杂的脚步声，我不由得叫了出来，其中还掺杂着房东太太不满的埋怨声。

“侦缉队，贝克街小分队来了。”福尔摩斯煞有其事地说。话音未落，几个街上的流浪儿冲了进来，这还真是我头一次见浑身上下脏成这样的小混混。

“立正！”福尔摩斯突然厉声喝道，只见六个小混混立刻整齐地排成一排，特别像一排破破烂烂的小泥人。

“以后就由威金斯一个人上来向我报告，其余的人都等在街上。你们找到他了吗，威金斯？”

“还没有找到，先生。”其中的一个孩子回答。

“我也没指望你们能够这么快找到，但你们必须继续找，直到找到为止。这是你们的报酬。”说着福尔摩斯给他们每人发了一个先令。

“好了，你们先走吧！我等着你们的好消息。”他挥挥手，这群孩子一哄而散，不一会儿，街上传来他们的尖叫和欢呼声。

“一群这样的小混混，比一打警察还有用。人们一看到像警察模样的人，就不敢说什么了。可这些孩子，哪儿都能去，什么都能打听到，而且他们一个个都非常机灵，唯一缺乏的就是组织性，把他们组织起来对案件侦破非常有力。”福尔摩斯对我说。

“你是雇佣他们帮您查这次案子的吗？”我问他。

“是的，我需要确认这件事，这只是个时间问题罢了。”他接着说，“我们马上还会听到些新闻或者好消息！格莱森往这儿来了，满脸得意的神色。我想他肯定是来找我们的。你看，他停住了，就在咱们门口。”

接着，就听到楼下铃声大作，一眨眼工夫，这位金发侦探已疾步奔上楼来，闯进我们所在的房间。

“嘿，老兄，祝贺我吧，这个案子我已经查得水落石出啦！”他紧握福尔摩斯的手喊道，而福尔摩斯的双手明显比较僵硬，没有任何反应。

这时，我隐约看到福尔摩斯表情丰富的脸上闪过一丝不安的神情。

“您的意思是说你们已经找到了可靠的线索吗？”他问。

“可靠的线索？瞧您说的，我们都已经把凶手关进牢房了。”

“他叫什么？”

“阿瑟·夏庞蒂埃，是皇家海军的一个中尉。”格莱森显得非常得意，搓着他那双肥胖的手，挺着胸脯大声地说着。

夏洛克·福尔摩斯吁了口气，轻松地微笑起来。

“请坐，抽一根雪茄吧。”他说，“我们急切地想知道您是怎么破案的。您要不要来点威士忌加水？”

“可以来一点。”这位侦探回答说，“这两天我竭尽努力，真是弄得筋疲力尽。您知道，尽管体力上消耗并不大，可是心理上承受的压力非常大。您对此是能够体会的，夏洛克·福尔摩斯先生，因为我们都是从事脑力劳动的。”

“您这么说我有点不太敢当。”福尔摩斯一本正经地说，“让我们听听您是怎么取得这个令人高兴的收获的。”

这位侦探在扶手椅上坐定，沾沾自喜地吸了口雪茄，而后突然乐不可支地在大腿上猛地一拍。

“好就好在，”他大声说道，“那个傻瓜雷斯垂德自以为聪明，可是走的压根儿就是岔道。他一心揪住那个秘书斯坦格森不放，可是那个人在这桩案子里就像刚出生婴儿一样清白呢。我敢肯定，他这会儿已经把那人抓起来了。”

格莱森说到这儿，情不自禁地放声大笑，一直笑的喘不过气来。

“那您是怎么发现线索的呢？”

“哦，我来原原本本讲给你们听吧。当然，华生医生，这事是绝对不能让其他人知道的。我们首先面临的问题，就是要查明这个美国人的来历。换了有的人，也许会坐等登出去的启事有个回音，或者知情人主动前来提供信息。这些都不是我托比亚斯·格莱森的办事风格。你们还记得死者身边有一顶帽子吗？”

“记得，”福尔摩斯说，“是在恩德乌德父子的店里买的，店址是坎伯韦尔街129号。”

格莱森看上去非常沮丧。

“我没想到您也注意到了。”他说，“您也去那儿了？”

“没有。”

“哈！”格莱森喊道，听上去像是松了一口气，“一个人不该忽视任何机会，即使它看起来微不足道。”

“对才智出众的人而言，不存在微不足道的事情。”福尔摩斯言简意赅地回答说。

“好，我去了恩德乌德的店里，问店主有没有卖过这种尺码、这种式样的帽子。他翻了翻售货记录，很快就找到了。这顶帽子是给德雷伯先生送去的，那位先生住在托凯街夏庞蒂埃寄宿公寓。这样我就搞到了他的住址。”

“漂亮——非常漂亮！”夏洛克·福尔摩斯轻轻地说。

“我接着就去拜访了夏庞蒂埃太太。”侦探继续往下说，“我发觉她脸色苍白，忧心忡忡。她女儿也在房间里——那姑娘长得非常漂亮；她看上去眼圈发红，我跟她讲话时她嘴唇直哆嗦。这些都逃不过我的眼睛。我琢磨这下有戏了。这种觉着侦缉对了路的感觉，福尔摩斯先生，您是了解的——仿佛浑身的神经都绷紧似的。‘你们先前的房客，来自克利夫兰的伊诺克·德雷伯先生死于非命的消息，这个你们知道吗？’我问。夏庞蒂埃太太点了点头，似乎连话都说不出来了。她的女儿在旁边一下子哭了起来。我就更加确定她们对这件案子，肯定是知情的。‘德雷伯先生告别你们去火车站的时候，是几点钟？’我又问。‘八点钟。’她回答的时候，喉头哽咽着，似乎在压抑内心的情感。她接着说，‘他的秘书斯坦格森先生说有两趟火车，九点十五一趟，十一点一趟，他准备坐九点十五那趟走。’这是你们最后一次见他吗？我这句话刚出口，我发现这个妇人脸突然变得铁青。好一会儿她才说出‘是的’这两个字——而且嗓音沙哑，非常不自然。一阵沉默之后，她女儿平静、肯定地开了口：‘说谎没有任何好处，妈妈，我们还是把实情告诉这位先生吧！我们后来又见过德雷伯先生。’”

“‘天哪！愿上帝宽恕你，你这是害了你哥哥呀！’夏庞蒂埃太太双手高举，然后瘫坐在椅子上。”

“‘阿瑟肯定也希望我们讲真话。’姑娘坚定地回答。”

“‘您现在最好还是毫不隐瞒地说出实情吧！话说一半还不如不说。再说您根本不了解我们都掌握了什么情况。’我跟她们说。”

“‘这都怪你，爱莉丝！’她母亲高声说，然后转向我，‘我会告诉您实情的，先生，但请千万不要认为我现在如此不安是因为我的儿子与此事有关。我相信他在这件事情上绝对是清白的。我只是担心在您或别人的眼里，他看起来像与这桩可怕的案子有牵连，这绝对是不可能的。他的人品高尚，他的职业、经历都能证明这一点，他绝对跟此事无关。’”

“‘您最好还是把事情都讲明。’我说，‘请您相信我，如果您的儿子是无辜的，我们是绝对不会冤枉他的。’”

“‘爱莉丝，让我跟这位先生单独谈谈吧！’她把她的女儿支开之后，接着说：‘先生，我原本不准备把这一切都讲出来，但既然我可怜的女儿已经把事情讲出来了，我也就没有必要再隐瞒什么了。我现在既然决定把实情全部告诉您，就会毫无保留地全部说出来’。”

“‘这是对查明真相最有利的做法了。’我说。”

“‘德雷伯先生住在我们这儿差不多有三个星期。他和秘书斯坦格森先生来欧洲旅行。我看见他们的箱子上都贴了哥本哈根的旅行标签，知道他们刚从那里到伦敦来。斯坦格森是个矜持、沉静的人，而他的主人，说实在的，跟他截然不同。这个人生性放荡，言行粗俗。第一天晚上他就喝了个酩酊大醉，直到第二天中午都还没有完全清醒。对女仆的态度更是放肆。而更糟糕的是他很快对爱莉丝也露出了这副德性，多次对她说一些不堪入耳的混账话，多亏单纯的爱莉丝还听不懂这些。有一次，他居然抓住了她的手，把她抱住了——他这样胡作非为，甚至连他自己的秘书都指责他。’”

“‘那您为什么这么纵容他这样做呢？’我问。‘我想，只要您愿意的话，您尽可以让您的房客离开。’”

“我问到了要害之处，夏庞蒂埃太太不由得脸红了。‘如果在他来的当天我就拒绝了他，那就好了。’她说，‘但这真是个有些让人难以启齿的诱惑。他们每人每天向我支付一英镑——一星期就是十四英镑，并且现在本来就是租房的淡季。我是个寡妇，儿子在海军服役又需要花非常多的钱。我不愿失去这笔收入。所以我就只能尽量忍受。可他最后那次实在是太过分了，所以我就让他马上搬走了。这正是他离开的原因。’”

“‘后来呢？’我接着问她。‘看到他乘的车子走了，我暗暗地松了口气。那时我儿子正好在家休假，但是这事儿我却对他只字未提，因为他性子暴躁，非常疼妹妹。他们走后，我就关上房门，真是感觉心头的石头终于落了地。唉，可是谁想到还没有过一个钟头，门铃响了，那位先生又回来了。他异常兴奋，显然是又喝醉了。我的女儿当时正坐在房里，他便闯了进来，语无伦次地解释着什么火车晚了点。接着他转向爱莉丝，竟当着我的面请她跟他私奔。’‘你已经不是孩子了，’他说，‘没有任何法律可以阻拦你跟我走。我真的非常有钱，完全够你花的。甭管这个老太婆了，跟我一块儿走吧。你的日子会过得像个公主一样。’可怜的爱莉丝被吓得一直后退，可是他紧抓她的手腕，一直把她往门口拖。’”

“‘我尖叫起来，就在这时，我的儿子阿瑟进了屋。之后发生了什么，我就不知道了。当时只能听见乱哄哄的咒骂声和扭打的声音。我吓得没敢抬头看。当我抬起头时，只见阿瑟站在门口大笑着，手里有一根棍子。‘料想这小子再也不敢来找咱们麻烦了，’他说，‘我出去看看他还想怎么样。’然后，他就拿起帽子下了楼。第二天早上，我们便听到了德雷伯先生遇害的消息。’”

“这些都是夏庞蒂埃太太亲口告诉我的，不过她当时说得断断续续的，经常还要停下来喘气儿。有时候她的声音非常低，让我听起来都非常的费力。不过，她的每一句话，我都速记了下来，所以绝没有弄错。”

“非常精彩。”夏洛克·福尔摩斯说着，一边打了个哈欠。“那后来呢？”

“听完夏庞蒂埃太太的话以后，”这位侦探接着说，“我找到整件案子的关键所在了。我用眼睛紧紧盯住她，我发现这种眼神在女人身上往往非常奏效，然后我问她，她儿子几点钟回家的。”

“‘我不知道。’她回答说。”

“不知道？”

“是的，他有家里的钥匙，我们从来都不用等他。”

“那么他是在您睡觉之后才回来的？”

“是的。”

“您是几点钟休息的？”

“大约十一点。”

“这么说，您儿子出去了至少有两个钟头？”

“是的。”

“或许也会是四五个钟头？”

“是的。”

“他在出门的这段时间里都做了什么？”

“‘我不知道。’她说这些时，嘴唇已经全无血色。”

“话说到这儿，也就没什么好再问的了。我设法打听到了夏庞蒂埃中尉的下落，带了两个警探去逮捕他。就在我抓住他的肩膀，警告他老实地跟我们走的时候，他却突然放肆地问我：‘你们逮捕我，想必是怀疑我跟那个混蛋德雷伯的死有关吧？’这件事我们还没向他提过呢，他自己倒先问了，这样的话就相当可疑了。”

“的确如此。”福尔摩斯说道。

“他身旁还有那根沉甸甸的木棍，他母亲说他就是拿着这根木棍去追打德雷伯的。那是根非常粗的橡木棒。”

“那么，您得出了什么结论呢？”

“我认为这个女人的儿子一直追着德雷伯先生到了布瑞克斯顿街。两人在那里又发生了争吵，而德雷伯先生挨了他一棒，这一棒也许非常巧地击中了德雷伯先生的要害，所以导致死亡，但是却没留下任何伤痕。而当晚雨下得非常大，四周又没有什么人，因此夏庞蒂埃就把德雷伯先生的尸体拖到了空宅里。至于那些蜡烛、血迹、写在墙上的血字，还有戒指，都是他为了掩人耳目而布下的陷阱，借以想逃避警方的追查，来误导我们的。”

“做得好，格莱森！您的进步太大了，成功就在我们眼前了。”福尔摩斯称赞道。

这位侦探有点洋洋得意了，说道：“我也觉得这件事我确实处理得非常干净利索。那个中尉也写了一份陈述，他说他跟踪了一会儿就被发现了，于是德雷伯先生他们就坐上马车把他甩掉了。他往回走时遇见了一个军舰上的同事，两人同行了非常长一段路。但问到他同事住在哪里时，他又不能自圆其说了。我觉得这个案子至此，每个细节都已经吻合了。我觉得可笑的是雷斯垂德，他一开始就搞错了方向，这样看来他肯定不会有什么收获了。嘿，他也来了，真是说曹操，曹操就到！”

果然，雷斯垂德走了进来，估计我们谈话时他正上楼，此刻已走进屋里来。在平常，不管是谈话还是干什么，他都装着一副得意洋洋和信心百倍的模样，这会儿得意和信心都消失殆尽了。相反，他看起来六神无主，愁容满面，而且衣冠不整。估计他是来向福尔摩斯求教的，当他看到他的同事——格莱森也在的时候，顿时尴尬得手足无措。他站在房间中间，一直忸怩不安地摆弄着他手上的帽子，不知做什么好。

“这件案子真是离奇古怪，实在让人难以理解！”终于最后他开口说道。

“呵呵，您这么想吗，雷斯垂德先生！”格莱森得意洋洋地喊道，“我料到您会得出这个结论的。您设法找到那个秘书约瑟夫·斯坦格森先生了吗？”

“那个秘书约瑟夫·斯坦格森先生，”雷斯垂德表情严肃地说，“今天早晨六点钟左右在哈利迪内的旅馆被人杀死了。”

七　黑暗中的光亮

雷斯垂德给我们带来了这样一个非常重要但是又非常突然的消息，出乎所有人的预料。我们听了，非常的惊讶，哑口无言。格莱森猛地站了起来，杯中剩下的威士忌酒竟也打翻了。我默默地望向福尔摩斯，只见他双唇紧闭，眉毛紧紧皱着。我的同伴喃喃地说：“斯坦格森也被杀了，这下可就更复杂了。”他喃喃地说。

“开始就已经非常复杂了，这简直就是像在参加军事会议，完全摸不着头脑。”雷斯垂德一边发着牢骚，一边坐在了椅子上。

格莱森结结巴巴地问：“你，你这个消息可靠吗？”

雷斯垂德说：“我从斯坦格森的住处过来，我是第一个发现这个情况的人。”

“我们刚刚听了格莱森对这件案子的看法。你能否说说你所做的事情以及你的看法？”福尔摩斯问雷斯垂德。

“好的，”雷斯垂德回答道，“坦白地说，我开始以为德雷伯被杀与斯坦格森有关，但这个结论完全把我搞糊涂了。当我开始认定这个想法的时候，便着手寻找斯坦格森的下落了。有人曾在三号晚上八点半左右看到他们两人在尤斯顿车站。而四号凌晨两点，就发现了劳瑞斯顿街空宅里德雷伯的尸体。我当时要搞清楚的问题就是从八点半到德雷伯先生被害的这段时间里，斯坦格森都做了什么，他又去了哪里。我给利物浦方面拍了电报，叙述了斯坦格森的外貌特征，并要求他们监视从美国来的船只；同时在尤斯顿车站旁边的旅馆和公寓里查找。因为我认为，如果他和德雷伯在那儿已经分手的话，按道理说他当天晚上会在车站附近找个住处，第二天一大早再去车站。”

福尔摩斯说：“非常可能是他们事先约好了见面的地点。”

“事实的确如此。昨天整整一个晚上我都在跑来跑去打听他的下落，可没有任何结果。今天早晨非常早的时候我就又开始查访了。八点钟，我到达了小乔治街的郝黎代旅馆。我询问是否有一位叫斯坦格森的先生住在那儿时，他们立刻就回答说有。”

“他们说：‘那您一定就是他一直在等候的那位先生了吧！他已经等您等了两天了。’”

“‘他住在哪里？’我问道。”

“他还在楼上没有起床。他吩咐过，九点钟再叫醒他。”

“‘我要立刻上去找他，’我说。”

“我当时心里想的是，我如果突然出现，可能会让他大吃一惊，在措手不及之中，他也许会吐露出什么实情来。一个擦鞋的茶房愿意领我上去。房间在三楼，通过一条不长的走廊就可以直达。茶房把房门指给我之后，正要下楼的时候，我突然看到了一种让我非常恶心，恶心得想呕吐的景象，虽然有着二十年的经验，这时候我还是不能够接受。”

“我看到房门下边有血迹弯弯曲曲地流了出来，流过走廊，一直积在对面的墙脚。我不由大叫一声，茶房听到之后，马上转身走了回来。看到眼前的情景，他也被吓得几乎昏了过去。房门反锁着，我们用肩撞开，到了室内。屋里窗户大开，旁边躺着一个男人的尸体，穿着睡衣，蜷成一团。他早已断气，四肢僵硬而冰冷了。我们把尸体翻了过来，擦鞋人马上就认出，他就是这间房子的房客，斯坦格森。死亡原因是身体左侧被人用刀深深刺入，一定是伤到了心脏。最奇怪的情况是，你们猜猜看，死者的脸上有什么？”

听到这里，我觉得毛骨悚然，感到非常恐怖。

福尔摩斯却立即答道：“是用血写成的‘拉契’这个词。”

“正是这样。”雷斯垂德说，说话的语气中还露出恐惧。一时间，我们全都沉默了。这个黑暗中凶手的暗杀行为似乎非常有计划，同时又让人费解，他的罪行也就显得更加恐怖。我的神经虽然在死尸遍野的战场上也非常坚强，一想到这个情景，却也感觉不寒而栗。

雷斯垂德又说："有人曾经见到过凶手。一个送牛奶的孩子在去牛奶房的时候，偶然去过旅馆后的一条小胡同，这条胡同是通向旅馆后边马车房的。他看到平时横在地上的那个梯子被人竖了起来，正对着三楼的上面一扇窗户，窗门大开着。那孩子走过之后，还回过头来瞧了一眼，看到一个人从梯子上爬下来。他丝毫没有慌乱、大大方方地走了下来。这孩子还以为是旅馆里做活的木匠呢，所以也没有特别注意，只是心里有点嘀咕，这时上工似乎有些太早了。他记得这个人仿佛是一个大个子，红脸，穿了一件长长的棕色外衣。行凶之后，他一定是还在房里逗留一会儿。因为我们看到脸盆的水中有血，这说明凶手曾经洗过手；床单上也留下了血迹，看来他行凶之后还非常冷静地把刀子擦干净了。"

一听到凶手的身形、容貌等特征和福尔摩斯的推断非常相符，我就看了他一眼，但他的脸上丝毫没有露出任何得意的样子。福尔摩斯问道："在屋里你没有发现什么可以供缉捕凶手的线索吗？"

"没有。斯坦格森还带着德雷伯的钱包，但是看起来平常就是由他带着的，他是负责开支的。钱包里有八十多镑，分文未动。这次犯罪行为非比寻常，不管动机到底是什么，总之不会是谋财害命。被害人口袋里也没有什么文件或日记本，只有一份电报，是一个月前从克利夫兰城打来的，电文是'J H. 现在欧洲'，但没有署名。"

福尔摩斯问道："没有发现别的东西吗？"

"没什么重要东西了。床上放着一本小说，是死者临睡前读的。烟斗放在床旁边的一把椅子上。桌上有一杯水。窗台上放了个盛药膏的木匣，有两粒药丸。"

夏洛克·福尔摩斯高兴地喊了一声，整个人从椅子上弹了起来。

"这是最后一个环节。"他兴奋异常地高声说道，"我的推理完全证实了。"

两位侦探惊愕地望着他。

"这团乱麻的线头，都已经掌握在我的手里了。"我的同伴自信地说，"当然，有些细节还有待充实，但我相信所有主要的事实，从德雷伯跟斯坦格森在车站分手，直到发现斯坦格森的尸体，整个案情的来龙去脉，我就像亲眼目睹的一样。我来给你们验证一下我的结论。那两颗药丸您带来了吗？"

"带来了。"雷斯垂德拿出一个白色的小盒子说，"药丸、钱包和电报我都带来了，因为我想把它们放在警署里保管更为妥当。这两颗药丸我只是顺手那么一拿，说实在的，我没觉着它们有什么重要性。”

“请把它们放在这儿。”福尔摩斯说，“好，医生，”他转向我说，“这两颗药丸是普通的药丸吗？”这肯定不是普通的药丸。它们呈珍珠色，又小又圆，对着光几乎是透明的。“从它们这么轻、这么透明来判断，它们应该是可以溶于水的。”我说。

“没错。”福尔摩斯应声道，“现在麻烦您下楼去把那只狗抱上来，这只可怜的畜生病了好久，房东太太昨天不是还在求您别让它再受这份罪了吗？”

我走下楼，把那条狗抱上楼来。它呼吸困难，目光呆滞，这都表明它离死期不远了。说真的，从它雪白的鼻吻就可以看出，它早已过了犬类通常的大限之年。我把它放在炉边地毯上一个靠垫上。

“我现在把其中的一粒药丸切开，”福尔摩斯一边说，一边用小刀把药丸切成两半，“半粒我放回盒子里，留着以后说不定还能派上用场。另外半颗我就放进这个酒杯里，里面有一茶匙的水。你们都瞧见了，我的朋友华生医生说得没错，它真的可以溶化在水里。”

“这事或者是非常有趣。”雷斯垂德愤然地说，一个人疑心自己让人当作笑柄的时候，往往会用这种口气说话。“但是，我可看不出这跟约瑟夫·斯坦格森先生的死有什么关系。”

“别着急，我的朋友，别着急！到时候您会看到它跟那事情是大有关系的。我现在再往里面加点牛奶，味道就可口了，看着吧，这条狗马上就会把它舔个精光。”说着他就把酒杯里的液体倒进盘子，放在狗的面前，那条狗非常快地就把盘子都舔了遍。福尔摩斯严肃的态度早已使我们确信不疑了，我们一言不发地坐着，仔细地看着那条狗，并期待着某种惊人的结果发生。

但是，没有任何异常现象发生，这只狗仍然躺在垫子上，卖力地呼吸着。显然，药丸对它既没什么好处，但也没有任何坏的影响。福尔摩斯早已拿出表来盯着，时间一分一秒地过去了，但毫无反应，他的脸上显得极其的懊恼和沮丧。他咬着嘴唇，手指一直敲击着桌子，表现得非常焦急。他的情绪也非常激动，我的心中也不由得为他感到难过。但这两位官方侦探的脸上却显露出讥讽的笑容，他们非常高兴地看着福尔摩斯受到挫折。

“这决不是偶然的事，”福尔摩斯终于大声地说，一面站了起来，在房间里情绪急躁地来回走着，“绝不可能仅仅出于巧合。在德雷伯一案中我就疑心会有某种药丸，现在这种药丸真的在斯坦格森死后被发现了。但是它们竟然毫无作用。究竟是怎么回事？我可以肯定地说，我得出一系列的推论绝不可能有任何谬误！绝不可能！但这个可怜的家伙并没有吃出什么毛病来。哦，我明白了！我明白了！”

福尔摩斯突然高兴地尖叫着跑到药盒前，从里面取出另外一粒药丸，切成两半，拿其中半粒溶化在水里，又加上牛奶，放在狗的面前。这次这个不幸的小动物甚至还没来得及完全沾湿舌头，便开始四肢痉挛颤抖起来，然后就好像被雷击中一样，直挺挺地死了。

福尔摩斯长长地呼出一口气，轻轻地擦了下下额上的汗珠。“我的信心还是不够坚定，刚才我就应当发觉，如果一个情节和一系列的推论似乎有些相矛盾，那么，这个情节一定有某种其他的解释方法。小匣里装的两粒药丸，一粒是剧毒的毒药，另外一粒则完全无毒。其实在我还没有看见这个小盒子之前，我就早该推断出来的。”

我认为，福尔摩斯最后说的这段话有点语不惊人死不休的感觉，非常难让人相信他的神智是清醒的。但是死狗又实实在在地摆在眼前，证实着他推断的正确性。我觉得我头脑中的疑云仿佛正在逐渐地消失，对这个案子的真相我开始有了隐隐约约地认识。

他继续说道：“这些在你们看来好像都觉得非常奇怪，因为在你们着手侦查的时候，根本没有发觉摆在你们面前的那条唯一正确的线索的重要性。幸好我抓住了这个线索，此后发生的所有事情都足以用来证实我开始时的假设，这些事也的确是逻辑上必然的结果。因此，那些让你们万分疑惑而且使案情更加扑朔迷离的事物，却会对我产生启发，并且加强了我的判断。将奇怪和神秘这二者混为一谈，是错误的。最平淡无奇的犯罪行为其实总是最神秘的，因为它看不出什么新鲜或奇特的地方，作为推理的根据。若是案子里被害者的尸体是在大街上被发现的，且又没有任何一点使这个案子显得异常的那些超出正常和骇人听闻的细节。那么，它解决起来就要复杂得多了。所以说，案情情节奇特根本并没有增加破案的难度，反而使破案的困难减少了许多。”

在福尔摩斯发表这番言论时，格莱森先生一直表现得非常不耐烦，这时，他再也忍不住了。他说：“你看，福尔摩斯先生，我们都承认你确实精明强干，而且你也有自己的一套方法。但是，我们现在要的不仅仅是空泛的理论和说教，而是要捉到凶手。我已经把我所侦破的情况说出来了，看来是错了。夏庞蒂埃这个小伙子是不可能被牵连进第二桩谋杀里去的。雷斯垂德一味追踪着的那个斯坦格森，看来，也说明他错了。你东扯一通，西扯一通，似乎看起来比我们知道的多。但现在是时候了，我们想请你尽快说出来，你对于这个案情到底知道了多少。你能说出凶手的姓名吗？”

雷斯垂德也说道："我非常赞成格莱森的说法，先生。我们两人都试过了，并且也都失败了。从我来到你这里来之后，你就多次提到，你早已取得了你所需要的所有证据。现在你不应该再保密了。"

我说："如果迟迟不去逮捕凶手，他非常有可能又有新的暴行了。"

被我们大家这样一逼问，福尔摩斯倒显出了犹豫不决的样子。他不停地在房里踱着，头低垂，紧皱双眉，他思索的时候总是这样的。

"不会再有任何暗杀发生了，"最后，他突然站住了，对我们说，"你们大可以放心，这是肯定的。你们问我知不知道凶手的姓名。我知道。但是，仅仅知道这个，那没什么了不起，把凶手捉到才算真本事呢。我想我非常快就能把他捉住了。对于这项工作，我倒非常愿意亲自安排，亲自下手。但办法要细致周全，因为咱们面对的是一个非常凶残而又狡猾的对手。而且事实证明，还有一个和他一样机警能干的人在协助他。只要这个凶手感觉不到有人能够发现线索的话，那就有捉住他的机会。但是，只要他稍加怀疑，他立即就会改名换姓，非常快淹没于这个大城市的四百万居民之中。我决不想伤害你们两位的感情，但是，必须说明的是，我认为官方侦探绝对不是他们的对手，这也就是我为什么没有请求你们的协助。如果我失败了，当然，我难辞其咎。但即使这样，我也准备承担这个责任。现在我愿向你们保证，只要是对我全盘的策划没有妨碍，到时候，我一定在第一时间全都告诉你们。"

格莱森和雷斯垂德对福尔摩斯的这种保证以及对于官方侦探的这样的轻蔑与嘲讽感到非常不满。格莱森听了之后，脸都涨红了，一直红到发根；雷斯垂德瞪圆了的一双眼睛，闪烁出既惊奇又恼怒的神情。他们还没来得及开口，就听到门外有人敲门，原来这正是街头流浪儿的领袖，那个不起眼的小威金斯。

威金斯举起手敬了个礼："先生，请吧！马车已经叫过来了，就在楼下。"

"好孩子，"福尔摩斯温和地回答，"你们在苏格兰场为什么不用这样的手铐呢？"他继续说道，一面从抽屉里取出一副钢制的手铐来，"你们看这锁簧有多好用，一碰就能卡住。"

雷斯垂德说："只要能够找到需要戴它的人，老式的就足够用了。"

"非常好，非常好。"福尔摩斯一边说着，一边微笑了起来，"最好请马车夫来帮我搬箱子。叫他上来，威金斯。"

听了他说这话我不禁暗暗感到非常惊奇，因为按照他的说法，似乎他准备要出门旅行，可是他却从来没有向我提过。房间里只有一个小小的旅行用的皮箱，他就把它拖了出来，连忙系上箱子上面的皮带。正在他忙系皮带的时候，马车夫走了进来。

“车夫，麻烦您帮我把这个皮带系好。”福尔摩斯半跪着，在那里摆弄着他的皮箱，头也没抬地说。这位车夫的脸紧绷着，不太情愿地走上前去，正准备伸出双手帮忙。说时迟，那时快，只听钢制手铐“咔嗒”一声响，福尔摩斯突然跳了起来。

“先生们，”福尔摩斯双眼炯炯地冒着光芒，“请让我给你们介绍，这位是杰斐逊·霍普先生，杀害德雷伯先生和他的秘书斯坦格森先生的真凶。”

事情发生的过于突然，我都还没来得及反应。此刻，福尔摩斯脸上露出胜利的表情，他那响亮的声音，马车夫眼见闪亮的手铐像变魔术一样铐在自己手腕上时的那种茫然、凶狠的表情，我到现在还记忆犹新。就在那个时候，在场的几个人像雕塑一样愣住了一两秒钟。

忽然，马车夫发出一声嚎叫，挣脱福尔摩斯的手冲向窗口，窗框和玻璃被他撞得粉碎。就在他往外钻的时候，格莱森、雷斯垂德和福尔摩斯像三条猎犬扑了上去，把他拽了回来，紧接着是一场激烈的搏斗。那家伙异常凶猛，我们四个人一再被他击退。他似乎有一股野劲儿。他的脸和手在跳窗时伤得非常厉害，一直在流血，但他的抵抗丝毫都没有减弱。直到雷斯垂德用手卡住了他的脖子，使他透不过气来的时候，他才明白再挣扎已经没有任何用处。即便如此，我们还是把他的手和脚都捆了起来。捆好之后，我们一个个气喘吁吁地站了起来。

“他的马车就在下面，”福尔摩斯说，“我们就用他的马车把他送去苏格兰场吧！”最后，福尔摩斯高兴地说：“好了，先生们！这件扑朔迷离的小案件，如今总算告一段落了。现在，欢迎各位提出任何问题，我一定知无不言，言无不尽。”

第二部 圣徒之国

一 沙漠中的旅行人

在北美中部的大陆上，有一大片干旱而又荒凉的沙漠；许多年来，它一直给文化发展及其传播带来非常大的障碍。从内华达山脉到尼布拉斯卡，从北部的黄石河到南部的科罗拉多，完全可以算是一片寂静荒芜的区域。但即使在这片荒凉可怕的地方，大自然所展示出的面貌也是千差万别，形态各异。这里有覆盖着皑皑白雪的崇山峻岭，有横亘于高山之间的低洼阴暗的峡谷，也有水流湍急的无数条的河流，在山石险峻陡峭的山谷之间来回奔流穿梭；还有广袤无垠的荒原，冬天这里到处都是厚厚的积雪，夏天则露出一片巨大的灰色碱地。尽管如此，这里最一般的特点还是荒芜、寸草不生和无限苍凉。这简直就是一块不毛之地。

在这片一望无垠的土地上，人迹罕至，荒无人烟。只有波尼人和黑足人[1]偶尔成群结队地走过这里，前往其他猎区；即使最勇敢最坚强的人，在这里行进的时候，也盼望着能够早日走完这片令人无比恐惧害怕、让人心寒而又绝望的荒原，重新投入大草原的怀抱。只有几条山狗偷偷摸摸、缩头缩尾地在低矮的丛林中来回穿梭，巨雕慢慢地在天空滑翔着，还有那粗蠢笨重的灰熊，时而出没在阴暗的峡谷中，四处觅食。它们是这荒原里生活着的唯一的居民。世界上再没有什么地方比布兰卡山脉北麓更为荒凉了。举目望去，只见苍茫的荒原被矮小的槲树林分隔成一块块的盐碱地。而在遥远的地平线的尽头，也只能看到山峦高低起伏，群山之上覆盖着皑皑白雪，在太阳的照射下闪烁着点点银色。

这是一片荒凉沉寂的土地，既看不到任何的生命迹象 也找不到任何可以与生命相关联的东西。铁青色的天空中不见飞鸟的 宗迹，灰暗空

---

[1]指美国西北部地区的印第安部落。

旷的大地上没有一丝一毫的响动。总之，这里是一片死寂。如果在这片空旷荒芜的大地上侧耳倾听，只会感受到万物毫无声息的沉静以及完全彻底的、令人心灰意冷的死寂。其实，说这片广袤的原野上一点也没有与生命有关联的东西，也是不正确的。从布兰卡山脉向下看，有一条小路弯弯曲曲延伸到遥远的地平线，穿过沙漠，这是由许多车辆辗轧和无数冒险家踩踏而成的一条路。

在这片单调的盐碱地上，有一些东西这儿一堆，那儿一堆，在太阳底下闪闪发光，白森森的，它们显得非常刺眼。走近一看，才知道这原来是一堆堆的白骨：大而粗的是牛骨；较细小的是人骨。在这长达一千五百英里、艰难恐怖的商道上，人们都是沿着前人的累累遗骨前进。

一八四七年五月四日这天，山上有位旅客，他孤身一人俯望着这凄惨的情景。从外貌上看来，他简直就像是生在这绝境里的鬼怪精灵。即便是稍具观察力的人，也难说出他究竟是四十岁还是已经年近六十。他的脸憔悴消瘦，棕色皮肤包着一把突出的骨头。长长的棕色须发已经花白，双眼深陷，目光呆滞。握着来复枪的那只手上的肌肉比骨架也多不了太多。站着的时候，他还需要用枪来支撑自己的身体。可是，从他那高大的身材、魁梧的体格，可以看出他当年曾是一个非常健壮的小伙子。但是，他那消瘦的面庞和松松垮垮的罩在骨瘦如柴的四肢上的大口袋似的衣服，让他看起来老弱不堪。这个人饥渴交加，已濒临死境了。他曾经忍受着痛苦，沿着山谷长途跋涉，现在又挣扎着爬上这块不怎么大的高地，抱着渺茫的希望，但愿能够找到点滴的水源。现在，展现在他面前的却只是无边无际的碱地和远在天边的连绵不绝的荒山野岭，没有一棵树木的踪影，有树木生长的地方可能会有水汽。在这片广袤的土地上，一点希望也找不到。他把那双疯狂而又迷惑的眼睛睁大了，向北方、西方和东方望了望，就明白了，自己漂泊的日子已经走到尽头，自己马上就要葬身于这片荒凉的山崖之上了。

“现在死在这里，跟二十年后死在天鹅绒的锦被上又有什么区别呢？”他喃喃说道，一边在一块突出的大石头的阴影里坐了下来。坐下之前，他先把他那毫无用处的来复枪放在地上，又把右肩上背着的一大块灰色披肩裹着的大包放了下来。看样子他已经精疲力竭，再也拿不动了。他放包袱时着地非常重。从这灰色的包袱里发出了一阵哭喊，钻出来一张受惊的、有着棕色的明亮大眼睛的脸，同时还伸出了两只胖乎乎的有浅窝和雀斑的小拳头。

“你摔痛我啦。”这个孩子用稚嫩的声音埋怨道。

“是吗？”这个男人抱歉地回答，“我不是故意的。”说着他便打开了灰色的包袱，从里边把一个美丽的小姑娘抱了出来。这个小姑娘大约五岁左右，脚穿一双精致的小鞋子，漂亮的粉红色上衣。从这些打扮中可以看出，妈妈对她可是爱护得无微不至的。孩子的脸色虽也有点苍白，但她那结实的小胳膊和小腿都说明她经受的苦难没有她的同伴那么多。

“现在感觉怎么样了？”他急忙地问道，看到她还在揉着脑后那一团蓬蓬的金黄色头发。

“如果你能亲亲这里就好了，”她认真地说，并且把头上碰到的地方指给他看，“妈妈每次都是这样做的。妈妈去哪了？”

“妈妈走了。我想你不久就可以见到她的。”

小女孩说：“什么，走了吗？奇怪，她都没有和我说声再见。她以前每次去姑母家吃茶的时候总要跟我说一声的。可是这回她走了都有三天了。喂，我的嘴非常地干，是不是？难道这里一点吃的喝的都没有吗？”

“没有，这儿什么也都没有，亲爱的。你暂时先忍一下，过一会儿就好了。你把头靠在我的身上，啊，这样你就会觉得舒服多了。我的嘴唇也干得不行了，说话都有点费劲儿，但我想我还是该要告诉你真实情况吧。你手里拿的是什么？”

小女孩举起两块云母石片，高兴地说：“多漂亮啊！真美！到家我就把它送给我的小弟弟鲍伯。”

大人深信不疑地说：“不久你会看到比这更漂亮的东西。只要等一会儿。刚才我正要告诉你呢，还记得咱们离开那条河时候的情形吗？”

“哦，记得。”

“好，咱们当时预计不久可能就会再遇见另一条河了。明白吗？可是哪儿出了毛病。到底是罗盘，还是地图，或是别的什么东西出了毛病，以后就再也没有找到一条河了。水喝完了，只剩下一点点，留下给你这样的小孩子们喝。后来——后来——”

“你连脸都洗不成了，”他的小伙伴表情严肃地说，并打断了他的话。同时，她抬起眼睛望着他那肮脏的脸。

“不但不能洗脸，连喝的水也没了。后来本德先生走了，然后是印第安人品特，接着就是麦克格瑞哥太太、江尼·宏斯，再后来，亲爱的，就是你的妈妈了。”

“照你这么说，妈妈也死了。”小女孩哭着说，她用手捂住了脸，失声痛哭了起来。

“对，他们都走了，只剩下我们两个。后来我想这边也许能找到水。于是我就把你背在肩膀上面，咱们两个人就一步一步地向前走。看来情形一点都没有好转。现在咱们活下去的希望也非常小了！”

孩子停止了哭泣，仰着满是泪水的小脸问道，“咱们是不是也要死了啊？”

“我想大概差不多了。”

小女孩开心地笑着说：“刚才你为什么不早一点说呢？吓了我一大跳。你瞧，不是吗？咱们要是也死了的话，就又可以和我妈妈在一起了。”

“对，肯定能在一起，小宝贝儿。”

“你也一定会见到她的。我要告诉她，你待我真的非常的好。我敢说，妈妈一定会站在天国的门口迎接咱们，手里提了一大壶水，还有许许多多的荞麦饼，热气腾腾的，两面都烤得焦黄，就像我和鲍伯最爱吃的那样。可是咱们还要等多久才能死呢？”

“我不知道——估计过不了多久了。”大人一面说着，一面凝望着北方的地平线。

原来在蓝色的苍穹下，出现了三个黑点，并且越来越大，来势极快。顷刻之间，可以看得出是三只褐色的大鸟了，它们在这两个流浪者的头顶上盘旋着，接着落在了他们头上的一块大石上。这是三只巨雕，就是美国西部的那种秃鹰；它们的出现，正是死亡的先兆。

“公鸡和母鸡，”小女孩指着这三个野兽高兴地叫着，连连拍着小手，打算惊动它们好使它们飞起来。“喂，这个地方也是上帝创造的吗？”

“当然。”她的同伴回答她说。她突然这么一问，倒让他吃了一惊。

女孩接着又说：“那边的伊里诺州是他造的，密苏里州也是他造的。所以我想这里一定是其他人造的。造得可真不怎么样，居然忘记了造水和树木。”

大人犹豫不定地问道：“我们来做做祷告，好吗？”

小女孩回答说：“可还没到晚上呢。”

“没关系，本来就不用在固定的时刻。你放心吧！上帝是决不会怪罪咱们两人的。你现在就开始祷告一下吧，就像咱们经过荒野那几天每天晚上在篷车里做的那个样子。”

“那你为什么不祷告呢？”小女孩睁圆一双纯真的大眼睛奇怪地问。

“我记不住祷文了。”他回答说，“从我有那枪一半高，就再没有祷告过了。不过，我现在开始祈祷也不晚。你把祷文念出来吧！我在旁边跟着你一起念。”

“那么，你要跪下来，我也是。”她把包袱平铺在地上继续说，

“你还得像我这样举起手来，这样就会感觉好多了。”

这个时候，只有那三只秃鹰，看到了这幅奇特的景象：狭窄的披肩上并列跪着两个流浪者，一个是天真无邪的小女孩，一个是粗犷坚强的冒险家。一张胖乎乎的稚嫩的小圆脸和一张憔悴瘦削的黑黑的脸，一起仰望着一望无垠的天空，虔诚地向与他们时刻在一起一直同在的可敬可畏的上帝祷告；从这里传出两种声音，一个清脆而稚气，一个低沉而沙哑，在共同祈求上帝的怜悯和宽恕。祈祷完之后，他们重新回到大石头的阴影里，小女孩倚靠着保护他的人，在他宽阔的胸膛慢慢睡着了。他看着她沉沉睡去，这个时候，他没有力气去抵抗自然的力量，三天三夜了，他没有停下过脚步，自然也没有合过眼。慢慢地，他的眼皮往下垂，最后他困倦的双眼渐渐闭上，脑袋垂在胸前，他斑白的胡须和小女孩金黄色的发卷混在一起，两人沉沉地入睡了。

如果他再晚睡半个小时，他就可以看到这样一幕奇景：在盐碱地遥远的尽头，一阵烟尘扬起。刚开始非常轻，远远望去像雾气。后来，烟尘越蹿越高，越来越浓烈，像一团浓浓的云，显然是大队人马行进过程中卷起的飞尘。如果这里是一片肥沃富饶的土地，就可以断定他们是草原上游牧迁徙的大队牛群。但这是块没有生命的荒凉土地，这种情况显然是不太可能的。滚滚烟尘向着这两个落难人的方向奔跑，而且越来越近。烟尘弥散间，可以看到用帆布做顶的篷车和武装骑士的身影，原来这是去往西方的一大队篷车和人马。这真是一支浩浩荡荡的队伍啊！前队到达山脚下时，后队却还在地平线那里且远不可见。在这片广阔无边的旷野上，双轮车、四轮车连绵不绝，有骑在马背上的，有步行的，形成一支断断续续的队列。除此之外，还有很多妇女背着非常重的担子蹒跚前行，很多孩子摇摇晃晃地跟在车旁边奔跑，还有些孩子是坐在车上的，他们正透过白色的车篷往车外张望。显然这不是一群普通的移民队伍，更像是一支游牧民族，因为环境压迫，他们正在迁居、寻找新的家园。瞬间，这里安静清新的空气中充斥着人喊马叫，叮叮当当的声音混杂着，乱成一片。即使这么吵闹震天，也没能把峭壁下两个熟睡的流浪者惊醒。

二十多个意志坚定、面部严肃的骑马的人站在队伍的最前面。他们身着朴素的手工布做成的衣服，带着来复枪。他们到了山脚下，停了脚步，简单地讨论了一会儿。一个嘴唇紧紧绷着、胡子刮得精光、头发灰白的人说：“右边有口井，兄弟。”

另一个说：“向布兰卡山的右侧前行，咱们就可以到达瑞奥·葛兰德。”

第三个人大声喊："不要担心水的问题。能够从岩石中引出水来的真神，是不会舍弃他的臣民的。"

"阿门！阿门！"几个人同声应声。

正当他们要重新赶路的时候，一个年轻小伙子敏锐眼光突然指着他们头上那参差的峭壁惊叫了起来。原来山顶上有个非常小的粉红色的东西在飘荡，因为在灰色岩石的衬托下，格外鲜明突出。一经人发现这个东西，所有的骑手们一起勒住缰绳，将枪拿在手上。同时，更多的骑手疾驰追上来增援。只见众人异口同声喊叫："有了红人了。"

"这儿不可能出现红人，"一位年长的看起来像领袖的人说，"咱们已经离开波尼红人的居住区了，在越过前面的大山以前不会再有其他部落了。"

其中一个说道："我去察看一下，斯坦格森兄弟？"

"我也去，我也去。"十多个人一起喊道。

那位长者回答说："把马留在下边，我们就留在这儿等候你们。"

很短的时间内，年轻人立即翻身下马，把马拴好，便沿着峻峭的山坡，朝那个引起他们好奇的目标攀登过去。他们迅速地悄无声息地前进，显出久经锻炼的一种沉着和敏捷矫捷的动作。山下的人们只见他们在峭壁间健步如飞，径直到达了山巅。最先发现情况的那个少年走在前面。尾随在他后面的人忽然见他两手猛然上举，似乎大吃了一惊。大家上前一看，眼前的这番景象让他们都愣住了。

在荒山顶上的一块小小的平地上，有一块非常突出的大石头。巨石旁边，睡着一个高大的男子，他的须发都长长的，相貌严酷冷峻，形容枯槁。他那安静的面容和深长的呼吸都表明，他睡得非常熟。身旁还睡着一个小女孩，她又圆又白的小手臂，搂着大人那又黑又瘦的脖子，那披着金色卷发的小脑袋，倚在这个上身穿着棉绒的男人的胸膛上，红红的小嘴微微张着，露出两排整齐雪白的小小牙齿，满是稚气的小脸上挂着调皮的微笑；白白胖胖的一双小腿上，穿着白色短袜，干净的鞋子，鞋子上面的扣子还闪闪发亮，这些都和她伙伴的长大而枯瘦的手足形成奇异而鲜明的对比。在这对奇怪的人物头顶上的岩石上，站立着三只虎视眈眈的巨雕，它们一见有人来了，便发出一阵阵失望的啼叫，无可奈何地飞走了。巨雕的啼叫声惊醒了这两位熟睡的流浪者，他们惊奇而又困惑地盯着眼前的这些人。男子摇摇晃晃地站了起来，朝着山下望去。当睡魔侵袭他的时候还是一片荒无人烟的荒原上，一下子却出现了无数的人马。他脸上露出难以置信的表情，举起他那枯败的双手放在眼眉上面仔细瞧着，喃喃自语道："我想这应该就是所谓的神志不清了吧。"

小女孩站在他的身旁，紧紧拉住大人的衣角，她什么话也没说，只是带着孩童所特有的那种惊诧的眼光，朝四周呆呆地看着。

这些可以拯救他俩的人们很快就让这两个可怜的人相信，他们的出现不是幻觉。其中的一个人抱起孩子，把她扛在肩上，另外两个人搀扶着她那虚弱无力的同伴，一同向车队的方向走去。这个流浪者自报姓名："我叫约翰·费里厄。二十一个人的队伍里只剩下我和这个可怜的小东西了。他们在南边时因为没吃没喝，都死了。"

有人问道："她是你的女儿吗？"

这个男子大胆承认了，他说："我想，现在她已经是我的孩子了。因为是我救了她。谁也不能再把她抢走了，从今天起她就叫做露茜·费里厄。可是，你们又是谁呀？"他好奇地望了望他的这些高大威武、脸孔黝黑的救命恩人，接着说，"你们好像有很多人。"

一个年轻人说："差不多有上万。我们是受迫害的上帝的子女，天使梅罗娜的选民。"

这个流浪者说："我没有听过关于这位天使的事情，可是她似乎选了你们这么多确实还不错的臣民了。"

另外一个人严肃地说："神的事不允许随便拿来说笑。我们是信奉摩门经文的人，这些经文用埃及文写在金叶上，再派尔迈拉交给了神圣的约瑟·史密斯。我们是从伊利诺伊州的瑙伏城来的，在那里我们曾建立过自己的教堂。现在我们是逃避那个专横的史密斯和那些目无神明的人们，即使是流落在沙漠上也绝对不会后悔的。"

提到瑙伏城，费里厄很快就记起来了说："我知道了，你们是摩门教徒[1]。"

"我们是摩门教徒。"大家异口同声地回答。

"那你们现在准备去哪里？"

"这个连我们自己也不知道。上帝通过我们的先知来指引我们。你必须去见一见先知，他会指示该怎样安置你们的。"

说着，他们已经走到了山脚下，一大群移民蜂拥而上，将他们团团围住，其中有面色温和的妇女，有嬉笑健康的孩子，还有目光诚恳的男子。看到这两个陌生人，女孩子是那么幼小可爱，大人又是那么虚弱无力，都不禁发出了怜悯的慨叹声。而护送的人们并没有因此停住脚步，他们穿过众人前进，还有一大群的摩门教徒跟在后面，一直来到了一辆马车跟前。

---

[1]是美国基督教的一个教派，创立于1830年。

这辆马车非常高大，非常华丽考究，和其他的马车大不相同。这辆马车套了六七匹马，而别的都只有两匹，最多的也不过四匹。在车夫的旁边，坐着一个人，年纪不过三十岁，但是通过他那巨大的头颅和坚毅的表情，一望便知就是个领袖人物。他正在读着一本棕色封面的书。当这群人拥到他的面前时，他就把书放到一边，认真地听取了对这件奇闻的汇报。

他看着这两个落难的可怜人，义正辞严地说："只有信奉我们宗教的人，才可以跟我们一起上路。我们绝不允许狼混到羊群里。与其让腐败的污点日后毁掉我们所有的果实，我们会选择让你们的尸骸暴露于荒野之中。你们愿意接受我们的条件吗？"

"我愿跟你们走，接受一切条件。"费里厄说，语气之庄严郑重惹得那些刻板的大司祭都忍俊不禁。只有这位大首领照旧正襟危坐，严峻肃穆。

"带他去，斯坦格森兄弟，"首领说，"料理饮食，孩子也要照顾好。你还须负责向他讲授教义经文。我们已耽搁过久。上路！前方，前方郇山[1]！"

"前方，前方郇山！"摩门众教徒齐声呐喊，号令众口相传，犹如波浪滚滚，向着大篷车队呼唤下去，直到远远的后方，人声渐渐变得含混微弱。鞭子噼啪，车轮辘辘，大篷车队哄哄然行动起来，整个行列又曲折蜿蜒地前进了。司祭斯坦格森负责照料两个无家可归的可怜人，把他们领到自己的车上，那里早已给他们预备好饭食。

"你们就在这里歇息。"他说道，"不几日就可以消除疲劳，恢复精神。从今以后，记住了，永远牢记，你们就是我们教的教徒。布里格姆·扬已作垂示，他的言语就是约瑟夫·史密斯之音，也就是上帝之音。"

二　犹他之花

这里不打算详细描述摩门众教徒在迁徙途中是如何饱尝艰辛终于来到了他们的避难之所。从密西西比河畔到落基山脉的西麓，他们凭着几

[1]耶路撒冷的山名，古时候大卫王及子孙的宫殿所在地。这里喻指理想之国，天堂。

乎是前无古人的坚韧不拔的精神奋勇前进。一路上他们遇到了红蛮、野兽的多次袭击，也饱受了饥渴、疲惫和疾病的折磨，上苍带给盎格鲁撒克逊人的每一种艰难险阻，都被他们百折不挠的坚强意志克服了。

虽然，面对无边无际的恐惧和没有止境的长途跋涉，他们当中最坚强的人也曾经胆战心惊，曾经有过动摇。但当他们俯望眼前一片广阔的沐浴在阳光中的犹他山谷时，当他们听到领袖用神的声音宣布这就是他们的目的地的乐土时，他们知道这片处女地从今以后将永远是属于他们的，此时，他们每个人都叩首膜拜，感激涕零。

事实证明他们的领导者不仅是一个行动能力非常强、处事非常决断的领袖，而且是一个非常精明能干的行政长官。没过多久，地图就绘制出来了，图表也制作完成，未来城市的轮廓也成功地勾勒了出来。他们根据每个人不同的身份将城市四周的所有耕地按比例进行分配。商人可以继续经商，手艺人重操旧业。城中的街道、广场像变魔术一样慢慢出现。而在乡村，他们挖沟筑壑，植墙划界，培育庄稼，砍树垦殖，一片忙碌充实的生产景象。到第二年的夏天，整个村子已是麦熟金黄的大丰收的季节。于是，这个穷乡僻壤的处女地被开垦成为人类的新居地，一切都繁荣发展着。尤其是城市中心建造的宏伟壮大的摩门大教堂[1]，主楼一天天地高耸起来。每天从太阳高高升起一直到夜幕降临，教堂里传出的斧锯木料的铿锵之声从没有停止过。这座教堂，是他们为了感激和纪念上帝指引他们历尽无数的艰难险阻，终于到达新的乐土而建造的。

约翰·费里厄和小女孩相依为命，他收这个孩子做他的养女，两个落难人随同摩门教徒来到了他们伟大历程的终点。小露茜·费里厄收留在斯坦格森大司祭篷车上的时候，过得非常愉快。车上还有大司祭的三个妻子，一个十二岁的儿子。这个男孩非常任性，有点早熟。儿童天性活泼开朗，小女孩很快摆脱丧母的悲哀，恢复了元气，也受到三个女人的宠爱，并顺利地适应了这个帆布篷中游动之家的新生活。费里厄也解除了困顿和疲惫，身体很快得到恢复。他还显示出是个非常好的向导，机智勇敢的好猎手，所以很快获得新伙伴们的敬爱。

当漂泊生涯结束的时候，大家一致同意他应当分得一大片肥沃的土地。这一待遇，除了扬本人以及四个高级司祭斯坦格森、坎博尔、约翰斯顿和德雷伯，是和其他移民同等对待的。

分到土地之后，约翰·费里厄盖了一幢结实的木屋。木屋在费里厄的经营下逐年扩建，慢慢变成了一幢宽阔的别墅。他是个实际的人，而

[1]是摩门教最大的一个教堂，建筑异常宏伟。

且待人接物非常有技巧，手艺活也非常精湛。他有一副如钢铁般的好身板，能从早到晚不停地劳作而不知疲倦。他的辛劳也终于有了回报，他的农庄产业兴盛。三年他就超过了他的邻居，六年就奔了小康，九年就成为那一带富户，十二年之后，整个盐湖城地区，能与他相比的只不过有五六户。从盐湖这个内陆海一直到遥远的瓦撒奇山区，这个地区再也没有比约翰·费里厄名声更响的了。

不过，只有一件事使他无法与教友的感情相通，就是不管教友们如何规劝，如何争辩，他始终不愿按照教友们的方式结婚成家。他讲不出他为什么要坚持孤身一人，在教友们眼中他完全是一意孤行，固执得无法沟通。有的人指责他信教不够笃定；有的人认为他是吝啬钱财，不愿花费；有的人猜测他或许早年曾有一段恋情，有个金发女郎在大西洋彼岸为他憔悴而终……不管别人怎样议论或猜测，费里厄仍然坚持过着单身生活。除此之外，他都恪守着这个新开拓地区的教义，在众人眼中他还算一个非常循规蹈矩的正派人。

小露茜·费里厄就在这幢木屋中一天天长大，帮养父照看屋里屋外大小一切杂务。山区里清新的空气、四处弥散的脂香如母亲一般养育着这个小姑娘。随着年岁的增长，她渐渐长大了，出落得亭亭玉立，健康美貌，红润的脸颊愈显娇艳动人，步态轻盈。多少路人在经过费里厄家田庄的大道时，只要是曾经看到这位体态美好的少女轻盈地穿过麦田，或者碰上她骑在父亲的马上，见到那典型的西部女郎英姿飒爽，这样的景象即使历时再久，此时此景也一定会重新在心底勾起，活生生地浮现于眼前。当初的花蕾已然绽放成一朵奇葩。这些年来她的父亲成了居民中最富裕的人，而与此同时，她也出落成太平洋沿岸非常少见的一位美貌、地道、纯真的美国少女。

第一个发现这孩子已经长大成人的并不是她的父亲。这种事情往往很少是由做父亲的先发现的。这真是奇特而又微妙的变化，是缓缓的、逐渐的，不能以时日来度量计算的。即便是这姑娘本人，也毫无察觉。直到一种说话的语调、一种手的肌肤相触会使她的心头怦怦乱跳，她才怀着一种惊惧与自豪相互交织的复杂情绪，意识到一种奇妙的、更为强烈的自然本能自她内心深处开始苏醒。世界上几乎所有的人都能想起自己的那一天，都记得自己的那一点萌动，那种感觉宣告了新的生活的开端。然而，可怜的露茜·费里厄，美好的青春伊始，竟会红颜薄命，厄运从此降临，还殃及了其他的人，生出了其他的祸端。

那是六月份的一个温暖清晨，圣徒们像蜜蜂一样忙碌着，这些圣徒也正是用蜂巢的形象作为他们的标志的。田野里，街道上，人们卖力地工作，那情形正如同蜜蜂嘤嘤嗡嗡的忙碌景象。尘土飘扬的大路上，载重的骡子的长队一列列向西前行。因为加利福尼亚当时爆发了淘金热，横穿大陆的大道正穿越伊莱克特城。有从外地的大牧场赶来的羊群、牛群，也有一队队疲累的移民队伍，由于艰苦的长途旅行，人困马乏。正当人畜车马络绎不绝之时，露茜·费里厄仗着骑术高明，骑马穿行其中。她姣好的脸庞由于大量的运动而泛出红晕，栗色的长发在肩后随风飘扬。她是按父亲的吩咐赶去城里办事的。这次也和以前那样，凭着年轻人的无畏的拼劲，不顾一切地策马前行，脑子里只想着要完成自己的任务。那些风尘仆仆的淘金冒险者无比惊叹地看着她，就连跑皮货生意的那些印第安人，一向非常冷漠，这时看见了这么一个美丽白净的女郎，也不禁惊讶了起来，那已经习惯了麻木的面孔竟也面露喜色。

露茜到了城郊，发现道路被牛群堵塞着，根本无法前行。五六个粗野的牧人正将大群的牛从草原赶向这里。她心中有些着急，便插空当穿进去，想越过阻碍好自己赶路。她刚挤进牛群，后面的牛就又一拥而上。自己陷入了牛阵之中，周围全是怒目圆睁、尖角高翘的蛮牛朝她拥来。她也算得是从小一直与牛打交道，落此重围也毫不慌乱，一瞅准了间隙就催马窜入，想要强行开路以冲出牛群。但不料有一头蠢牛不知无意或是故意，牛角抵在了马肚子上，马痛得一下子惊跳起来，前蹄高扬，狂怒地嘶叫着，翻腾的鞍上若不是个头等的骑手，任何人都会摔下来。情况非常危急。惊马越蹦跶，牛角便越要顶撞。这又越发使马惊跳不已。露茜此时只能夹紧马鞍，一点也不能闪失。不然，一跌下去就会遭到疯牛乱蹄践踏，肯定会被踩得粉碎。

遇到这突如其来的紧急状况，她已经根本无法应付，感到天旋地转，两眼直冒金星，紧拽着的缰绳，眼看就要脱手；同时尘土飞扬，又加牲口乱拥，恶臭蒸腾，几乎令她喘不过气来。她已陷入绝望，眼看就要支持不住了。正在紧急关头，一个亲切镇定的声音在她耳畔响起，让她又清醒了起来，她知道有人来救她了。此时，一只强壮有力的棕色大手向她伸来，一把抓住惊马的嚼环，在牛群中挤出一条道路，迅速地把她带出了牛群。

“希望你没有受伤，小姐。”这个在危急关头救她的人彬彬有礼地说道。

露茜抬头望着他黝黑粗犷的面孔，惊魂未定的她顽皮地笑了。

“真的把我吓坏了，想不到我的邦乔被牛群吓成这样，这里真的是好多牛呀！”她说话天真而自然。

“感谢上帝，幸亏你夹紧了马鞍。”他诚恳地说。露茜的这位救命恩人是位年轻的小伙子，他身材高大、脸庞英俊，骑着一匹红棕白花的高头大马，身上穿结实的粗布猎装，背上背着一支长筒猎枪。

“你肯定就是约翰·费里厄先生的女儿！我看到你从费里厄先生的家那边过来。你回家的时候可以问问你的父亲，他还记不记得圣路易斯的杰斐逊·霍普。如果没有错的话，你的父亲和我的父亲应该是非常要好的老朋友。”

“你自己去问不是更好吗？”她故意这么说。

听到露茜的建议，这个小伙子有点喜出望外，他黑色的眼睛中闪烁着非常兴奋的光芒。

“我会的。我们已经在大山里待了两个月了，现在这副模样不方便去拜访。但是他见到我们一定会非常高兴的。”他面带笑容说道。

“我父亲也一定会好好谢谢你的，我也是。爸爸非常爱我，如果我被牛群踩死了，他肯定会非常的难过！”她回答他说。

“我也会非常难过的。”她身旁的小伙子说。

“你？我不是非常明白这跟你有什么关系！你还不能算是我们的朋友呢！”

年轻的猎人听到此话，黝黑的脸庞上就变得暗淡无光了。露茜看到此状，不禁大笑着说：“瞧你，我就说了这么一句，把你急成这样。放心吧！我们现在已经是朋友啦！你一定要来看我们。现在我得抓紧时间，不然爸爸以后让我去办事都不会再放心了。再见了！”

“再见。”他举起他的墨西哥宽边帽，俯身亲吻了露茜的纤纤玉手。露茜调转马头，鞭子一挥，策马而去，身后烟尘飞扬。

于是，这位年轻的杰斐逊·霍普和他的伙伴们继续赶路，一路上情绪比较低沉，沉默寡言。他和他的伙伴一起在内华达山脉勘探银矿，他们本来打算等筹到足够的资金之后就去开采找到的银矿。他们对这份事业非常地投入，但他与露茜这次意外的相遇让他有些心不在焉了。他一见钟情喜欢上了那个姑娘，美丽的姑娘如山中清风那么纯情撩人，深深地触动了他的爱慕之心，如火山要爆发一般难以扼制。他痴望着姑娘的身影直到从视线中消失，意识到自己的生命正进入一个紧要时刻，银矿也好，别的任何问题也好，都不如这个新发生的吸引他全身心的事来得重要。他心中迸发的情欲，不是一个男孩一时的念头、变化无常的幻想，而是一个意志坚定、性格刚毅的男子汉所具有的那种强烈奔放的激情。他做过的事，一向是要么不做，要做必定达到目的。他心中暗暗发誓，只要是人的力量和人的恒心所能获得成功的，那么这一次他肯定能够成功。

当天晚上他就去拜访了约翰·费里厄，以后就经常上门，成了这家里的常客。约翰深居山谷之中，全身心埋头于农田工作，十二年来对外界非常闭塞，消息不灵通，现在全靠杰斐逊·霍普告诉他外边情况。他还常常讲得有声有色，不但使这位父亲感到闻所未闻，就连露茜也听得津津有味，妙趣横生。霍普是当年加利福尼亚的拓荒先驱，所以讲得出许多历史掌故。在狂暴的日子里，在和平的年岁中，有时候发财，有时候破财。他当过侦察兵、皮毛兽猎人、银矿勘探者、牧场工人。哪里传出有冒险的事，哪里就有杰斐逊·霍普的份儿，少不了他前去探究一番。

他与费里厄家如此过往密切，很快得到这位老农的欢心，不住夸奖他有能耐有出息。每逢这样的当口，露茜总是在一旁一句话也不说。但是她两颊升起红晕，闪着明亮幸福的光芒，非常明显可以看出她的青春之心已飞驰神往，不再是她自己的了。她老父亲纯朴厚道，竟没有看出这些征兆。但是这当然逃不过赢得她芳心的小伙子的眼睛，他都一一看在眼里。夏天的一个傍晚，霍普从大道那边骑马过来，在费里厄家的园门旁停了下来。露茜正在门口，她高兴地迎上前去。霍普把缰绳往栅栏上一扔，大步流星地跑到露茜身边。

“我必须得出去一趟，露茜。”他把露茜的两只手紧握在自己手里，温柔地望着她说，“我现在不会要求你跟我走，但是我回来之后，你愿不愿意跟我一起走呢？”

“那么，你哪天能够回来呢？”她含羞带笑地问他，脸已绯红。

“最多两个月，亲爱的！回来我就向你求婚，谁也阻止不了我们。”

“那父亲的意见怎样呢？”她问。

“他已经同意了，只等我们的银矿顺利办好。这一点我可以保证，不用担心。”

“那就行了，没有其他的了，一切都按照你跟爸爸的安排，其他不需要多说什么了。”姑娘温柔地说着，脸颊轻轻地贴在他宽阔的胸膛上。

“感谢上帝！”他声音粗哑着说，俯首去吻着她。“那么，事情就这么说定。我待的时间越长，咱俩越是难舍难分。别人都在峡谷那儿等着我呢。再见吧，我的亲爱的！再见，两个月以后你一定会见到我。”

小伙子一边说，一边把姑娘从自己怀里推开，跃身上马，头也不回飞驰而去。好像只要他稍一回头看一眼离别的恋人，他的心就会再也定不下来。姑娘站在门口，久久地看着他，一直看到再也看不见他，这才返身往屋里走；心里觉得自己是犹他州最幸福的一个姑娘了。

三　约翰·费里厄和先知的会谈

杰斐逊·霍普和他的同伴们离开盐湖城已有三个星期了。每当约翰·费里厄想到霍普回来之后，他就要和自己心爱的养女告别，心里就感觉非常痛苦。但每次看到女儿那明媚而又充满幸福的笑容时，他又会比任何时候都坚定支持他们的安排。他早已下定决心，不管怎么样他都不会把女儿嫁给一个摩门教徒。他觉得那样的结合根本就不是一场婚姻，而是一种耻辱。

不管他对摩门教义的看法如何，在这个问题上，费里厄坚定不移。但他必须得守口如瓶，因为他们还身在摩门教的领地，发表任何违反教义的言论或意见都非常危险，而且是非常的危险，甚至危险到了这样的程度：就连那些德高望重，备受尊敬的圣者，也只敢在私底下偷偷地谈论着他们关于教会的一点点意见，唯恐一句话的泄露就马上会招致祸端。以前被迫害过的人，为了报复，现在反而变为迫害者，而且变本加厉，残酷至极。

塞维尔的宗教法庭[1]、日耳曼人的叛教律，意大利秘密党法庭[2]所拥有的那些严密庞大的行动组织等，与摩门教徒在犹他州所布下的层层罗网相比，都望尘莫及。这无形的组织出没无常，加之与它相关的那种神秘活动，使它显得更加恐怖。这个组织仿佛无所不知、无所不能；可是，它的任何行动人们却既看不见，也听不到。谁要是胆敢反对教会，就会突然无影无踪。没有人会知道他去了哪儿，也没有人会知道他的遭遇。家中妻儿老小天天都在门口盼他归来，可是父亲却再也回不来了，再也不会回来给他们讲述他在他的秘密审判者手中所受的遭遇。说话

[1]中世纪西班牙南部城市天主教审判异教徒的宗教裁判。

[2]中世纪在威斯特法利亚实行的制度。

稍有不慎，行为或者偶尔有失检点，立即会招致杀身之祸；而谁也说不清笼罩于他们头顶上的这种可怕势力的阴影究竟是什么。因此，人人自危，一片恐慌；即使是在旷野里的无人之处，也没有人敢对压迫他们的这种势力在暗地里表示任何疑义，也就不足为奇了。

一开始，这种神秘莫测的可怕的势力只用来对付那些叛教徒。可是不久之后，它的范围便逐渐开始扩大。这时，成年妇女的数量已渐渐不足。没有足够多的妇女，一夫多妻制的教规就如同虚设。一时间各种古怪的传闻到处散布：在印第安人从未到达的地方，有移民在途中被人谋杀，旅行者的帐篷也惨遭到抢劫。同时，摩门教长老深深的屋室里却出现陌生面孔的女人。她们脸色憔悴，低头哭泣着，脸上流露着难以消除的恐惧。据山中落暮未归的游民说，在黄昏薄暮之时，他们曾看到一队队戴着面具的武装匪徒一路策马，悄无声息地从他们身旁飞驰而过。

这些故事和传言最先不过只是一星半点，但是后来越发的有声有色，经过人们的印证之后，也就知道这是某人的行为了。直至今天，在荒凉的西部大草原上，"丹奈特帮"[1]和"复仇天使"仍旧是罪恶与不祥的代名词。对这个恐怖组织了解的越多，只会加深人们心中已有的恐惧。谁也不知道到底哪些人在给这个残暴的组织效力。他们借着宗教的幌子进行残酷、血腥的暴行，而这些残酷分子的姓名又好像是绝对保密的，没有人知道。如果你把对先知或教会的不满讲述出来，也许在听的那位朋友就是其中的一个恐怖分子，等到夜晚时他们就会明火执仗地前来。因此，每个人对自己的左邻右舍都存有戒备之心，更没有人敢说真话了。

一个晴朗的清晨，当约翰·费里厄刚要外出去麦田时，忽然听到前门的门闩响动。他从窗口向外望去，只见一个身体强壮、有着淡茶色头发的中年男子沿着小路走了进来。他大吃一惊，因为来者不是别人，正是卜瑞格姆·扬，他的大驾亲临让费里厄感到非常的恐惧，他了解卜瑞格姆·扬的来访肯定是凶多吉少。他赶忙跑到门口去迎接。这位首领对他的热情迎接显然非常的冷淡，板着脸走进了客厅。

"费里厄兄弟，"他一边说着一边坐了下来，他犀利的眼神透过他淡色的睫毛严肃地看着费里厄，"上帝忠实选民们一直用友善的态度、朋友般地对待你，当你在沙漠里垂死挣扎的时候，是他们拯救了你和小露茜的性命，他们把自己的食物分给了你，将你安全地带入这个富饶的

[1]1838年摩门教建立的一种秘密教派。

山谷，分给你大片的土地，让你在他们的保护下渐渐发达起来，是不是这样的？”

“是的。”费里厄感恩地回答着。

“对于所有这一切，我们不求报答，只提出了一个条件，那就是你和露茜必须信奉我们纯正的宗教，成为我们的教徒，严格遵守教规。对于这一点，你也曾经答应过的；可是，如果我得到的情报属实的话，你一直在忽略这一点。”

费里厄双手前伸，辩解道：“究竟我是怎么忽略了它们呢？是我没有按照教规缴纳公共基金吗？还是我没有去教堂参加礼拜呢？或是我，”

“如果这么说的话，那你的妻子们呢？”扬向四周瞧了瞧，继续说，“你去叫她们出来，我要见见她们。”

“我的确一直没有妻子，这个一点没错。但是，我们的妇女已经明显不足，很多人比我更需要妻子。而且我并不是孤单一人，我还有女儿在侍奉我。”费里厄回答说。

“我就是因为这个才来找你的。如今，她已经长大成人，而且是犹他州公认的美女。这里许多有身份的大人物都看中了她。”

听了这句话以后，约翰·费里厄不禁在心中暗暗叫苦。

“但外面的传言说，她已经和一个异教徒订婚了。我当然不愿去信这些说法。这一定是一些无聊的人在嚼舌根。圣约瑟·史密斯经典中第十三条说的是什么？‘让摩门教中每个少女都嫁给上帝的选民；如果嫁给了异教徒，她就犯下了弥天大罪。’经典上正是这么说的。既然你已信奉了神圣的教义，就不该纵容你女儿违反它。”

约翰·费里厄没有说话，他不停地把弄着手中的马鞭子。

“这个问题就可以考验你的诚意了，这是四圣会的决定。这个姑娘还年轻，我们当然不会让她嫁给老头子的，也不会完全不尊重她的选择。我们长老们，都已经有了许多‘小母牛’，可我们的孩子们却还需要。斯坦格森有一个儿子，德雷伯也是，他们都非常乐意把你的女儿娶进他们家。让她在这两个人中选一个吧。他们年轻又有钱，又都信奉正教。你对这件事有意见吗？”

费里厄一句话也没有说，双眉紧锁，沉默了一会儿。最后他说：“您总得给我们点时间啊。我女儿年纪还小，还不到结婚的年龄呢。”

“她有一个月的时间考虑，”扬说着便站了起来，“一个月之后，我就要听到她的答复。”

他走到门口时，突然转过头来，脸涨得通红，面露凶光地厉声喝道："约翰·费里厄，你要是想拿鸡蛋去碰石头，胆敢违抗四圣会的命令，倒不如当年让你们父女俩都死在了布兰卡山上！"他威胁地举起了拳头，掉头离去。费里厄可以听见他那有力的脚步踏在门前的砂石小径上发出的沙沙声。

卜瑞格姆·扬走后，费里厄双肘支在膝头上，呆坐在那里，考虑该如何开口跟女儿说。此时，一只柔软的手突然握住了他。他抬头看见女儿脸色苍白、恐惧地站在他身边。他知道，她已经听到刚才卜瑞格姆·扬的一番话了。

她看着自己的父亲说："我没有办法不去听，他声音那么大，整幢房子都可以听到。爸爸，我们下一步该怎么办？"

"不要怕，露茜！"父亲说着把她拉到身边，他抚摸着她栗色的秀发安慰她，"总可以想出办法的。你对那个小伙子的爱情非常的深，不是吗？"

露茜没有回答，只是紧紧地握着父亲的双手，默默地抽泣。

"不会的，当然不会。我知道你不会的，也不想听到你这么说。霍普是个有出息的年轻人，而且他还是个基督徒。就凭这一点，他就比这里的那些人强。明天早晨会有人动身去内华达，我会托人给霍普送个信，让他知道咱们现在的处境。如果按照我对这个小伙子的了解，他一定会像电报一样，飞一般地爬回来找我们的。"

听父亲这么说，露茜破涕为笑。

"我想他回来以后，一定可以想到一个万全之策的。但是，我担心爸爸。如果有人听说你反对先知的那些事，我担心爸爸会遭遇可怕的灾难。"

"但是，咱们并没有反对他呀！如果真的要反对他，早就需要做好防备了。不过，咱们还有一个月的时间。等到时候，咱们最好还是逃出犹他州去。"

"逃离这里！"

"必须这样做。"

"农庄怎么办？爸爸！"

"这些都可以卖掉，我们尽力卖掉它们。如果卖不掉就不要了。露茜，爸爸一直都有这个念头。屈从于任何人之下，正像这里的人都要屈从于那个该死的先知。他们屈从我不在乎，但我是一个崇尚自由的美国人，我受不了这里的一切。大概是因为我老了，不能习惯这些。可是如果他们真敢到这儿来胡作非为，我就让他们尝尝子弹的滋味。"

“我害怕他们不会放我们走。”女儿提醒他。

“等杰斐逊来，很快就会有办法跑掉的。在这种时候，你千万要挺得住。我的宝贝，别老哭鼻子，哭得眼睛肿。要不然，看见你这模样，他肯定会过来找我碴儿。不用怕他的，没什么了不起，出不了事。”

约翰·费里厄对女儿说了这些安慰话，口气坚定，信心十足。但是女儿那天夜里看到父亲与往日不同，非常谨慎地把门窗拴紧，把卧室墙上那支生锈的猎枪取下来，擦拭一新，装上了子弹。

四　逃亡

在约翰·费里厄在和摩门教先知谈完后的第二天一早，他就起身去了盐湖城。在那里他找到了那个要去内华达的朋友以后，便托他把一封写给杰斐逊·霍普的信带去了。在信中他把这个悬在他们头上的迫在眉睫的恶劣处境告诉了他，让他一定要回来。办完这些以后，他心中轻松了一点，便带着比较愉快的心情回家了。

他刚走进田庄，就看见园子门外的两根柱子上各拴着一匹马，他吃了一惊。更叫他惊讶的是，刚一进屋，就看见两个年轻人擅自闯入他的客厅里。一个是灰白长脸，仰身躺在摇椅里，把两条腿高高跷起在火炉上。另一个，长着牛似的粗脖子，丑陋浮肿的脸，傲气凌人，站在窗口，两手插入裤袋，嘴里吹着一曲流行的赞歌。见费里厄进门，两人都点头致意，躺在摇椅上的那个先张口说话。

他说：“可能你还不认识我们，这位是德雷伯长老的儿子，我是约瑟夫·斯坦格森。在上帝用它的圣手引领你们进入善良的羊群之中的时候，我们就曾经和你们一起在沙漠上跋涉过。”

另一个则鼻音非常重地说：“上帝最终是要把全天下的人们都指引过来的。虽然他研磨得缓慢，却非常精细，没有任何漏洞。”

约翰·费里厄冷漠地鞠了躬。他早就想到来者是什么人了。

斯坦格森继续说：“我们是奉了自己父亲的命令，来向您的女儿求婚的，请你们两个看看，在我们两人之中，究竟看中了谁，谁最合你们的心意。我，只有四个老婆，可是德雷伯兄弟已有七个。所以，我感觉还是我比较合适。”

另一个大声喊道：“不对，不对，斯坦格森兄弟。问题可不在于咱们有了几个老婆，而是你我到底有本事养活多少。我的父亲已经把他的磨坊转交给我了，所以，我现在比你有钱。”

斯坦格森激动地说：“可是，我的希望却比你大得多。等到上帝把我的老爸请去的那一天，我就可以继承硝石场和制革厂了。那时候，我可就是你的长老了，在教会中的地位也一定比你高。”

小德雷伯一边照着镜子，端详着自己的脸，一边佯装满脸笑容地说：“那么就只有让姑娘来作决定喽。咱们两个还是尊重她的选择吧。”

就在他们进行这场对话的时候，约翰·费里厄一直站在门口，肺都快要气炸了；他几乎马上就忍不住要用他的马鞭抽向这两位客人的脊背了。最后，他大步流星地走到他们面前喝道：“听着，我女儿叫你们来的时候，你们才能来这儿。但是，在她没有叫你们的时候，我可不想再看到你们两个这副嘴脸。”

这两个年轻的摩门教徒非常惊诧，睁大了双眼望着费里厄。他们看来，这样两个人争先恐后地向他的女儿求婚，不管是对他的女儿，还是对他来说，都应该是一件无上光荣的事。

费里厄喝道：“走出这间屋子，有两条路可选。一个是门，一个是窗户。你们要走哪一条？”

他那棕色的面孔显得非常的凶狠恐怖，一双青筋绽出的手那么吓人。一见情况不妙，这两位客人跳起身来，拔腿就跑。老农一直跟到门口。向他们挖苦道：“你们两位决定了究竟选择哪一位合适之后，请通知一声就行了。”

“你这副样子，简直就是自讨苦吃！”斯坦格森大声说，气得脸发白，“你胆敢公然违抗先知，违抗四圣会议。你会后悔一辈子的！”

小德雷伯也叫道：“上帝的圣手将会重重地惩罚你。既然他能够救你的命，也能够要回去！”

“好，那我就要你先死给我看看，”费里厄愤怒地咆哮。若不是露茜一把拽住了他的胳臂，把他拦住，他早就冲到楼上去，把他的枪拿出来了。还没有来得及从露茜的手中挣脱出来，他便听到一阵飞驰的马蹄声，知道他们已经走远了，追不上了。

他一边擦着额头上的汗珠，一边大声说：“这两个满嘴污言秽语的小流氓！与其把你嫁给他两人之中的任何一个，我的女儿，你倒还不如死了的干净。”

她高兴地回答：“爸爸，我也是这样想的。不过，杰斐逊马上就要回来了。”

“是的，他马上就要回来了。回来的越快越好，咱们还不知道他们下一步要干什么呢。”

的确，这个坚强的农民和他的义女正处在最危急的关头，他们非常需要一位能够替他们出谋划策的人。在这个移民区的整个历史中，从来都没有过这样公然违抗四圣权威的事情。如果说细小的过失都要受到严酷的惩罚，那么，做出这种大逆不道的事来，后果又会怎样呢。费里厄知道，他的财富、地位对于这时的他都是毫无用处的。在此之前，一些与他一样出名而又富裕的人都被偷偷地干掉了，财产也全都归了教会。他是个勇敢的人，但是，对于笼罩在他头上的这种朦胧不可知的恐怖，让他想起来就不寒而栗。所有摆在明处的威胁，他都可以咬紧牙关，勇敢地扛下来；但是，这种让人惶惶不可终日的状况，实在使人难以忍受。

虽然这样，他还是小心地隐藏着他的恐惧心情，不想让女儿知道，并且极力装出一副无所谓的样子。但是，女儿那双聪慧的眼睛，其实早就已经看出来了，他正提心吊胆、心神不安呢。他知道，这种行为必定会招来扬的某种警告。果不其然，但这种警告的方式，却是他万万没有想到的。第二天清晨，费里厄一起床就大吃了一惊，在他的被面上，正好在他的胸口，钉了一张纸条，歪歪斜斜地写着一行笔画粗重的字：

“限你二十九天之内改邪归正，否则到期就——”

字条上最后的一笔比任何恐吓都让人觉得可怕。这个警告究竟如何送到他的房间，约翰·费里厄百思不得其解。他所有的仆人没有跟他一起睡在这栋房子里，而且昨天晚上，他把所有的门窗都已经插好门闩。思索了一会儿，也没有答案。于是，费里厄把字条揉成一团，半个字也没有向女儿提及。但这事不免让他心神不安。字条上的“29天”正是他们的领袖所限定的一个月期限的剩余时间。要对付这样一个好像拥有神秘力量的敌人，仅仅靠意气用事是没有用的！钉字条的那个人，完全可以把刀刺进他的心脏，而他也永远不会知道谋杀他的人长什么样子。

又过了一天的早晨，发生的事情更让费里厄震惊。当他和露茜坐在餐桌旁准备吃早餐时，露茜忽然指着天花板惊叫了起来。原来天花板的中央，出现了一个用烧焦的木棒写上去的数字“28”。露茜对于这个数字的含义一无所知，他也没有向她说明。当天晚上，他决定拿着枪整夜看守。这一夜渐渐过去，他仍没有听到或看到任何异常的情况。但第二天清晨，一个大大的“27”却出现在了他家的门上。

日子就这样一天天地过去了，就像黎明每天都会准时来到一样，他每天都会发现隐藏着的敌人写下的日子，这些警告总在一些显眼的地方，告诉他一个月期限还余下多少。恐怖的数字有时出现在墙上，有时出现在地板上。还有几次是用小字条贴在了花园的门或栅栏上。任凭费里厄百般戒备，他仍然不能发现这些每天到来的警告到底是在什么时候写下的。每次看到这些，他就会感觉到一种如鬼似魔般的恐怖。他整天坐立不安，面容日渐憔悴，眼中流露着好似被野兽追逐的那种惊恐、慌乱的神色。他现在唯一盼望的就是他们年轻的猎人赶紧从内华达归来。

一个月的期限从二十天变到十五天，又从十五天变到十天，远方的人还是杳无音信。眼看着期限一天天地临近，却不见他任何踪影。每当大道上传来奔驰的马蹄声，或者有马车夫吆喝的叫喊声时，费里厄都会跑到大门口张望，以为霍普赶来了。到最后，眼见着日子从五天变成四天，又变成三天，他也逐渐失去了信心，放弃了逃跑的念头。他一人根本力不从心，加上他对移民区周围山脉的情况又不是非常熟悉，他知道自己是没有能力逃跑了。通行的大道肯定已被人严密把守，没有“四圣会”的命令，他们不可能通过。他已经无计可施，看来他们已经是大祸临头，无路可走了，尽管如此，费里厄的决心依旧没有动摇，他宁愿拼上老命，也不会让自己的女儿被人污辱。这天晚上，他一直独自一人盘算着这些事情。思前想后，他也没想出逃跑的办法。第二天早上，屋里的墙上已被人写了“2”上去，明天就是最后一天了。不知道会发生什么样的事情呢？他联想到各种各样模糊却恐怖非常的情景。如果他死了，女儿的命运又会怎样？难道他们真的逃不出犹他州无形的、恐怖的魔掌吗？想到自己的无能为力，他不禁趴在桌上哭了起来。

“什么声音？”万籁寂静中，他听到了一阵轻微的爬抓声。虽然声音非常小，但是在夜深人静的时候，却显得格外清晰。声响是由大门那边发出的。费里厄蹑手蹑脚地走向了客厅，在那里屏住呼吸，凝神静静地听着。过了一会，这个微弱的、令人毛骨悚然的声音又响了起来。显然有人在轻轻敲门。难道这正是刺客在半夜前来执行秘密法庭的暗杀指令吗？或者，就是每晚光临的那个狗腿子，正写着限期的最后一天已经到了呢？约翰·费里厄这时感到痛痛快快的死去也比这样使人提心吊胆、夜不能寐的折磨要舒服。这样想着，他便跳上前去，拉下门闩，把门打开了。

门外一片寂静。晴朗的夜空，繁星在头上闪烁发光。老农眼前出现的只有一片花园，花园周围是一道篱墙，还有一个门。但是，无论是花园里，或是在大路上，都看不见一个人影。费里厄向左右望了一下，松了一口气，放下了心。可是，无意中向脚下一瞥，却让老人不觉大吃一惊；只见有个人正趴在地上，手脚直挺挺地向四周伸着。

这副情景，让他感到非常的恐惧。他倚在墙上，手按住喉咙，好不容易才没有喊出声来。开始时，他还以为这人可能是一位受伤的，或将死的人。但是，等他仔细一瞧，又见他手足在地上移动，像蛇一样悄声而又迅速地爬行着，一直进入了客厅。他一爬进屋内，就立即站了起来，关上了门。原来出现在这个瞠目结舌的老农面前的不是别人，正是杰斐逊·霍普那张凶狠的脸和他的那副坚毅的表情。

“天哪！”约翰·费里厄气喘吁吁地说，“你可吓坏我了。你怎么这样爬进来了？”

“快给我点吃的，”霍普声嘶力竭地说，“一连两天两夜我来不及吃上一口东西。”

主人的晚餐仍在餐桌上未动，他便跑了过去，抓起冷肉、面包开始狼吞虎咽。等他饱餐以后，才问道：“露茜怎么样了？”

“她非常好。她还不知道有这些危险。”父亲回答说。

“那非常好。这屋子已经被人包围监视起来了。这就是我要一路爬进来的原因。他们可真够厉害的，可是要想捉住一个瓦休湖[1]的猎人，他们还差了一点。”

约翰·费里厄现在完全变成另外一个人了，因为他有了一个忠诚能干的好助手。他一把抓住小伙子粗糙的双手，满心感激地紧紧握住：“你真是个值得赞扬的人。除了你，再也没有其他任何人肯来分担我们的危急和困难了。”

这位年轻的猎人回答说：“您说的对，老先生。我尊敬您，但是，如果这事情只关系到您一个人的话，那么，在我将自己的头伸到这么一个蜂窝里来之前，我还是要三思而后行的。我为露茜而来，我想，在他们得逞以前，我就能带着露茜远走高飞了，犹他州也就再也没有姓霍普的一家人了。”

“那咱们现在要怎么办呢？”

“明天就是你们的最后期限了，除非今晚就开始行动，否则就来

[1]指内华达州西部的印第安部落。

不及了。我弄到了一头骡子和两匹马，都在鹰谷那里等着。您身上有多少钱？”

“两千块金洋和五千元纸币。”

“这些足够了。另外，我也还有这么多钱，能凑在一起。咱们必须翻越大山到卡森城去。您最好马上去叫醒露茜。仆人不在这个屋子里睡觉，这就会方便得多。”

在费里厄进去让他的女儿起床准备上路时，杰斐逊·霍普就把他能够发现的所有食物，打成一小包，又将一个瓶里装满了水；根据他一直以来的经验，山中的水井非常少，而且彼此之间也相距非常远。

他刚收拾好，这位老农就和他的女儿一起走了出来，全已穿好了衣服，准备出发了。这对恋人非常亲热地相互问候了一番，但非常短暂，现在的一分一秒都是相当宝贵的，而且眼前又有许多其他的事情要做。

“咱们必须立刻启程，”杰斐逊·霍普说，声音低沉而又坚决，正如一个人明知眼前危险重重，但已破釜沉舟、无论如何要闯过去，“前门和后门，都已经有人在把守了。可是，如果小心一点，咱们还是能够从旁边的窗户出去，再穿过田野逃走。只要上了大路，再走两里路，咱们就可以到达鹰谷了，马匹正在那儿等着。天亮以前，我们必须要赶过半山去。”

费里厄问道：“要是有人挡路，那又该怎么办呢？”

霍普拍拍别在上衣前的左轮枪枪柄。“要是碰到人，比我们多的话，先干掉他几个。”他咬着牙笑着说。

屋里的灯火早已全部熄灭。费里厄从漆黑的窗口向外望，看着曾经属于他自己的土地，现在就要永远放弃。然而他早就准备做出牺牲，为了女儿的一生名誉和幸福，倾家荡产也在所不惜。沙沙响的树林，广阔静寂的田野，看来都是那样使人感到安宁和闲适，但是叫人难以想象暗中到处深藏着杀机。年轻的猎人这时脸色苍白、紧张，表明他刚才潜行进入这幢房子的时候，对这里周围的险恶情况已经全都看在眼里，已经了如指掌。

费里厄提着装满金币、钞票的钱袋，杰斐逊·霍普带着不是很多的口粮和饮水，露茜手里是一个小包，包的都是些珍贵的细软物品。他们慢慢地、悄悄地推开窗子，等一片乌云遮得夜色朦胧的时候，便一个跟一个翻窗进入小花园。三人屏声静气，弯着腰，深一脚浅一脚地穿过花园，借着树篱的遮挡，紧贴着走到一个通向麦地的地方。他们刚走近这个缺口，霍普突然一把抓住父女二人，把他们拖入隐蔽处按倒。二人一动不动地伏着，大气也不敢出。

这也是因为霍普在草原上久经锻炼，练就了一副如山猫般灵敏的耳朵。三人刚刚潜伏好，就听见离他们几步外有一声猫头鹰的鸣叫声，紧接着，不远处有另一声鸣叫做了呼应。正当此时，就在他们刚才想走的那个缺口处，出现一个人影，再发出一声同样的暗号，另有一个人便应声从暗处出来。

"明天半夜动手，"第一个人说话了，听起来是个做指示下命令的，"夜鹰儿叫三遍为号。"

"好的，"另一人回道，"要我跟德雷伯兄弟说吗？"

"告诉他，让他再传达给别人。九还七！"

"七还五！"另一人接口道。这之后，二人便分头离去。他们最后说的两句话，显然是对口暗号。等他们的脚步声走远听不见，杰斐逊·霍普立即站起身来，搀住父女两人过了缺口，飞快穿过麦地。露茜体力有些不支了，他就半扶半拖地拽着她跑。

"快点！要快！"他气喘吁吁地一次又一次地催促，"已经闯过警戒线了。一切就都靠速度了，快跑！"

一上大道，他们就马上快速前行了。路上，他们有一次碰到过人，便立刻又闪进了一片麦田中藏身，以免被识破。在他们快到达城边的时候，霍普又折进了一条通往山间的崎岖小道。黑暗中，两座黑压压的雄伟大山浮现在他们的眼前。他们经过的这条狭窄的山道正是鹰谷，马匹就等候在这里。霍普凭着他从未出错的本领，在一片乱石之中穿行前进，沿着一条干枯了的小溪来到一个山石叠嶂的宁静之外。三匹忠实的骡、马都拴在那里。露茜跨上一匹骡子。老费里厄拎着他的钱袋，骑上了一匹马。杰斐逊·霍普骑上了另外一匹，沿着险峻的山路，引领着他们前进。

对于任何一个不太熟悉大自然的人来说，这种崎岖险峻的山路肯定会让他们望而却步。山道的一边是高耸的绝壁，山石参差，黑压压一片岌岌可危。绝壁上一道道的石梁，就像长在魔鬼化石身上的一根根肋骨。另一侧则乱石丛生，无路可寻。这中间，只有这么一条弯弯曲曲的小道。有些地方极其狭窄，只容单人通行。山路颠簸难行，只有擅长骑马的人才可通过。尽管有这么多的困难，但这几个逃亡者却心情很愉快。因为他们每前进一步，也就与他们刚刚逃离的那个暴力横生的地方远了一步。但是，不久他们便发现，他们依然还未走出摩门教徒的势力范围。当他们走到山中最为荒凉偏僻的地段时，露茜突然惊叫了一声，用手向上指去。原来有一块俯望山路的巨石，在天色衬托之下愈显黑黑而单调，岩石上面孤零零地站着一个哨兵。在他们看见他的时候，他也发觉了他们。于是，寂静的山谷里响起了一声部队上的吆喝："是谁在那里？"

"是去往内华达的旅客。"杰斐逊·霍普应声道，一边握住马鞍一旁的来复枪。

可以看见，这个孤身一人的哨兵手指扣着扳机，向下望着他们，似乎并没有对他们的回答感到满意。

哨兵又叫道，"这是谁准许的？"

费里厄回答说："四圣准许的。"根据摩门教中的经验，他知道，教中最高的权威当然是四圣。

哨兵叫道："九到七。"

"七到五。"杰斐逊·霍普马上回答，他记起在缺口处听到的口令。

"走吧！愿上帝保佑你们。"过了这一关，前方的道路就变得宽阔起来，马儿似乎也放开了脚步，小跑前进了。转过头，他们看到那个哨兵正倚着枪站在那里。此时，他们知道自己已经闯过摩门教区的边防关卡，自由就在眼前了。

五　复仇天使

在这一夜之中，三人经过的全都是些错综复杂的小道和乱石堆积的非常难走的怪路。几次差点迷了路，幸亏霍普熟悉这一带山中的地势，才重新摸上了正道。拂晓时分，他们走到了积雪皑皑的巨大冰峰包围的山谷。这里一派荒蛮奇异的景象。三人置身其中，只见巨大的冰峰重峦叠嶂，一直绵延到天边。山路两旁悬崖峭壁，生长在上面的落叶松好像悬在他们的头顶上，似乎一阵风它们就会砸落下来。这并不像想象中的恐怖来得轻松，先前的担忧也不是多余的，在这个荒凉的山谷中，纵横散乱着无数的树木巨石，应该都是从两边的峭壁上滚落到谷底的。他们经过某处的时候，正好一块巨石滚落下来，巨大的声音在寂静的山谷回荡，马匹吓得嘶叫惊奔。

当太阳从东方地平线上缓缓升起的时候，周围的群峰如节日里张灯结彩的情景一样，一个一个被点亮了，渐渐地，所有的山头都落上了一抹红霞，光彩照人。这样的奇景让三个逃亡者的精神一振，心情愉悦，他们前进的劲头也就更足了。走到峡谷的一处激流，他们停了下来，饮了马，吃了些东西。露茜和她的父亲本想多休息一会的，但杰斐逊·霍普坚持马上上路。

“这个时候他们肯定发现了，估计正向着我们追过来呢！成败就在于谁跑得更快了。到了卡森城，我们才算安全了，到时想怎么休息都可以啊！就是睡上一辈子都行。”杰斐逊·霍普劝说道。

整整一天，他们就一直在山间的小道上奔波前进，接近傍晚时，估算出他们离开魔窟至少有三十多英里了。天一黑，他们就选择了一块突出的岩石底下安顿休息，一来可以有个遮蔽，二来也能挡掉一点寒气。三个人紧紧靠在一起取暖，这样总算睡了几个小时的安稳觉。

可没到天亮，三人就都醒了，起身继续上路。他们一直没有发现后面有追兵的迹象。杰斐逊·霍普就开始松懈下来，觉得他们应该已经逃离了虎口，那个为非作歹的邪恶组织对他们也鞭长莫及了。他怎么也想不到那个铁掌究竟可以伸向多远，更不知道它正在追近，很快就要把他们击个粉碎。

在他们出逃的第二天，大约在中午时分，他们仅有的一点粮食马上就要吃光了。不过，这倒并未引起年轻猎人太大的不安，山里有的是猎物，他以往就常靠这支来复枪捕获的猎物维持生命。他找到了一个隐蔽偏僻的角落，拾来一些枯枝当作干柴，生起一堆火，好让父女二人暖和一下。他们此时已是在海拔五千英尺的高山上，空气冰冷彻骨。他把几匹骡马拴好，叮嘱了露茜几句，便把枪背到肩上，准备四处走走看看以打上些飞禽走兽。

回头看了一眼，看见老人和姑娘正在围着火堆取暖，三头牲口在后面一动不动地站着。再走几步，就被岩石阻挡住了视线，看不到他们了。大约走了两英里，他穿过了一个峡谷又一个峡谷，始终没有任何收获。但是从树干上看到的痕迹，再根据其他各种推断，附近一定有熊出没，而且数量非常多。

这样兜了两三个钟头的圈子，仍然没有什么结果。想想觉得不会有什么希望了，就准备掉头回去。这时他向上看了一眼，居然看见了活物，高兴得他心窝突突直跳。在离他三四百英尺高的一块突岩的顶上，靠边站着一只野兽，有点像羊，但又长了一对又长又大的角，“大犄角”——一直这么称呼——是加拿大盘羊。看样子是头警戒羊，正给一群霍普看不到的同类担任警戒。非常巧的是，它的头没有朝向霍普这一面，所以没有看到他。霍普趴在一块立岩上，把枪放好，稳稳地瞄准，扣动扳机。这头野羊突地向上一跳，在悬崖边上晃了一晃，就倒下来跌落到了谷底。这只羊非常的大，一个人根本背不动。猎人想，割下一块腰腿肉就够了。他割好猎物的肉，扛到肩上，赶紧沿来的路往回赶，因为已经是黄昏了。

但是刚一迈步，他就意识到了自己所面临的困难。由于他一路走得太急，翻过了几个峡谷，走得太远，并没注意记住周围的地势，现在回过头去要找到来的时候的路绝非易事。他现在所处的这个山谷，沟套沟，壑绕壑，看上去都差不多，实在无法分辨该去哪条路。他沿一条山沟大约走了上一英里多，到了一个山涧那里。他肯定来路没有这个山涧，这才知道走错了，于是再换另一个方向去，结果还是不对。夜幕降临了，等他终于找到了回去的路，天已经全黑了。这就很难保证回去的路上不会再出错，还是要小心谨慎，不能够焦急乱闯。

月亮还未升起来，两边立着高耸的绝壁，四周一片漆黑，伸手不见五指，脚下不知深浅；背负重物，又劳顿了一天，他悬着紧张的心蹒跚地摸索前行；全仗着精神支撑，每挪动一步，就告诉自己又离露茜近了一步。还欣慰地想着自己已经打到猎物，足够三人在之后的旅途中作食物了，不至于饿肚子。现在，他已经回到了原地，那个留着父女二人的山口子地方。尽管夜黑，他还是认得清周围壁立的山势轮廓。他离开将近有五个钟头，一定是把他们等得急死了，他心里在想，一时感觉高兴，把手拢到嘴边，大声呼唤着，借着峡谷的回响，让他们先听见他回来了。他停了一下，倾听自己的回音。可是毫无动静，只有他自己的呼喊在沉寂、荒凉的岩石上来回碰壁，形成轮轮返响回进自己的耳朵。他再次叫一声，比刚才的更响亮，可是，仍然不见有回音，奇怪，和父女分开的时间说久也不是很久啊。

他隐隐约约感到了一种莫名的恐惧，于是就急忙向前面跑去，慌乱之中，把宝物似的兽肉丢掉也不顾了。当他转过大石，一眼便把原先生火的地方认清楚了。那里仍然有一堆灰烬，亮着炭火，但是，看得出来，在他离开之后，不曾有人照料过。周围同样是一片沉寂。原有的恐惧感现在变成了现实。他赶快跑近去，火堆旁阴森可怕，骡马、老人、姑娘全都不见了。这分明是在他离开以后，发生了突如其来的可怕的灾难——这灾难令他们猝不及防，无一幸免，而且没有留一点痕迹。这个意外打击，使杰斐逊·霍普失魂落魄，目瞪口呆，只觉得一阵天旋地转，不能自持，全靠用来复枪撑住了，身子才没有倒下来。但是，他毕竟是一个意志坚强的人，很快从一时的迷惘中回过了神。他从火堆里捡一根半焦的木柴重新吹旺，借着升起的火光观察这个休息地的情况，发现周围踏满马蹄印，表明是一帮骑马人追到这里，抓住了老人和露茜，蹄印的去路方向，证明是又返回到盐湖城。是否父女二人都给带走了呢？杰斐逊·霍普心想他们当然要这么做。这时，他的眼睛落到了什么东西上，不禁使他全身神经紧张。离憩息地不远，有一个红土堆，土堆不高，但肯定原来是没有的。没错，这是一个新堆起的土坟。年轻的猎人走过去，仔细一看，上面还插一根树枝，树枝开裂的缝里夹有一张纸，纸上有字，写得非常潦草，但看得清楚：

约翰·费里厄

生前居于盐湖城，死于一八六〇年八月四日

他才刚刚离开没多久，那位健壮的老农就此这样去世了，而这草草的几个字竟成了他的墓志铭。杰斐逊·霍普又四处找寻了一番，看是否还有第二座坟墓，可是没有发现丝毫的痕迹。露茜已经被这帮可怕的追兵带了回去，遭遇了她原本注定的命运，被作为长老儿子的一个妻子了。当这个小伙子意识到她的命运居然已经这样，而自己也没有办法再做任何挽回的时候，他真想追随这位老农而去，一起长眠在他的安息之处。但是，他积极的精神终于消除了这种由绝望而产生的过分消极。如果实在没有其他办法可想，至少他还能够把他这一生，用在报仇雪恨上。杰斐逊·霍普有着百折不屈的耐心和坚强的毅力，因此也就具有百折不挠的复仇的决心。他复仇的心，大概是他在与印第安人相处的日子里，从他们那儿学到的。

他悲凉地站在火堆旁边，感觉只有彻底、干净、痛快的报仇，并且用他自己的双手，亲自杀掉他的仇人，才能减轻心中的悲痛。他下定决心，要将自己的坚定意志和无限的精力全部放在报仇雪恨上。他面色苍白、狰狞恐怖，一步一步沿来路走回，找到他遗失兽肉的地方。他把将要熄灭的火堆重新燃起来，烤着兽肉，直到熟肉的数量足够维持他数日的食用为止。他把烤好的兽肉捆成一包。

这时，他虽然已经筋疲力尽，但是，他仍然循着这群复仇天使的足迹，穿越重山，一步一步地走了回去。他沿着之前骑马走过的路，千难万苦地走了五天；走得筋疲力尽、脚痛难耐。夜里，他在乱石上躺下，胡乱地睡了几个钟头的觉。而天还没有明时，便又起身赶路。第六天，他就回到了鹰谷；他们三人就是从这儿开始了他们不幸的逃亡。从鹰谷往下瞧，可以看到摩门教徒们的田园村庄。现在的他，已是形销骨立、虚弱不堪了。他倚靠着来复枪，朝着脚下这片寂静而广阔的城市，狠狠地挥舞着已经瘦削的拳头。

他望着这座城市，发现一些主干道上挂了旗帜和其他一些节日的标志。正在他猜测着原因的时候，就听到一阵奔腾的马蹄声，只见一个人骑着马朝他奔来。当骑马者走近时候，霍普认出这是一个名叫考起的摩门教徒。霍普曾经帮过他几次忙，所以，在他走近的时候，霍普就向他打了声招呼，想从他那里打探一下露西到底怎么样了。他说：“我是杰斐逊·霍普。还记得我吗？”

这个摩门教徒丝毫没有掩饰他看到霍普时的惊诧。也难怪，他眼前这个面色惨白、目光狰狞、衣衫褴褛、蓬头垢面的流浪汉，让人非常难想象他是那个曾经年轻英俊的猎人。当他终于辨认出这是杰斐逊·霍普时，惊诧立刻就变成了恐惧。

“难道你疯了吗？还敢跑到这里来。如果被人知道我在这儿跟你说话，我的命也保不住了！”这个摩门教徒诚恳地说，“因为你帮助费里厄父女出逃，四圣会已经下令通缉你了呢！”

“我才不怕他们，也不怕被他们通缉。”霍普声音坚定，继而他又软下来对考起说：“你肯定听说过我要问你的这件事，请你务必要回答我。咱们一直是朋友，看在上帝的分上，请你千万不要拒绝我。”

“什么问题啊？你快说吧！这里的石头都可能长着耳朵，大树也可能长着眼睛呢！”这个摩门教徒非常害怕地说道。

“我想知道露西·费里厄怎么样了？”

“她昨天和小德雷伯结婚了。喂，你怎么了，你可要站稳了。怎么感觉你有些魂不附体一样的啊？”

“不用管我，”霍普像被抽空了一样，他此刻嘴唇发白，已颓丧地跌坐在他刚才倚靠着的那块石头上，“你说她已经被迫结婚了？”

“昨天结的婚，圣仪堂[1]挂的那些旗帜就是因为这个。在究竟该由谁娶她这个问题上，小德雷伯和小斯坦格森争执过一番呢。他们两个都去追过他们，斯坦格森还用枪打死了老费里厄，因此他更有理由要求娶她作妻子。但是，他们两人在四圣会议上争抢的时候，因为德雷伯一派

[1]摩门教举行仪式时的地方。

的势力比较大，所以先知就把露茜嫁给了德雷伯。但是，不管谁得到了她，都不会长久；昨天我看见那个姑娘已经是一脸菜色了，根本不像是个女人，简直就是鬼了。你要走了吗？”

“对，我要走了。”杰斐逊·霍普说着已经站了起来。他的脸孔简直像是大理石雕成的一样，神情严肃而坚决，眼睛闪露出凶光。

“你要去哪里呢？”

“不用你管。”他回答，背上他的武器，大踏步地走下山谷，一直走进了大山深处野兽出没的地方。

这群野兽中，再也没有比霍普更凶猛、更危险的了。

那位摩门教徒的话果然应验了。不知道是因为父亲的惨死，还是因为她被逼婚、心怀悲愤的缘故，可怜的露茜一直精神不振，无精打采的；不足一个月，她便郁郁而终。她的混蛋丈夫之所以娶她，主要是看中了约翰·费里厄的财产；因此，对于她的死亡，并没有感到太大的悲伤；他的一些亲戚倒是对她表示了哀悼，且按照摩门教的风俗，在入土前，整夜为她守灵。第二天凌晨，当她们正围坐在灵床边的时候，忽然房门大开，闯进了一个衣着褴褛、面目粗陋、饱受风霜的男人。她们惊惧万分，说不出话来。来人对那些缩成一团的妇女看都没有看一眼，丝毫没有理会她们，径直走向那个一度深藏着露茜·费里厄净洁灵魂的苍白、沉静的遗体。他弯下腰，在她冰冷的额头上虔诚地吻了一下。然后，又拿起了她的手，从手指上取下那枚结婚戒指。他凄厉地吼道：“她绝对不能戴着这个下葬。”在人们还未来得及喊叫的时候，他就飞身下楼一下子不见了。

这件事出现得非常离奇，并且如此突然，若不是露茜手上那只标志着新娘身份的金戒指已经不见的这一不得不承认的事实存在的话，就连那些守灵者自己都非常难相信这个事实，更说不上让别人去相信了。杰斐逊·霍普在大山中流浪了好几个月，过着野蛮原始的非人的生活，他时时刻刻想着要报仇雪恨。

这时，城里流传出一个说法，说是有一个怪人，整天出没于深山高壑之间，在城外四处徘徊。一次，一颗子弹嗖地穿过斯坦格森的窗户，正射在距他不足一英尺的墙壁上。还有一次，当德雷伯经过绝壁下面的时候，一块大巨石从他的头上滚落下来，多亏他赶忙卧倒，才逃脱了这场灾祸。这两位年轻的摩门教徒不久就知道了企图要他们命的原因。于是他们带着大队人马，一再冲进深山里去，打算捉拿他们的敌人，或将他杀死。但总是没有成功。于是，他们又采取了更为谨慎的方法，不单独外出，天黑之后，就足不出户了。同时，又派人保卫他们的住宅。过了一段时间，他们觉得可以放松警戒了，因为既没人听到过任何关于他们仇人的消息，也再没人见到过他的踪影，于是他们就期望着，时间久了，他复仇的心也许就会渐渐平静下来。而事情却绝非如此，可以说，这种复仇的决心反而愈发增强了。霍普本来就具有坚毅的、百折不挠的精神，除了寝食不忘的报仇之外，再也没有任何其他感情占据着他的心灵了。况且首先他是一个非常实际的人。不久，他便意识到，虽然他体格非常健壮，也已经受不了这种过度的操劳了。日晒雨淋，无遮无盖，又吃不到像样的食物，这样，他的体力就开始大大地耗损下去，如果他像条野狗一样地葬身于大山之中，那么，复仇大业又怎么办呢？何况，长此以往，势必会有这样的结果。他认为，要是真的这样的话，正合了敌人的心愿。所以，他勉强回到了他在内华达待过的矿上，可以在那里恢复体力，另一方面积攒足够的钱财，用以继续追踪仇人，而不至于让自己饥饿困顿。

他本来打算最多离开一年后就回来，但由于各种意外事情的阻挠，他一直无法脱身，时间将近五年之久。虽然时间过去了五年，但在五年后的今天，当年的切肤之痛，仍历历在目，复仇的决心正如当年那个令人永世难忘的夜晚，就像他站在约翰·费里厄新坟旁时一样急迫。

他乔装打扮，改名换姓，回到了盐湖城。他只想伸张正义，自己早已把的生命已置之度外了。到达盐湖城后，才发现坏消息正等着他。

几个月之前，摩门教徒内部发生了一次分裂，年轻的一派反抗长老的专制，结果有很多不满教会的分子脱离了教会组织。他们离开了犹他地区，成了异教徒。德雷伯和斯坦格森也在当中，但没有任何人知道他们的下落。传说，德雷伯早已将他的大部财产都设法变卖了，所以离开的时候，他已是腰缠万贯，而他的同伴斯坦格森，相比之下，却是穷困潦倒。但是，他们现在到底在哪里，却没有任何线索可寻。

在这种困难重重的情况下，无论复仇心如何的急切，一般的人恐怕都会灰心丧气，放弃复仇的决心。但是，杰斐逊·霍普却一刻都没有动摇过。他带着他全部的一笔数目很少的财产出发，在美国各地一个城市一个城市地找寻他的仇人。没钱的时候，就随便打点工糊口。一年一年地过去了，他的黑发变得斑白，但是，他仍然继续流浪着，就像是人类里的一头绝不罢手的敏锐的猎犬一般。他把自己全部的精力都倾注在这个复仇大业上，为了它，他已经献出了自己的一生。

然而皇天不负有心人。虽然这只不过是从窗口中看到了仇人的面貌，但一切却向他表明：他所追踪的两个仇人正待在俄亥俄州的克利夫兰城中。他回到他那破旧不堪的寄宿处，把复仇计划全都准备妥当。但是，事有凑巧，德雷伯那天也从窗口中认出了街上的这个流浪汉，并且也看到了他眼中的杀机。因此，他在斯坦格森的陪同下（他现在是德雷伯的私人秘书），慌忙找了一位负责治安的法官报告：由于以前一个情敌的嫉恨，他们的生命正处于危险当中。当晚，杰斐逊·霍普便被拘捕了。因为找不到担保人，他被关押了几个星期。等到被释放的时候，他找到的住处早已经是人去楼空了，德雷伯和他的秘书已动身去了欧洲。霍普的复仇计划再次落了空。

但是，心头的积恨一再激励着他，鼓励他继续追踪下。但是由于路费的缺乏，他不得不再工作一段时间，省下每一分钱，为今后的行动作准备。最后，等到他攒够了足以维持生活的所用费用后，就动身前往了欧洲。他在欧洲各个城市找寻他的仇人；没有钱的时候，无论什么样的苦工他都愿意干，但一直没能找到那两个逃亡的人。当他赶去圣彼得堡时，他俩就去了巴黎，他到了巴黎，又听说他们动身去了哥本哈根。当他再次赶到丹麦首都哥本哈根时，还是晚了几天，这时，德雷伯和斯坦格森已经去了伦敦旅行。最后，霍普在伦敦把他们赶上了绝境。至于在伦敦发生的事情，我们还是引用华生医生日记中记载的这个老猎人自己的讲述。这个故事，我们在前面也已大致讲过了。

六　关于华生回忆录的记载

犯罪分子的疯狂拒捕显然并不是对于我们这些人有什么敌意。当他看到自己已经无力反抗，便态度一转，温和而友善地笑了起来，并表示说刚才的挣扎不知道有没有伤到我们。

“不用说，你们是要把我送到警察局去。”他对夏洛克·福尔摩斯说道，“我的车在门口。把我腿松绑，我自己走下去。我身体非常重，已经不像以前了，你们抬不动我的。”

格莱森和雷斯垂德互递个眼色，好像感觉这样的要求有些过分，但福尔摩斯却答应了这个凶犯的请求，把捆在他脚腕上的毛巾解开了。接着，他站起来，舒展两腿，像是要证明一下它们确实又重新获得了自由。至今我还记得，当时我看着他，心中在暗暗想，真是很少有人像他这样魁伟强壮。他饱经风霜的黑色脸膛上表现出的那种坚定而富有活力的神情，就像他的体格一样让人惊奇和赞叹。他注视着福尔摩斯，钦佩地说："如果警察局长的职位空缺的话，你肯定应该是最佳人选。你侦破我这个案子采用的方法确实谨慎而周密。"

福尔摩斯一句话没有说，只是对那两位侦探说："我们一块儿把他送过去吧！"

"我来驾车。"雷斯垂德说。

"好吧！格莱森可以和我们坐在车里。华生，你既然对这个案子一直非常有兴趣，那就跟我们一块去吧！"我高兴地答应了，我们一起下了楼。

此时的杰斐逊·霍普没有一点要逃跑的意思，他平静地走进属于他的马车里，我们也跟着上了车。雷斯垂德坐在车夫的座位上，挥鞭策马前行，我们非常快就到了目的地。我们被领进一个小房间，那里的一个警官记录下了罪犯的姓名以及被杀害的两个人的姓名。这位警官面容白皙、神情冷淡，机械呆板地履行着自己的职责。

他说："犯人将会在本周内提交法庭审讯。杰斐逊·霍普先生，审讯你之前，你有什么要说的吗？我必须提醒你，从现在起你所说的每一句话都会被记录下来，并且可能作为审讯的证词。"

杰斐逊·霍普缓缓地说："先生们，我有很多话要说，我愿意原原本本、一字不落地告诉你们。"

"等审讯的时候再说，这样不是更好吗？"这位警官反驳道。

"也许我等不到审讯了，各位先不要着急，我并不是要自杀。您是医生吧？"他把他的那双凶悍漆黑的眼睛转向我，问道。

"对，我是医生。"我回答他。

"那么，请您用手按一下这里。"他微笑着说，用铐着的双手，指向自己的心口。我用手按了按他的胸部，马上发现里边有一种不正常的跳动。他的胸腔在微微震动着，就像是一座不是非常牢固的建筑里，开动了一架大马力的机器一样。在这安静的房里，我能听见他的胸膛里有一种轻微的嘈杂声。

我叫道："怎么，你得了动脉血管瘤！"

他安详地说："他们也是这么说的。上个礼拜，我看过一位医生，他告诉我，用不了几天，这个血管就会破裂。我得了这病已经很多年了，情况一年比一年坏。这个病，是我在盐湖城的大山之中，由于风吹日晒，过度劳累，而吃不饱的原因引起的，现在我已完成了我的使命，哪一天死，我早就不在乎了。可是，我想在死前，把这件事交代清楚，死后好留下个记载。我不愿在死后被别人看成一个简单的杀人犯。”

警官和两个侦探非常快地商量了一下，考虑让他说出他的故事是否妥当。警官问我：“医生，你认为他的病情的确有突然恶化的可能性吗？”

我回答：“的确是这样。”

于是这位警官说道：“这样的话，为维护法律起见，我们的职责显然是首先要取得他的口供。先生，现在你可以交代了。不过，我再一次向你说明，你所交代的一切都要被记录下来。”

“那就让我坐下来说吧。”犯人说着，一面就不客气地坐了下来，“我的这个病非常容易让我感到疲惫，况且半个小时之前，我们刚刚斗争过一番，这绝不会使我的病情有所好转。我已经是坟墓边上的人了，是绝对不会对你们说谎的。我下面说的每一句话，都是真话。至于你们将如何处置我，这对于我来说，已经不重要了。”

杰斐逊·霍普说完这些以后，就倚在椅背上，说出了下面这段惊人的供词。他讲述时的态度非常从容，并且讲得有条有理，仿佛他所说的事情是司空见惯的。我保证，这些补充的供词完全准确无误，因为这是我从雷斯垂德的笔记本上趁机抄录下来的。他在他的笔记中，按照他原来的说法，一字一句地记录了这位犯人的供词。

他说：“我为什么会恨他们两个人，对于你们来说，这一点是无所谓的。他们罪恶滔天，他们犯了罪，害死了两个人——一位父亲和他的女儿，为此他们搭上了自己的性命，这是他们罪有应得。自他们犯罪以来，时间已经过去了这么久，我不可能再拿出什么证据来，再到任何一个法庭去指控他们了。但我知道他们是有罪的，我下定决心，我要把法官、陪审员和刽子手的任务全部一个人担当起来。如果你们是真正的男人，如果你们处在我的位置上，一定也会像我这样干的。我刚才说起的那位姑娘，二十年前本来应该要嫁给我的，可是却被逼着嫁给了这个德雷伯，以致让她抑郁而终。我从她的遗体上把这个结婚戒指摘了下来，当时就发下誓，一定要让德雷伯看着这只戒指咽气；还要让他临死的那一刻意识到，他是因为自己所犯下的罪，才受到了这样的惩罚。”

“我千里迢迢踏遍了两个大洲，追踪着德雷伯和他的同伙，直到追到为止，这枚戒指都一直带在身上。他们想要东奔西跑以把我拖垮，他们可是白费苦心了。即使我明天就要死了——这倒非常有可能，那也要在我临死的时候，总算让我知道：我在这世界的任务已经完成了，而且完成得相当出色。他们两个都已经死了，而且都是被我亲手干掉的，此外，我也就没有什么其他的愿望和请求了。他们是富人，而我却是一个穷鬼。因此，要四处追赶他们，对我来说实在是不容易。来到伦敦的时候，我差不多已经是一贫如洗了。当时我知道，我必须找份工作，才能维持生活。赶车、骑马对我来说，简单像走路一样平常。于是我就去一家马车厂找工作，马上就成功了。只要每个星期向车主缴纳一定数额的租金，剩下的就归我自己了。但是，剩下的钱并不算多，可我总是想方设法勉强维持着。”

“我遇到的最大的困难是不认得道路。我觉得在所有道路比较复杂的城市当中，也没有一个比伦敦城的街道更复杂难找。我就在身上带一张地图；直到熟悉了一些大旅馆和主要的几个车站以后，我的工作才逐渐顺利起来。在伦敦很长一段时间之后，我才找到他们两人的住处。我四处打听，最后无意间碰上他们。原来，他们一直住在泰晤士河对面坎伯韦尔区的一间公寓里。只要找到了他们，就自然会落入我的掌控之中，我留长了胡须，他们根本不可能认出我。我紧跟住他们，伺机动手。我暗下决心，这次绝不能再让他们跑掉。虽然如此，还是差点让他们溜掉了。他们无论去伦敦哪里，我都形影不离地紧跟在他们后面。我有时拉着马车跟着他们，有时步行。拉着马车是最好的方法，这样他们就没有办法甩掉我了。因此，我只有在清晨或是深夜才会去做点生意，赚些钱，以致后来我都不能按时给车主缴纳租金了。但是，只要能亲手杀掉仇人，这些我都不在乎。”

“他们两个都非常狡猾。他们知道可能会被人跟踪，所以从来都不单独出门，也不在晚上出去。两个星期以来，我从没看见他们分开过。虽然德雷伯经常喝得烂醉，但斯坦格森一刻也不疏忽。我起早贪黑地窥探着，总也找不到下手的机会。但我并没有灰心丧气，因为我感到复仇的时刻马上就要来了。我唯一担心的就是我胸口这个病，也许它会提前破裂，让我的报仇大业以失败告终。结果，有一天傍晚，我驾着车在他们居住的地方四处徘徊的时候，忽然有辆马车停在了他们住所门口。很快，有人提了行李出来，德雷伯和斯坦格森也跟着出来了，两人一起上了车。我赶紧驾马车追了过去，远远地跟着他们的车子。当时我非常不安，不知他们又要变更到哪儿去住。结果，他们去了尤斯顿车站。我找了个小孩帮我看住马车，就跟他们进了月台。我听到他们在打听开往利物浦的列车。车站的人告诉他们刚出发了一趟车，几个钟头内都不会再有了，斯坦格森听了似乎非常气恼，但德雷伯非常高兴。我故意夹在人群中，离他们近一点，因此听到了他们当时的对话。”

“德雷伯说有私事要回去处理，如果斯坦格森愿意等他的话，他很快就会回来。结果斯坦格森不但阻止他并且还提醒他说，他们两人早有约定要一直做伴，不能单独行动。德雷伯却坚持是一件非常私人的事情，他必须自己一个人回去。我没听清斯坦格森又说了什么，但后来听到德雷伯破口大骂，说斯坦格森不过是他雇用的奴仆而已，不要装模作样地反过来指责他。如此一来，斯坦格森也就没有再多嘴，只是跟他商量，让他不要错过最后一趟火车，如果真错过了就去郝黎代旅馆找他。德雷伯答应在十一点之前一定回到月台，接着，他径直出了车站。”

“我一直在等待着，千载难逢的好时机终于来了。从那一刻起我的仇人完全陷入了我的掌控之中。他们在一起时可以相互帮助，但分开后，我就非常容易把握了。尽管如此，我并没有莽撞行事。我制订了一套周密的复仇计划：复仇的时刻，我要让我的仇人知道究竟是谁杀了他，让他知道究竟他为什么受此惩罚，这样的复仇才让人满意。我把我的复仇计划安排妥当之后，就按照这个计划一步步地进行，我要让害我的人知道，他遭到报应的时刻到了。”

“正好那几天，有个坐车的人在布瑞克斯顿街一带查看过几处房屋，他把其中一所空屋的钥匙遗落在我的车里了。他当天晚上就把钥匙取了回去，但在这之前，我早已给这把钥匙弄了个模子，而且依照原样配了一把。这样一来，我在这个大城市中至少找到了一个可靠的地方做我要做的事情而不受任何阻碍。接着，我就想办法把德雷伯给弄进那个空房间里去。”

“德雷伯离开车站以后，就在路上走，后来他进了两家酒店。他在最后那家酒店里逗留了差不多半个钟头。出来时已经是踉踉跄跄的了，显然喝得差不多了。在我面前有一辆双轮小马车，他招呼这辆车过去，然后坐上了。我一路紧跟着他。我们一起走过滑铁卢大桥，跑了好几英里。可是，让我感到非常奇怪的是，他竟然又绕回了他原来的住处。我不知道他回去到底要干什么，但我还是跟了过去。离房子大约一百码的地方，车子停下了。他走进了那幢公寓，随后，他搭乘的那辆马车就离开了。”

“能给我一杯水吗？我的嘴现在非常干。”

我把水递给他，他接过去一饮而尽。

“这样感觉好多了。”

于是，他继续说："我在那里等了大约一刻钟，或者时间更长一点，房子里突然传来打架吵闹的声音。接着，大门忽然敞开了，出来两个人，一个是德雷伯，另外一个是个年轻小伙子，我之前从未见过此人。年轻人一把揪住德雷伯的衣领，用力一推，紧接着一脚把德雷伯踹到了大街正中央。他晃动着手中的木棍对德雷伯大吼：'你这个狗娘养的东西！我要好好教训教训你，竟敢欺负良家妇女！'那个小伙子当时怒不可遏，若不是那个浑蛋拖着两条腿拼命往街中央逃，那年轻人一定会拿棍子暴打他一顿。德雷伯一路逃跑到了拐弯的地方，正好看到我的马车，便招呼我上了车。他急切地说：'去郝黎代旅馆。'"

"见他进了我的马车，我非常的兴奋，心狂跳不止。当时我非常怕我的血管瘤会在这千钧一发的时刻迸裂。因此，我缓慢地驱车，寻思着接下来怎么做。我本可以拉着他到乡间，在荒无人烟的小道上，跟他算这笔账。我几乎决定这么做了，他突然主动替我解决了这个问题。就在这时候他又犯了酒瘾，喊我在一家大酒店的门口停下了。他吩咐我等着他，便走了进去。他一直喝到酒店打烊，出来时已是酩酊大醉，这时候我知道我已经胜券在握了。"

"请不要以为我会毫无防备地给他一刀，把他解决掉就结束了。如果是这样，只能算教条地执行了正义的审判。我是绝不会那么干的。我早就决定给他们一个机会，如果他们能把握住，就有一线生机。我在美洲流浪的日子里，为了维持生计做过形形色色的工作。我曾在'约克学院'实验室看过门，清洁过卫生。有一天，我听到教授在讲解毒药的问题，他拿了一种叫生物碱的东西给他的学生看。这是从南美洲的土人制造的毒箭中提炼出来的，毒性非常强烈，只要一丁点儿，就能使人马上丧命。我记住了那个毒药瓶子放的地方，他们走之后，我就偷偷倒了一点。我还算是个技术不错的配药能手，我把拿来的毒药做成了一粒粒可以溶解的药丸。然后装进一个盒子里，同时再放进一粒模样相同没有毒性的。我当时决定如果得手，我就让那两个混蛋一人一盒，让他们先选服一粒，剩下的我来吃。其实，这样做就相当于在枪口上蒙上手帕再射击，可以把人置于死地还没有任何声响。从那天起，我就把装有药丸的盒子一直带在身上，这个时候它们终于派上了用场了。"

"那是个风雨交加的晚上，德雷伯从酒店出来时已经过了午夜，大概一点钟，风刮得非常的厉害，正下倾盆大雨。此时街道上是一片惨淡的景象，但我的心情无比愉快，高兴得快要叫起来。先生们，如果你们哪一位曾因朝思暮想了二十多年一件事，到了唾手可得的时刻，你们就能理解我当时的心情了。我点了支雪茄，喷着烟圈，努力安抚自己紧张的情绪。但还是因为过于激动，双手不停地颤抖，太阳穴也突突乱跳。我赶着马车前进，我仿佛看到老约翰·费里厄和亲爱的露茜在黑暗中对我微笑。我看得一清二楚，就像此刻我看到的你们一样清晰。一路上，他们都在我马车旁边，一边一个，一直跟随我来到布瑞克斯顿街的那间空宅。那里除了滴滴答答的雨声，没有任何声音，而且一个人影也看不到，我从车窗往里瞧，德雷伯因喝酒已蜷成一团沉睡过去。”

“到了之后，我就摇醒他说：‘先生，到了，您该下车了。’”

“他回答说：‘好的。’我肯定他当时以为到了斯坦格森住的旅馆，他什么也没说便走下车来，随我到了空屋前面的花园。此时的他还是有些头重脚轻，摇摇晃晃的。我不得不去扶着他，以免他跌倒。走到门口，我便打开门，领他进了前屋。我敢保证，在这一路上，费里厄父女俩都一直在我们的前面。”

“‘这儿太黑了。’他一面说，一面乱跺脚。”

“‘马上就会有亮光了，’说着我便擦亮了一根火柴，点燃了我带来的一支蜡烛。我一边把脸朝向他，一边用蜡烛照亮了我的脸。我说：‘好啦，伊诺克·德雷伯，现在你看看我是谁？’”

“他醉眼朦胧地盯着我看了半天。然后，在他的脸上突然出现了非常恐惧的神情，整个脸都开始痉挛，说明他已经认出我来了。他顿时吓得面如土色，踉踉跄跄地后退着。我还看到大滴的汗珠，从他的额头一直滚落到眉毛上，牙齿也在上下相撞，吱吱作响。”

“见了他这副模样，我不禁靠在门边狂笑不止。我早就知道，复仇是件非常痛快的一件事，可是，却从来没有想到过竟是这种的滋味。我说：‘你这狗东西！我一直追着从盐湖城到圣彼得堡，可总是让你溜掉了。现在你的死期终于到了。因为，不是你就是我，再也看不到明天的太阳了。’我说话的时候，他又往后退了几步。从他的脸上可以看到，他认为我已经发疯了。”

“那个时候，我的确是跟疯了一样，太阳穴上的血管就像铁匠挥舞的铁锤一样不停跳动。我相信，当时血若不是从我的鼻孔中涌了出来，让我感到轻松一下的话，我的病也许就会发作了。”

“‘你说露茜·费里厄现在怎样了？’我一面吼着，一面把门锁上，并把钥匙举在他的眼前晃了几下，‘这惩罚的确是来得太慢了些，可现在你终于落网了。’在我说话的时候，我看到他那两片怯懦的嘴唇颤抖着，他还想要求我饶命。但是，他非常清楚，这一点用处也没有。”

“他结结巴巴地说：‘你要杀我吗？’”

“我回答说：‘谈不上谋杀不谋杀的。杀死一条疯狗，能说得上谋杀吗？当你把我那可怜的未婚妻从她那被杀害的父亲身旁带走的时候，当你把她抢入你的那个该死的、恶心的新房里去的时候，你对她有没有有过一丝的怜悯？’”

“他叫道：‘杀死她父亲的人不是我。’”

“‘但是，是你击碎了她那颗纯洁的心！’我厉声向他喝道，一面把装有毒药的盒子送到他的面前，‘让上帝替我们裁决吧。选一粒吃下去。一粒能够致命，一粒可以生还。你挑剩下的一粒归我。让咱俩瞧瞧，这世上究竟还有没有公道，咱俩其实都是在碰运气。’”

“他吓得躲在一边，大声喊叫起来，乞求饶命。但是，我拔出刀，直顶着他的喉咙，直到他乖乖地服下了一粒，我也便吞下了剩下的另一粒。我们面对面，一声不吭地站在那里有一两分钟，等着看究竟谁能生还。”

“当他的脸上露出了痛苦的神情时，他知道他吞下了那颗毒药。我怎能忘记他当时的那副嘴脸呢？看见他那副表情，我大笑了起来，并且把露茜的结婚戒指举到他的眼前。可是眼前这一切只有一会儿的工夫，因为那种生物碱发挥作用是非常快的。一阵痛苦的痉挛使他面目扭曲变形，他两手向前伸出，摇晃着；然后惨叫了一声，就一头倒在了地板上。我用脚将他翻过来，用手摸了摸他的心口，已经没有心跳，他死了！这时，血一直从我的鼻孔向外涌个不停，但我并没有在意。也不知为什么，我一个闪念，便用血在墙上写了一个字。也许这是由于一种恶作剧的念头，想要把警察引入歧途；因为当时我的心情的确是非常的轻松愉快。我想起在纽约曾发现的一个德国人被谋杀的事件，死者的身上就写着拉契这个字。当时的报纸上曾争论过，说这是秘密党干的。我当时想，这个让纽约人感到非常离奇的字，大概也会使伦敦人疑惑不解。”

“于是，我就用手蘸上自己的血，在墙上找了个合适的地方写下了这个字。后来，我便回到了我的马车那里。我发现周围一个人都没有，天气依然是风急雨骤。我赶着马车走了一段之后，手伸回经常放着露茜戒指的口袋里一摸，发觉戒指不见了。我大吃一惊，因为这是她留下的唯一的遗物。我想，可能是在我俯身察看尸体时，它掉了下去。于是，我又掉头赶着马车往回走。我把车停在附近的一条横街上，壮着胆子朝那间屋子走去；我宁可冒着天大的危险，也不愿失去这只戒指。一走进那所房子，就跟一个刚从里面走出来的警察打了个照面。我只好装成一个醉鬼，以免引起他的怀疑。”

“这就是伊诺克·德雷伯死时的情况。我紧接着要做的就是用同样的方式去杀斯坦格森，这样我就可以给约翰·费里厄报仇雪恨了，我知道他那时就住在郝黎代旅馆。我在旅馆周围徘徊了非常久，他都没有露过面。我猜想，他可能是因为德雷伯的一去不返，觉得事有蹊跷。斯坦格森是个非常狡猾的人，他一直都小心地提防着。可能他觉得只要躲在旅馆里不出来，就能逃过我，那他就大错特错了。我很快就发现他所在的卧室的窗户。第二天一大早，我用旅馆在胡同里放着的梯子，趁着晨光朦胧爬进了他的房间。我叫醒他并且告诉他，很久之前他犯下了罪行，现在他该偿命了。我还把德雷伯死时的情况讲给他听，让他也拣食一颗药丸。他并不接受我给他的机会，他从床上跳起来，用刀直刺向我的咽喉。为了自卫，我一刀刺进了他的心脏。无论是哪种方法，结果都将是这样，上帝也不会让他那只沾满罪恶的手挑中无毒的药丸。”

“还有几句话我一起说完了吧！因为我不久也将离开人世。后来，我继续做赶马车的工作，我想加把劲，攒够回美洲去的路费。我那天停在广场上，有一个衣衫褴褛的少年打听车夫杰斐逊·霍普，说是贝克街有位先生要雇车子，我没有怀疑就跟来了。接着，就是这位年轻人用手铐干脆利落地铐住了我，他动手之快是我生平少见！先生们，这就是我的全部经历。你们可能觉得我是一个杀人犯，但我认为其实我跟你们一样，是个执法的法官。”

他的故事是那样的惊心动魄，他讲述这一切的态度也给人留下了非常深刻的印象，我们都听得出了神。连那两位久经考验的职业侦探都听得津津有味。他讲完后，我们一声不响地坐在那里，只听到雷斯垂德速记着最后几句供词时，笔在纸上发出沙沙声。

“有一个问题，我还想再有点了解，”福尔摩斯开口说话，“我登了广告以后，你有同谋来领戒指，这个同谋是什么人？”

人犯向我朋友挤挤眼，扮一个小小的鬼脸。“我自己的秘密都可以讲出来，但连累人的事我不做，决不会把别人供出来。见了启事广告，我想过可能是个圈套，也可能正是我要的那只戒指。我一个朋友自告奋勇来看看。我想，你也会承认，这事他做得非常漂亮。”

“是这样。”福尔摩斯表示心悦诚服。

“那么，诸位先生，”警官严肃地宣布，“法律规定必须执行，星期四人犯必须提交法庭审讯，诸位先生届时务必出庭。开庭之前，人犯由我负责拘押。”他说着就打了铃，杰斐逊·霍普由两名看守带走。我的朋友和我一同离开警察局，坐马车回到贝克街。

七　尾声

我们之前就接到了通知，在本星期四出庭，但是到了星期四，已不需要我们到庭作证。更高一级的法官受理了这个案件，杰斐逊·霍普被传唤到另一个法庭受审，说要进行非常公正的审判。杰斐逊·霍普被捕的当天晚上，他的动脉血管瘤就破裂了，次日清晨发现他死在监狱的地板上，脸上带着安详和满足的微笑，似乎他临死前觉得自己的一生都没有虚度，仇也报了，冤也申了，一切都如愿以偿了。

第二天傍晚，我和福尔摩斯闲谈起这件事，他说：“格莱森和雷斯垂德如果知道霍普死了，一定会死的。因为这样一来，他们就没法出庭，没法出庭也就没有办法自我吹嘘了，这不就泡汤了吗？”

“凶手的捉拿归案，又不是他们两个的功劳，他们又没出什么力。”我回答说。

“在这个世界上，你做了些什么，并不重要。”福尔摩斯尖刻地说道，“问题在于，你怎么叫别人相信那是你做的。别担心，”他停顿了一下，又轻松地说，“这对我的破案经验不会有丝毫的损失。回想起来，我经手的案子，这一桩还算是最顺手的，主要是案情比较简单。不过，受益还真是不少。”

“够简单？”我不解地问道。

“是呀，够简单，实在谈不上有多么的复杂。”夏洛克·福尔摩斯看着我莫名其妙的样子，笑道，“我只不过运用几次普通的推理，没有靠其他的东西，三天之内，就把案犯捉住了，可见这案情本身是非常简单的了。”

“这倒也是。”我说。

“我给你讲过，看起来越是不平常的事，往往倒不会有障碍。解决这类问题，最重要、最关键的，是必须善于逆向推理。这个方法相当有用，也相当简单，可惜人们在实践中应用得非常少。日常生活当中，顺向推理用得非常普遍，比逆向推理的用处大得多，所以逆向推理也就容易被忽略。一般来说，五十个能够进行综合推理的人中，只有一两个人善于做逆向推理。”

“我得承认，”我说，“我对你这些话还不够理解。”

“我倒不指望你马上就能够领悟透彻。让我看看能不能讲得更清楚一点。大部分人都是如此，在你向他们罗列了一系列的相关事件之后，他们都会告诉你结果。他们把这些事统统都汇聚在心中，就能告诉你通过思考能得出什么结论。还有为数不多的人比较不简单。你给他们一个结论，他们就能够凭着知识感悟，推理出实现结论的每个步骤。这是一种能力，也就是我所讲的逆向推理，或者也可以叫分析推理能力。”

“我明白。”我说。

“这件案子就是个非常好的例子，我们只有一个结论，其他的事情都需要去找寻。我们现在从头开始看，我尽量说明我进行推理的各个不同步骤。你知道，我们到了那附近后是走着去的那个空宅，开始我对屋里的一切确实一无所知。到了那儿，当然首先我要查看路面，我跟你解释了，我们也清清楚楚地看到了马车车轮留下的印迹。经过研究，得出车轮印是案发当天晚上留下的。根据这些痕迹所表现出的车轮轮距，我还判断说这是一辆出租的四轮马车，而不是私人的四轮马车。因为伦敦一般的四轮出租马车的轮距比私人马车的轮距要窄一些。这是咱们过去后通过观察得出的第一点。”

“然后，我们又查看了花园，我慢慢地沿着花园的小路察看。这是一条泥路，非常容易留下脚印。对你来说，毫无疑问这只是一条有着非常多的泥脚印的路，但经过我受过训练的眼睛，上面的每个脚印都有意义。在刑侦科学中，没有比足迹学这一门更重要，虽然它容易被人忽略。我一向非常重视足迹学，经过非常多的实际经验之后，重视足迹已成为我的习惯。在花园的小径上，我看到有警察的重鞋印，也看到有另外两个人的足迹是最先走过这条小径的，这一点非常容易说明。因为在从某些有这种脚印的地方可以看出，他们的足印被后来的脚印踩踏了，或者完全消失了。这是我得出的第二点。”

“从这一点可以推断，夜里有两个人到过这里，一个身材高大，这是根据步距推算出来的；另一个衣着考究，这是根据他小巧精致的靴印推断的。走进案发的空屋之后，那位穿着考究的人确实是其中一个，这一点马上就得到了证实，因为他就躺在那儿，所以，很显然那个身材高大的就是杀人凶手，前提是这是一桩谋杀案。再说尸体，死者没有任何伤痕，但脸上却留有因恐惧而紧张恐怖的神情，显然他死前知道自己已经死到临头了。人类若突发心脏病死亡或因其他自然原因猝死，面部表情都不可能那么激烈和恐怖。在嗅过死者口唇后，我闻到了轻微的酸味，就得出了结论，他是被迫服毒身亡。再说一遍，我说他是被迫服毒的，是从他脸上留有又仇恨又惊惧的表情上推断出来的。我是用排他法得出这一结论的，因为除此之外没有其他的假设可以解释此种现象。不要以为这是一种从未听过的说法，被迫服毒，每年的犯罪记录中都会有的，这并不稀奇。说到强迫服毒，每一位毒物学家可能都会联想起敖德萨的多尔斯基案件，还有发生在蒙彼利埃的勒蒂里埃一案。”

“现在我们来说一下作案动机的大问题。谋财害命肯定不是本案谋杀的目的，因为没有发生过抢劫，财物也没有少。那么，是政治谋杀吗？情杀？这便是摆在我们面前的问题。我的假设倾向于情杀，而非政治谋杀。政治暗杀，刺客总是匆忙下手便马上逃离现场。但这桩谋杀案恰恰相反，非常从容不迫。凶手在屋子到处留下了痕迹，这种种迹象都表明，他从头到尾留在现场。这就一定是出于私人恩怨，决不具有政治性的目的，因此才会进行如此的报复。发现了墙上的留字，我就更对自己的判断有了把握。他做的这个手脚，再明显不过，是为了布疑阵。等到发现了戒指，这就确定无疑，就可以给问题定性了。非常明显，凶手是在拿戒指向被害人提醒一个女人，这个女人已不在了，或者去世了。关于这个，我曾问过格莱森，电报发到克利夫兰，调查德雷伯以前的经历，有没有其他的问题，他回答说没有，这你应该记得的。”

“接着我又对室内的情况做一番非常仔细的检查。结果使我进一步肯定了我的观点，凶手是高个子。有其他的一些细节，印度特里其雪茄烟的烟灰，凶手右手的长指甲。我的结论是，既然没有打斗的痕迹，地板上的血迹就是凶手由于太过激动引起的鼻子出血。我看到地上的一行滴血正好与脚印方向一致。一般人不会由于激动就出这么多鼻血，只有血气特别旺盛的人才可能这样，因此我大胆推测，罪犯非常可能是个体格健壮的人，血气好，面孔就发红。后来的事实也证明，这个判断果然没有错。”

“离开了这座屋子之后，我把格莱森疏漏了的地方补了一下。我给克利夫兰的警察局长拍了份电报，专门询问伊诺克·德雷伯的婚姻状况，回电非常明确。电报说，德雷伯曾指控一个名叫杰斐逊·霍普的旧日情敌的追杀，要求取得人身安全的保护；这个霍普现在也在欧洲。我当时就明白了，迷案的头绪已经显现出来了，已经掌握在我的手中。以后要做的事情，就是捉拿凶手了。我当时心中已有论断，同德雷伯一起走入屋内的不是其他人，正是那个马车夫。马路上的马车痕迹让我看出，马四处走动过，说明没人照看，有人管理的马不会乱走。如果车夫不是去了屋里，那又会去了哪儿呢？再者，神智清楚的人，决不会在第三个人面前实施有预谋的犯罪，那不是自我暴露吗？简直是太荒唐了！”

“最后还有一点，要想在伦敦城里跟踪一个人，最好的办法就是去做马车夫了，除此之外还能有什么更好的办法呢？所有的这些思考，指引我得出了一个无法否定的结论，那就是，杰斐逊·霍普，只有在伦敦的出租马车夫当中，才能找得到。既然他是个马车夫，那么他事成之后就此停止赶车，这个理由并不充足。恰恰相反，在他看来，自己突然改变了行动，一定会引来旁人的注意。所以他多半还是仍在操持旧业，至少暂时按兵不动。也没有理由假设他用的是化名。在异国他乡，举目无亲，又有谁会知道他的往事？我便召集小流浪汉侦察队，叫他们把一家一家的伦敦马车场问个遍，把我要找的那个人找出来。他们真能干，一出动就成功了。这个还只是不久前的事，你应该记得非常清楚。而斯坦格森的被杀，完全是不能预知的事件，更谈不上怎么加以防止和避免。你已经知道，我拿到了药丸，我曾推论知道本案使用过的东西。你看，整个事件其实是一条长长的逻辑的链条，环环相扣，没有任何间断。”

“简直太妙了！”我情不自禁地赞叹，“你的功劳应该让全社会都知道。应该把这个案子写成报告向公众发表。如果你不愿意写的话，我来做这件事。”

“如果你想写就写吧！华生。你看看这个！”他边说边递给我一张报纸。

这是一份当日的《回声报》，他指给我的正是关于这件案子的报道。报上这样写道：“伊诺克·德雷伯先生及约瑟夫·斯坦格森先生被害一案的嫌疑犯杰斐逊·霍普突然在监狱死亡。公众因此失去了此件骇人听闻命案的谈话资料。从有关部门获悉，这是一件由很久以前的爱情夙怨引发的惨案，涉及自由恋爱与摩门教婚姻制度等问题。现在，这个案子的内情可能永远不能揭晓了。两个被害人曾经都是摩门教圣徒，死去的案犯杰斐逊·霍普也来自盐湖城。本案若在其他方面没有什么影响的话，但至少显示着我市刑侦警力的神威，并警示一切异邦入境者不要期许在我国获得逃脱，任何纠纷最好在本国解决，若负案潜入我国，应引以为戒。本案侦破神速完全归功于苏格兰场的知名警探雷斯垂德先生和格莱森先生。据悉，凶犯是在一私人侦探夏洛克·福尔摩斯先生处被当场擒获。夏洛克·福尔摩斯先生作为私家侦探，深受两位导师的教益，表现出了非凡的刑侦才能，有望获得更好的成绩。而二位警探亦有望获得奖赏，表彰他们的功绩。”

“哈哈，我之前就跟你说过了吧？我们这场血字研究的结果就是为雷斯垂德和格莱森争奖赏的！”福尔摩斯大笑道。

我说：“这没有关系，所有事实已记录在我的本子上了，公众最终会知道事实真相。案子破了，你也尝到了成功的喜悦，这样完全可以满足了。就像罗马守财奴说的那样：

‘嬉骂由人，充耳不闻；

家藏万贯，陶然自欣。’”

四签名

一 演绎法

夏洛克·福尔摩斯从壁炉台的角落里取下一瓶药水，再从一只整洁的摩洛哥搓纹皮革匣子里取出皮下注射针筒。他那洁白、纤长、敏感有力的手指把尖细的针头装好，将左臂的衬衫袖口往上卷起。他打量着自己已经有许多针眼的胳臂一会，便把针尖扎入丰满的肌肉，推动着小小的针筒。然后靠在绒面安乐椅里，舒心地长长叹了一口气。他每天都要这样注射三次。我看他这样有好几个月了，虽然感觉习惯了，但心中总是不以为然，有点疙疙瘩瘩的。后来不但如此，而且越来越感到这种行为的不耻了。但因为我没有足够勇气去阻止他，每当在夜深人静的时候想到这件事情，我就觉得非常内疚，良心非常不安。其实我不止一次地想把心里的话向他说，想告诉他那样下去情况会更糟，可是我的这位朋友性情孤傲冷漠，而且总不肯随意接受别人的意见，让人觉得想跟他交谈都不是非常容易，更不用说接受别人的建议了。他的毅力、他自以为是的态度和我所体验过的他那些非常独特的性格，都使我胆怯而不愿招惹他。

"今天，这东西，"我问他，"是吗啡，还是可卡因？"

他刚刚打开一本花体字的旧书，无力地抬起双眼。

"可卡因，"他说，"浓度百分之七十。你要试试吗？"

"我可一点也不想。"我没好气地冲他说，"在阿富汗打的那一仗害我的身体到现在都没恢复，我可不想再糟蹋它，雪上加霜了。"

他笑笑，对我的不满他并没在乎。"这话倒没错，华生。"他说，"我也知道这对身体有害，但能让我受到如此强烈的刺激、兴奋，能提起精神，这么点副作用也就无所谓了。"

"但你要考虑一下，"我诚恳地说道，"这里面的利弊！你的大脑，就算正如你所说，得到刺激，感到兴奋，可毕竟这是伤害身体的做法，它会引起器官组织的一些异变，最终使得功能永久性的丧失。你也知道这会对身体造成多大的损害，这实在得不偿失。你为什么要贪图一时的快感，偏偏不怕伤害到自己天赐的卓越才能呢？你要知道，我仅仅是以一位志同道合的朋友的身份对你说，同时也是以一个医生的身份这么对你说。我对你的健康是负有责任的。"

听了我的话他倒没有生气，他把十个手指对齐，双肘支撑在椅子的扶手上，反倒像是对说话充满了兴趣。“我这个人，”他说，“喜动不喜静。尽可以给我难题，给我工作，让我破解最深奥难懂的密码，交给我最繁重的分析任务，这样我才能感到浑身充满了力气，这样才能不用求助于其他的感官刺激。我最不喜欢平平淡淡的生活了。我盼望精神上的刺激与兴奋。这也就是为什么自己选择了这么个又苦又累的职业，不妨说还是由我开创的这个职业，因为全世界还只有我一个人从事这门行当。”

“唯一的一个私人侦探？”我问，耸了耸双眉。

“独家私人顾问侦探。”他回答，“我相当于刑事侦查方面的最高法院，拥有最高裁决权。不管是格莱森也好，雷斯垂德也好，就算是阿瑟尔尼·琼斯也好，他们遇到解决不了的问题——这是经常的事，并不稀罕——都会来向我请教。我以专家的身份调查材料，给他们权威的意见。每次遇到这种情况，我都不和他们抢功劳，我的名字也不在报纸上露面。工作本身，在特定的领域里发挥了我特有的才能，使我从中得到乐趣，这就是我得到的最高报酬。我工作的状况，在杰斐逊·霍普的案子中，你已经亲身经历过了。”

“没错，的确如此。”我真诚地答道，“这是我这辈子从来没有遇到过的一件奇案。我已经把所有的经过写了下来，成了一本小册子，还给它起了一个有趣的名字，叫《血字的研究》。”

他不以为然地摇了摇头。“我大体上看了一遍。”他说，“说实话让人不敢恭维。刑事侦查必须且应当是一门极其严谨的科学，从事这项工作，态度需要绝对理智，容不得一丁点感情成分。而你给它涂上了一层小说的色彩，甚至是在创作一个爱情故事。正如把爱情和私奔，生硬地夹进欧几里得第五命题中去，显得格格不入。”

“但是案情的确非常像小说嘛。”我反驳道，“这是事实，我不能有一点歪曲和改编。”

“有些事情是可以删去的，并不是必须要写的。或者说，写起来至少要有轻重主次的分别。这件案子中唯一值得花费笔墨的，是我怎样精确地运用了分析推理的方法也就是演绎法，从事件的结果推导出原因，然后一举侦破。”

对他的这番话我感到不是非常高兴。原指望写这篇东西可以博得他的欢心，结果反倒遭了批评，实在是事与愿违，费力不讨好。他仿佛在要求我的小说字字句句都只能描写他个人的行为，突显他个人的才能，那真是太自私了。我和他在贝克街共同生活了这么多年，不止一次地发现，这位同伴不论是沉默不语还是长篇大论，态度中都会流露出骄傲与自负。我不想多说什么了，只坐在那里抚弄着我的伤腿。这条腿曾在阿富汗给滑膛枪的子弹横穿，虽然已经不妨碍行走了，但是逢阴天下雨，就会酸痛。

“最近，我的探案业务已经发展到了欧洲大陆。”福尔摩斯过了一会儿说道，把欧石南根的老烟斗装满了烟。“上星期有个叫福朗斯瓦·勒·维亚尔的人，来向我求教。这个人大概你也知道，最近在法国侦探界已经崭露头角。他具有凯尔特人的敏感性、灵活性，可惜欠缺广博的学问知识，这对进一步提高技术本领是必不可少的条件。他请教的是一件遗嘱案子，非常有意思。我给他了两个类似的案例做参考。一个是一八五七年里加城的案子，另一个是一八七一年圣路易城的案子。这两个案子给他指明了方向。这里有一封信，今天早晨刚收到，他对我给他的帮助，在信中表示感谢。”

说着，他就把一张皱巴巴的外国信纸丢给我。我看了看，信上充斥着许多过头的恭维话，都是些什么“伟大”、“手法高明”、“行动果断有力”等，这种如此热烈的赞扬话，正是法国人惯于使用的语言。

“倒像是小学生在夸奖自己的老师。”我说。

“啊，我只是给他一点帮助，他是过奖了。”夏洛克·福尔摩斯轻声说，“他自己有非常高的才华。一个理想的侦探，应该具备的三大条件，他具备两条。他有观察能力，有分析能力，所缺的仅仅是知识，这一点很快就能补足。他现在正在把我的几篇小文字翻译成法文。”

“你有作品？”

“哦，你不知道？”他惊奇地说，大笑着。“是啊，惭愧得很，几篇小论。都是刑侦技术性题材。这儿有一篇，举个例子。《论各种烟灰之鉴定》。文章列举一百四十种雪茄烟、纸烟、烟斗丝的烟灰，配上彩色版插图，形象说明各种烟灰的区别。这是在刑事案子中经常会出现的证据，有时还是最关键最重要的线索。你回忆一下那个杰斐逊·霍普案子，你就会懂得烟灰辨别，对破案侦查有多大帮助。再举个例子说，如果你能确定，在一件谋杀案中凶手吸过印度仑卡烟，那么就把你侦查的范围大大地缩小了。印度特里其雪茄烟的黑色烟灰和‘鸟眼烟’的白灰是不同的，这跟青菜、萝卜一样截然不同。”

“你观察细枝末节确实明察秋毫。”

“我充分注意小事反映出大问题。这篇是讲跟踪脚印的论文，里面还特别介绍使用熟石膏取脚印的保存方法。这儿还有一篇新奇有趣的小文章，是讲从事不同的行业对手形的影响。有石匠、水手、木雕工、排字工、纺织工、钻石工的各种手形图。这些对于科学侦查具有非常重要的实践意义——尤其是遇到判断无名尸体，或者罪犯的职业身份这类案子更加有用。可能我只顾着谈自己的爱好，让你听得厌烦了吧？”

“一点不厌烦，”我诚恳地说，“而且还大感兴趣。不是有过机会看你在实践中应用过了吗？你所说的，是观察和分析，当然这两者或多或少相互有些关联，可说是一回事。”

“喔，未必是一回事。”他答道，惬意地往椅背上一靠，吸着烟斗，吐出一圈圈浓浓的蓝烟。“比如说，我由观察知道，今天早上你去过威格莫街邮局，我再要做推理分析即演绎，才能知道你是去发电报的。”

“太对了！”我说，“这两件事都叫你讲对了！但是，真不明白你是怎么得出这个结论的。那是我一时忽然想起来的行动，对谁也没说起过。”

“事情其实非常的简单。”他说，看着我惊奇的样子觉得非常好笑，“这太简单了，说穿了，也就一点都不稀奇了。不过是通过解释，也好做个区分，告诉你什么是观察，什么是分析。观察让我看到你鞋帮上沾着的一点红泥。威格莫街邮局前面的人行道正在被挖掘，泥土被翻上来堆在路上，要进入邮局就非得踩着这些土。翻上来的就是这种红土，这是那里特有的，周围其他的地方据我所知，都没有这个。观察到的就是这么多，剩下的就要用作分析了。”

“好，那你是怎么分析出我是去发电报的呢？”

“啊，这个我当然知道。整整一个上午我都坐在你的对面，没看到你写一封信。我还发现，你的抽屉打开了，里面有一大张整版的邮票，还有一整捆明信片都没有动过。那么你去邮局，不是去拍电报，还会干什么呢？这就是排除所有无关连的因素，剩下的那个一定是事实真相。”

“这件事的确是这样的。”我想了想，回答他道，“这个问题，正如你所说的，再简单不过了。那么我给你一个复杂些的怎么样？考一下你的理论，你可不要认为是我存心为难你。”

“这你放心，”他回答道，“相反，这恰好可以免得我再注射一针可卡因。有什么难题尽管放马过来，不妨试试，我非常乐意。”

“你说过，人们在日常生活中用过的东西，难免都会留下使用者的特征和痕迹，在受过特定训练的人眼里，都能够被识别。现在，我有一块手表，是最近刚刚到我手上的。麻烦你帮我看看，告诉我原来主人的性格、习惯好不好？”我把手表拿给他，心里不禁偷笑。因为照我看，这次考验是没有办法通过的，我是成心想给他个教训，杀杀他平常动则就独断专行的威风。

他把表放在手上掂量了一下，认真看了看表盘，又打开表盖，仔细观察里面的表心。他先用肉眼看，又用高倍放大镜察看。最后把表盖合上，把手表还给我，一脸的沮丧，惹得我差一点笑出声来了。

“几乎没有什么痕迹可寻。”他开口了，“这表是最近刚洗过的，最重要的痕迹都洗掉了，我看不到。”

“你说得对，”我回应他，“到我手里之前是经过冲洗的表。”这么说着，心想我的同伴要出丑了，他要找无用的托辞掩饰自己的失误，想给自己找个台阶。就算表没洗过，他难道又能看得出什么证据吗？

“虽然迹象不多，不令人满意，我的研究也不能说完全是一张白纸。”他高深莫测地说，双眼半闭无神地仰望着天花板。“姑且就说一说，希望你能指正。据我判断，这表原来是你哥哥的，是你父亲留下的遗物。”

“这个算被你猜到的，不奇怪。表壳上刻着H．W．字母是吧？”

“没错。W是你的姓。表的制造日期是将近五十年之前，刻的字母与表应该有一样长的历史，所以这是上一代人定做的表。一般人习惯把珠宝类传给长子，长子往往与父亲同名。你的父亲，我没记错的话，已去世多年了。因此，这块表就传到了你哥哥手里。”

“到现在为止，所有的这些都是正确的。”我说，“还有什么吗？”

“你哥哥是个不拘小节的人——生活比较邋里邋遢，不修边幅。一开始他非常有前途，可惜都被他丢掉了。经常生活得非常潦倒，偶尔情况也会非常好，他最后嗜酒，也是死于酗酒。只有这些，都是我通过观察和分析得到的。”

我一下子从椅子上跳了起来，在屋里烦躁地来回徘徊，心里充满了痛楚。“你这也太不光明正大了，福尔摩斯。”我说，“真没想到你会来这一手。你一定是事先早就了解了，对我哥哥的悲惨经历知道得非常清楚，现在又装腔作势来进行什么分析推理。你认为，我会相信你能从这旧表上把这些都看出来吗？还如此刻薄！你不就是在搞骗术嘛！”

“我亲爱的华生，”他平静地说道，“请你接受我的道歉。我把它当成纯粹的一个科学问题来推断，忽略了具体的亲情，这对于你来说是一件非常痛苦的家事。不过，我向你保证，在把这块表交给我之前，连你是不是有哥哥这件事我都不知道。”

“那你怎么可能说得那么准确呢？你说的每一点都跟事实相吻

合呀！”

“啊，也算是运气好吧。我讲的只是一些估计，可能性而已，自己也没想到会那么准。”

“难道不是你恰好猜个正着？”

“不，不，我这人从来不猜谜。遇事只凭猜，可不是个好习惯——这会影响正常的逻辑推理能力。这在你看来不可能，是因为你没有按照我的思路，没有发现往往能推理出大问题的那些细枝末节。我们具体来说吧！一开始我就说，你哥是个不拘小节的人。这块表在表壳下面有两个凹痕，表面上全都是磕碰的痕迹，这肯定是不好的习惯造成的，总把表搁在放有硬币、钥匙这类东西的口袋里，都不专门分开放在另一个口袋里。光是这块表就如此值钱，那么在其他方面，算得上是富裕人家应该没问题了。”

我点头示意，表示同意他的分析。

他继续说：“而英国的当铺有个惯例，就是每收入一块表，都会用针尖在表壳里面刻上当票的号码。这办法比挂牌子还要好，避免了号码牌遗失或搞错。我用放大镜仔细观察表壳时，发现这样的号码至少写过四个。那么，结论就是——你哥哥经常陷入经济困顿中。而他的境况有时又非常好，不然就没有能力去赎回手表。最后一点，你注意看里盖上面这个上弦孔，这孔的四周有无数划痕，这应该都是用钥匙戳的。意识清醒的人怎会插钥匙时弄出这么多的划痕呢？只有爱喝醉的人的表才会这样，你可以去查访一些这样的人，他们的表没有一个不是这样伤痕累累的。夜间上弦时，手颤抖就会留下这样的痕迹。难道这还有什么奇妙之处吗？”

“啊，经你如此一说，我茅塞顿开了。”我答道，然后又说：“刚才真的是错怪你了，请不要见怪！没想到你有如此高超的洞察分析能力，我真是领教了。你目前接手新案件了吗？”

“目前没有，所以我才注射可卡因。只要不用动脑子，我的日子就非常无聊。这样的生活还有什么乐趣呢？请你到窗边来看看这个世界，有比这更凄惨、更暗淡、更无趣的吗？满街翻滚的黄雾飘过灰蒙蒙的房屋，也没有比这更刻板、更单调、更消沉的了。华生啊！如果英雄失去了用武之地，那这个英雄就没有任何意思？犯罪的照样在犯罪，求生存的还在挣扎着求生存，每个人都是一样，纵有一身本事也无用。”

他言辞如此消沉激进，我正准备开口反驳他，忽然听到一阵急促的敲门声。女房东进来了，手里的托盘里放着一张名片。

“一位年轻的姑娘想见您，先生。”她对福尔摩斯说道。

“玛丽·莫斯坦小姐。”他看着名片说，“嗯！这名字非常陌生。请这位小姐上来，赫德森太太。别走！华生。你在这儿待着，不要离开。”

二 离奇的案情

这一天，我们迎来了莫斯坦小姐。她走进房子时虽姿态沉着，但步履沉重。她留着一头短发，身穿着一身暗褐色的毛呢料做的衣服，没有丝毫的花边或装饰，头上戴着一顶相同颜色的帽子，一根白色的羽毛插在帽子边缘上，手套也搭配得非常合适，这一身的装扮都非常合适她与生俱来的气质。同时，从她这身简朴素雅的穿着来看，她的生活并不太优裕。面容虽不漂亮，但也算是温柔可爱，一双蓝色的大眼睛，饱含神采，情感丰富。我所见过的女人，远至数十国和三大洲，却从没有见过这样一副贵雅和聪慧的面容。

当我的朋友请她坐下的时候，我看到她嘴唇微微动了下，双手颤抖，显示出发自内心的紧张和不安。她说：“福尔摩斯先生，我之所以来这里向您请教，是因为您曾替我的女主人希瑟尔·弗里斯特夫人解决过一起家庭纠纷的案子。对您的帮忙和技术她是非常感激和钦佩的。”

他想了想回答道：“希瑟尔·弗里斯特夫人呀，我记得曾帮过她一个小忙。那件案子，我记得非常简单。”

“她并不觉得那非常简单。最低限度的话，我向您请教的案子您不能也同样说简单。我想再没有什么事情比我现在的处境更离奇更费解了。”

福尔摩斯搓着双手，双目炯炯发光。他的身体从椅子上微微前倾，在他那清秀而鹞鹰一般的脸上出现了注意力极其集中的样子。

“请您说一下您的案情吧。”他兴致勃勃而又郑重其事地说道。

我感觉这里有些不方便，便站起身来说道：“请原谅，失陪了。”

没想到这位年轻的女士伸出她戴着手套的手阻止了我，说：“您要是愿意稍坐一会儿，也许能帮我非常大的忙呢。”我于是又坐下。

“简单来说，事情是这样的，”她说道，“我的父亲是一名军官，他一直在印度工作，是他们团里资历最老的上尉。在我很小的时候，父亲把我送回了英国。我母亲去世得早，国内又没有什么亲人，由于工作非常忙，他没有办法照顾我，于是把我送到爱丁堡的一个环境舒适的寄宿学校读书。在那儿我度过了十七个春秋。”

“一八七八年，我父亲请了一年的假，准备回国。他曾在伦敦给我发来电报告诉我说，他已经平安地到达了伦敦，住进了朗厄姆旅馆，并叫我立即过去与他会合。他的电文中充满慈爱。收到电报后，我便立即起身赶往伦敦。一到伦敦我便坐车赶到了朗厄姆旅馆。那儿的司事告诉我，莫斯坦上尉的确住在那儿，但是自从前一天晚上出门后就没再回来过。我待在那儿等了一天，他仍然没有回来，也没有任何消息。夜里，我担心发生了什么事，便接受了旅馆经理的建议，去警察署报了案。第二天一早，各大报纸上刊登了寻人启事。不幸的是，我们的寻找没有任何结果。那天之后，我没有得到任何关于我父亲的消息。我可怜的父亲，他抱着美好的愿望回到祖国，原本是想可以享受天伦之乐，可没想到……”

她用手捂着脸，话还没说完，已泣不成声。福尔摩斯轻轻拍拍她的肩膀安慰她，然后翻开他的记事本开始询问。

“您还记得具体的日子吗？”

“一八七八年十二月三日，他是在那天失踪的——现在已经差不多过了十年了。”

“那他的行李现在放在哪儿？”

“还放在旅馆里。我之前曾经翻看过，里面有些衣服和书，还有不少来自安达曼群岛，就是他以前工作过的一个岛的一些古玩。我从行李中找不到任何可以当作线索的东西。”来人回答道。

“您知道他在伦敦有什么朋友吗？”

“我只知道一个，他就是驻孟买陆军第三十四团的舒尔托少校，我父亲和他在同一个团里服役，他曾经和我提过这位少校。前一段时间这位少校退伍了，现在住在上诺伍德。我曾和他联系过，可他连我父亲回英国的事都不知道。”

“这可真是奇怪。”福尔摩斯若有所思地说道。

“我还没有说到最奇怪的事情呢！大约在六年前，准确的日期应该是一八八二年五月四日，在《泰晤士报》上刊登了一则广告，征询玛丽·莫斯坦小姐的住址，并提到如果她回应的话，是对她有利的，下面没有任何的署名和地址。那时我刚到希瑟尔·弗里斯特夫人家里当家庭教师。与她商量之后，我在报纸的广告栏里刊登了我的住址。当天便从邮局给我寄来了一个小纸盒，装着一颗非常大的光泽闪耀的珍珠，盒子里没有写一个字。从那以后，每年的同一天我总要收到一个同样的纸盒，里面装着一颗同样的珠子，我一直没有找到发信者的任何线索。经过懂行的人鉴定，说这些珍珠是稀有之宝，价值连城。你们请看看这些珠子，确实非常好。”

说着她就打开了手上一个扁平的盒子，我见到了平生从没有见到过的六颗上等珍珠。

福尔摩斯说：“您所说的非常有趣，还有其他的情况吗？”

“有，今天一早我又收到了这封信，请您看一看，这也正是我来请教您的原因。”

我的朋友说：“谢谢，请您把信封也递给我！”邮戳上写着，伦敦西南区，日期，九月七日。啊！角落上有一个大拇指的印迹，可能是邮递员的。纸张非常好，信封六便士一札，写信的人对信纸信封都非常讲究，没写发信人的地址。“‘今晚七时请到莱西厄姆剧院外左边第三个柱子前等我。如果怀疑，请带朋友二人同来。您是一个受委屈的女子，一定会得到公道对待的。不要带警察来，否则我们就不能相见。您不知名的朋友。’这真是一件有趣的神秘的事情，莫斯坦小姐，您准备怎么办呢？”

“这正是我要和您商量的事情呀。”

“一定得去。您和我，还有——没错，华生医生还是我们需要的人。信上说，两位朋友，他一直是和我一起工作的。”

她用请求的目光望着我，向福尔摩斯道：“但他愿意去吗？”

我热诚地说：“能为您效劳，非常的荣幸。”

她道：“两位这样地讲义气，我非常感激。我非常孤独，没有朋友可以帮忙。我大约六点钟到这里来，应该可以吧？”

福尔摩斯道：“这可不能再晚了。还有一点，这封信与寄珠子的盒子上面的笔迹一样吗？”

她取出六张纸来：“都在这里。”

“您考虑得非常周全，在我的委托人当中，您的确算得上模范了。现在咱们来看一下吧！。”

他把信纸全部铺在桌上，一张一张地对比着又说道：“除了这封信之外，其他笔迹都是伪装的，但都出于同一个人，这毫无疑问。您看这个希腊字母 e 多么的明显，再看字末的 s 字母的弯曲。莫斯坦小姐，我不想给您任何没有把握的希望，可是我非常想要知道，这笔迹同您父亲的，有没有相似之处？”

“一点也不像。”

“我想也是如此。那么，我们就在六点钟等着您了。请把这纸都留下，去之前这段时间里，我还可以研究研究。现在只有三点半。好，回头见！”

“回头见。”我们的客人说；她那明媚、温柔的眼睛看看他，看看我，珠宝盒往怀里一揣，匆匆地走了。

我站在窗前，看她轻盈地在街上走去，一直看着她的灰色小檐帽和一根白羽毛在黑压压的人群之中，渐渐远去，逐渐消失。

“多么动人的一位姑娘！”我赞叹道，转向我的伙伴。

他再点起了烟斗，垂着眼皮，靠到椅子上。“是吗，她？”他无精打采地说，“我倒没注意。”

“你真是一架机器，是一个自动计算器。”我大声说，“你有时候其实没有一点人情味。”

他温和地笑着。

“至关重要的一点，”他大声说，“你在做判断的时候不要向个人品貌倾斜。一位当事人，委托人，对我只是一个单位量，问题的一个因子、因素。感情这个东西，会干扰理智，使人变得不清醒。告诉你，我平生所见的一位最美最美的绝代佳人，竟为了得到保险赔款，活活毒死三个小孩，结果被判处绞刑；我认识的一个外貌奇丑、最不讨人喜欢的男子，倒是一位大慈善家，捐赠将近二十五万英镑救济伦敦的贫民。”

“这根本不是一回事……”

“不应有例外。有了破例，也就没有了定律。你研究过笔迹吗？对这个人的笔迹，你有何高见？”

“写得比较整齐并且非常清楚，像是生意场上的人，做事不马虎，属于非常有性格的人。”

福尔摩斯摇摇头。

“看看几个长字母，”他说，“出头几乎都没有高过左右的一般字母，那个 d 像 a ，L 像个 e 。有个性的人不论字写得有多难认，字的高矮总是分明的。他的 k 都写得摇摆不稳；大写字母显出这个人应该非常自负。我现在出去一下。我要去找一找参考资料。这本书推荐你看看——一部不同凡响的作品。这是温伍德·里德的《成仁者》。一小时之后我就会回来。”

我坐在窗前捧着一本书在看，但是思绪却并没有在研究这位作家的杰作。我的全部思想都专注在刚才来访的客人身上——她的一颦一笑和她生活中所遭遇的离奇事件。如果她父亲失踪的那年她十七岁的话，那她现在就是二十七岁了，这正是青春开始消退、转到开始经历世事的阶段。我就这么坐在那里出神，直到出格的妄想闯入我的脑海。我因此急忙坐到桌前，拿出一篇最近发表的病理学论文来仔细研读，用来遏制我的妄想。我究竟是个什么样的人？一个陆军军医，拖着一条伤腿，又没有什么钱，怎么能有这样的妄想？她只是这件案子里面的一个单位，一个因素——没有其他什么了。如果我前途一片黑暗，最好还是坚强地承担未来，不要再去痴心妄想，企图扭转自己的人生吧！

三 寻求解答

福尔摩斯直到下午五点半才回来。他满脸红光，神采飞扬，精神抖擞，在他情绪曾经非常低落之后，终于又开始大放光彩。“这件事其实没有太大的玄机，”他说，端起我给他沏好的一杯茶，“事实再清楚不过了，只能有一种解释。”

“什么！这么快你就把问题给解决了？”我惊讶地说。

“哦，当然并不是全部的细节。我发现了一个事实，这说明了一些非常重要的问题，但是并没有告诉我全部的细节，也就是说，一些细节我还不是完全的肯定，还需要进一步了解才行。情况是这样的：我刚才查阅了《泰晤士报》的旧报，看到上面有一篇上诺伍德舒尔托的讣告，他是前驻孟买陆军第三十四团的少校，于一八八二年四月二十八日去世。”福尔摩斯解释道。

“恕我愚钝，福尔摩斯，我实在看不出这讣告到底说明了什么问题。”

“看不出？这真是奇怪了。结合这个讣告和莫斯坦小姐所说的，整件事情应该是这样的：莫斯坦上尉在伦敦失踪了，而在伦敦，他唯一可能去拜访的人只有舒尔托少校，可是舒尔托少校却矢口否认，说连他到伦敦的事情都一点也不知道。四年之后舒尔托死了。在他死后还不到一个星期的时间里，上尉的女儿就开始收到珍贵的礼物，而且一直持续了六年。直到今天，她收到了一封信，说她是受了委屈的女人。这指的是什么委屈呢？是不知父亲的生死？还是什么其他的亏待呢？还有就是礼物寄来的时间，为什么舒尔托死后马上就开始有人寄珠子给她，我猜想那个寄信人是舒尔托的继承人。他明白其中的奥秘，想借此来弥补一些什么罪过。除此之外，你还有什么其他的推论来解释这些情况吗？”福尔摩斯说。

“弥补罪过为什么要用这种莫名其妙的方法，做得也太玄妙了吧！并且更无法解释的是，现在才写信，为什么六年之前不写？还说这是要公正地待她，信上是这么说的。她该得到什么公正呢？如果她父亲还活着，这种想法未免过于乐观了。莫斯坦小姐方面，就你知道的，对她没有什么别的不公正吧？

“里面有一些难题，的确非常令人费解，”夏洛克·福尔摩斯沉思着说，“今晚跑这么一趟也许能解决问题。啊，来了一辆四轮马车，上面坐着莫斯坦小姐。准备好了吗？该下去了，时间稍过了一点了。”

我拿好帽子，再拎起一根非常粗重的手杖，福尔摩斯则从抽屉里取出手枪放进口袋。非常明显，他料想到我们今天晚上的出行可能会遇上非常严重的情况。

莫斯坦小姐身披黑色斗篷，那张动人的脸庞显得非常镇定，但又非常的苍白。我们今晚要应付的人和事，非同寻常，也许会有不测，如果她不感到害怕，说明她并不是一般的女子。

莫斯坦小姐竟镇定自若，从容不迫地回答着夏洛克·福尔摩斯再次向她的提问。

“舒尔托少校是爸爸非常亲密的好友。”她说，“他每次来信总会提到少校。他和爸爸一样是安达曼群岛驻军的军官，所以两人经常在一起。哦，对了，在书桌里，有爸爸的一张字条，非常奇怪，看不懂究竟是一张什么字条，也看不出什么关系来。我觉得让您看看也好，所以就带在了身上，就是这张。”

福尔摩斯小心翼翼地把纸展开，把它放平在膝盖上，拿出双透镜仔仔细细观察了一遍。“这是印度的土纸。”他指出，“过去这张纸曾经一直钉在板上。纸上的图样好像是一幢大房子的建筑图，这是其中的一部分，有许多房子、走廊和甬道。有一个红墨水画的十字，十字上有模糊的铅笔字‘左侧3.37’。左角上有个奇怪的符号，好像象形文字，是连在一起的四个十字。边上还有一些字，写得非常粗糙潦草，‘四签名——乔纳森·斯莫尔，穆罕默德·辛格，阿卜杜拉·汗，多斯特·阿克巴尔。’我也一样，看不出这与本案有什么关系。不过这肯定是一份非常重要的文件，才被小心地夹在票夹里，因为两面都一样的光滑平整。”

“这是我们从他的票夹里找到的。”

“嗯，你要把它保存好，莫斯坦小姐，以后也许它会对我们有用处。我开始觉得这个案子，可能比我起初想象的要深刻与复杂得多，我必须得重新考虑一下。”他紧靠着车座椅背，双眉紧锁，目光凝滞，看得出他已陷于沉思。莫斯坦小姐和我小声地交谈，说着此行不知是怎样的结果。我们的同伴一直保持沉默，直到到达我们的目的地，也没开口。

九月的天，虽然还不到晚上七点，已经感到有一种丝丝凉意。暗淡的天空上低低地压在头顶，几朵沉甸甸的灰云一直团聚着，一直弥漫着的大雾像丝丝细雨一样浓密，整个城市也被笼罩在其中。街道被湿气浸过显得泥泞不堪。立在沿河滨街道上的成排的一盏盏路灯照射出柔和的黄色光芒，透着雾气晕成了一团团朦胧混沌的光圈，一圈圈昏暗沉郁的光圈有气无力地落在泥泞、污泥飞溅的人行道上。

道路两边店铺的橱窗里透过一层层浓雾，露出耀眼炫目的黄光，射到人声鼎沸的大街上，不停地跃动。看着熙熙攘攘忙忙碌碌的人群，我突然想到，这一张张脸在一道道迷离的光束中匆忙闪过，偶尔显露出怪异而荒诞的幽灵相，或是带着悲苦，或是带着欢乐，有些人形容枯槁，有些人面容春光满面。就如同全世界的所有人类一样，他们从黑暗中匆匆忙忙来到光明，又匆匆忙忙地从光明回归黑暗。

我原本不是一个多愁善感、喜欢伤春悲秋、容易受情感影响和任意摆布的人，但此时此刻，在这样一个昏暗沉郁、让人沉闷的夜晚，加之我们即将参与的这件凶吉未卜、前途未知的离奇案子，不免让我感到神经紧绷，心情也跟着变得凝重起了来。莫斯坦小姐苍白的脸上也露出紧张的神情，不难看出此时她也和我有着相同的感觉。唯独福尔摩斯一人不受周围的环境与纷扰的影响。他打开记事本，把它摊在膝头，借着袖珍的小小的烛光不断地在上面写些数字和备忘录。

此时莱西厄姆剧院旁边的入口处已经非常拥挤了。前方，双轮马车、四轮马车川流不息，来来往往的人群熙熙攘攘，好不热闹。男士们穿着笔挺的礼服、雪白的衬衫，带着一个个围着围巾、珠光宝气的女士，从车上下来走进剧院。按照约定，我们向第三根柱子走了过去，还没有等我们走到那里，一个身材短小、面孔黝黑、车夫装扮的男人就走上前来招呼我们。

“请问您是莫斯坦小姐吗？这两位是和您一起的吗？”他问道。

“没错，我是莫斯坦小姐。这两位是和我一起的，他们是我的朋友。”她回答道。

他用一对灼灼闪光的眼睛望着我们，眼神里满是怀疑。

“请原谅，小姐。”他用严厉、类似命令的口吻说，“我必须要您保证，这两位不是警察。”

“我可以向您保证。”她回答道。

听到保证之后，那人一吹口哨，一个小瘪三牵来了一辆四轮马车，他打开车门。迎接我们的那个人跳到了车夫座上，随后我们三个也跟着上了车。还没等到我们坐稳，车夫就扬鞭赶车，我们立刻消失在雾气迷蒙的街道上。这种情况实在非常难让我们放心。在这样一个九月的四周满是雾气的夜晚，我们坐进了一个陌生人驾驶的马车里，既不知道要被带往何处，也不清楚究竟有什么事等着我们。或许跑这么一趟完全是某个人的恶作剧，不过这不可能，不用往这方面去想，那么我们就应该相信此行一定会有什么重要的收获，我们不会白忙一场的。

莫斯坦小姐的神情从刚才就一直那么沉着冷静，但我知道她实际上心中应该忐忑不安的，为了能给她一些鼓励与抚慰，我试着找些轻松的话题，于是我给她讲述了我在阿富汗时的历险经历。我大概地说了一天深夜里，一支滑膛枪是怎样进入了我的帐篷，我又是怎样扣动了一支双筒枪最终击毙了小老虎的。但是，说实话，我当时自己也心神不定，为未知的结果忧心忡忡，所以讲故事时不免颠三倒四，以致到了现在，莫斯坦小姐常常还会把我讲的那则生动的故事当笑话来取笑我。马车一路狂奔，一开始我还能分得清方向，可是马车越走越远，四周雾气浓密，加上我对伦敦并不非常熟悉，很快就辨不清东西南北了。只知道我们离出发地已经非常远了，其他一概不知。好在夏洛克·福尔摩斯一直分辨得出我们所经过的地方，无论是广场，还是弯弯曲曲的小街，马车所经过的地方他都能一一复述出来。

“罗彻斯特街，”他看着窗外说，“这是文森特广场。现在我们要走进沃克斯霍尔桥路了。可以肯定我们是从萨里区边上过去的。是的，没错。现在上桥了，不一会你们就能看见河了。”

果然我们看见了泰晤士河。街灯照着宽阔的、静静的水面。瞅了一眼河光水色，马车非常快驰向河对岸，转进迷宫般的街道。

“沃滋沃思路。”我的同伴说，“修道院路。拉克雷尔巷。斯托克维尔广场。罗伯特街。冷港巷。这个方向不像是什么高档的地段。”

我们的确来到了一个陌生可疑的郊区地方。都是一排排灰暗的砖墙房，转过角才见几家粗俗、刺眼的酒店突然出现。随后就是一栋栋二层楼的别墅，每栋楼前都有小花园。接着又是一排排望不到头的砖墙房，都是新建的，非常显眼——大城市向郊外乡村伸出的可怕触手。最后马车停在了一式的沿街排屋的第三个屋门前。这些房子都漆黑无光没人住，我们停车的这一栋，除了厨房的窗有一线微光，也同周围邻屋一般黑暗。可是门一敲就开了，开门的是一个印度仆人，戴黄包头，身穿肥大的白衣，缠黄腰带。在这郊区的三等普通住屋门口出现一个东方仆人，就肯定不是普通的人家了。

他说："我的主人正恭候您光临。"

这个仆人还没说完就听见里屋传出一个尖嗓音："请他们直接来我这儿吧！吉特穆特迦[1]！直接带到我这里来。"

四　秃头男子的故事

跟着印度仆人，我们几个人进了屋，一条普普通通、略显杂乱、灯光昏暗、设施简陋的通道过后，是一扇门，我们靠右边站着。他推开门，黄色的灯光从屋内射出，我们看到一个不太高的尖头顶的人，秃头，头顶非常的光亮，四周围着一圈红发，恍若枫树丛中的一座光秃秃的山顶。他神情多变，时而微笑，时而又愁容满面，没有一刻是正常的，天生就一副下垂着的嘴唇，露出黄色参差的牙齿，虽然他总是用手遮住脸的下半部分，却也不见得能遮丑。虽然已秃顶，但他看来还非常年轻，实际上他也只不过是仅仅刚过三十岁。

他一直高声重复道："莫斯坦小姐，我愿为您效劳。""先生们，我愿为你们效劳。请进到我这间小屋子来吧！房间非常小，小姐，但都是按照我所喜欢的样式布置的。这是在荒老的伦敦南郊沙漠中一个小小的文明绿洲。"

我们对这屋子里的景象都感觉非常的惊奇。屋子的建造和摆设不是非常相符合，好像一颗最美丽的钻石镶嵌在一个铜底座上。窗帘和挂毯都极其华丽讲究，中间露出精巧的画镜和东方的花瓶。又厚重又柔软的琥珀色和黑色的地毯，脚在上面非常舒适，就像走在了绿草地上。两张大虎皮横铺在地毯上，屋角的席子上放着一只印度大水烟壶，更显出一种富有东方意味的华美。屋顶中央隐隐现出一根金色的线，悬挂了一盏银色的鸽子形状的挂灯。点燃灯火时，空气中散发出一阵清香。

这小个子的人仍旧是神色不宁，微笑着自我介绍："我的名字叫塞笛厄斯·舒尔托。您当然就是莫斯坦小姐啦，这两位先生……"

"这位是夏洛克·福尔摩斯先生，这位是华生医生。"

他非常兴奋地叫道："啊，一个医生？您带着听诊器吗？我可不可

[1]印度英语：男侍。

以请您，您能不能给我听一下？麻烦您啦，我心脏的瓣膜可能有些毛病。大动脉可能还好些，但关于我的瓣膜，我还是要听一听您的宝贵意见。”

我听了一下他的心脏，除了他因为恐惧而全身颤抖之外，没有其他的毛病。我说：“您的心脏非常正常，请不必着急，您就放心吧！”

他轻松地说：“莫斯坦小姐，请您原谅我这么着急，我经常感觉非常难受，总怀疑我的心脏出了问题。既然这样，我非常高兴。莫斯坦小姐，您的父亲要是能够控制自己，不伤害自己的心脏，可能他现在还能健在呢。”

我不禁怒火上冲，真想打他的脸一拳。这种话应当小心谨慎，怎能这样直接说出来呢？

莫斯坦小姐坐了下来，脸色苍白。她说：“我心里其实早就清楚我父亲已经去世了。”

他说道：“我尽可能把我知道的事情告诉你，并且还可以主持公道；不管我哥哥巴索洛缪想说什么，我都是要主持公道的。今天您能和您的两位朋友一起来，我实在是非常的高兴。两位先生不只是您的保护者，还可以为我要说的话和要做的事作个见证。咱们三个可以一起对付我哥哥巴索洛缪，可是咱们不要外人参与——不要警察或官方。咱们可以不用外人的帮助而完美地解决自己的问题。如果把事情公开的话，我哥哥巴索洛缪是肯定不会同意的。”

他坐在矮矮的靠椅里面，用没有神采的含满泪水的蓝眼睛看着我们，等待着我们的回答。

福尔摩斯说：“我本人可以保证，无论您告诉我们什么，我都不会对别人提起的。”我也点头表示赞同。

他说：“那太好啦！那太好啦！莫斯坦小姐，我能不能敬您一杯香槟酒或透凯酒？我这儿没有其他的酒。我打开一瓶好吗？你不喝？好吧，我想你们不会反对我抽这种有柔和的东方芳香的烟吧。我神经有点紧张，我认为我的水烟是无与伦比的镇静剂。”

他点上大水烟壶，烟从烟壶里的玫瑰水里缓缓地冒了上来。我们三人围坐成一个半圆，伸着头，双手托着下巴，这个怪异而又激动的小个子，光秃秃的脑袋，坐在我们中间，手足无措地不安地抽着烟。

他说：“当我决定和您联系的时候，原想告诉您我的住址，可是又怕您不懂事，带了不合适的朋友一起过来。所以我才这么安排，让我的仆人先同你们见面，对他的随机应变能力我非常信任。我吩咐他，如果情况不对，就不要带你们一起来。我事先的谨慎安排希望能够得到您的谅解，因为我不喜欢与人来往，甚至可以算得上是个性情孤傲的人，我觉得再也没有比警察这样的人更不文雅的了。我天生不喜欢任何粗陋俗鄙的人，我很少与他们交往。我的生活，你们可以看见，四处都是文雅的氛围，我可以自称为艺术鉴赏家，这是我的爱好。那幅风景画真的是柯罗[1]的真迹，有些鉴赏家可能会怀疑那幅萨尔瓦多·罗萨[2]的作品是赝品，可那幅布盖娄[3]的画的确是真品，我特别喜欢现在的法国派。”

莫斯坦小姐说：“舒尔托先生，对不起。我过来是因为您有话要说，时间也已经不早了，我希望我们的谈话能简短一些。”

他回答：“至少也需要一点时间，因为我们还得一起去上诺伍德找我哥哥巴索洛缪。咱们都得去，我希望咱们能赢过他。我以为合情合理的方法他却不以为然，所以他对我非常不满意，昨晚我曾和他争论了非常久。你们想象不到愤怒时候的他，是一个非常难对付的人。”

我不免忍不住插嘴道：“如果咱们还要去上诺伍德，能不能马上就动身？”

他突然大笑起来，连耳根都发红了，说道：“不行，如果突然跟你们一起去，我还不知道他会说什么呢！我得事先有所准备，把咱们彼此的处境先说一下。你们要了解情况才行，第一件我要告诉你们的事，就是这个故事里有几件连我自己也都还没有搞清楚的事。我只能告诉你们我所知道的那些事实。”

“你们可能听说过我的父亲，就是以前在印度驻军里的约翰·舒尔托少校。大约十一年前他退休了，之后才住到上诺伍德的樱沼别墅里。在印度，他发了一大笔财，带回大批贵重的古玩和一大笔钱，连同几个印度用人。于是，他买了一幢房子，过着非常舒适自由的生活。巴索洛缪和我是双胞胎兄弟，父亲只有我们两个儿子。”

“我至今还能清楚地记得莫斯坦上尉的失踪所引起的社会轰动。具体情况我们是在报纸上看到的，因为知道他是我们父亲的朋友，所以常常在他面前肆无忌惮地谈论这件事。有时候他也跟我们一起猜测这件事是如何发生的，我们完全没有怀疑过这整个的秘密只藏在他一个人的心里——只有他知道阿瑟·莫斯坦的下落。”

“但我们确实也知道一些秘密——有些可怕的事情——存留在我

---

[1]法国现实主义风景画画家。

[2]意大利浪漫主义风景画画家。

[3]法国学院派画家。

父亲的脑海里。他轻易不敢独自出门，还特别雇了两个拳击手作为樱沼别墅的看门人。哦，对了，今天给你们赶车的威廉就是其中一个，他获得过英国轻量级拳赛的冠军。我父亲从来不提他所害怕的究竟是什么，他对装着木腿的人尤其留意，特别防备。有一次他还拿枪打伤了一位装着木腿的人，后来才知道这人只是个上门推销东西的普通商贩，我们因此赔了一大笔伤残费才算了结。一开始，我和哥哥都以为父亲是一时冲动，后来经过了非常多的事情，我们才慢慢改变了想法。”

“那是一八八二年的春天，父亲收到了一封来自印度的信，受到了非常大的打击。他在吃早餐时看的信，看完后差点晕过去，之后就病了，直到他死去。信里面写了什么没有人知道，我们也从来也没有发现过，不过在他手拿这封信时，我从一旁隐约看到信非常短，字迹非常潦草。父亲一直患有脾脏肿大的毛病，这下子，病情就突然恶化了。快到四月底的时候，医生已经断定他没有希望了，把我和哥哥叫去听他的遗嘱。我们一进房间，就看到他呼吸急促地靠在高枕上。他说：‘锁上门，到床边来。’我记得他紧紧地握着我们的手，因为痛苦羞愧而又情绪激动，所以断断续续地跟我们说了一件惊人的事。现在，我尝试用他的原话来给你们复述一遍。”

“他说：‘我快要死了，这一辈子有一件事情像一块大石头一样压在我的心头，那就是对待莫斯坦孤女的行为，我感到非常的惭愧。因为不可饶恕的贪婪，害她没有得到这些本属于她的财宝——这其中至少有一半是她的。可笑的是，我也一直没有使用过这些财宝——这份贪婪实在是愚蠢。仿佛只有感觉到财宝藏在我身边，我才能放心，就再也不舍得分给别人。”

“你们看，盛金鸡纳霜药品旁边的那一串珍珠项圈，本来是为了送给她而专门挑出来的，可就算是一串珍珠项圈我也难以割舍。儿子们啊！你们应该把阿格拉财宝公平地分给她。不过一定要在我死后才能给她，只要我活着就一定不要给她——即使是那串项圈也不要给她，因为就算病重到这个地步，也说不定我还会康复呢。’”

“他接着又说：‘你们一定想知道莫斯坦是怎么死的吧！很多年以来，他的心脏就一直非常的衰弱，但只有我一个人知道。在印度的时候，我和他经过许多惊险事故，终于获得了一大批财宝。我把它们带回了英国。在莫斯坦抵达伦敦的当天晚上，他就风尘仆仆地赶来要他应有的一份儿。他从车站走着过来的，是已故的忠心老仆拉尔·乔达开门请他进来的。我和莫斯坦因为财宝的分配问题产生了分歧，争论得非常厉害，莫斯坦气得从椅子上跳了起来，正要说什么，突然把手放在胸前，脸色一变，一头撞在了装宝贝箱子的一角上。我立刻就去扶他，没想到他竟然已经死了，我当时完全吓呆了，非常慌乱。我坐在椅子上，很久没动，不知如何是好，思绪完全混乱，刚开始我想到了报警，可是转念一想，按照当时的情景，恐怕自己肯定要被指控为凶手。因为他是在我们争论的过程中咽气的，他头上的伤口也对我非常不利。还有，在法庭上一定会问到财宝的来源，这更是我绝对不能说的秘密。他告诉过我：没有人知道他来这里。所以当时我想，这件事似乎没有必要让别人知道。”

“‘正当我在思考这件事情的时候，忽然看见仆人拉尔·乔达正站在门口。他不知道什么时候进了屋，还随手关上了门，说道：‘不要担心，我的主人。只要咱们把他藏起来，就没有人知道你害死了他，不是吗？’我说道：‘我没有杀死他。’拉尔·乔达摇着头笑着说：‘我都听到了，主人，你们在争吵，接着他就倒了下去，不过您放心，我一定会保守这个秘密的，趁着家里的人们都睡着了，我们把他埋了吧！’于是我就决定，连自己最忠实的仆人都不相信我，我怎么可能希望坐在陪审团席位上的十二个愚蠢的商人会认为我无罪吗？当晚我就和拉尔·乔达把尸体给埋了，几天之后，伦敦的报纸就都刊登了莫斯坦上尉失踪的新闻。现在你们都知道了，其实莫斯坦的死很难说是由于我的过失。但我知道我有罪，我犯的错是除了掩藏尸体外还隐藏了财宝，我不仅得到了自己应该得到的，还霸占了莫斯坦那份，所以我希望你们能把这些财宝归还给他女儿。”

“‘你们靠过来，我告诉你们财宝藏在哪儿，财宝就藏在……’话还没说完，他脸色就突变，两眼直盯着窗外，张大嘴，用一种我永远都无法忘记的声音喊道：‘赶出去！把他赶出去！一定把……赶出去！’我们立刻回头看着他所盯着的窗户。黑暗里一双狰狞的眼睛正在凝视着我们。我们可以看到他那在玻璃上面被压得发白的鼻子。这是一张多毛的脸，有一双刀剑一般的眼睛，还有恶狠狠的表情。我们兄弟两人急忙跑到窗前，但那人已经不见了。再回头，只见父亲脑袋下垂，脉搏已经没有了。”

“那晚我们检查了花园的每个角落，除了窗台下花床上有个明显的脚印之外，这位不速之客并没有留下任何确切的证实，原来有一帮人正在我们屋子附近对我们进行秘密监视。第二天早晨，我们发现父亲卧室的窗户洞开着，而他的橱柜和箱子全部被搜查过了，箱子上还钉着一张破旧的字条，上面潦草地写着‘四个签名’。这四个字到底是什么意思，跟秘密来过的人有什么关系，直到现在我们也不知道。

不过可以肯定的是：虽然所有的东西都被翻过了，但是父亲的财物并未被盗。我和哥哥隐约地感觉，这件事情与父亲平常的恐惧是有关系的，但这只是我们的猜想，直到今天，这仍然是一桩完全不能破解的疑案。”

这个小个子秃头重新点着了水烟壶，连吸了几口，若有所思。我们围坐着在一起，聚精会神地听他讲述这个离奇的故事。而莫斯坦小姐在听到有关她父亲去世的那一段时，脸色变得惨白。我担心她会晕过去，看到旁边桌上放着的一个威尼斯式的水瓶，就顺手给她倒了一杯水喝，她这才缓缓恢复了过来。夏洛克·福尔摩斯靠在椅子上闭目沉思。我不禁心想：现在好了，他再也不用抱怨人生枯燥无味了，至少眼下就有一个难题要对他的智慧进行一次大的考验。塞笛厄斯·舒尔托先生面带微笑看着我们，仿佛因为叙述的故事给我们带来非常大的影响而显得非常自豪，一边吸着水烟壶，一边接着往下说。

他说：“你们可以想象，因为听到了我父亲说的财宝，我和哥哥都感到非常的高兴。之后的好几个星期，甚至好几个月的时间里，我们挖遍了花园的每一个角落，但没有找到任何东西。一想起这些财宝隐藏的秘密竟然永远地留在了他临终的嘴里，就让人发疯。从那个挑出来的项圈，我们就可以判断这批遗失的财宝是多么值钱。关于这条珍珠项圈，我跟哥哥巴索洛缪也曾经有过讨论。毫无疑问这些珍珠是非常贵重的，他也有些难以割舍。在对待朋友这方面，他继承了跟父亲一样的缺点。他认为，如果把项圈送出去，可能会引起些无聊的闲话，最后还会给我们带来非常多麻烦。而我所能做到的就只有劝说我哥哥先找到莫斯坦小姐的住址，然后定期给她寄去一颗拆下来的珍珠，这样至少能让她生活无忧。”

我的同伴听了，诚恳地说道：“您这么做真是太感人了，真是善良啊！”

这矮小的人不以为然地挥手道：“我们只是你们的财产的保管者，这是我的看法！可是我哥哥的见解和我不同。我们自己有非常多财产，我也不希望再多。再说对于这位年轻小姐做出卑鄙的事也是情理难容的。‘鄙俗为罪恶之源’这句法国谚语是非常有道理的。由于弟兄双方对于这个问题的意见不同，最后只好和他分开住，我带着一个印度仆人和威廉离开了樱沼别墅。昨天我发觉了一件最重要的事情：宝物已经找到了。我才立刻和莫斯坦小姐取得了联系，现在只剩了咱们一起到诺伍德去向他追索咱们应得的一份宝物了，昨晚我已经把我的意见向我哥哥巴索洛谬说过了。也许他并不欢迎我们，可是他同意在那里等着我们。”塞笛厄斯·舒尔托先生的话说完了，坐在矮椅子上手指不住地抽动。我们全都沉默无言，我们的思想全都集中在这个奇异事件的发展上面。福尔摩斯第一个站了起来。他说：“先生，您从头到尾做的全都非常圆满，也许我们还可以告诉您一些您还不知道的事情作为报答呢。可是正如莫斯坦小姐方才所说的，天色已晚了，咱们还是先办正事要紧，不要再耽误了。”我们的新朋友把水烟壶的烟管盘起来，从幔帐后面拿出一件羔皮领袖的又长又厚的大衣。虽然晚上还非常闷热，他却从上到下紧紧地扣上了纽扣，最后戴上一顶兔皮帽子，把帽檐扣过耳朵，除了他那清瘦的面孔以外，他的身体任何部分都已遮盖起来。当他引导我们走出甬道的时候，他道：“我的身体太弱，我只能算一个病人了。”我们的车在外面等候着，对我们的出行明显已经做好了准备。他道：“巴索洛谬是个聪明人，你们猜猜他怎样找到宝物的？他最后的结论断定宝物是藏在室内。他把整所房子的容积都计算出来，每个角落也小心量过了，没有一英寸之地被他漏算的。最后他发现了这所楼房高度是七十四英尺，可是他把所有的房间的高度都分别衡量了。用钻探方法，确定了楼板的厚度，再加上室内的高度，总共也不过是七十英尺。一共差了四英尺。这个差别只有在房顶上去找。他在最高一层房屋用板条和灰泥修成的天花板上打穿了一个洞。在那儿，一点也不错，就在上面找到了一个封闭着的、任何人也不知道的屋顶室。那个宝物箱就摆在天花板中央的两条椽木上。他把宝物箱从洞口里面取了下来，看到了里边的珠宝。他估计这批珠宝的总值肯定要超过五十万英镑。”听到这个天文数字，我们顿时惊呆了，睁大了眼睛相互望着彼此，一时不知道该说什么好。如果我们能替莫斯坦小姐争取到她应得的那份财产，帮助她获得她理应享有的权利，补偿她多年来一直受到的不公平待遇和委屈的话，毫无疑问，她将由一个贫困的女家庭教师摇身一变成为英国最有钱最富裕的财产继承人。作为她忠实的朋友，所有人都为很快就要降临在她头上的、她即将获得的幸福生活而感到由衷的喜悦，大家纷纷对她表示最热烈的祝贺。可是我实在非常惭愧，我的私心完全盖过了良心，也许正是因此，感到有如一大块巨石牢牢地压在心上。言不由衷地随口说了几句庆祝道喜的话之后，我垂头丧气地呆坐在那儿，低头不语，完全被忧郁和焦虑的情绪所笼罩，最后甚至连我们的新朋友说的话也听不进去了。

很显然，他患有忧郁症，我隐约记得他好像说了一连串的症状，之后还从皮夹里掏出了许多秘方，并希望我能对这些秘方的内容和作用稍加解释，天知道，我祈祷他可以把我那天晚上对他的指导全都忘掉。福尔摩斯说记得听到我建议他服用大剂量的番木鳖硷[1]当做镇静剂，还嘱咐他不要服用两滴以上的蓖麻油。终于，车停了下来，车夫跳下车来打开车门的时候，我这才才松了一口气。塞笛厄斯·舒尔托先生扶莫斯坦小姐下车，嘴里念叨着："到了，这里就是樱沼别墅。"

五　樱沼别墅的悲剧

我们到达今晚冒险旅程的最后阶段的时候，已是将近十一点钟了。伦敦的浓雾已经消失了，夜色明朗，温暖的西风吹散了乌云，半个月亮从云中露出来。尽管已经能够向远处看得非常清楚了，可塞笛厄斯·舒尔托还是拿下了一只车灯，想要把我们的路照得更明亮一些。樱沼别墅建在一个广场上面，四周有非常高的石墙环绕，墙头边缘插着碎玻璃片。一扇狭窄的钉着铁夹板的小门是唯一的入口。舒尔托在门上砰砰地敲了两下。里边传出一个粗暴的声音："谁？"

"我呀，麦克默多。这个时候还有谁会来这里？"

门里边传出了非常重的埋怨的声音，然后是钥匙的响声。门向后打开，走出一位矮小而强壮的人，提着灯笼，站在门的内侧。黄色的灯光照亮他朝外探出的脸和一双闪烁的多疑的眼睛。"塞笛厄斯先生，是您吗？但是他们是谁？没有主人的命令我不能让他们进来。"

"不能请他们进来？岂有此理！麦克默多，我昨天晚上就告诉哥哥今天会带几个朋友一起来。"

"可是塞笛厄斯先生，他今天一整天都待在屋子里，我没有听到他的任何吩咐啊！您知道主人的规矩的，我可以请您进来，但您的朋友们只能暂时等在外面了。"

塞笛厄斯·舒尔托瞪着他，看起来非常的尴尬。这是完全意料之外的事情！

他几乎叫着说："不可能！太不像话啦！我为他们作保证还不行吗？你没看到这里还有一位小姐吗？难道让她深夜等在大街上啊。"

"实在对不起，塞笛厄斯先生，这几位是您的朋友，但他们不是主人的朋友。主人付我工钱就是让我尽职尽责地守卫，既然这是我的职

[1]促使中枢神经兴奋的药品。

责，我就应当做到。您的朋友我一个也不认识。”守门人依然坚持。

这时，一旁的福尔摩斯温和地说道：“麦克默多，你总该认得我吧！我想你不会忘的。四年前在爱里森场子里为你举行的拳赛，我还跟你打过三个回合呢！我就是那个业余拳击员啊！”

这拳击手叫道：“老天！您不是夏洛克·福尔摩斯先生吗？呵呵，我怎么会不记得您呢，真是的。早知道，您不如干脆给我下巴颏底下来一下您最拿手的一拳，那我早就认出您是哪位啦！可惜啊，您是个非常有天赋但是不思进取的人！要是您一直练下去，前途是无可限量的呀！”

福尔摩斯冲我笑着说：“先生，你看，就算我一事无成，至少还能找到一种职业。咱们的朋友一定不会再让我们大半夜在外面受冷了。”

他答道：“请进来吧，先生，请您的朋友全部都进来吧！塞笛厄斯先生，真是对不起了，主人的命令非常严格，我必须要知道您的朋友是什么人，我才敢让他们进来，请您包涵啊！”

于是我们这些人跟着守卫进了门。一条石子铺就的小路，弯弯曲曲穿过一片荒芜的空地，一直通到一所形状方正而结构平常的大房子，房子周围是一片生长茂密的树丛，树叶把房子遮盖得非常的严密，只露出屋顶的一角，在月光下显得异常隐蔽。房子非常大，阴森沉寂到让人不寒而栗，就连塞笛厄斯·舒尔托都有些不安，手提灯在他颤抖的手上发出紧张的瑟瑟声。他小声说：“我想这儿一定是出什么事了，我明明告诉过巴索洛缪，我们今晚会过来，但他的窗户怎么连一点光亮都没有。知道发生什么事了！”

福尔摩斯问：“他平时也是这样戒备森严吗？”

“是的，他和父亲的个性非常像，您知道，他是父亲的爱子，有时我想，父亲告诉他的比告诉我的要多。你看，那就是巴索洛缪的窗子。窗户被光照得非常亮，但是我想里边没有点灯。”

福尔摩斯说：“这里边没有任何灯光，但我看到门边的那个小窗里闪着灯光。”

“哦，那里啊，那是女管家的房间，就是博恩斯通老太太的屋，看来她还没睡，我想她会把一切都告诉我们的，你们在这儿稍等一下，我先进去看看，因为她事先还不知道，我们一起进去的话，她会觉得非常奇怪。可是，嘘！你们看那是什么？”

塞笛厄斯发现了什么，他把灯高高地举着，手的颤抖使灯光摇摆不定。莫斯坦小姐握着我的手腕，用近乎掐的力量。我们都紧张地站在那里，心跳非常快，侧耳倾听着。

突然，一阵凄厉恐惧的女人的叫喊声从这所巨大的漆黑的房子里传出，一下子划破了整个夜晚的宁静。

塞笛厄斯紧张地说道："这是博恩斯通太太的声音，房子里只有她一个女人。请在这里稍微等一下，我马上回来。"他赶忙跑到门前，用他习惯的方式敲了两下。

门开了，一位身材高大的妇人，像见了亲人一样把他请了进去："哦，塞笛厄斯先生，您能来实在太好啦！您来得太巧啦！哦，塞笛厄斯先生！见到您真高兴！"这些情不自禁的话，直到门关上了，仍然有回音在回荡。

福尔摩斯提着塞笛厄斯留给我们的灯笼，缓慢地、仔细认真地查看着房子周围和堆在空地上的大摊垃圾。莫斯坦小姐站在我身边，手紧紧握在我手里。

爱情就是如此玄妙，前一天，两个人还素未谋面，今天也没有对彼此说过一句情话，而此刻，我们竟然会不约而同地互相紧握，彼此依靠。后来每当我们回想起这件事就觉得非常的有意思，但在当时，那完全是一种自然流露。据她后来说，当时的感觉是，只有依靠着我才能感到安慰与保护。我们两人就像小孩一样，手牵手站在一起，心中坦然没有任何顾忌，似乎对四周的危险丝毫不在意。

她向周围张望着说："这真是个奇怪的地方！"

"好像全英国的鼹鼠都跑到这儿来了。我只在白拉莱特[1]附近的山边看到过同样的景象，当时探矿队正在那儿钻探。"

福尔摩斯说："别忘了，这儿也经过了无数次的挖掘，他们花费了六年的时间来寻找财宝，这地好像沙砾坑一样也就没什么奇怪的了。"

这时候，房门忽然打开，塞笛厄斯·舒尔托仓皇地朝外面跑出来，双手前伸，眼里充满了恐惧。

他大叫着："巴索洛缪出事儿了！巴索洛缪出事儿了！吓死我了！我受不了了。"他确实是惊恐万分，神情就像是一个惊慌失措逃跑求助的小孩儿，不停痉挛的、毫无血色的脸从羔皮大衣的领子里露出来。

福尔摩斯坚定、干脆地说："我们进屋！"

塞笛厄斯附和着："快进！请进！我真不知该如何是好了！"

我们跟着他进入甬道左侧女管家的房间，这个老太太正惊魂未定地在屋里踱来踱去，但一看到莫斯坦小姐仿佛就得到了安慰，情绪好像一下子找到了归宿。

---

[1]澳大利亚东南部城市。

她激动地对莫斯坦小姐哭诉道："哦，老天，瞧您的脸多美，温柔又安静！看到了您，我觉着好多了！我这一整天呀，可真是够受的了！"我的同伴轻拍着她满是皱纹的手，低声地说了几句抚慰她的话。老太太惨白的脸这才逐渐红润起来。

她跟我们说："主人把自己锁在房里，也不跟我答话，我一整天都在这里等他使唤。他平时倒是经常喜欢一个人待着，但是今天太奇怪了，所以一个钟头之前，我担心出事，就上楼来从钥匙孔往里偷看一下。塞笛厄斯先生，您一定得上楼一趟，您一定得亲自去看看！十年来，无论是在巴索洛缪先生悲伤高兴还是发火的时候，我都没有看见过像他现在的这副表情。"

我们决定上去看看。夏洛克·福尔摩斯提着灯在前面带路，塞笛厄斯害怕得双腿打战、牙齿作响，甚至还需要我搀扶着走才勉强上了楼。福尔摩斯上楼时，两次掏出放大镜，仔细查看那些留在楼梯棕毯上的泥脚印。他提着灯，一边左右观察着什么，一边不缓不急地上楼。莫斯坦小姐则待在楼下，跟惊魂未定的女管家做伴。三节楼梯过后是一条非常长的过道，左侧有三扇门，右面的墙上挂着一幅印度挂毯。福尔摩斯依然一边慢步走着一边有条不紊地观察着。我们跟在后面，长长的身影投射在过道上。到了第三个门前，福尔摩斯大声地敲着门，但里面没有回答，他又试图旋转门把，用力推门，也没有推开。钥匙已经过了扭转，因此钥匙孔并没有被整个封闭住。我们把灯紧贴门缝，可以看到里面用了非常粗的门锁倒闩着。夏洛克·福尔摩斯俯身从钥匙孔向里看了看，立即又站了起来，倒吸一大口凉气。

我从来未见过他如此激动。他说："华生，这里的确是有点恐怖，你来看一下这是怎么回事。"

我从钥匙孔向里一瞧，吓得立刻退了回来。

惨淡的月光直射屋内，隐隐约约好像有一张悬在半空中的脸在注视着我，脸以下的部分都淹没在黑影里。这张脸与我们的新朋友塞笛厄斯的脸一模一样，一样的光亮的秃顶，一样的一圈红发，一样的惨白，但表情却是死板板的。脸上露出一种恐怖的狞笑，一种极不自然露齿的笑。在这样安静和月光照耀下的屋子里，看到这样的一张笑脸，比看到一副愁眉苦脸的面孔更令人毛骨悚然。屋里的脸同我们那小个子的朋友非常相像，我不免转过头来看一看他是否还在。突然我又想起来他曾经告诉过我们，他们两人是双胞胎兄弟。

我对福尔摩斯说："这太恐怖啦，该怎么办呢？"

他回答："一定得把门打开。"说着便朝着门踢了上去，把全身的重量全都加在锁上。

门响一下，可是并没有打开。我们一起合力猛撞，这次砰的一下，门锁断开了，我们便进入了巴索洛缪的房间。

这屋子非常像一间化学试验室。面向门的墙上放了两层带有塞子的玻璃瓶。桌上都是本生灯、试验管和蒸馏气。墙的一角上还有许多盛放酸类的瓶子，瓶子外面笼着藤络。其中的一瓶好像已经破了，流出一股黑色的液体。空气中弥漫着一股什么刺鼻的柏油的气味。屋子的一边，一堆散乱的板条和灰泥之上，架着一副梯子，梯子顶上的天花板上有一个洞，可以容一人出入。梯子下面的地上零乱地盘放了一卷长绳。桌子旁边的一把有扶手的木椅上，坐着这个房间的主人，他的头歪靠在左肩上，面露狞笑。他已开始僵硬变冷，显然是已经死了非常长的时间。不只他的面孔表情看起来非常特别，就连他的四肢也扭曲得与正常的死人不一样。他扶在桌上的一只手边，有一个奇怪的器具——一根粗糙的棕色木棒，上面用粗麻线捆了一块石头，好像一把锤子。旁边有一张从记事本上撕下的破纸，潦草地写了几个字。

福尔摩斯看了一眼，又递给我。他扬起眉毛说：“你看一看。”

在手提灯的光照下，我惊惧地看到上面写着“四个签名”。

我问：“天哪，这，这是怎么回事？”

他正在弯腰验尸，回答：“谋杀！啊！果然不出我的预料，你看！”他指着一根扎在尸体的耳朵上面的头发里的黑色长刺。

我说：“好像是一根荆刺。”

“这就是一根荆刺。你可以拔出来。可是得当心一点，荆刺上有毒。”

我用拇指跟食指把它拔了出来。刺一取出，伤口就已经合拢了，除了一点血痕可以看出有伤口之外，很难找到任何留下来的其他痕迹。

我说道：“这件事对我说来实在是太难理解了，不但没弄明白，反而更糊涂了。”

他回答：“恰恰相反，各个环节都搞清楚了，现在只要再理清几个环节，全案就可以明白了。”

自从进屋之后我们差不多已经把我们的同伴忘了。他还站在门口，还是那样的颤抖和悲伤着。忽然之间，他绝望地尖叫了起来。他说道：“宝藏全都被偷了！他们把宝物都抢走了！我们就是在那个洞口把宝物取出来的，是我帮他拿下来的！我是最后见过他的人！昨晚我离开他下楼的时候，还听到他锁门呢。”

“那个时候是几点？”

“十点钟。现在他死了，警察来之后一定怀疑是我把他害死的，他们一定会这样想的。可是你们两位不会也这么怀疑我吧？你们肯定不会认为是我把他杀死的吧？要是我把他害死了，还会请你们过来吗？哎呀，天哪！哎呀，天哪！我知道我快疯了！”他跺着脚，暴怒得痉挛起来。

福尔摩斯拍拍他的肩膀，温和地说道：“舒尔托先生，别担心，您不用害怕。先听我的，坐车去警察局报案，您答应所有的事情都配合他们，我们在这儿等着您回来。”

这个小个子茫然地听从了福尔摩斯的话，我们听见他一路蹒跚地摸黑走下楼去。

六　福尔摩斯的判断

福尔摩斯搓着双手说：“华生，现在我们还有半个小时的时间，必须得好好的利用起来。我已经告诉你了，这桩案子基本上完全弄明白了，但是咱们也不要过分自信，免得搞错了。现在看起来似乎非常简单，其中也许还藏着更多的奥妙呢。”

我纳闷地问他：“简单？”

他就像老教授对学生讲解一般地回答：“当然非常简单！听我说给你听，请你坐到屋角那边去，小心脚印，别把证据破坏了。现在就开始工作吧！第一件事，这些人是怎么进来的？又是怎么离开的？屋门从昨晚开始就没有开过，那么窗户呢？”他拿着灯向前走着，根本不像是在跟我讲话，倒像自言自语地大声嚷嚷着：“窗子是从里面关好的。窗框也相当结实。两边没有合叶。咱们来打开它。近旁没有下水管道。房顶也非常远。但是，却有人站在窗台上过。昨天晚上下过小雨。看，窗台上有个脚印，这儿有一个圆形的泥印，地板上也有，桌旁还有一个。华生，瞧这里！这个应该是最好的证据啊。”

我看了看那些清晰的圆形的泥印，说：“不对，这根本就不是脚印。”

“没错，这就是留给我们的更重要的证据。一根木桩的印痕。你瞧窗台上面的是靴子印……一只后跟镶着宽铁掌的厚底靴，一旁是木桩的印迹。”

“啊，难道这就是那个装着木腿的人？”

“是的。而且，还有另一个人……一个身手非常敏捷、智慧超凡的同谋。医生，请问你能从那堵墙爬上来吗？”

我探出头向窗外看了看，月光明亮，依然照在原来的那个屋角上。根据目测，我们离地最少有六丈多高，而且墙面非常光滑，连个砖缝也没有，因此我答道：“不能，这里根本没有办法爬上来。”

“对！如果没有人帮忙，是不可能爬上来的。可是这里如果有你的一个朋友，用放在屋角的那根粗绳，一头紧紧地系在墙上的大环上，另一头扔到你手上，我想只要你有点力气，哪怕装了一条木腿，也一定能顺着绳子爬上来。下去的时候当然也可以按照同样的方法，然后你的同伙再把绳子拉上来，从环子上解下，关上窗户，从里面关牢，再按照原路离开。”

他接着说：“别忘了，还有一个重要的细节，那个装着木腿的家伙虽然爬墙的技术还可以，但绝对算不上一个非常好的水手。他的手可不像习惯了爬桅杆的水手的手掌那样坚实。用放大镜可以看到绳子上有不止一处的血迹，特别是末端更加明显。所以，可以断定，他在顺绳下滑的时候，速度非常的快以至于把自己的手掌皮磨破了，可见他心情非常的着急。”

我说：“这么说听上去没什么问题，但事情怎么越来越玄乎了呢。那他的同伙是谁呢？他又是怎么进的屋呢？”

福尔摩斯沉思着重复道：“他的同伙是谁呢？还有那个同伙！这个人的确有点意思。他把这件案子弄得非常不寻常。我想这位同伙给我国的犯罪方法又开辟了一条新路子——只不过这在印度是有过先例的。如果我没记错的话，在森尼干比亚曾发生过一模一样的案子。”

我又接着问：“那他到底是怎么进来的呢？门锁着，窗户也非常的高，难不成是从烟囱爬进来的？”

他答：“我也想过这个可能性，但是烟囱太窄，人是无法通过的。”

我追问：“那究竟是怎么进来的呢？”

他摇着头说：“你啊，总不按照我的方法研究。我不是跟你说过很多次吗？把绝不可能的因素都排除以后，不管最后剩下的是什么——不管这多么难以置信的——它就是事实！我们刚才说了，他不是走门进来的，也不是从窗户进来的，更不是从烟囱爬进来的。咱们也知道他不会事先躲在屋里边，因为屋里根本没有可以藏身的地方，那他是从哪儿进来的呢？”

我叫道："难道是从屋顶那个洞里进来的？"

"毋庸置疑！当然是从那洞进来的。你来拿灯，我们到上面的小屋去看看——就是发现财宝的那间屋子。"他边说边爬上梯子，双手按住椽木，一用力翻上了屋顶的密室。再弯腰向下接过灯，我也跟着爬了上去。屋顶的密室大约十英尺长，六英尺宽。椽木铺架的地板中间铺了一些薄木条，上面积了一层灰泥。我们走在里面必须踩着一根一根的椽柱。屋顶是尖形的，这个也就是这房子真正的屋顶了。屋里没有任何陈设，由于灰尘长年累月的堆积，积得非常厚。

"瞧，这就是一扇通向屋顶外的暗门，把这个暗门拉开，外面就是坡度并不是非常陡的屋顶，也就是那个人进来的路，我们来找一下，看他有没有留下一点什么痕迹。"夏洛克·福尔摩斯手搭在斜面墙上说。他拿灯向地板上照着，今晚我第二次见到了他脸上出现的惊诧表情。我随着他的目光所指的地方看过去，也被吓得混身一阵阵发冷。

满地都是没穿鞋的赤足脚印，一个一个非常清晰，非常完整，但是还不到平常人脚的一半。

我轻声说："福尔摩斯，是个小孩子做这么可怕的勾当！"

他神色稍定之后说："开始时我也吃了一惊，其实这件事是非常正常的。我一时间忘记了，其实本应预料到的。这里已经没有什么可察看的了，我们下去吧。"

回到下面后，我着急地问他："关于那些脚印你有什么看法呢？"

他带点不耐烦地回答："华生，请自己分析一下吧。你明白我的方法，按照这个办法实践，然后咱们互相对照结论，这样两人也可以多得出一点经验。"

我回答："在这些事实面前，我推断不出什么来。"

他不假思索地说："过不了多久你就会完全清楚了。我想这儿应该没有什么重要的线索了，但我还得再看一看。"他掏出他的放大镜和皮尺，跪在了地上。他细长的鼻子，离地面只有几英寸高，圆溜溜的闪光的眼睛同鸟眼一样。他在屋里来回测量、比对和观察着。他那敏捷的动作、无声和鬼祟的行动真像一只训练有素的猎犬在找寻气味。我不禁联想起来：如果他的精力和才智不是去用于维护法律而是去犯罪的话，他将是一个非常可怕的罪犯！

他一边察看，一边自言自语，最后突然暴发出一声欢快的喊叫。他说："咱们真的是非常的幸运，问题不大了。第一个人不走运踏在了木馏油的上面。你应该能看见，在这堆难闻的东西右边，有小脚印。这装油的瓶子破了，里边的液体流了出来。"

我问："这个又该怎么解释呢？"

他说："没有什么，不过咱们马上就要逮住他了。我知道：一只狗通过嗅觉可以顺着气味找到尽头；狼群沿着气味便能够找到食物，那么一只经过专门训练的猎犬顺着这么强烈的气味，难道不是更简单吗？这是个定理，结果肯定是……但是，喂！警察到了。"

下面传来了沉重的脚步声、说话声与关门的声音。

福尔摩斯说："趁他们还没有上来，你伸手摸一下尸体的胳膊，还有两条腿。感觉怎样？"

我答："肌肉坚硬得就像木头。"

"是的。这是非常强烈的'收缩'，比一般的'死后强直'还厉害，脸部的扭曲和惨笑，你有什么结论呢？"

我回答说："他中了植物性生物硷的剧毒——一种类似番木鳖硷的毒，会造成破伤风性症状的毒物而死的。"

"我一看到他面部肌肉收缩的样子，就猜到这是中了剧毒。进屋之后我马上就设法弄明白毒物是怎样进入死者体内的。你也看到我找着了那根不用费力就可以刺进或者射入他的头部的荆刺。死者好像当时是直坐在椅子上，你看那针刺入的地方正对着天花板上面的洞。你再仔细看一下这根荆刺。"

我非常谨慎地把它拿在手中对着灯光仔细察看。一根长而尖细的黑刺，一端上面有一层发亮的仿佛是一种已经干了的胶质。钝的一头被刀削过。

他问我："在英国有这样的荆刺吗？"

"绝对不是。"

"好了，现在基本可以得出比较合理的结论了。这些信息是最主要的，剩下的就太好解决了。"他一边说着话，脚步同时到达了通道。

这时，一个穿灰衣服的胖子进了屋。他身材魁梧，稍显有点肥胖，脸色发红，肿胀的凸出的眼泡中间闪烁着一对小小的眼睛。跟在后面的是一位穿制服的警长和哆哆嗦嗦的塞笛厄斯·舒尔托。

他喊道："太不像话了！这算怎么回事！这些都是什么人？屋子里闹哄哄，发生什么事了？"

福尔摩斯低着声音说道："阿瑟尔尼·琼斯先生，您还记得我吧？"

"当然记得了！这不是大理论家夏洛克·福尔摩斯先生吗？我当然记得您，怎么会不记得呢！那次您向我们讲述关于主教门珍宝案的起因和推论的结果，实在是太精彩了。您的确把我们带入了正途，不过我还是认为，那次主要是您自己幸运，您说是吧？”他一口气说了一长串的话，明显没有喘过气来。

“那不过是件非常简单非常好理解的案子。”

“哦，哦，得了吧！得了吧！您看您还不好意思承认！不过，这里是怎么了？情况非常的糟糕了！真相都摆在眼前，我看用不着用理论来推测了。真幸运，我正巧为了其他的案子来到上诺伍德！接到报案的时候我正好在分局，那么这个人是怎么死的呢？福尔摩斯先生，说说您的看法吧！”

福尔摩斯慢条斯理地说：“哦，听您刚才的意思，这个案子好像不用我给推论啊？”

“啊，用不着，用不着……不过，我们还得承认，有时候，我是说有时候，您还真能一语中‘的’呢。据我了解，这门一直锁着的，价值五十万镑的宝贝被盗了，那么窗户的情况怎样呢？”

“从里面反锁，不过窗台上有明显的脚印。”

“好！那么既然窗户是关着的，脚印自然就与本案无关了，这应该是基本常识嘛。依我看，这个人非常有可能是在盛怒之下死亡的，关于珠宝的丢失。哈！我有个解释。有时候我也可以灵机一动呢。请你先出去，警长，舒尔托先生，也请出去，不过您的医生朋友可以待在这儿。福尔摩斯先生，说说吧，您觉得这是怎么回事儿？舒尔托说昨天晚上他跟哥哥见过一面。假设他们当时发生争执，在争执中他哥哥一时冲动，情绪失控，就在盛怒之中死去了，于是舒尔托就趁机把珠宝拿走了。您认为这个解释怎么样？”

“而且这个尸体还非常细心地站起来把门反锁上。”

“哼！的确有破绽。但是，我们照常理分析，这位塞笛厄斯曾经跟他哥哥住在一起过，两人还有过争执，这是我们所知道的。现在哥哥死了，珠宝被偷了，这也是我们知道的。自从塞笛厄斯离开后，就再也没有其他人看见过他哥哥了，而且床也没有人睡过，非常明显塞笛厄斯是非常不安的，表现也非常反常。您看着吧，我对塞笛厄斯发动四面夹攻，他就法网难逃了。”

福尔摩斯说：“不对，您根本还没有完全弄清事情的真相呢！看这个，我有绝对充分的理由认为这是一根带毒的木刺，我们刚刚把它从死者的头皮上取下来，伤痕还在。还有这张纸，您看，写着什么，这是在桌子上捡的，另外还发现了这根镶了石头的奇怪的木棍。请问，您如何把这些东西用到您的理论上去呢？”

这个胖侦探一听，踱了几步说：“每个方面都得到了证实。这间屋子里到处都是印度古玩，如果这根木刺有毒的话，别人可以用它杀人，塞笛厄斯也一样能用它杀人，而这张破纸条不过是一种骗人的把戏，用来故弄玄虚的。我认为，唯一值得产生疑问的是，他是怎么出去的呢？啊！对了，房顶上还有个洞。”他又矮又胖，一定是费了九牛二虎之力才爬上梯子，然后从洞口塞进了屋顶室。接着我们就听到他非常高兴地喊着他发现了通入屋顶的暗门。”

福尔摩斯无奈地说：“有时候，他也能找到这些所谓证据，有时候，他也会有点模模糊糊的分析。法国有句俗话：‘与没有思想的傻瓜更难相处。’”

阿瑟尔尼·琼斯爬了下来，说：“瞧，事实胜于雄辩！我的推断完全得到了印证：屋顶有一扇暗门，而且门还是半开着的。”

“是我刚刚打开的。”

“啊，是吗！这么说您也看到暗门了。”他表情稍微有些失望，“行了，无论是谁发现了暗门，都说明这就是凶手离开的路径。警长！”

甬道里传出一个声音回答：“在！长官。”

“舒尔托先生，请进来吧。舒尔托先生，现在我有责任告诉您，您所说的任何话都可能对您不利。因为您哥哥的死亡，我代表政府正式对您实行拘捕。”

这个可怜的秃子，浑身一下子抖得像筛豆子似的，似乎在用最后的力量向我们两个叫道：“我说嘛！怎么样？我早就知道会这样。”

福尔摩斯说：“请不要着急，舒尔托先生，我想我能够为您洗清罪名。”

这位胖侦探立刻说道：“我的大理论家先生，奉劝您一句，这可不是件随随便便就能答应的事，事实恐怕并不像您想象的那么简单。”

“琼斯先生，我不仅要证明他是无罪的，还要告诉您两个真凶中一个人的姓名和特征。我推断认为其中一个真凶名叫乔纳森·斯莫尔。他个子不高，行动灵敏，右腿被截，装了只木腿，而且文化程度非常低。木腿的里侧已经被磨掉了一块。他左脚的靴子下面钉了一块粗糙的方形前掌，后跟还钉着铁掌。他的年纪四十岁左右，是个中年男人，皮肤非常黑，以前一定做过囚犯。这些情况和一些从他手掌上磨掉的皮也许可以帮您了解更多情况。关于另外的那个……”

阿瑟尔尼·琼斯显然是被福尔摩斯的分析吸引了，但他依然用一种心口不一的嘲笑的态度问着：“听上去还不错，那另外那个人呢？”

夏洛克·福尔摩斯转了个身：“另外那个人，非常古怪，我想，用不了多久，我就可以介绍这两个人给您认识了。华生，借一步说话。”

跟着他，我们来到楼梯口，他说："发生了这件意外，我们差点都忘了来这儿是干什么的了。"

我说："没错，我还认为，莫斯坦小姐不该再继续留在这个恐怖的地方了。"

"你立刻送她回家。她住在离这儿不远的希瑟尔·弗里斯特夫人的家里——下坎伯韦尔。我在这儿等你回来，不过你是不是太累了，还能回来吗？"

"不不不，一点儿也不累，不弄明白这事的真相我是不会休息的。说实话，我也经历过危险，但今天晚上发生的一连串的事实在是太怪了，完全把我给弄糊涂了。事已至此，我愿意帮你结案。"

"太好了，你留下来，对我的帮助非常的大，我们需要单独进行，至于这个琼斯，就随他去吧。你把莫斯坦小姐送回去之后，到河边莱姆贝斯区平钦巷三号去，找到一个做鸟类标本的瓶子右侧的第三个门，那儿有个叫谢尔曼的人。在他的窗户上有一幅鼬鼠抓小兔的图案。你得把那个老头儿叫醒，然后跟他说我向他借托比用一下，请你务必把托比给带来！"他回答说。

"托比？一条狗吗？"

"没错，一条奇妙的混血狗，它嗅觉极其灵敏。这只狗可比整个伦敦的全部警察还有用。"

我说："明白了，我一定把它带过来。不过现在都一点钟了，如果可以换一匹新马，三点之前我一定可以回来。"

福尔摩斯说："我这时候还要从那位女管家博恩斯通太太和印度仆人那儿找一些新材料。塞笛厄斯先生曾告诉我，那位仆人就住在旁边的那间屋顶室。回来我们再研究这位伟大的琼斯的方法，再听他的讽刺吧。'我们早就已经习惯了，有些人对于自己不明白的事情却偏要挖苦一番。'歌德的话总是这么简明有力。"

七　木桶的插曲

警察是乘马车来的，我便借了他们的车子把莫斯坦小姐送回去。莫斯坦小姐表现出了妇女天使的本性，只要还有人比她更脆弱，更需要保护，她便总是努力保持镇定，坚持在前承担危难。我见她陪伴在受惊的女管家身边，神色警醒而祥和。可是等上车之后，她就一下子崩溃了，然后就开始哭泣——这一夜的惊险让她心力交瘁。

她后来跟我说，那天她一路上一直都在想我怎么会这么冷漠无情了。也难怪，她肯定不知道当时我内心激烈的争斗和强自镇定着的痛苦。我对于她满是同情与关爱，正如在花园中时手挽着手。我感到自己许多年来生活饱经沧桑，却也非常难让我体会到她在的这一天超乎寻常的经历中所表现出的那种温柔和勇敢并存的天性。可是在当时，有这样两个念头，让我几次三番地把到了嘴边的脉脉情话、甜言蜜语全部又咽回了肚子里去。

那个时候她正处于极大的危难与恐惧之中，心力交瘁，身心俱疲，这一个晚上她经历了这么多的变故，遭受了这么大的打击，孤身一人无依无靠，似乎正非常需要人来保护和安慰。然而在这种时刻我若是不顾一切地贸然出口，总感觉有点像是在乘人之危，不够正派。尤其显得恶劣与卑鄙的是，在这时我这么做，非常可能被认为是因为看中了她的钱财。福尔摩斯一旦破案成功——这肯定是不久之后的事情，她便会立即摇身成为一位巨富的继承人。我这么一个外科医生，趁这个能跟她独处、与她亲近的机会向她求爱，能算得上光明正大的、体面的行为吗？这又怎么会像是一位绅士会做出来的事情呢？她会不会把我当成一个想通过结婚而大发一笔横财的无耻卑鄙之辈？我不能冒险让她心里对我产生这种恶劣的如此糟糕的印象。这批阿格拉宝物，成了隔在我们两人之间的障碍。

我们到达塞西尔·福雷斯特家的时候已将近两点。仆佣们都已经睡了很长的时间，但是福雷斯特夫人对莫斯坦小姐收到的信非常感兴趣，一直坐等她回来听听消息，是她自己来开的门。这是一位端庄的中年妇女。夫人亲切地把胳膊搂着她的腰，还像慈母般温和地招呼她回来。我看在眼里，感到极大的欣慰。非常明显她不只是一个用钱雇来的用人，而是一个受尊重的朋友。经莫斯坦小姐介绍后，福雷斯特夫人热情地邀我进屋，想听我讲讲今晚的奇异遭遇。可是我只能解释说我还有重任在身，诚恳答应一定日后再来拜访，禀报案情的进展情况。正当车子回程，我转身再看一眼，见两人依然立在台阶上——两个手挽手紧挨一起的端丽身影。门半开着，客厅的灯光透过彩色玻璃照出来，我还看见挂着的晴雨表，光亮的楼梯扶手。我们身心陷于目前这种如此凶险的情境中，即使能够看到这么宁静的英国家庭，也觉得心情有不可多得的舒畅。

事情越想越可怕。我一边驾着马车辘辘行驶在空寂的煤气灯照明的路上，一边脑子里在回顾一幕幕接连出现的情节。那些问题，现在比最初是清楚得多了。莫斯坦上尉之死，寄来珠宝，刊登启事，一封来信——所有这些事我们已经明了，但是又把我们引向更深更暗更惨的迷境中去。印度财宝；莫斯坦行李中发现一幅内容不明的图；舒尔托少校死亡的怪状；财宝找到后随即发现人被谋杀；犯罪现场奇怪的现象，有脚印，不一般的凶器，留字的纸，字同莫斯坦上尉图纸上的字一样——真的是一个错综复杂的哑谜，除非有如我同伴那样的特殊天赋奇才，平常人简直束手无策，没法找出一点线索。平钦巷位于兰贝思下区，是一条两层楼砖房的陋巷。我敲3号门敲了很久才有人应声。终于，百叶窗里面亮起了烛光，从楼窗上露出了一张脸。

“滚开，醉鬼。”那张脸喊道，“你再嚷，我就打开狗窝，放四十三条狗来咬你。”

“只要一只狗，我是为一只狗来的。”我说。

“快滚！”那声音又叫道，“你识相一点，你要还不走，我兜里有臭抹布，扔到你头上来！”

“要一只狗。”我喊道。

“没工夫跟你废话！”谢尔曼先生叫道，“滚开，我数到三我就会扔抹布。”

“夏洛克·福尔摩斯……”这几个字我刚一出口，似乎有不可思议的魔力，楼窗立即关上，不到一分钟，屋门就开了。谢尔曼先生是个细长的瘦老头儿，佝偻着身子，脖子青筋暴露，戴一副蓝光眼镜。

“夏洛克·福尔摩斯先生的朋友永远都会受到欢迎。”他说，“进屋来，先生。当心有狗獾，要咬人。啊，去、去、去！想咬这位先生？”这是他在对一只黄鼠狼说话。黄鼠狼正从笼子缝里贼头贼脑钻出红眼睛的脑袋。“那个您别怕，先生。那是一只蛇蜥蜴[1]，没有毒，我是把它放在屋里随便跑，让它吃掉虫子。我刚才对您非常的失礼，您不要在意呀。实在是顽皮孩子常来跟我捣乱。夏洛克·福尔摩斯要什么？”

“他要一只狗。”

“啊，知道，他是要托比。”

“不错，叫托比。”

“托比就在这儿，左边七号那个栏里。”谢尔曼拿着蜡烛在前面慢慢引路，四周围都是他搜集来的珍禽异兽，这里成了动物之家。在朦胧摇曳的烛光下，隐约看到这个角落、那个旮旯都有闪烁的眼睛在向我们

[1]一种没有脚的蜥蜴，跟蛇相似，眼睛小，主要产自欧洲一带。

窥视。连我头顶高处一根根椽木上也都栖息着黑压压的鸟儿，我们的声响打搅了他们的美梦，正懒懒地由一只脚换到另一只脚。

托比原来是一条长相丑陋的长毛垂耳狗，是西班牙狗和潜猎犬[1]的混血，黄白两色的毛，走起来摇摇晃晃，姿态笨拙。这位老动物学专家递给我一块糖，让我接过来喂狗。狗迟疑了一下，把糖吃了，这才跟我建立起友谊，跟着我上了车，它非常的听话。回到了樱沼别墅，皇宫大钟刚好敲过三点，我看到那位前拳击冠军麦克默多被当成同犯抓了起来，与舒尔托先生一同押去了警署。两位警察把守着窄小的大门。我说出侦探的名字之后，才被允许带着狗进入。

福尔摩斯站在台阶上，叼着烟斗，双手插进口袋。“啊，你把它带来了！”他说，“好狗，不错！阿瑟尔尼·琼斯走了。刚才你走以后，我跟他拉开阵势吵了一通。他不但把朋友塞笛厄斯逮捕了，还把看门人、女管家、印度仆人全都抓走了。这地方就剩我们两个了，楼上还有一个警官在。先把狗留在这里，你跟着我上楼。”

我们把托比拴在客厅桌子的腿上，重新又上楼。房间里和我们离开时一样，只是屋中间死者的身上盖上了一条床单。疲倦的警官斜靠在墙角。

“你的牛眼灯麻烦请借我们用一用，警官。”我的同伴说，“帮我把这块纸板系一下，绕过脖子，垫在胸前好挂灯。谢谢。我还要把鞋袜脱下来。待会儿你都带着下楼去，华生。我需要上去爬一爬屋顶。手帕上蘸些木馏油。好，这就可以了。现在跟我上屋顶上来。”

我们又从洞里爬了上去。福尔摩斯再次把灯照着积尘上的足迹观察。“请你特别注意一下这些脚印。”他说，“看出有什么值得注意的地方了吗？”

“脚印是，”我说，“一个孩子，或者长得不是非常高的一个女人的。”

“别光看大小，还有没有别的什么不同？”

“这好像是非常普通的脚印，并没什么特殊的地方。”

“不是非常一样。看这儿！这是右脚的脚印，在灰尘上面。我现在踩一个自己的脚印，在它一边。看出来主要的不同没有？”

“你的五趾并拢，可这一个五趾都松开了。”

“没错。就是这一点，要注意了。麻烦你去那个窗口，那个活门那儿，闻一下木框上有什么气味？我在这里等；我手上拿着这块手帕呢，

---

[1]一种混种猎犬，善于偷袭捕猎。

气味太重。”

我按他的指示，立即闻到一股非常刺鼻的柏油气味。

“他就是从那儿出去的，脚踩在那里留下了气味。人都能可以分辨出来，那托比一定更没有问题。现在你下楼，把狗放开，再看我学学布朗丁[1]。”

我出了房屋，来到花园里，夏洛克·福尔摩斯已经站在屋顶上了。我看到他胸前挂着灯，像一只大萤火虫缓慢在屋脊爬行，到了烟囱后面就不见了，但非常快又再次出现了，之后又翻到屋脊的另一面看不到了。我马上绕到屋的另一侧，见他正坐在屋檐的角上。

“是你吗，华生？”他叫。

“是。”

“他就是从这儿下去的。下面是什么，那黑乎乎的东西？”

“是一只水桶。”

“有盖吗？”

“有。”

“看见有梯子没有？”

“没有。”

“这家伙倒是没有被摔死！这里这么危险的地方。但他能爬上来，我就更能爬下去。这根水管倒牢靠。就是这儿。”随着嚓嚓嚓的一阵脚掌磨出的声音，只见那盏灯沿着屋墙迅速而平稳地下降。他轻轻一跳，落在了木桶上，又从木桶跳到了地上。“跟踪这人不困难，”他说，一边把袜子、皮鞋重新穿好，“他走过的地方，瓦片都踩松了。在情急之下，他丢了这个东西。这证明了我的诊断没出错，暂时先用你们医生的话这么说吧。”

他给我看的是一个小口袋，一只丝草编成的彩色的小包，外面绕了几圈俗艳的珠线。那大小、样式，看起来倒像是一只烟盒。里头装了六根黑色的木刺针，一头尖一头钝，正是刺在巴索洛缪·舒尔托头皮上的那种荆刺。

“这东西非常的厉害。”他说，“小心别扎到自己。让我捡到真是太好了。非常可能他的毒针就这么几根，都在这儿了。我们两个以后就不用担心毒针扎了。我宁可挨一颗马提尼[2]枪子儿，也不愿挨这么一下毒针。华生，再让你跑上个五六七英里的路，你还有兴趣吗？”

---

[1]法国人，因善于走钢丝而闻名。

[2]十九世纪后半期，英国军队使用的枪，以两个创始人的名字命名。

“兴致非常高”我回答。

“腿受得了吗？”

“可以的，没问题。”

“狗宝贝，过来！好托比，你闻这个，托比，闻闻这个！”他把蘸了木馏油的手帕伸向狗鼻子，托比叉开一双毛腿，得意地抬头翘起鼻子，就像一位酿酒师在品尝佳酿一般。福尔摩斯随手把手帕远远地丢出去，取出一节坚实的绳索系在这条混种狗的颈圈上，然后带他来到木桶边。这狗马上不停地发出夹有呼噜声的吠叫，狗鼻子一直朝地上嗅，尾巴高高地竖起，爪子啪嗒啪嗒跟着嗅迹的路线跑去，绳子都绷紧了，我们只得紧随其后奔跑。东方开始发白，在清冷的晨光中已经可以看到远方。四方形的巨大的宅子，肃穆地矗立，它那阴暗惨淡的窗户、光秃秃的高墙，全都孤寂清冷地留在了我们身后。我们的足迹向右穿过宅子的园地，在纵横相交的沟沟壑壑坑坑洼洼中奔上蹿下、跨进跳出。这一大片地方，四处是散乱的烂泥，杂草丛生，荒树茂盛地生长着，凄惨凶恶的景象正好和刚刚发生的悲剧应合着。

到了围墙边，托比沿着墙脚的阴影跑，一直在吠叫。最后停在了被一棵小山毛榉树遮住的墙角。那是两面墙相接的地方，有些砖块已经松动，缝隙的底边处已有了磨损，好像常常被当成梯级踩成的样子。福尔摩斯爬上了墙，从我的手中把狗接过去，翻过墙放到地上。“墙上有那个木腿人的手印。”我也翻过墙头的时候，他说，“看，白灰的墙上有淡淡的血迹。我们还比较幸运，还好昨晚没有下过大雨。虽然过了二十八小时，气味还能留在路上。”

我承认，我的心里曾怀疑过，这时候跑上伦敦的马路，恰好是人流车辆络绎不绝的时候，托比可能找不到味道。但我的担心是多余的，很快我就放了心。托比毫不犹豫，只是用它那摇摇摆摆的步子循迹前奔。显然木馏油的气味要比其他的气味更强烈。

“别以为，”福尔摩斯说，“我只凭一个罪犯的脚踩到了化学品，我们才有希望破案的。现在我还掌握着情况，这让我有非常多截然不同的方法追踪他们。不过眼下这是最简单易行的方法，是幸运之神送给我们的捷径，再好不过。如果忽视掉它，就是我的过失了。这件案子本来非常有难度的，要花费非常多的脑子、时间，但现在它变得轻而易举。如果线索来之不易，那才是显出了真本事。”

“是真本事，的确是真本事。”我说，“我完全相信，福尔摩斯。本案你取得线索的方法，比在杰斐逊·霍普案子中用的方法，不知要高明多少倍。这件案子，在我看来真的是艰深难解。比方说，对那个装木腿的人的情况你是怎么了解得那么清楚的呢？”

“啊哈，老兄！事情本来就非常的简单。我可不想故弄玄虚，这是明摆着的事实。有两位军官，负责监狱的看管，发现了一桩重大的秘密，就是有一个宝藏。宝藏的地图是一个叫乔纳森·斯莫尔的英国人画的。你应该记得，我们在莫斯坦上尉收起的那张图上能看到这个名字。他自己签上了名字，还替他的同伴签了名——四签名，他是这样称呼的，非常有戏剧性，非常有趣。靠着这张寻宝图，两个军官——应该是其中的一位把宝贝搞到了手，带回到英国。我们可以推测出，这人对开始时一起约定好的条件，没有全部履行。那么，为什么这个乔纳森·斯莫尔不自己去找宝物呢？答案也非常明白。莫斯坦拿到宝贝图纸的时间，可以算出正是他去监狱工作的时候。乔纳森·斯莫尔没有亲自去拿宝物，是因为他与他的同伙还都是囚犯，没有行动自由，出不来。”

“但这些也都只是猜测而已。”

“不一定。这些是唯一合乎情理的解释。我们非常容易看出，这样的解释与后来的事实结果是相符的。舒尔托少校回国之后过了几年舒适安稳的日子，宝物在他的手上，他非常得意。接着他收到了一封印度寄来的信，便惊恐万分，这又是为什么？”

“信上一定写着，被他欺骗的人已刑满释放重获自由了。”

“应该是越狱跑出来了。这样的可能性更大。因为他应该清楚他们的刑期有多久。要是正常的释放，不至于让他感到这么恐慌。接下来他怎么办呢？他一直防备一个装着木腿的人——是一个白人，你应该知道，因为他看错一个白人商贩是那人，还开了枪。而宝图上只写着一个白人的名字，剩下的都是印度人或者伊斯兰教徒，没有其他的白人。这样，我们就完全有把握确定，这个木腿人就是乔纳森·斯莫尔。你觉得这个推理有问题吗？”

“没有，推理得非常清楚、准确。”

“好的，我们再来看看乔纳森·斯莫尔来英国的目的：一是要夺回宝物，另外就是寻仇。他非常有可能买通了舒尔托家里的一个人当内线。我们没见过一个叫拉尔·拉奥的男仆，博恩斯通太太对他的印象不好，说他品质非常的差。但除了少校本人和一位已死的忠实仆人知道以外，没人知道宝藏所在，当然斯莫尔也不知道。少校病危的消息传出，他怕宝物的秘密也一同深埋地下，便冒险潜入屋子，看到他两个儿子在，没敢进去。人死之后，他气得发狂，夜里摸进房里，翻找与宝藏相关的文字。最后留下一张写字卡纸，称曾经有客人拜访。在尸体旁留下字，表明这不只是一件谋杀案，而是惩罚性的正义之举。这些侠客案，在刑案史上有许多案例。必然会留下线索，非常容易掌握罪犯的情况。明白吗？”

“非常明白。”

“然后乔纳森·斯莫尔只能静观其变，当然少校的儿子在拼命地找寻宝物，他可能离开过英国，再回来时，得知阁楼被发现了。由此确信家里一定有内线，乔纳森绝对不可能上巴索洛缪·舒尔托高高的楼上的房间。他一定有善于攀登的同伙，巧的是光着脚踩到了木馏油，因此让我们跑几英里的路。”

“那么是乔纳森的同伙杀了人。”

“是的。根据屋内非常多地方有跺脚的迹象，可以知道他对自己同伙的做法非常的推崇。可世事难料，他的同伴狂性大发，用毒针杀了人。于是，乔纳森·斯莫尔就留下了条子，偷走宝箱。我的推断就是这些。他一定是个中年人，在安达曼群岛待了这么久，皮肤应该非常黑，根据他步距可算出身高矮，他脸上有胡子，塞笛厄斯·舒尔托曾经在窗户上看到过他。暂时只有这么多了。”

“那个同伙呢？”

“啊，是的，那个也没有太多的神秘。你很快就会知道的。早晨的空气真是新鲜！那一朵飘着的云彩，多像红鹤的羽毛呀。太阳已经升起在伦敦的云雾之上了。阳光照射着各种人，可是我可以打赌，像我俩这样肩负使命奔碌的人，怕是绝无仅有了。我们的雄心壮志和奋斗努力，在自然的伟大面前非常的渺小呀！你对让·保罗[1]非常熟悉吧？”

“相当熟悉。我是通过卡莱尔[2]，才读到他的作品。”

“这就是随小河入大湖，百川归海。他说过一句意义隽永的话，人能认识自身的不足与渺小，便足以证明其宏大，也就是人贵有自知之明。这非常辩证。你要知道，善于比较和鉴别，是一种技能，足以证明本领的高强。里希特尔的思想宝藏极为丰盛。你没带枪，是吧？”

“手杖而已。”

“如果直接把他们的巢穴捣毁的话，它就派上用场了。你就负责乔纳森，另一个要是不老实，我就毙了他。”说着他装了两颗子弹在左轮手枪里，然后放进外衣的右袋里。

---

[1]德国小说家，浪漫主义和心理小说的先驱。

[2]苏格兰散文作家和历史学家。

这时我们已跑在通向伦敦市区的大街上了，进入了条条街道。劳动者和码头工人已经开始劳作了，女人们在做着她们梳妆前要做的事，卸门板，冲洗门前的石阶，房顶四方的酒店营业了，粗壮的汉子们喝完早酒出来，路上的猫狗非常好奇地望着我们，托比只顾嗅地面，气味还非常的浓呢！穿过了斯特里森街，布瑞克斯顿街，坎伯韦尔街，最终来到奥弗尔区东面的肯宁顿巷。犯人似乎专挑弯曲的路走，避人耳目。到肯宁顿巷尽头便转向左行，经过了证券街、麦尔斯街。由麦尔斯街进入骑士街，托比停下了，只来回兜着圈子，它没辙了。

福尔摩斯着急地说："他们又不会坐车，或是乘气球了，怎么可能停下来了？"

"可能在这里停过一会儿。"我推测道。

狗非常果断地飞奔而去，气味更浓了，因为它不再嗅着地面，而是一味使劲拉直绳子朝前狂奔。福尔摩斯发光的眼睛告诉我，已经接近目的地了。我们向着九榆树跑，最后到达了白鹰酒店附近的布罗德里克和纳尔森大木场。到了这里，狗异常兴奋，从旁门窜入了锯木工人已在上工的木场，又穿过一堆堆的锯末、刨花、碎木，在两边堆积木材的小巷子里前行。最后跳到一只还放在手推车上没取下来的木桶上，叫喊地报告圆满完成任务。

托比伸出舌头，两眼放光，站在木桶上头，看着我们两人，露出非常得意的神态。桶身与车轮上都沾满了黑色的油渍，空气中弥散着浓重的木馏油的气味。夏洛克·福尔摩斯和我面面相觑，忍不住一起哈哈大笑。

八　贝克街的非正规军

"现在该怎么办呢？托比也迷路了，它不能百发百中了。"我问。

福尔摩斯把托比从桶上抱下来，拉着它走出了木场，说："托比是按照它自己的见解行事的，计算一下伦敦市内每天木馏油的运送量，你就可以明白咱们为什么走错了路。现在需要木馏油的地方非常多，特别是要用在木料的防腐上，这个我们不应该责怪托比。"

我建议："咱们还是沿着原路回到气味被弄混了的地方吧！"

"好，幸亏路不太远。托比在骑士街左边时曾经犹豫不决，显然在那儿弄错了。咱们现在就只有顺另外一条路去找了。”

我们牵着托比回到了那里。托比兜了个大圈，没有费非常多力气就朝另一个方向奔去了。

“要当心托比，它可能会把咱们领到原来木馏油桶运出的地方。”我说道。

“这倒是，但是它在人行道上面跑，运木桶的车应该在马路上面走，应该没有弄错。”

过了贝尔芒特路和太子街，它奔往河滨，一直到宽街河边的一个小小的木头修成的码头上。到了紧靠水边的地方，托比望着河水，鼻子里发出了哼哼声。

“看来，他们应该是从这里上船啦。”托比认真嗅了所有船只，但还是没有结果。靠近上船的地方，有一所小砖房，窗口上挂了一个木牌子，上面写着：“茂迪凯·史密斯，船只出租：按时按日计价均可。”门上另外还有一块牌子，说另备小汽船，以焦炭为燃料的。福尔摩斯慢慢地看了周围，非常郁闷。

他说：“看来这个并不是非常简单，他们事先就计划好了的。”

他向那个屋门走过去，正巧跑出了一个大约六岁样子的鬈发的小男孩。一个肥胖的红脸妇人也跟了上来，手里拿了一块海绵。她喊：“回来洗澡，杰克！快回来，爸爸回来看到你这样脏，饶不了你！”

福尔摩斯趁机说：“小朋友，你叫杰克？小脸红红的，真是个好孩子！你想要什么东西吗？”

“我要一个先令。”小男孩想了一下，说道。

“不想要更好的东西吗？”

小孩想来想去，说：“最好给我两个先令。”

“好吧，接住了！史密斯太太，真是个乖孩子。”

“不好意思，先生，他太调皮了，我老伴经常整天出门，我都快管不了他了。”

福尔摩斯假装失望的样子问：“啊，他出去了？真不凑巧啊！我有些事想找史密斯先生呢。”

“他昨天早晨就出去了，你看到现在还没有回来，我还真有点担心。可是，如果您要是租船的话，其实你跟我说也一样。”

“好的，我想租他的汽船。”

“对，他就是坐着那汽船走的。奇怪！船上的煤不够伍尔维奇来回一趟的。他没有坐个大片底船去，要不我也不会这么着急了，有时候他会去更远的葛雷夫赞德。就算他有事，要耽搁一阵子，可汽船没有煤烧可怎么走呢？”

“途中应该会有卖煤的吧，也许他在路上买些煤。”

“说不定是那样，可是他常说零袋的煤价钱太贵，从来不愿意买。再说我也非常讨厌那个装木腿的外国人。他总是跑到这里来，不知道他到底有什么事呢？”

福尔摩斯非常惊讶，急忙问：“一个装木腿的人？”

“一个贼头贼脑的小子，来过很多次了，昨晚他又来了。好像是事先说好他要过来，我老伴早就把汽船生火了。我实在是非常的担心啊。”

福尔摩斯说道：“亲爱的太太，您不要自己吓自己嘛。您怎么就知道晚上来的就一定是那人呢？您为什么那么肯定呢？”

“先生，他的口音粗重又模糊，肯定是他没错。大概是三点钟时他敲了几下窗户——说：‘伙计，该走了！’我老伴还把我们的大儿子吉姆也叫醒了，没等我就出门走了。但我听到那只木腿踩在石头上面的声音。”

“来的只有他一个人，还有其他人吗？”

“这个我就不清楚了，我没有听出来到。”

“史密斯太太，真的太遗憾啦，我就想租那叫什么来着的汽船，我很早之前就听说了。”

“先生，叫‘曙光’。”

“啊！是那条绿色的、船帮有粗粗的黄线的旧船吗？”

“不是的。和其他小船一样，新刷了油，黑船身上画了两条红线。”

“谢谢您，我现在要往下游去，要是见到‘曙光’号，就告诉他您在家里惦记着他，赶紧回家。对了，那船的烟囱是黑色的吗？”

“是，但是画了白线的。”

“史密斯太太，再见啦！华生，那儿有只小舢板，咱们到河对岸去。”谈话结束，我们上了船，福尔摩斯说：“跟这种人说话，你要用话引导，就能得到你想知道的事了。”

我说：“我们要租一条汽船去下游寻找‘曙光’号？”

“这样太费劲啦。可能停靠在从这里到格林威治两岸的随便一个码头上。挨个儿去找，非常费时间的？”

“那就请警察帮忙？”

“不，在最后关键时刻我也许会叫阿瑟尔尼·琼斯过来。这人还不错，我也不愿意打搅到他的职务。咱们既然侦察到了这个地步，我非常想自己单干下去。”

“咱们能不能在报纸上登个广告，好从码头的主人那里得到‘曙光’号的消息呢？”

“那就更糟了！这样的话罪犯们就会知道我们正在找他们，他们就要马上离开英国了，其实现在他们也未必不想出境逃走呢。但是在他们还认为自己是安全的时候，就不会急于马上走。琼斯的举动对于咱们在这一方面是有利的。他的意见每天都可以在报纸上看见，这些凶犯会觉得大家都在朝着错误的方向追查，他们可以获得一段时间的安稳呢。”

我们在密尔班克监狱前下船时，我问他：“咱们到底要怎么办呢？”

“现在咱们乘这辆车子回去，吃点早餐，睡上一个钟头，说不定今晚还得跑路呢。车夫，在电报局停一下。我们先留一留托比，以后或许还要用到它。”

我们在大彼得街邮电局门前停下，福尔摩斯发了一封电报。

上车后他问我：“知道我给谁发电报了吗？”

“不知道。”

“你还记得在杰斐逊·霍普一案里我们雇用的贝克街侦查小分队吗？”

我笑了：“他们呀！”

“在这个案子里，他们可能会有非常大的用处。他们要是失败了，我还有其他的办法，不过我想要先用他们试一下。电报就是发给那位小队长威金斯的，这群孩子在咱们吃完早餐前就会到了。”

这个时候正好是早上八九点钟。一夜的奔波，让我感觉万分疲惫，走起路来两腿也软了，真是筋疲力尽。说起这桩案子，在侦破上我没有我的朋友的那种对于职业的极度热情，同时我也不把它只当作是一个抽象的理论问题。

至于巴索洛缪·舒尔托的被杀，由于大家对于他平常的行为也没有什么好印象，所以对凶手们我也没有太大的厌恶。可是谈到宝物，那就该另当别论了。这些宝物——或者其中的一部分——照理应当是属于莫斯坦小姐的。在有机会寻回宝物的时候，我愿倾尽全力，把它们找回来。不错，宝物找了回来，我个人也许就永远不能与她接近了。可是爱情若是被这种想法所左右，那么这种爱情也就是无聊和自私的了。如果福尔摩斯能够找到凶手，我就该继续付出十倍的努力去找宝物。在我贝克街的家中洗了一个澡，换了一身衣服，精神大振。下了楼，早餐早已备好，福尔摩斯正在那里倒咖啡。

他笑着指着一张打开了的报纸对我说："你看，不自量力的琼斯与一位庸俗的记者把这案子全部包办了。这案子把你弄得也够头疼的了，你还是先吃你的火腿蛋吧。"我接过报纸，标题是《上诺伍德的奇案》。

这份《旗帜报》报道说：昨夜十二点钟左右，上诺伍德樱沼别墅的主人巴索洛缪·舒尔托先生在房间里身亡，经鉴定是被人暗杀。据有关人士报道，死者身上无任何伤痕，但死者继承的他父亲的一批印度宝物全部被盗。首先是死者的孪生弟弟塞笛厄斯·舒尔托先生与同来访问死者的夏洛克·福尔摩斯先生和华生医生发现了死者被害的事实。当时警署著名侦探阿瑟尔尼·琼斯先生恰好在上诺伍德警察分署，真是幸运，惨案发生后的半小时，他就赶到现场主持大局。他经验丰富，办过非常多案子，到场不久便发现了线索。死者的弟弟塞笛厄斯·舒尔托因嫌疑重大，已被拘捕。同时被捕者还有女管家博恩斯通太太、印度仆人拉尔·拉奥和守门人麦克默多。已证实凶手对房屋的出入路径相当熟悉。根据琼斯先生仔细观察，证明凶手必定是通过屋顶的一扇暗门潜入的。可以得出这样的结论：这并不是一桩普通的盗窃案。这样的情形下，须有一位老练能干的长官主持一切，警方才能及时负责地处理。

"我想咱们两个也险些被当成凶手，遭到逮捕呢。"我说道。

门铃大响，随后听见房东赫德森太太大声与人争吵的声音。福尔摩斯说："我们的非正式的部队——贝克街的杂牌军来了。"十几个破衣烂衫的街头小流浪汉吵嚷着要进来，可他们也非常有纪律地站成一排，等着我们下命令。其中有一位队长模样的站在前面，非常神气却也非常滑稽，叫道："先生，接到您的命令，我立即带他们来了。车费是三先令六便士。"

福尔摩斯给了他钱，说："威金斯，以后你一人来就行，将我的命令传达给他们，你瞧，我的屋子太小了。好，现在我要找一艘名叫'曙光'的汽船，船主的名字是茂迪凯·史密斯，黑色船身上画了两条红线，有一道白线的黑烟囱，船往河的下游走了。我在密尔班克监狱对岸茂迪凯·史密斯的码头上等着。船一回来就来报告。你们分头找。都明白了吗？"

"明白了，司令。"

"酬劳照旧。先付一天的工资，每人一个先令，找到船的人另外多给一个畿尼，走吧！"

小分队高兴地下了楼，不一会儿就消失在马路中央了。

福尔摩斯站起来，点上了他的烟斗说："只要这船不沉，我们就可以找到它。他们到处跑，知道非常多的事，估计在黄昏之前他们就有消息了，在找到‘曙光’号或者茂迪凯·史密斯之前，我们只好等着了，因为没法继续下去了。”

“托比可以吃剩饭。福尔摩斯，你需要睡一下吗？”

“不，我不累。我工作的时候一点儿也不觉得累，要是闲着无聊我倒不得不去睡了，奇怪的体质。我现在要抽烟了，仔细地想一下这件奇案。这个问题倒不难解决，其实装着木腿的人并不多见嘛，另外那人就更特别了。”

“另外的哪个人啊？”

“我本来不想告诉你，我想听听你的意见。我们目前掌握的线索有小脚印、没有穿鞋子的赤脚、一端装有石头的木棒、灵活的身手和有毒的木刺。你有结论了吗？”

“一个生番！可能是和乔纳森·斯莫尔一伙的一个印度人。”

他说道：“这倒不太像。起初我也曾这么想过，因为武器非常奇怪。可是脚印又太特殊了，我就考虑了其他方面。印度半岛的居民有的身材矮小，可是也不可能有这样的脚印啊。印度土著的脚是狭长的，穿凉鞋的伊斯兰教人因为鞋带的原因，拇指与其他的脚趾是分开的。另外这些木刺只有用吹管向外发射的。我们要去哪里找这样的生番呢？”

我说道：“从南美洲。”他伸出胳臂，从书架上取下了一本厚厚的书，说道：“这是新出版的地理辞典第一卷，可以认为是最新的权威著作了。这里写的是什么？”“安达曼群岛位于孟加拉湾，距苏门答腊三百四十英里。呵！呵！这又是什么？气候潮湿、珊瑚暗礁、鲨鱼、布勒尔港、囚犯营、罗特兰德岛、白杨树……啊！在这里！”安达曼群岛的土人，可以称为世界上最小的人了，虽然人类学者亦有说非洲的布史人[1]或美洲的迪格印第安人和火地人是最矮小的。这里的人平均高度不到四英尺，成年人比这个还矮的也不少。他们生性凶狠、易怒而又倔强，但是只要和他们建立了信任和感情，他们就能至死不渝。注意这个，华生！再听下边的：‘他们天生可怕，畸形的大头、凶狠的小眼睛、奇怪的面貌、特别小的手和脚。由于他们凶狠、倔强已极，英国官吏虽竭尽一切努力，也丝毫无法把他们争取过来。对于船只遭难的水手们说来，他们永远是个祸害，往往被他们用镶着石头的木棒击碎脑袋，或用毒箭刺死。这种屠杀的结果总是毫无例外地以人肉盛筵作为结束。可真是可爱的好人哪！华

[1]生活在纳米比亚等地，皮肤棕黑色，个头矮小。

生！如果这个小子没有人管着，叫他自由行动，那结果更不堪设想了。我觉得，就是琼诺赞·斯茂雇用他，恐怕也是出于不得已吧。”“可是他怎么就找到这样一个如此奇怪的同谋呢？”“啊，这个就不得而知了。可是咱们既然知道斯茂是从安达曼群岛来的，这个土人和他在一起也就没有什么稀奇了。毫无疑问，以后咱们还要知道些详情呢。华生，看来你是疲倦极了，你在那张沙发上躺下，等我来催你入睡吧。”他拿了小提琴来，奏起了他自创的一支低沉的催眠曲，他在作曲方面非常有天赋。

到现在我仍然还记着他瘦长的手指、真诚的脸和弓弦上下的动作，不得不佩服他的才华。伴着音乐入梦，我看到了玛丽·莫斯坦甜美的笑容。

九 线索中断

我醒来的时候已是下午了，睡了一觉又感觉充满了力量，精神非常的好。福尔摩斯仍与我睡前一样坐在那儿，只是小提琴停下了，正埋头看着书。我身子一动，看到了他的一脸惨淡愁容。

“你睡得还好吗，”他说，“我真怕刚才的说话把你吵醒。”

“我一点也没听见。”我回答，“有好消息吗？”

“没有。我心里烦躁，非常失望。原估计到这时候事情该有个眉目。威金斯回来报告过了，他说那艘汽船没有踪影。这下子更急人，现在真是每一个小时都非常的重要。”

“需要我做些什么吗？我现在精神完全恢复了，再干上一整晚绝没有问题。”

“不了，我们没事可做，只有等着。要是出去，万一有消息，我们不在，又要误事。你要做什么就做吧，我得等着，我来守这儿好了。”

“那，我就上坎伯韦尔跑一趟，去看塞西尔·福雷斯特夫人。昨天她让我过去一趟。”

“去看塞西尔·福雷斯特夫人？”福尔摩斯问道，两眼闪光，含着笑意。

“嗯，当然也看看莫斯坦小姐，她们都等着了解情况，非常着急。”

“我还不想让她们知道得太多。”福尔摩斯说，“永远不要相信女人——再好也不可信。”对如此褊狭无理的心态，我没时间停下来辩论。

“一两个小时就回来。”我关照说。

“好！祝你好运！你把托比也还了吧！我认为已经用不着它了。”

我把狗带到到平钦巷还给那个老动物专家，并且用半个沙弗林[1]来酬谢他。不久就到了坎伯韦尔。经过昨夜的惊险劳碌，莫斯坦小姐仍有些疲惫，弗里斯特夫人好奇心切，急于知道消息。我告诉了她们所有的经过情形，除了部分恐怖的事，我还没有描述凶手的杀人手段和状况，只简单地说了舒尔托先生被害身亡，她们就已经非常害怕了。

“简直是太惊险了！”弗里斯特夫人叫道，“一位女郎受了伤害，五十万英镑的宝物，一个吃人的黑生番和一个装了木腿的歹徒，这跟以前常讲的龙的故事太不一样了。”

“还有两位侠客骑士前来相救。”莫斯坦小姐补充说，眼睛望着我。

“啊，玛丽，你的财产的着落要看这事的结局了。我看你并不是非常的高兴。你想想，要是有钱，全世界都会拜倒在你的脚下！”

听到这些，我没有看到她有丝毫得意的神色，相反，她矜持地摇摇头，并不怎么有趣。“我倒是非常地担心塞笛厄斯·舒尔托先生。”她说，“不管怎样，我认为他心地善良，是个可敬的人。我们应该帮他洗脱罪名，还他清白。”

从坎伯韦尔回到家已经天黑了。我的朋友没有留下任何字条，丢下烟斗和书不见了。“夏洛克·福尔摩斯可能出去了。”我对正要进屋来放下窗帘的赫德森太太说。

“没有，先生。他回自己房间里去了，”她声音非常低，耳语一般地说，“看样子身体不是非常舒服。”

“怎么会呢，赫德森太太？”

“他是非常奇怪的人，先生。你出去之后，他一个人一直走来走去，我也跟着烦心起来了。然后又听到他嘀咕着，门铃一响，他就跑到楼梯口，喊：‘是谁，赫德森太太？’现在他又关在屋子里，可我听到他还是在走来走去。希望他不是病了，我劝他去吃点凉药吧，可他回头看了我一眼，太吓人了，我都忘了怎样走出房间了。”

“不用担心，赫德森太太。以前我也看到过他这样，他只要有一点心事，就会非常的烦躁。”其实我也只是故作轻松这么说，内心也非常的不安。

---

[1]指旧时英国的半英镑金币，一个沙弗林面值一英镑。

又是一个漫长的夜晚，我一直听着他一阵又一阵的脚步声，了解到他面临如此无可奈何的情况，心里该是多么的烦躁。

早餐的时候，我看他面色疲倦、消沉，两颊有些潮红。

“你是不是要搞垮自己，老兄，”我提醒他，“我听到你来回走了一夜。”

“我睡不着呀。”他回答，“事情变成了一个死结，解不开，让我心急如焚。所有的大困难都解决了，想不到被这么一点小障碍给堵住了，真叫人生气。知道了凶手、汽船，一切都掌握了，可就是没有消息。其他各方面也都行动起来了，能用的办法全都用上去了。整一条河的两岸都搜遍了，就是找不到。史密斯太太那儿也没有她丈夫的音讯。我甚至想到他们要么把船给凿沉，可又不像，没有任何可能，讲不通。”

“弄不好，史密斯太太耍了我们，被她骗了。”

“不会，这个你没有必要担心。这些都经过调查得到了证实，有这艘船，她讲得没错。”

“那会不会去了上游呢？”

“我也想过这个可能性，派了一个搜查队，让他们一直追到了里士满。今天再没有消息，明天我就亲自出马找人去，不再找船。不过肯定会有消息的，肯定。”

然而毫无消息。

威金斯也好，别的地方也好，都连一个字也没传过来。报纸不断刊登上诺伍德惨案的报道。其言论全都对倒霉的赛笛厄斯·舒尔托非常的不利，可没一篇发现新的情况，除了要在第二天验尸之外，案情一直都没有进展。

晚上我又步行到坎伯韦尔向两位女士报告了我们所遭遇的挫折，到家一看，仍看到福尔摩斯一脸丧气，郁郁寡欢。他已经不愿意回答我的询问了，整个晚上只埋头做一个复杂的化学分析实验，烧瓶加热蒸馏，可是产生的气体熏得我难受，就只好离开屋子。直到凌晨，还可以听到试管碰得叮叮当当的声音，这表明他还在埋头于他臭气熏天的实验。

天刚蒙蒙亮的时候，我猛然醒来，吃了一惊，看到他正站在我床边。他一身的水手粗服，穿一件双排纽厚呢上装，脖子上围了一条红色旧围巾。“我要去下游，华生。”他说，“再三考虑，只有亲自出马这个办法了，无论如何，总要一试。”

“那我跟你一起去吧！”我说。

“不，你要留下来，留下是非常有用的，你就做我的代表。我原本不想去，威金斯昨晚非常丧气，可今天很可能会带来消息。只要是来信、来电，全由你代拆，任何的消息都依照你的判断行事。请你代劳好吗？”

“非常荣幸。”

“你大概没有办法跟我联络，电报收不到，”“我也说不准自己会在哪里。运气好的话，时间不长就可以回来。回来时总该有这样那样的情况跟你说。”

早餐的时候，还是没有消息。我打开《旗帜报》，刊登了有关案子新进展的报道：关于上诺伍德的惨案，报道称已确信案情真相非常的复杂，没起初的简单。塞笛厄斯·舒尔托先生与女管家博恩斯通太太昨晚已获释，洗脱嫌疑了。此案现由苏格兰场机警过人的阿瑟尔尼·琼斯先生负责缉凶，很快将会破案。

“这还差不多。”我想，“我的朋友舒尔托总算没事了。所谓的新线索，我想只是警方的老把戏，真假还不知道呢”

我把报纸扔在桌上，但忽然间我的眼睛瞄到了启事栏登的一则私人广告。广告说：

寻人——船主茂迪凯·史密斯携子吉姆于周二清晨三时许驾曙光号汽船驶离史密斯码头，至今未归；船身黑色，有两条红线，黑烟囱上一道白线。知茂迪凯·史密斯及曙光号汽船下落者，请速向史密斯码头史密斯太太或贝克街221号B座报信，酬谢金币五英镑。

我一看到贝克街就知道是福尔摩斯登的广告。这实在是非常的巧妙啊，就算在逃的凶犯看到也会以为只是一则妻子寻找丈夫的启事，仅此而已。又是漫长的一天，时间一分一秒过得出奇的慢。每次当我一听到楼下传来的敲门声或是街上有沉重的脚步声走过，我都会认为要么是福尔摩斯回来了，要么就是回应广告的送信人来了。

很多次我都想集中精力去读书，无论如何都做不到，脑子里都是案子，想到我们侦查受挫的事，想到我们想尽办法追查凶犯，又开始考虑整个案子是不是哪里出了错，有时甚至还会怀疑我们这位断案无数，无比聪明的侦探朋友，还会冒出些自己都不敢相信的念头来：难道福尔摩斯的推理根本就是错的，从一开始就是错的；他这样足智多谋，自信满满，总能提出千奇百怪的推论来，犯错也是有可能的；虽说至今还从来没有发现他有过失手或者是犯过错误，可是也不能保证他永远是正确的，智者千虑也有一失啊。就这样我胡思乱想着过了一个下午。我猜也许因为他对自己的推理过分自信——本来是一件非常平常的案子，可他偏要作一些别样的解释，以至于到现在这个无法补救的境地。转念一想，我也是亲自参与了这个案子的，所有的证据我都见过，他的推断也不是无中生有，信口雌黄，是有据可依的。回想起那些耐人寻味的事实，所有细节无疑都是向着同一个方向的，不可否认，福尔摩斯的推断是正确的，案情本身离奇得让人感到非常的困惑。

下午三点，门铃声一阵大响，楼下传来语气威严的说话声，没想到是阿瑟尔尼·琼斯先生来了。不过，他不像上次在上诺伍德那样一副粗鲁、神气、对案子信口开河的草头王的样子，而是换作垂首低眉的样子，与上次见面大不一样，态度谦虚了非常多，还有些惭愧。“您好，先生，”他说，“我知道夏洛克·福尔摩斯先生出门了。”

“是的，出去了，他什么时候会回来我就不清楚了。要么您等一等，请坐，请抽雪茄吧。”

“真是谢谢您能赏我一支烟。”他说，掏出一块红色扎染的印花大手帕擦了擦满是汗的脸。

“再喝一杯威士忌苏打，好吗？”

“半杯就够了。今年这个时节了还这么热，真让我难受。上诺伍德这件案子，我想您都听到了我上次所说的？”

“我记得您讲过一次。”

“嘿，我现在必须重新思考一下这件案子了。原本法网把舒尔托先生网得牢牢的，谁想到，让他钻了漏洞，跑掉了。他确实有不在现场的证明。他离开他哥哥的屋子出门之后，一直有人同他在一起，他无时无刻不在别人的视线内，他压根儿就不能去爬屋顶钻暗门。唉，这案子就难办了，我在警局的威信也动摇了。现在我非常需要一点支持和援助。”

“我们没有一个人可以完全靠自己，人都是有需要别人帮忙的时候。”我说。

“您的朋友，夏洛克·福尔摩斯先生，实在是个非常了不起的人物，先生。”他亮出了大嗓门，语气中深显佩服，“他这个人，没有人可以与他相媲美。我非常清楚，这年轻人处理过的刑事案件不知有多少件，可我从来没看到有他破不了的案子，一件也没有。他总是出其不意。虽然推论的速度快了点，谁都跟不上，不过总的说，我能肯定，他是块当官的材料，再好不过的好料。不怕他们笑话，我是望尘莫及，自愧不如。早上收到他的一封电报，才知道舒尔托的案子他已经有了线索。这是电报。”

他从口袋里拿出电报，递给我，是当天十二点钟在白杨镇发出的。

接电即去贝克街。若我未归，请等。舒尔托案犯已有踪迹。欲参与侦破本案，请今晚一同行动。

“好的，有希望了。看来他把断掉的线索接上了。”我说。

“啊，那么说，他也有失手的时候，”琼斯叫道，显然以此自慰，“我们最出色的人有时候也会出错。搞不好这又是一场空欢喜。不管它了，我作为一名警官，任何一次机会都不能错过。听，有人进来，大概是他回来了。”

有一个沉重的脚步爬上楼梯。一个人艰难地呼噜呼噜地重喘，说明他呼吸非常的困难，中间曾有一两次停下脚步来舒气。他好不容易爬到了楼上，到了门口，走了进来。一见其人，与之前的声音完全相符。一位老人，水手打扮，外面套了件大衣，纽扣一直系到颈部，弯腰驼背，两腿在打颤，气喘吁吁，表情非常痛苦，全仗一根橡木粗棍，身体才能立住，要双肩扛起才能喘一大口气。一条彩色的围巾围到下巴，脸部不怎么看得见，除了一对深色的眼睛灼灼发光，就是白眉毛白胡子了。整个人看上去像是一位年龄非常大、受人尊敬的航海老前辈，只是晚景不佳，困顿潦倒。

“老人家，你有什么事吗？”我问。他用老年人常有的样子，慢吞吞向周围一一打量一遍。

“夏洛克·福尔摩斯先生在吗？”他问。

“不在。不过，我可以代表他，您要对他说什么事，就告诉我吧！”

“我只能跟他当面说。”他说。

“我跟您说过了，我是他的代表。是茂迪凯·史密斯船的事吗？”

“是呀，船在哪儿，我全知道。还有，我也知道，要找的人都在什么地方。还有，宝物都在哪儿。所有的事，我全都知道。”

“那就告诉我吧，我会跟他说的。”

“我只跟他一个人说。”他一再重复着，完全是一副倔老头的模样。

“那您就只能等他回来了。”

“不行，不行。为了找一个人，我把一整天都搭上了，我可不干。既然福尔摩斯先生不在，那就让这位先生自己去找吧。你们两个人长成这样，我看着都不顺眼，我一个字也不会说的。”

老头儿拖着步子向门外走去，但是阿瑟尔尼·琼斯跑到了他前面。“等一下，我说老先生，”他说，“您有重要的消息报告，可不能这样就走了。请您别走，无论您愿不愿意，都必须等我们的朋友回来。”

老头儿想要夺门而出，阿瑟尔尼·琼斯魁伟的身板向门上一堵，挡住了他的去路，再坚持也不管用了。“你们这个样子对我，太不像话了！”老头吵吵起来，用拐棍敲击着地板。“我是来正式拜访这儿的先生的，你们俩是谁啊，凭什么不许我走，竟然对我这么无礼！”

“您别着急，”我说，“不会让您白等的。请坐在这沙发上，不会等多久啦。坐，坐。”

他气呼呼地吹着胡髭，一屁股坐下，双手支着脸。琼斯和我又重新抽起了雪茄，自顾自话。

不料，冷不丁传出了福尔摩斯的声音。“我说，二位也给我支雪茄抽抽吧。”他说。

我们两人腾地一下从椅子上跳起来。坐在我们身边的是福尔摩斯，一脸笑嘻嘻的神态。

“福尔摩斯！”我高兴得叫道，“是你呀！老头儿去哪了？”

“在这儿。”他说着，手捧了一团白胡须，“他就在这里——假发、胡须、眉毛，全都在这里。嘿，伪装技术真不错呢，一点都看不出来呢！”

“哈！你这人！”琼斯高兴地叫道，“你还能当演员呢，真行啊。你那个咳嗽，还有颤巍巍的两条腿，我在穷人院里头听到过、看到过，一周能赚十英镑的。但是你也不是那么容易就骗到我们的，我早就看出来你的眼神不对头，嘿嘿。”

“我今儿个花了一整天来化这个妆。”他说着，点上了雪茄，“老是那样子，许多犯罪歹徒慢慢儿都认得我了——而且有位朋友把我的故事写成文章发表出去之后，要便于行动，我只能靠一些化妆了。你接到我的电报了吗？”

“接到就过来了。”

“这个案子，你有什么新发现？”

“毫无进展。逮起来的人因证据不足已经释放两个。”

“那没关系。待会儿我们拿另外两个人更换。可是，你必须得听我的安排啦。职务上的功劳全都归你，可以吗？”

“完全听你的，只要你帮我抓到犯人就可以。”

“好，首先，我需要一艘警察快艇——汽艇，晚上七点钟，在威斯敏斯特码头待命。”

“那边有一艘一直停着的，我过马路用电话联络敲定就可以了。”

“还要两名干练的警员，防止对方逃跑。”

“正好，艇上有两三个警察。还要吗？”

“我们一旦抓住歹徒，宝物也就到手了。我这位朋友肯定会拿了宝箱送到那位年轻小姐的手上，因为其中的一半依法是属于这位小姐的。让她亲自打开，怎么样，华生？”

“我将会非常荣幸。”

“这个做法不符合规定，太出格了。”琼斯说，摇了摇头，“不过，这整件事情都不合规定，这里我也就不管了。但之后，剩下的宝物就要上交当局，等待上级调查。”

“那当然。其实这也好办了。还有另一点，我倒非常想听听乔纳森·斯莫尔亲口讲讲这件案子的始末情形。你知道，我经手的案子我喜欢把全案细节都搞清楚。我想，把他带到这个屋子来，或者别处也可以，同他做一次非官方的面谈，只要有警员在场，不会出事。这个，应该没有什么问题吧？”

“啊，全都由你说了算啦。我还没有足够证据，不知到底有没有这么个叫乔纳森·斯莫尔的人。当然，只要你把他捉拿归案，你要向他当面讯问一次，还不好说吗，我不会不答应的。”

“那么，都这么说定了？”

“完全同意。还有别的没有？”

“你跟我们共进晚餐，半个小时就可以备好。我准备了生蚝和一对野鸡，还有些专门挑选的白酒。华生，你不知道，我其实是个居家过日子的好手呢。”

十　凶手的末日

我们这顿饭吃的非常愉快。福尔摩斯在高兴的时候，谈锋向来是畅利的。今晚他的精神似乎超乎寻常的愉快，所以天南地北说个不停。我还从不知道他这样健谈，他从神怪剧谈到中世纪的陶器、意大利的斯特拉迪瓦里[1]提琴、锡兰的佛学和未来的战舰——他对哪一方面，似乎全都特别研究过的，所以说起来滔滔不绝，把这几天的郁闷也一扫而光了。埃瑟尔尼·琼斯在休息的时候也是一个爱说

[1]意大利著名的提琴制造专家。

爱笑性情随和的人，他努力欣赏着这顿比较讲究的晚餐。在我个人则觉得全案的结束似乎就在今晚，也和福尔摩斯同样地愉快得开怀畅饮起来，宾主三人异常欢洽，没有人提到我们饭后的冒险任务。饭后，福尔摩斯看了看表，斟满了三杯红葡萄酒道："再干一杯，预祝今晚成功。时候到了，应该动身了。华生，你有手枪吗？""抽屉里有一支，是以前在军队用过的。"

"你最好把它带上，以防有什么问题。车子已经在下面等了，我和他订好了六点半钟到这儿来接咱们。"

七点刚过，我们就到达了威斯敏斯特码头，汽船早就等在那儿了。

福尔摩斯仔细看了一下，问："船上有什么警察使用的标志吗？"

"有，船边上的绿灯。"

"摘掉。"绿灯摘掉后，我们先后上了船。船缆解开了，琼斯、福尔摩斯和我三人都坐在船尾，一个人掌舵，一个人负责机器，两名精干强壮的警长坐在我们前面。

琼斯问："把船开到哪里去？"

"伦敦塔，告诉他们，把船靠在杰克勃森船坞的对面。"

我们这船速度确实非常快，飞驰向前，超过一排一排货运驳船，相比之下，这些船队慢得简直不动似的。当我们又超过一艘小汽船，把它远远甩在了后面时，福尔摩斯满意地微笑着。

"以我们这样的速度，河上的船都能超得过。"他说。

"那不见得，但是比这还要快的船确实不多。"

"我们能追上曙光号，那是条有名的快艇。现在我要把情况告诉你，华生。你想得到吗，那么一点小事就把我弄得晕头转向？"

"是呀。"

"苦恼不过，索性做化学试验，好让心思静一静，放松一下。有一位伟大的政治家曾经说过，变换一下工作是最好的休息。这话有道理。我做溶解碳氢化合物的试验，给我做成功了，我就再回到舒尔托的问题上来，重新思考以便弄清整个案情。派出去的孩子上游下游都找遍了，毫无结果。大小码头上都不见有那艘船，船又没有回来。也不像是自己把船凿沉来灭迹。当然，假如怎么找还是找不到，这个假设也不无可能。我知道斯莫尔这个人有点小手段，可是想不到他还有这么大的本事，把手脚做得那么干净。一般没受稍高一点的文化教育，很难想得这么周密。我回头一想，他在伦敦是住过相当一段时间的——从他对樱池别墅持续监视了很久这一点可以得到证明，那就不大会一得手马上就走，总得要一点时间，哪怕是一天也行啊，把事情料理停当。这个可能性应该比较符合实际情况。”

“在我看来这个可能性不大，”我说，“更大的可能倒是远走高飞的准备工作他早就做好了。”

“不，我不这么想。除非要等到他确信这巢穴对他已毫无用处了，否则他不会轻易放弃的。我又想到了另一层：乔纳森·斯莫尔一定料得到，他那同伙的那副怪相，不管怎样化装也都会引人注意的，并且会使人联想到上诺伍德的惨案上去，斯莫尔的机智不会忽略这一层的。为了掩人耳目，他们天黑之后离开巢穴，就必须天亮以前赶回来。据史密斯太太所说，他们在史密斯码头上船的时间是三点钟，再过一个多钟头天就大亮了，行人也就多了。所以我觉得他们不会走得太远。他们给了史密斯一大笔钱，让他别声张，订好他的汽船，用以最后的远行，然后携宝物回到巢穴。在一两天之内看一看报纸，打探一下风声，再选一个晚上从葛雷夫赞德或肯特大码头坐上他们已订好位子的大船，逃去美洲或其他殖民地。”

“但是他会不会把这只船也带进巢穴里头呀。”

“当然不能。我认为，船虽然没被我们发现，可是也离得不会太远。处在斯莫尔的位置，依照他这个人的能力来推想，他会想：如果真的有警察追踪的话，那么，把船开回或是停在码头上，都会让追踪容易得多。那么怎么才能把船隐藏起来，同时在需要它的时候又不至于不便呢？要是我处在他的立场上又应怎么办呢？我想，只有一个办法可行，就是把船开到一个船坞里稍作修理，这样既能够达到隐蔽的目的，又可在提前数小时通知的情况下使用。”

“这好像非常简单。”

“正因为简单，才容易被忽略。于是我决定按照这个途径去追查。我马上换了一身水手的衣服到下游的每家船坞里头询问。打听了十五个船坞全都没有，可是问到第十六个，也就是杰克勃森船坞，才了解到两天前有一个装木腿的人把‘曙光号’送到船坞里头修理船舵。那里面的工头跟我说：‘就是那个画了红线的船舵，其实什么毛病都没有。’正说着，那边就过来一个人。这不是别人，正是失踪了的船主茂迪凯·史密斯，他喝了非常多酒。我当然不认识他，是他报出了自己的姓名和船的名字，并说：‘晚上八点钟我们的船要开出船坞。记住了，准时八点钟。两位客人要坐船，别耽误了。’凶犯们一定给了他非常多的钱，他对工人们拍了拍他整整一口袋的银币，叮叮当当的。”

“我跟踪了他一小段路，他跑进了一家酒店。于是我便又回到了船坞，在路上碰巧遇见了我的一位小帮手，我把他布置在那里，盯紧汽船。让他站在船坞的出口处，约定好了，汽船出坞的时候，朝我们挥动手巾作为暗号。我们先在河上歇一下，看好他的去路，要是不能人赃俱获才是怪事呢。”

琼斯说：“不管这些人是不是真正的凶手，你的准备非常的周密。不过要是我的话，一定派几位能干的警察，等匪徒一来到杰克勃森船坞，就当场逮捕他们。”

“这我可不能赞同，斯莫尔是个相当狡猾的家伙，他起程之前肯定先派人查看周围的动静，如有任何可疑的地方，他自然又会再隐匿一段时间。”

我说：“可是你要是盯紧了茂迪凯·史密斯也能找到匪穴呀。”

“那样我的时间就全浪费掉了。我认为匪徒们的住处百分之九十九是史密斯不知道的。史密斯有酒喝、有钱花，其他的管它做什么？有事的时候匪徒们派人去通知他就可以啦。我各个方面都考虑过了，我认为这是最可行的办法。”

说话的时候，我们已经穿过了泰晤士河上面的几座桥。出市区的时候，夕阳的余晖已将圣保罗教堂房顶上的十字架照耀得金光闪闪。还没有到达伦敦塔，就已经是黄昏时分了。

福尔摩斯远远地指着靠近萨利区河岸桅墙密排的地方说：“那里就是杰克勃森船坞，我们就借着这一排驳船的遮蔽，慢慢来回游弋着。”

他又拿望远镜朝岸上观察，说：“我已经看到了我安排的那个人，但是手巾还没有挥动。”

琼斯非常着急地说：“咱们还是停到下游去等着他们吧。”这时的我们都非常性急，就连那几个对我们的任务不太熟悉的警长和火夫，也在那里表现出跃跃欲试的样子。

福尔摩斯回答：“虽然非常有可能他们会往下游走的，但是我们不能擅自就忽视了上游。从我们目前所处的地方可以看到船坞的出入口，但却不容易被他们发现。今晚没有一点云雾，月光非常明亮，咱们就等在这里吧。你看那边煤气灯的下面，来回有那么多的人拥挤着。”

“那都是船坞上下工的工人们。”

“这些人外表虽肮脏粗陋，其实每个人的内心都有一种不灭的气息。只看他们的外在，你是不会想到的。这些不是先天的，人生就是一个谜。”

我说：“有人说：人是动物之中有灵魂的。”

福尔摩斯说：“温伍德·瑞德把这个问题解释的非常棒。他说虽然每一个人都是难懂的谜，可是把全人类集合起来，就能得定律了。比如说，你不能事先知道一个人的个性，可是却能够了解人类的共性。个性不相同，共性却是永恒的，统计家们也是这么说的……你们看到手巾了吗？那边的确有一个白色的东西在挥动。”

我叫道：“没错，那正是你安排的小帮手，我看得一清二楚。”

福尔摩斯喊着：“那就是‘曙光号’，瞧它的速度好快。机师，咱们加速前行，紧跟着那辆有黄灯的汽船。要是我们追不上它，我永远都不会原谅自己。”

“曙光号”已经从船坞开了出去，被两三条小船给遮住了。等我们再看到它的时候，它已经行驶得非常快了。它沿着河岸向下游疾行，琼斯看了一直摇头，说：“这船太神速了，估计我们追不上它。”

福尔摩斯叫道：“我们必须追上它。火夫，快点加煤！我们一定尽最大努力追上去！咱们就是把船烧了，也要追上它！”我们紧追其后，锅炉的火势凶猛。马力强劲的引擎，轰轰出气，铿锵作响，就像一个钢铁的心脏，尖尖的船头划开平静的水面，左右两侧都冲起一股滚滚的浪花，随着引擎的每一次震动，船身都在震颤、跳跃着，仿佛是有生命的。船舷上的一盏大黄灯向前方射出了长长的闪亮的光线。前面远远的一个黑点，便是‘曙光号’，它身后的两行白色的浪花，说明了它行进的神速。那时河上大小的船只非常多，我们穿插侧绕着飞掠而过。可是‘曙光号’还是飞快，我们紧紧地跟在它的后面。

福尔摩斯向机器房喊：“伙计们，快加煤！多加点煤！努力多烧蒸汽向前赶！”下面机器房的浓浓烈火照耀着他那副焦急的鹰一般的面孔。

琼斯看着“曙光号”说：“我觉得咱们已经赶上了一点。”

我说：“咱们确实追上不少了，再过几分钟就能赶上了。”

就在这时，不幸的事发生了。一只汽船拖了三条货轮挡在我们的面前。多亏我们急忙把船舵转开，才没有和它相撞。可等到我们绕过了它们，继续追踪的时候，“曙光号”已经走了足足二百多码远了，不过还能看得见。

当时，阴沉朦胧的夜幕已经变成了满天繁星的晚上。我们的锅炉已到了极限，驱船前行的力量非常的强大，使脆弱的船身咯吱作响，晃动不已。我们已经从伦敦桥的正中间下面穿过，过了西印船坞和长长的戴特弗德河区，又绕过了狗岛。之前只是一个黑点的“曙光号”现在已经能够看得非常清楚了。琼斯将我们的探照灯朝它直射，照到了船上的人影。一人坐在船尾，两腿间跨了一个黑的东西，身边还蹲着一堆黑色的影子，好像是一只纽芬兰狗。一个男孩掌舵，从锅炉的红光里，可以看到史密斯赤裸上身拼命地在加煤。起先他们也许还不能肯定我们是不是在追赶他们，但是直到现在我们在每一处转角的地方都紧紧地跟在他们后面，那就肯定是在追他们了。到了格林威治，两船之间的距离大约有三百步，再到布莱克沃尔的时候相隔已只有二百五十步了。

我奔波了一生，在很多的国家里打过猎，也追赶过不少野兽，然而却从没有像今晚在泰晤士河上追犯人这样惊险刺激。我们和前面的船已是一步接近一步了，在安静的夜晚，可以非常清楚地听到前面船只机器作响。船尾上的那人仍蹲在那里，两手似乎挥舞得非常快，不断抬起头来估计两船之间的距离。我们的距离更近了，只有四条船的长度，两船仍然在飞驰。这时已接近河口，一边的岸上是巴克英平地，另一边则是普拉姆斯梯德沼泽。

琼斯喝令着前面的船马上停下，船尾那个人听到我们的喊叫，从船面上站起身来挥舞着双拳，朝着我们高声大骂。他的身体健硕，个子高大，两腿叉开站在那儿。我看到他右大腿的下面只靠一根木棍支撑。他旁边蜷缩着的黑影，听到他的声音，缓缓地站了起来，原来是个黑人，身材的矮小是我从来没有见过的。他那颗畸形的大脑袋，长满了蓬乱的头发。福尔摩斯那时已把手枪拿好，我见了这个怪异的生番，也掏出了手枪。他围了一条黑色的好像毯子一样的东西，只露出脸。可是这张脸，那凶恶的怪相足以令人丧胆。我从未见过如此狰狞的丑恶的脸，他那两只小眼凶光闪烁，嘴唇非常厚，从牙根往上翻撅着，他在朝我们狂喊乱叫，像个野兽一样在暴怒地发作。

福尔摩斯轻声向我说："他只要一抬起手，咱们就开枪。"

这时两船之间只有一船之遥了，可以看得非常的清楚。那白人叉着两腿不断地咒骂，那个小个子的黑人满脸愤怒地向着我们的灯光，咬牙切齿地疯叫。所幸我们看他们看得非常清楚。那小黑人从毯子里掏出一个非常像木尺的短圆的木棒放在唇边。我们立刻扣动扳机，两弹并发。那黑人转了一下身就双手高举，跌入河中，刹那间他那一双凶狠的眼睛就消失在了白色的漩涡之中。这个时候，那装木腿的人冲向了船舵，用尽他全身的力量扳动舵柄，船突然朝南岸冲去，我们以几尺的距离避开了船尾总算没撞上。我们接着也改变了方向追了上去。

那个时候"曙光号"已经靠近南岸，岸上是一大片荒芜的旷野，月光照耀着空旷的沼泽，地面上浮着一片片的死水和一堆堆腐烂了的植物。那只汽船冲到了岸上就搁浅了，船头指向天空，船尾淹在水里。那歹徒跳上了岸，可是那只木腿整个地陷进了泥中。他拼命挣扎，可是一步也动弹不了。他狂喊乱叫地跳着左脚，但那木腿却在泥淖中越陷越深。等到我们把船靠上了岸，他已被陷在那里寸步难行了。我们从船上扔过去一条绳子把他的肩膀套住，才把他像拉鱼一样地拽上了船。史密斯父子两人愁容满面地坐在船上，听到我们的命令，才无奈地离开了“曙光号”到这条船上来。

一只非常精制的印度铁箱，摆在船的甲板上边，不用说这肯定是使舒尔托遇难的那个宝箱。箱子上没有钥匙，非常的重，我们小心地把它搬进我们的船舱里。我们把“曙光号”拖在船的后面，慢慢驶回上游。我们一直用探照灯向河水的四面照着，可是那个黑人早就已经无影无踪了，应该已葬身于泰晤士河底了。

福尔摩斯指着舱口说道：“看这里，我们的枪几乎打晚了。”靠着我们先前站的地方的后面插着一支毒刺，大约就是在我们放枪的时候射来的。福尔摩斯对着毒刺仍像平时那样地耸耸肩微微地一笑，可是我每回想到那天晚上危在须臾的情况，仍不免非常惊悸。

十一　绝妙的阿格拉宝物

凶犯终于落网，在船舱里，还有一只铁箱，这是他历尽千难万险等了多少年头才到手的铁箱，他该有多不甘心啊！他皮肤被晒得非常黑，两眼露出凶光，没有任何的恐惧。一看就知道是一个饱受风霜、长年做苦工的人，他赤褐色的面孔上，全部都布满了皱纹，纵横交错。他是个性格倔犟的人，认准了的事就不会改变。他的黑发多半已变灰白，由此可猜测到他大概五十岁。他的面容并不难看，只是浓眉加上凸下巴一旦发起火来，正如我看到的，确实很可怕。他放在膝上的双手被铐着，头低垂在胸前，眼睛盯着那只让他铤而走险的铁箱。我觉得，他的神情坦荡中饱含了悲伤和愤慨。他抬头看我的眼神中有嘲笑的味道。

福尔摩斯点上了一支雪茄烟，说：“乔纳森·斯莫尔，我真不开心见到事情竟然弄到了这种地步。”

他坦率地回答：“先生，我也不希望这样。这条命，我想也逃不出去了。但是我向您发誓，我实在不想杀死舒尔托先生，是那恶鬼童格射出的一支该死的毒刺害死了他。先生，我是一点也不知情的。舒尔托先生的死让我非常难受。我用绳子抽打了那个小鬼一顿，可是人都死了任何办法也就没有了。”

福尔摩斯说："你先抽一支雪茄。你全身都湿透了，喝一点我瓶里的酒先暖和一下吧。我问你，你在沿着绳子爬上去的时候，怎么知道那矮小无力的黑人小子能够打得过舒尔托先生呢？"

"先生，您说这个太正确了。我原以为那屋子里是没人的，我对那儿的生活习惯都相当清楚，那时候正是舒尔托先生之前下楼用晚饭的时候。我一点也不隐瞒，我认为说实话是对自己最好的辩护。当时在屋子里的要是那个老少校，我肯定就会毫不留情地掐死他。杀了他和抽这支雪茄烟没有任何区别。现在我居然是因为小舒尔托而被关进监狱里，这实在让人伤心，因为我和他没有任何的纠葛。"

"你现在已经在苏格兰场阿瑟尔尼·琼斯先生的押解之下。他准备先把你带回我的家里，由我先询问你。你必须对我如实汇报，如果你能老实或许我还可以帮你。我想我有办法可以证明那根毒刺的毒性发作非常快，在你爬进屋子之前，舒尔托先生已经中毒身亡了。"

"他的确已经死掉了，先生。等我爬进窗子里去，看见他脑袋歪在肩上，咧开嘴，朝我怪笑，还把我吓了一跳。从来都没见过这么个样子。我真的火了，先生。要不是他童格跑得快，我简直要把他宰了。他就慌了，丢下那把锤子，连一袋毒镖丢掉都不知道。这是他后来告诉我的。这我敢说，给您捡到了线索。您是怎么根据这点线索就能追过来，这我可纳闷了。这事我一点都不恨您，可实在是非常叫人奇怪，"他苦笑笑，又说道，"您看，我有正当权利，五十万英镑应当归我。我的前半生在安达曼修防波堤修掉，看来这后半生又要到达特穆尔高原[1]去挖沟挖掉了。我从头一天碰上那个生意人阿奇米特，搞上了这阿格拉财宝，就此倒上了霉。这批财宝，谁要是沾染上了，谁就会倒霉。那个阿奇米特给谋杀了；舒尔托少校，财宝让他心惊肉跳过得不安生，还让他犯上罪孽；而我自己，逃不脱终身苦役的下场。"

这时，埃瑟尔尼·琼斯把头伸进舱内，说道："你们真像一家人在团聚。福尔摩斯，请给我一些酒喝。咱们大家都该互相庆贺啊。可惜那一个没有被咱们活捉，那也没有办法。福尔摩斯，幸好你先下手，不然会遭到他的毒手呢。"福尔摩斯道："结果总还算得圆满。可是我没想到那只'曙光'号竟有这般的速度。"琼斯道："据史密斯说，'曙光'号是泰晤士河上最快的汽船之一，假若当时还有一个人帮他驾驶的话，我们就永远也追不上它了。他还起誓说他对诺伍德的惨案毫不知情。"我们的囚犯喊道："他的确是什么也不知道，因

[1]指英格兰西南部的沼泽地。

为听说他的船快，所以我向他租用了。我们什么也没有告诉他，只是出了大价钱。如果他能够把我们送上在葛雷夫赞德停泊的开往巴西去的翡翠号轮船，他还可以另外得一大笔酬金。”琼斯道：“如果他没有犯罪，我们会从轻处理的。我们虽然捉人迅速，可是我们判刑是慎重的。”这时傲慢的琼斯已逐渐露出他对囚犯大摆威严的神气。从福尔摩斯那微微一笑，我看得出来，琼斯的话已经引起了他的注意。琼斯又说：“我们马上就要到沃克斯豪尔桥了。华生医生，您可以带宝箱从这里下去。我想您肯定深知我对这种行为负着多么大的责任。当然，这作法是相当不合法的，但是既然有协议在先，我也不能失信。可是宝物非常贵重，我有责任派一名警长随您同去。您准备坐车去吗？”

“我坐车去。”

“可惜没有钥匙，要不然咱们可以先清点一遍，恐怕您还需要把箱子砸开。斯莫尔，钥匙在哪儿？”

斯莫尔简洁地回答：“河底下。”

“哼！你这样给我们制造障碍真是多余。为了你，我们已经花费了非常多的人力物力了。可是医生，我不用再嘱咐您了，千万要小心。您回来时把箱子带回到贝克街来，在去警署之前，我们在那儿等您。”

我在沃克斯豪尔下船，带着沉甸甸的宝箱，由一个和蔼坦率的警长陪护着，一刻钟以后就到达了希瑟尔·弗里斯特夫人的家。前来开门的女佣对我这深夜到访的客人感到非常的惊讶，她说弗里斯特夫人不在家，恐怕非常晚才能回来，莫斯坦小姐此时还在客厅里。我让那位警长在车上等候，我一个人提了宝箱走入了客厅。她正坐在窗前，身着白色半透明的衣裳，颈部和腰际都系了红色的带子。在透过灯罩射出的柔美的灯光下面，她倚靠在一把藤椅上。一条洁白的胳膊搭放在椅背上，灯光照耀着她那张美丽端庄的脸，一头蓬松的秀发被映成金黄色的，那姿态和表情都好像她有无限的忧愁。

听到了我的脚步声她站了起来，脸上一抹红晕显出惊讶与其中的欢喜。她说：“我听到门外有车声，还以为是弗里斯特夫人提前回来了，没有想到竟是您来了。您这次给我送来了什么消息？”

我把箱子放在桌子上，虽然内心非常的烦闷，可还是假装非常高兴地说：“我带来的东西比任何消息都好，这些东西比任何的消息都要珍贵，我为您带来了财宝。”

她看了铁箱一眼，冷漠地问：“就是那宝物吗？”

“是的，箱子里就是那一大批阿格拉宝物；一半是属于您，一半属于塞笛厄斯·舒尔托先生。你们两人各得二十万英镑左右。您想想！每年只是利息就有一万镑，这在英国妇女中是非常少有的。这难道不是值得庆贺的事吗？”

我表示自己的高兴时大概有点过火了，她已经感到我的诚意不足。

她稍抬了一下眼睛，看着我说：“要是我能得到宝物，那都要多谢您的帮助啊！”

我回答说：“不！不！您能有今天，完全是亏了我的朋友夏洛克·福尔摩斯的协助。就连他那么有推理才能的人，为了破这件案子付出非常大的努力，最后还差点失败了。我这样的人就是费尽心思，也找不到线索。”

她说：“华生医生，请您坐下告诉我事情的经过吧。”

我就把上次与她见面之后发生过的所有的事情——福尔摩斯的新的搜索方法，“曙光号”的发现，阿瑟尔尼·琼斯的到访，今晚的探险和泰晤士河上的追赶——简要地作了一番描述。

她听到我们差点遭到毒针的伤害时，她脸色惨白，几乎要晕过去。

我赶紧倒了些水给她喝，她说：“没关系，我已经好了。我听到朋友们为我遭遇这种险境，我心里实在是难以平静。”

我回答：“那都已经过去，也算不上什么。我不说这些郁闷的事了，咱们看一看可以让咱们开心的东西吧。这是宝物，我专门为您带来的，我觉得您一定想要亲自打开！”

她说：“这真是再好不过了。”但她的话语中并没有显示出她多么兴奋。

由于这宝物是花费了不少工夫才得到的，她必须得这样表示一下，否则就显得她太不领情了。她看着箱子说：“这箱子太美了！是在印度做的吧？”

“是的，是印度著名的比纳里兹[1]金属制品。”

她搬了搬箱子，说：“怎么这么重啊，我感觉这个箱子本身就非常重吧。钥匙呢？”

我说：“已经在泰晤士河里头了，斯莫尔扔了它，现在得借弗里斯特夫人的火钳用一下。”

一个粗重的大铁环在箱子上面，上面铸着一尊佛像，我拿火钳撬开了铁环。我的手颤抖地掀开箱盖，我们两人惊呆了，原来箱子竟然是空的！仔细一看，这箱子四周都是三分之二英寸厚的铁板，非常坚固，加上做工精致，看起来的确是用来收藏宝物的箱子。让人疑惑的是里面什

[1]印度东北部城市，以制作金属工艺品著称。

么东西也没有了，居然是个空的。

莫斯坦小姐叹了一口气，平静地说："宝物不见了。"简单的一句话，但我听得出其中的含义。刹那间我心中的那一片巨大的阴影消失了。这批阿格拉宝藏压在我的心头有多么的沉重，我都说不清，但现在倒是被挪走了。现在我们之间的宝物的障碍已经解除，我也无暇顾及其他了，虽然说起来自私又愚笨。

我内心深处的话忍不住蹦了出来："感谢上帝！"

她露出微笑疑惑地问："您为什么要这么说呢？"

"因为，我终于有勇气对你说了。"我拉住了她的手，她也让我拉着。

"我爱你，玛丽。我，一个平庸的男人，爱上你这样一个普通的女人了。可是这批宝物，这笔财富，一直让我开不了口。这下财宝没有了，我可以开口对你说，我有多爱你。所以我说：'感谢上帝！'"

"那么，我也要说'感谢上帝'。"她深情脉脉地对我说，我把她揽入了怀中。不管是谁丢失了财宝，我知道，那天晚上的我得到了我的宝物。

十二　乔纳森·斯莫尔的离奇故事

我回到车上时已经非常晚了，那个警长耐心地在车上等着我。我给他看了空箱子，他大失所望。他郁闷地说道："这一来，奖金也完了！箱子里没有宝物也就没有奖金了，不然今晚我和同伴山姆·布朗每人还可以得到十镑奖金呢。"我说道："塞笛厄斯·舒尔托先生是个有钱的人，不管宝物有没有，他都会犒赏你们的。"警长沮丧地摇着头道："埃瑟尔尼·琼斯先生会认为这事干得非常的糟糕呢。"这警长预料的果然不错，当我回到贝克街，把空箱给那位侦探看的时候，他脸色非常不好看。他们三人——福尔摩斯、琼斯和囚犯——刚刚来到贝克街；因为他们变更了原来的计划，在中途先到警署去作了报告。福尔摩斯仍像往常一样，懒洋洋地坐在他的椅子上，面对着坐在那儿的顽强的斯茂。斯茂把那条木腿搭在好腿上面。当我把空箱子给大家看的时候，他倚着椅子放声大笑起来。

阿瑟尔尼·琼斯愤怒地朝他吼道："斯莫尔，你看你干的好事！"然而斯莫尔狂笑着，无所畏惧地叫道："没错，我已经把宝藏藏起来了，你们永远不可能找到。那是我的宝物，我要是不能拥有它们，别人也没办法找到它们。我告诉你，有权拥有这批宝物的人只有在安达曼岛囚犯营的三个人和我，再没有其他人了。现在既然我们四个没人得到它们，我就作为代表处置那些宝物了。'我们永远是一致的'是我们四人签名时所发的誓，现在我遵守了，就算把宝物沉到泰晤士河河底，也不能落到舒尔托或莫斯坦的子女亲属的手上，我想他们三人一定会同意这样的。我们并不是要让他们发财才杀了阿奇米特的。宝物和钥匙都跟童格一起葬入河底了。就在我发现你们的船肯定能追上我的时候，就把宝物转移到安全的地方去了。你们这趟是毫无所获，一个卢比[1]也得不到了。"

埃瑟尔尼·琼斯厉声说道："斯茂，你这个骗子！你如果要把宝物扔到泰晤士河里，连箱子一同扔下去不是更省事吗？"斯茂斜眼狡猾地看了看他，答道："我扔着省事，你们捞着也省事。你们有本领把我追上，你们就有本领去捞一只铁箱子。现在我已把宝物散投在长达五英里的一段河道里，捞起来就不太容易了。我也是横了心干的，当我看到你们追上来的时候，我几乎都要发疯了。惋惜是没有什么用处的，我这一辈子的命运有盛有衰，我可从来没有做事后悔过。"琼斯道："斯茂，这是一件非常严重的事情。你如果能帮助法律而不是这样地进行破坏，那么，在判刑的时候就会有得到从轻发落的机会。""法律？"罪犯咆哮着道，"多好的法律啊！宝物不是我们的是谁的？宝物不是他们赚来的偏要给他们，难道这算公道吗？你们看看我是怎样把宝物赚到手的：整整二十年，在那热病猖狂的湿地里住着，白天整日在红树下面做苦工，夜晚被锁在污秽的囚棚里，镣铐加身，被蚊子咬着，被疟疾折磨着，受着喜欢拿白种人泄愤的每个可恶的黑脸禁卒的种种凌辱，这是我赚到阿格拉宝物的代价，而你却要来同我讲什么公道。难道因为我不肯把我所历尽艰难而取得的东西让别人去享受，你就认为不公道吗？我宁愿被绞死或吃童格一毒刺，也不甘心在牢狱里活着而叫另外一个人拿着应当是我的钱去快乐逍遥！"这时斯茂已经不像以前沉默了，他滔滔不绝地说出这些话来。他两眼发亮，手铐随着激动的双手震得作响。看到他这样愤怒和冲动，我可以理解，舒尔托少校为什么

[1]印度货币单位。

一听到这囚犯越狱回来的消息就吓得惊慌失措，这是完全有根据的。福尔摩斯安详地说道："你忘了，我们对这些事一点也不了解。你没有把整个的经过告诉我们，因此也就没法说本来你是怎样的有理。""啊，还是先生您说的合理，说实话，我并不恨您，我应该感谢您把我抓起来。这都是光明正大的事。您要是愿意听我的故事，我半点都不会隐瞒，一五一十地说给你听。我谢谢您，请您放只杯子在我身旁，我可以喝水。"

"我是波舒尔城附近的伍斯特尔州人，有时非常想回家去看一看，住在那里的很多人都是我们斯莫尔一族的，但是因为我向来行为不端，我想他们不会欢迎我的。他们都是受人尊敬的农民，是教徒。我是个流浪汉，十八岁的时候因为恋爱的事情弄出了麻烦，不能待在家里，只好外出谋生了。正好当时步兵三团即将迁往印度，我便入伍了，依靠拿军饷为生。"

"可是，我的军队生涯注定不可能长久。就在我刚学会跳鹅步操，学会用步枪的时候，一次去恒河里游泳，一条该死的鳄鱼就像做外科手术一样干脆利落地把我整条小腿都咬断了。幸运的是连队的游泳健将班长约翰·侯德也在河里。如果没有侯德抓住我朝岸边游过去，当时因惊吓和失血过度而昏倒的我，恐怕早就被淹死了。"

他接着说，"我在医院躺了整整五个月才装上木腿瘸着出了院。我因为残废被取消了军籍，因此便更难找到工作的机会了。你们想想看，那时的我还不满二十岁，就变成了没用的瘸子，运气有多坏。可是困难了不久就时来运转了，恰好有一个刚来印度经营靛青园子的、叫阿勃怀特的园主正想要找一个人监督靛青园的苦力们工作。这个园主恰好是我以前所属部队的团长的朋友。团长因为我的残疾经常照顾我，简单来说，团长尽力推荐我。因为这项工作主要是骑在马上，而我的两膝还夹得住马肚子，虽然残废了，骑马倒还不成问题。"

"我的工作是负责在庄园内巡游，监督工人和把工人的工作情况随时汇报给园主。薪酬也非常高，住的也舒适，因此我非常有一直做下去这项事业以终此生的愿望。园主阿勃怀特先生和善可亲，经常到我的小屋来抽支烟谈谈天，因为在那儿的白种人不像这里的一样，他们彼此之间都非常关心。唉，可真是好景不长呢。突然间，叛乱爆发了。头一个月，人们还和在祖国的土地上一样安居乐业，到了下一个月，二十多万的黑鬼就失去了管束，把整个印度变得像地狱一般。当然，这些事情你们在报纸上一定都已经看到了，肯定比我这个不认识字的人知道得还多呢，因为我只知道我所看到的。”

“我们靛青园所在的地方叫做穆特拉，临近西北几省的边界。每天晚上烧房子的火光都照得满天通亮。每天白天都有小队的欧洲士兵保护着他们的一家老小，经过我们的靛青园走往最近的驻扎军队的阿格拉城避难。园主阿勃怀特先生是一位执拗的人，他认为这些叛变的报道不免有些夸张，他认为不久就可平复，便还是照老样子坐在凉台上喝酒抽烟，但周围早已是烽烟四起了。我和账房姓道森的夫妇都忠于职守，对他不离不弃。终于有一天事情发生了。那天我正去远处的一个园子办事，黄昏时慢慢地骑马回来。在路上我的目光被陡峭的峡谷谷底里的一堆蜷缩着的东西吸引了。”

“我骑马走过去一看，不禁汗毛倒立，这正是道森的妻子被人割成了一条一条的又被豺狼和野狗啃去了一半的尸骸。道森的尸体就趴在不远处，手里握着放空了的手枪，他的前面还卧着彼此压叠在一起的四具印度士兵的尸首。我拉着缰绳，正不知该往什么地方去，忽见园主的房子着了起来，火苗已经蹿出屋顶。我知道赶回去对主人毫无用处，也只会把自己的性命也搭进去。从我停的地方可以看到成百个穿红衣[1]的黑鬼正在朝着着火的房子手舞足蹈，其中的几个人朝我这边指了一下，接着就有两颗流弹从我头顶上掠过。我调转马头就疯狂地往稻田里跑去，深夜才到了阿格拉城内。但事实上阿格拉也并不是非常的安全，全印度已经变成一群马蜂窝。凡是能聚集一些英国人的地方，也只能保留住枪炮的射程之内的一小块地方，其他各地的英国人全变成了流浪的逃难者。这是一场几百万人对几百人的战争。最令人难过的是：我们的敌人不管是步兵、骑兵或是炮兵，都是当初受过我们训练的精锐士兵，他们用的是我们的武器，军号的调子也和我们的一样。”

“在阿格拉驻兵的孟加拉第三火枪团，其中有一些印度兵，两只马队和一连炮兵。另外还新建了一支义勇军，由商人和政府的工作人员组成。我虽然装了木腿，也还参战了。七月初我们到沙根吉去攻击叛军，也把他们打退过一个时期，后来因为火药缺乏又退守城内。各地传来的只有最糟糕的消息——这本来是不足为奇的，因为只要看一下地图就能知道，我们正处于叛乱的中心。拉克瑙就在东边，相距一百多英里；康普城在南方，距离也差不多远。四面八方，到处都是痛苦、杀戮和暴行。阿格拉是座非常大的城市，聚居了各种各样奇异古怪而又恐怖

[1]印度兵是英军训练、编制的土著兵，制服为红色，与英军一样。

的魔鬼信徒。在狭小曲折的街道里，我们少数的英国人是难以布防的。因此，长官就调动了我们的军队，在河对岸的一座阿格拉古堡里建了驻地。不知你们几位当中有没有人听说过这古堡或是读过关于这个古堡的记载？古堡是个非常奇特的地方——我虽然去过不少特别的地方，可是这是我出生起所见的最古怪的一个地方。”

“首先，它非常庞大，我估计占了不少英亩，比较新的一部分面积非常大，我们的全部军队、妇孺和行装都装下了还绰绰有余。可是这较新的一部分的大小远远比不上古老的那一部分，只是没人到那里去，蝎子蜈蚣在那儿盘踞着。旧堡里都是空无人迹的大厅、弯弯曲曲的甬道和蜿蜒曲折的长廊，进去的话非常容易迷路。因此很少有人去旧堡，偶尔也会有拿着火把的人们结伴进去探险。从旧堡前流过的小河，成为了护城河。城堡的两侧和后边有许多可以出入的门，当然，在这儿和军队居住的地方都要派人守卫。我们的人手不够，不可能既顾及到全堡的每一个角落又照顾到所有的炮位，所以在无数的门外都派重兵把守是不可能的。”

“我们用的办法是在堡垒中央安排了一个中心守卫室，每一扇堡门由一个白种兵领导两三个印度兵把守。我被安排每晚在固定时间内负责守卫堡垒西南边的一个单独的小堡门。在我指挥之下的是两个锡克教徒的士兵。我接受的指示是：如有危险，只要放一枪，就会有人从中心守卫室来接应。可是我们那儿距堡垒的中心足有二百多步远，并且还要穿过许多迷宫一样的曲折长廊和甬道。我很怀疑，在真的遭受攻击的时候，能否有救兵会及时赶来。”

“我刚入伍不久，又是个残疾人，能当上个小头目，当然非常的得意。我和那两个来自旁遮普省的印度兵一起把守城门，守了两个晚上。他们一个叫穆罕默德·辛格，一个叫阿卜杜拉·汗，他们个子非常高大、长相凶狠，都是久经沙场的人物，我们曾在齐连瓦拉战役中交过手。听得出他俩英语都讲得非常好，可是我怎么也听不清他们在谈什么，简直是一头雾水。整晚他们都喜欢站在一起，用奇怪的锡克语交谈，没完没了地说话，而我总是一个人站在门外，专注看着那宽阔的河流和城里的灯光，不敢放松警惕。吸足了鸦片的叛军们的狂喊疯叫，疯狂地敲锣打鼓，所有的声音，仿佛都在提醒着我们：住在我们河对岸的邻居非常的危险。值夜的军官每隔两小时就到各岗哨巡逻一次，防止有敌人乘虚而入。”

“就这样，过了两个晚上，到了第三晚上，阴霾的天空中飘着小雨，蒙蒙小雨中连续站上几小时，我真的非常难受，便试图同那两位印度兵聊天。令人难过的是他们还是跟往常一样对我爱理不理的。到了半夜两点钟，定时的巡查过去后，又恢复了原有的平静。我想，既然我的同伴不愿和我交谈，我就抽烟吧，于是放下了枪。刚刚点燃了一根火柴，他俩就突然向我冲了过来，一个人抢过我的枪，迅速打开了保险门，指着我的脑袋；同时另一个人抽出一把大刀架在我的脖子上，还威胁我让我不要动，否则就杀了我。当时我满脑子就只有一个念头：他们是叛军的卧底，他们发动突击的时候到了，那就是现在。如果这个堡门被他们占领了，那么整个碉堡一定就会被占领，到时堡里的妇孺就会遇到和康普同样的遭遇。你们也许会认为，我是在为自己开脱，虽然我感觉得到刀尖就抵住了我的咽喉，可我还是张开了嘴想要大喊一声，我敢发誓，当我想到这些的时候，我想即使是最后一声，或许也会让中心警卫室提高警惕，可能会救城堡里的所有人。”

“我正要叫出来的时候，那个按住我的士兵似乎察觉了我的意图，便低声对我说：‘你千万不要出声，我保证城堡不会有危险，叛兵都在河对岸。’他的话让我感觉是真的，听不出他在骗我。我看着他，从这家伙的棕色眼睛里我已经看出了，只要我一出声，他们就会杀了我，所以就安静下来了，没有做声。样子比较凶的阿卜杜拉·汗对我说：‘听着，你现在只有两条路可以选择：一是乖乖地跟我们合作；一是你将再也不能说话了。这个事情太大了，容不得我们有半点犹豫。要不你在上帝面前发誓要与我们合作到底；要不我们马上杀了你，然后丢进沟里喂鱼，没有办法了我们就向叛军投降，至少还能保住一条命。我们只能给你三分钟的时间去考虑，你要生还是要死？赶紧选，没时间浪费在你身上，必须在下次巡逻之前把事情办好。’”

“我说：‘你们还没告诉我究竟发生了什么事，就让我作决定，怎么作啊？跟你们合作可以，但是要是这事威胁到碉堡的安全的话，我死也不会答应的，你们干脆一刀杀死我，让我痛快点，我或许还会感谢你们的！’”

“他说：‘我保证这事和碉堡没有关系，其实我们让你做的事，是跟你们英国人来印度的目的一样的事——就是发财。假使今晚你同意入伙，我们就以这把刀对你发誓——作为一个锡克教徒我绝对不会违反我今晚的誓言——我们合伙得来的财宝，将公平、公正、公开地分给你一份，你可以得到其中的四分之一，这样做也非常公平。’”

“我问：‘你们总得告诉我什么宝物吧？你们也要告诉我应该怎么

做，我才明白呀。’”

“他说：‘那好吧，你敢起誓吗？以你父母亲的名誉和你的信仰发誓，绝对不做对我们有害的事，不说对我们不利的话，否则会受到我们的诅咒。’”

“我答：‘我可以做任何事情，只要城堡安全，我愿意起誓。’”

“好，那么我俩都起誓，分给你宝物的四分之一。为公平起见，咱们四人平均分配。”

“我说：‘可是我们不是只有三个人吗？哪来的四个人呀？’”

“不，我们还有一个人，我们必须分一份给多斯特·阿克巴尔。等他来了，我才能跟你说这个秘密。穆罕默德·辛格请站在门外去放哨，他们过来的时候会提醒我们。我现在要告诉你一些事，是这样的，我知道你们欧洲人是非常守信用的，所以我们也相信你。如果换作是个习惯说谎的印度人，我是无论如何都不会相信的，我一定会杀了你，然后把你扔进河里，即使你向所有的神发誓。但英国人就不一样了，我们相互信任，否则我们也不会留在这里的，仔细听我讲吧！”

“印度北部有一个土王[1]，他的领土虽然非常的小，财产却非常的多。其中有一半是他父亲传给他的，一半是他自己向人民搜刮来的。他爱财如命是出了名的，又极其吝啬。叛乱爆发以后，他知道了白人惨遭屠杀的消息，为保全自己，一边投靠叛兵抗击白人，同时可又害怕一旦白人赢了，自己又会死得非常惨，所以他迟迟不敢作决定。想来想去，他想出一个两全其美的方法：就是把他所有的财产分成两份，金银钱币全部都放在保险柜里，保险柜在他的宫殿里；另外则用一个铁箱来装他所有的珠宝钻石，并藏在阿格拉碉堡里。为掩人耳目，他是让一个亲信打扮成商人带来的。这样一来，如果叛兵取胜，他就能保住他宫殿里的金银钱币；如果是白人取胜，他也还有碉堡里的钻石珠宝在，不管怎样，对他都有利。充分考虑后，他就把财产这样划分了，之后就投入了叛党——因为他知道边界上叛兵非常强大。先生你想想，他的财产本来就应该属于一直为他卖命的人，你说是不是？”

“我们打听到，这个假扮商人的人化名为阿奇米特，现在已经到达阿格拉城内了，准备潜入堡内把宝贝藏起来。我的同盟兄弟多斯特·阿克巴尔是他的同伴，自然就知道了这个秘密。我的兄弟跟我们商量，能否在今晚带他从我们把守的堡门进来？我们答应了，他们非常快就来

[1]印度酋长。

了，我告诉他，我们两兄弟在这等他。因为这地方非常的安静，我想没有人会发现他们的，然后就让阿奇米特这个商人在世上消失了，而我们也将得到财宝，然后就会把它平分了。先生，您有何看法？按照我们的传统，在伍斯特尔州，生命被看成是非常神圣的，非常的重要，但是在这个乱世中，人人都不能保证还可以看到明天的太阳，这种情况下就要有所改变了。在那时，我丝毫不关心这个商人阿奇米特的生死，反倒是那一大批宝物让我动心了。这笔钱让我联想到我回家乡之后要怎样使用这一笔财宝，想着我这个只会做坏事的人带回了满口袋的金币，乡亲们会怎样对我另眼相看。所以，我决定跟他们干到底，但是那个阿卜杜拉·汗不那么认为，他认为我还在犹豫，又紧跟了一句。”

“他说：‘先生，请您再认真考虑一下，万一他被指挥官抓住，就一定会被判死刑，那财宝就要上交，到时咱们一个子儿也别想拿到。既然现在他有求于咱们，为什么我们不直接私底下把他了结了，然后平分他的宝贝呢？那宝物我们拿跟入了军队拿有什么分别呢，得到了这些宝物，我们几个都会变成巨富的。何况咱们看守的这道门离别人非常远，有谁会知道呢，真是天时地利啊，您不觉得这是最好不过的主意吗？先生，我再郑重地问你一次，您是愿意跟着我们发财呢，还是要做我们的敌人，自讨苦吃呢？’”

“我说：‘好，我决定跟你们合作，并且我发自内心地跟你们在一起。’”

“我的真诚打动了他，他把枪还了我，说：‘这样就好了，我们相信您和我们的一样，会永远遵守你发的誓。现在就只有等着我的盟弟和商人了，但愿我们今晚能成功。’”

“我问：‘那么，你已经通知你的盟弟我们所有的计划安排了吗？’”

“当然了，这全都是他策划的，他才是主谋。咱们这就到外面去，和穆罕默德·辛格一起站岗吧，以免被人怀疑。”

“因为正是梅雨季节的开始，雨还是下个不停。天空中满是棕色的云朵，夜色朦胧，一米外的地方都看不清楚。有一个战壕在我们的门前，但壕里的积水已经差不多都干了，所以能轻松走过来。然后我们就站在那儿，等着那个人来送死。”他清了清嗓子，继续说，“忽然，壕对岸有一个被挡住的灯光在堤前忽亮忽灭，慢慢地朝我们的方向移动，靠近我们了。”

“我叫道：‘难道他们来了！’”

“阿卜杜拉把头转向我轻声说：‘请您按照常规盘问他，但不要把他吓跑了，由我们带他进门，您还是守在门外，我们来处理接下来的事。请拿好灯，千万别认错人了！’”

“那灯光一直那样时亮时灭，停停走走，直到有两个黑影走到了战壕的对岸。等他们下了壕沟，又爬上来后，我才低声问：‘你们是谁？’来人应声答道：‘是朋友。’我把灯向他们照了照，前面的印度人个子极高，满脸黑胡须长过了腰带，除了在舞台上，我从来也没有看过这样高大的人。另外的那个人是个矮小的，胖得滚圆的家伙，缠着大黄包头，手里拿着一个围巾裹着的包。他似乎害怕得全身发抖，他的手抽动得好像发疟疾一样。他像一只钻出洞外的老鼠，不住地左顾右盼，两只小眼睛闪闪发亮。我想，杀死这个人未免有些太残忍了，可是一想到宝物，我的心立刻变成铁石。他看见我是白人，满心欢喜地向我跑来。他喘息着说道：‘先生，请保护我，请你保护这个逃难的商人阿奇米特吧。我从拉吉起塔诺来到阿格拉碉堡避难。我曾被抢劫、鞭打和侮辱。过去我是你们军队的朋友，现在我和我的东西已经安全了，真是感谢。’我问道：‘包里边是什么东西？’他答道，‘一个铁箱子，里边有一两件祖传的东西，别人拿去不值钱，可是我舍不得丢掉。我不是讨饭的穷人，如果您的长官能允许我住在这里的话，我一定对您——年轻的先生和您的长官付一些报酬。’我不敢再和他说下去了。我越看他那可怜的小胖脸，我越不忍狠心地把他杀死，不如干脆早点把他干掉。我道：‘把他押到总部去。’两个印度兵一左一右带他进了黑黑的门道，那个高个子跟在后面，从来没有像这样四面被包围着、难逃活命的人，我提着灯自己留在门外。我听得见他们走在寂静的长廊上的脚步声忽然停止了，接着就是搏斗扭打的声音。过了不久，忽然有人气喘吁吁地向我奔跑而来，使我大吃一惊。我举灯向门里仔细一看，原来是那个小胖子，满脸流血向前狂奔，那高个子拿着刀像一只老虎似地紧紧追在后面。我从来没有看见过像这个商人跑得那样快的，追的人眼看追不上了。我知道，如果他能越过我跑出门外，就非常可能得救。我本已动了恻隐之心，想留他一命，可是想到宝物，便又硬起心肠。等他跑近，我就把我的明火枪向他的两腿之间抡了过去，他被绊得像被射中的兔子似的翻了两个滚。还没等他爬起来，那印度兵就追了上去，在他的肋旁扎了两刀。他没有挣扎，也没有哼出一声，就躺在地上一动不动了。我想或者他在绊倒的时候就已经摔死了。先生们，你们看，不管是否对我有利，我把经过都已经如实交代了。他说到这里停住了，伸出带着铐子的手，接过了福尔摩斯给他斟的加水威士忌酒。我觉得不仅是他那残酷的行为，就是从他在讲述这段故事时的满不在乎的神气里，也可以想象得出这个人肯定是极端残忍和狠毒的。无论将来他得到什么刑罚，我是不会同情他的。夏洛克·福尔摩斯和琼斯坐在那里，手放在膝上，侧耳倾听，面色也显出厌恶的神气。斯茂也许看出来了，因为在他继续说下去的时候，声音和动作里都带着些抗拒的意味。他说道：‘当然了，全部事实确实是极其糟糕。可是我倒是愿意知道，究竟有多少人处在我的地位会宁可被杀也不要那些宝物？还有一层，他一进堡垒，就形成了我们两个人里必须死掉一个的形势；假若他跑出堡外，这整个事情就会暴露，我就要受军事审判而被枪决——因为，在那个时候，定刑肯定会从重的。’”福尔摩斯咳了咳说：“你还是接着讲你的事吧。”

“阿卜杜拉·汗、多斯特·阿克巴尔和我，三个人把小胖子的尸体抬了进去。别看他那么矮小，还真的非常重。穆罕默德·辛格留在外面守着。我们把他抬到了事先安排好的地方，一个离堡门非常远、要经过一条弯曲的通道才能到的一个砖墙残破不堪的大厅，说来也巧，地上正好有一个凹坑，就当他的坟墓吧。把商人阿奇米特的尸体埋好，确保万无一失，之后，我们就都回去看那珍贵的宝物了。”

“我们回去之前，铁箱仍然放在商人搬到的地方，我们搬到了桌上，钥匙就挂在箱子盖上的刻花提柄上边。我们小心翼翼地打开箱子，里面的珠宝在灯光的照耀下，闪闪发光，非常耀眼，跟我幼年时读的波舒尔时的故事中描写的一模一样，有种让人眩晕的感觉，真是让人眼花缭乱！我看了之后，就开始把里面所有的珠宝清算了一下，列了一张清单，一共有一百四十三枚上等钻石，其中有一枚叫做‘大摩格尔’的——这可是世界上第二大的钻石，九十七块上等的翡翠，二百一十块青玉，一百七十块红宝石，六十一块玛瑙，四十块红玉，还有非常多的绿玉、猫眼石、土耳其玉和我不知名的宝石。那时有的不认识，但后来都知道了。另外，还有三百多颗珍珠，一个金项圈，上面镶有十二颗珍珠。前几天，我取回宝箱之后，认真清点过，唯独这个项圈少了。”

“我们非常快查验好后，把宝物放回箱子里，又给堡外面的穆罕默德·辛格看了一遍。为了保守秘密，我们又重新起誓：我们要齐心一致严守秘密。我们认为现在不是拿出宝物的时候，因为珠宝的价值太重，若在我们身上发现了，肯定会被怀疑的，于是我们将宝箱藏起来，约定好待叛乱平定后再拿出来分配。更何况我们住的那碉堡里也没有可以藏的地方了。因此我们就想到了埋尸体的那间屋子，从最完整的一面墙壁上拆下几块砖，把箱子放进洞里，再放好砖块，盖得严严实实的。我们仔细地搞清楚了藏宝的地点和路线，第二天我们每人画了一张图，把我们四人的名字都签上了作为我们发誓的标志：从那以后，我们每个人都不得有私心，所做的事代表我们四人的利益。我现在仍然可以起誓，我从来没有违背过这个誓言，绝对没有过！”

“不用我多说了，你们肯定知道印度叛变结局如何，从威尔逊占领了德里，考林爵士收复了拉克瑙以后，纷乱的局面就这样结束了，有非常多的军队前来。该死的纳诺·萨希布[1]从国境线上逃跑了，葛雷特亥德上校带着一个急行队到了阿格拉扫清了所有的叛兵，渐渐地全国上下恢复了平静。我们是最盼望这样了，因为我们就可以分了宝物，逃到远远的地方，过安逸的生活。人算不如天算，我们被捕了，因为杀人的事暴露了，我们的美梦就此泡汤了。被捕是有原因的：那土王因为非常信任阿奇米特，所以才会把宝物交给他。可是也因为他疑心病太重了，又派了一个他更信得过的仆人跟着他，保护并监视他的行动，紧紧地看住他。”

“就在那一晚他悄悄地跟着阿奇米特，看着他进了堡门。没有什么动静，以为阿奇米特在堡内已经安置妥当，第二天也想办法进了碉堡，但是到处都找不到阿奇米特。他觉得事情蹊跷，就立即向长官报告了，然后司令官下令将堡内上下认真搜查了一遍，最终，尸体被发现了。就在我们还认为我们自己非常安全时，就被逮捕了，以谋杀的罪名——当时我们三个人在守门，还有一个是和被害者一同来的，我们四个人嫌疑最大。值得庆幸的是，没有人在审讯当中提及宝物，宝物的主人已经被罢免，而且被驱逐出境，失去与宝物有直接联系的线索了。但是证据确凿，我们四人被判定同是凶手。我原先被判处死刑，经过努力能够得以减刑，与他们三位印度人一样被判处终身监禁。”

“我们被判无期徒刑，知道这辈子我们可能再也看不到外面的阳光了，可我们的处境也非常的奇怪，明知道希望渺茫，可我们四个人又要死守这天大的秘密，日后要是我们能拿回宝物，就可以富贵地过完下半辈子，不用再受苦了。明知大批宝物在外头等待我们取用，却不能得到，还要受狱卒的欺凌，才能吃到一口糙米，喝到一口凉水，世上最难

[1]印度王公，兵变领袖之一，失败后逃到尼泊尔避难。

过的事也莫过于此了，真是让人发疯，要感谢我天生倔犟的性格，才能够默默地忍受，等待时机逃走。”

“眼看时机来了。阿格拉转押我到马德拉斯，目的地是安达曼群岛的布雷尔岛。因为这岛上很少有白种人的囚犯，我一开始就好好表现，非常快就得到了比较特殊的待遇。在亥瑞厄特山麓的好望城里，我可以一个人住在一个舒坦的小茅屋。但周围的环境却可怕极了，热病在岛上肆意传播，不远处有可怕的、会吃人的生番部落，生番们一有机会就朝我们发射他们特制的、致命的毒刺。在那岛上的生活就是每天开垦土地、挖沟和种薯蓣，加上许多其他的杂差，只有晚上才能有一点空闲。在那里的时候，我学会了为外科医生调配处方，也了解了一些外科的技术。任何时候，我都想找机会逃走，可这是个孤岛，离最近的大陆都有几百英里，附近的海面风力小极了，有时甚至没风，就算逃出了这岛，很快也会被追回去的。我非常清楚逃跑是非常难的。”

“岛上有个外科医生萨莫吞，他非常年轻，非常喜欢游玩，常会有驻军的青年军官晚上去他家玩牌赌钱。我配处方的外科手术室就在他客厅的旁边，中间有一扇小窗，可以看到外面的情况。有时我在手术室里觉得无聊了，就关掉灯，到小窗前听说话，看他们赌钱。我本来就非常喜欢玩牌，可现在这样，能过过眼瘾，已经满足了。经常在一起的有带领土人军队的舒尔托少校、莫斯坦上尉、布罗姆利·布劳恩中尉、医生和两三个监狱的官员。看得出这几个人是高手，技术非常的高明，水平相当的几个人在一起，打起牌来非常的畅快。”

“观察了他们不多久，我发现了军官们每次都是输钱给司狱官员们。倒不是说有什么风水问题，因为司狱的官员们来到安达曼群岛之后，整天无事可做，就只能玩玩牌，时间长了，技术自然而然就高了许多，就越来越能赢了。相反，军官们的技术不高，每次都输，输多了就着急，下注就越来越大，可还是不能翻身，经济危机就日益严重。其中最典型的是舒尔托少校，他输的钱最多。开始的时候他还用钱币钞票，输光了以后就只好拿期票来赌，有时候会有点转运，只要赢了一点儿，就下注更多，结果肯定输得更多，输得他每天都心情烦闷，整天地喝酒，委靡不振。”

“有一晚我正在屋子外面乘凉，他和莫斯坦上尉缓步回营。他们两人是老朋友了，总是待在一起。少校今天输得比往常多得多，他正抱怨他赌运不佳。我在茅屋外面，正好听到他说：‘莫斯坦，该怎么办？我看我得辞职了，要不然肯定会完蛋。’”

“那个上尉拍着他的肩膀，安慰他说：‘兄弟，不用怕！我还遇到比这更糟的事呢，这有什么大不了的，可是……’听到了这番对话，我就已经开始在动歪脑筋了。”

“就在那两天之后，我趁舒尔托少校在海边散步的时候跟他搭话。我说：‘少校，我能耽误你一点时间吗？我有件事想向您请教！’”

“他拿下嘴里的雪茄烟问：‘斯莫尔，你有什么事？’”

“先生，我想问一问您，如果知道有隐藏的宝物，告诉谁才对呢？我知道一个藏宝地，里面有一批价值五十万镑的财物，现在我已没有能力使用它们了，我想要是把它交到有关当局，说不定我还能有机会减刑呢。”

“他做了一个深呼吸，盯着我的眼睛，像是在看我说的是不是真的，然后问我：‘你确定是五十万镑？’”

“是的，全都是珠宝，因为它们的主人已经因案子逃走了，就是说任何人都可以拿到，不过，动作一定要快。”

“他结巴着说：‘斯莫尔，你当然要交给政府了。’”

“听他的语气就知道他已经被我套住了，他非常不坚定，我在心里暗自高兴，于是才慢吞吞地问：‘先生，那么我就去把情况报告给总督了，你觉得怎么样呢？’”

“这倒不用急，否则你会后悔的。斯莫尔，还是先让我帮你分析分析，你先将所有的事先告诉我吧。”

“我全部都告诉了他，为了防止藏宝的地点泄露出去，就改了一些事实。”

“听我说完之后，他久久地沉思着，嘴唇不住地颤抖。我知道他的内心正进行着一场激烈的斗争，似乎下定了决心，他对我说：‘斯莫尔，这件事情非常的严重了，你不可以对别人透露半个字，容我仔细想想，应该怎么办，你再行动。’”

“又过了两天，这天晚上到深夜了，他和他的朋友莫斯坦上尉到我的茅屋来。他说：‘斯莫尔，现在我请莫斯坦上尉来了，我想要你把故事再说一遍，清清楚楚地说一遍。’”

“于是我从头到尾地说了一遍，和上次一样。”

“舒尔托说：‘是不是像是真的一样？可以吗？值得做一做吗？’”

“莫斯坦上尉想了想，最后还是点头同意了。”

“舒尔托又说：‘斯莫尔，我和我的朋友认真研究过你的事情，我们还是认为这个秘密只有你一个人知道，不关政府的事，你有权作任何的处理，政府也不能干涉你的决定。但是现在最重要的问题是你要付多少代价呢？我们想好了，如果你同意让我们代替你来处理这件事，我们就算是达成协议，至少我们也要帮你好好调查一下。’”

“哼，他说话时那不在乎的神情和冷静的语气，一看就知道是装出来的，他的眼神已经将他出卖了，他是那样的贪婪！”

“我内心却激动不已，但我故作镇定，回答道：‘代价？要说代价，这样的情况下，我就只有一个要求，就是希望你们帮我与我的三位朋友离开这该死的监狱，跟你们合作找回宝藏，再分给你们五分之一的宝藏作为酬谢，我们就各奔东西。’”

“他说：‘哼！才有五分之一，这也太不值得了，不干！’”

“我说：‘五分之一不算少了，每人能得五万镑呢。’”

“‘可是要我们帮你们恢复自由，怎么办得到呢？你的要求太过分了，你要知道，就凭我俩是不可能办到的。’”

“我笑着回答：‘这非常简单啊，没什么难的，我已经考虑好了，唯一的困难就在于我没有足够的粮食和船——一条要能用于远航的船。可是我知道，在加尔各答或马德拉斯，有非常多合用的小快艇和双桅快艇，你们帮我弄一只来，我们在晚上悄悄上船，只要把我们送到印度，就算到沿海的任何一个地方都可以，这样你们就算是完成任务了。’”

“他说：‘就这而已？只是你一个人要好办得多，人多了就麻烦了。’”

“我说：‘不行，我们四个人立过誓，少一个人都不行，我们要生死不离！’”

“他说：‘莫斯坦，他的确是个守信用的人，不会抛弃朋友，我觉得他不会骗我们的，可以相信他。’”

“莫斯坦愤愤地说：‘这件事太肮脏了。可是你说得对啊，这笔钱非常有用啊，正好可以解决咱们的经济问题呢。’”

“少校说：‘斯莫尔，我是没有办法了，才答应跟你合作，但为保险起见，我要先确认你说的是否真实，你要先告诉我藏宝的地点，等轮船来了，我就请假到印度去调查一下，这样才保险。’”

“我看出他着急了，他越是这样，我就要越冷静说：‘你先不要急，我还要问问我那三个同伴，我们四人意见要一致，如果要是有人反对就不行。’”

“他插嘴说：‘怎么可以这样呢！我们是跟你合作，关那三个黑鬼什么事？’”

“我说：‘不管他们是什么，我们四个有约在先，不能违背我们的誓言，必须达成一致才能行动。’”

“我们四个人终于见了第二次面，穆罕默德·辛格、阿卜杜拉·汗和多斯特·阿克巴尔都在。我们商量并最后决定把阿格拉碉堡藏宝的图交给两位军官每人一张，还作了一些改动，把藏宝的地点标出来，好让舒尔托少校去印度调查，证明我们说的是真的。我们事先约定，舒尔托少校要是找到了宝箱，他不能动，要先派一只小快艇，准备好足够的粮食，到罗特兰德岛与我们会合，让我们逃走，舒尔托少校回来了就要回营去销假，莫斯坦上尉再请假去阿格拉见我们，把宝物分了，莫斯坦上尉将他们两人应得的宝物带回去。所有的计划就是这样，我们都达成共识了以后，共同宣誓——保证共同遵守我们今天所说的，绝不会违反誓言。之后，我花了一个晚上又画了两张藏宝地图，每张下面都签了同样的四个名字：穆罕默德·辛格、阿卜杜拉·汗、多斯特·阿克巴尔和我。”

“我已经说非常久了吧，先生们，你们都听累了吧？我想，琼斯先生一定急着把我送进拘留所去，他才能安心。那我就尽量简短些。谁知舒尔托去了印度之后就杳无音讯了，后来，莫斯坦上尉拿来了一张从印度返往英国的邮船的乘客名单，居然舒尔托的名字也在里面，谎称他伯父死后留给他一大笔的财产，就退伍不干了。他真是个浑蛋，居然如此的卑鄙，骗了我们四人就算了，可他连他的朋友都骗，他还算是个人吗？”

“正如我们所料，莫斯坦不久去了阿格拉，但是那时候宝物已经找不到了。这个垃圾居然将宝物全部拿走，而不遵守我们当初出卖秘密的约定。从那时起，我对这件事念念不忘，一心只想着复仇，我好像只为复仇而活着。法律或者断头台在我脑中已经不那么重要，我的心中只有满腔的怨恨。那时我唯一的目标就是找到舒尔托并让他下地狱，所以我一心只想逃出去。在我的心里，杀死舒尔托的愿望已经变得比拿回阿格拉宝物更重要了。”

“在我的一生中，我有过不少的志愿，这些志愿，我每一件都可以办到。但就在等待杀死舒尔托的这几年时间里，我却受尽了磨难，历经了千难万苦。我跟你们说过，我懂一些医药常识的。有一天，安达曼群岛的一个小生番得了重病，碰巧萨莫医生又因发高烧而卧床不起，他只好跑到一个寂静的地方去等死，但却被一个在树林里头工作的罪犯给带了回来。虽然我知道这些生番的本性非常恶毒，但我还是照顾了他两个月，直到他恢复健康又可以走路。就这样，他对我产生了感情。这个生番非常难得能够到树林里来一次，只要他来了就整天守在我的茅屋里。自从我跟他学了一些他们当地的土著语以后，他对我的感情就更深了。”

“这个小生番是个非常能干的船夫，他叫童格，他告诉我他有一条非常大的独木船。我感觉自己终于可以有机会脱身，因为我看出他对我非常忠诚并且愿意为我做一切事情。于是我跟他说了我要逃跑的计划，叫他为我准备一些淡水，大量的薯蓣、椰子和甜薯，然后在一个夜晚把他的船划到一个没有人看守的码头去接我。”

“小童格他真是我最忠诚的同伴，果然在那天晚上把船划到我指定码头的下面。那天晚上在码头值班的是一个阿富汗族狱卒，这个狱卒正好是那个平时一直喜欢侮辱我的人，我一直在想找一个机会向他报仇，想不到老天在我临走的时候故意把他送到我面前，让我可以报这个仇。他背朝我，肩上背着枪，站在岸边巡逻。我本想用一块石头把他的头敲碎，但是找不到一块石头。我只好去找其他武器，突然在黑暗中我想到一个东西，我坐下来解下木腿放在手中，连续跳了三次，到他眼前，用力对他打了下去，把他的前脑骨打得粉碎。他枪还在肩上，用不上。你们看木腿的这条裂痕，就是那个时候留下的。当时我的一条腿失去了重心，我和他同时跌倒了，他一动不动地躺在那里，而我却爬了起来。”

“童格的全部财产和他的武器以及神像被他都带到船上了，一小时以后我就坐着那个船离开了海岸。他还带来了一支用竹子做的长矛和几条用安达曼椰子树叶编成的席子。我把席子做成船帆，把矛当成船桅在大海上听天由命地漂了十天，第十一天的时候被一只商轮救了，这是一只满载了马来西亚朝圣香客的商轮，正从新加坡开往吉达。船上的人不问我们的来历，能让我们静静待着，这点非常好。虽然那些人都古里古怪的，但是我们很快就跟他们混熟了。”

“我和我小伙伴的故事如果真要全部都讲给你们听，到了明天天亮估计都讲不完。我从来都没有忘记复仇，但是我们飘来飘去，就是回不到伦敦。我在梦里杀死了舒尔托不止一百次，每天晚上我总是不断地梦见他。三四年前我终于回到英国以后，非常容易地就找到了舒尔托的住址。我设法打探宝物是否被他拿到了以及他手上是否还有那些宝物。那个帮助我的人跟我交上了朋友——为了不牵连他人，我不会说出任何一个人的名字来。”

“不久之后我得知他手上还有宝物，为了报仇，我想尽了办法。

他身边除了他的儿子和一个印度仆人以外，还有保护他的两位拳击手，他非常的狡猾。有一天，听说他病危了，我想就这样便宜了实在心有不甘。我立刻跑到他的花园中，从窗户外向里屋看，只见他躺在床上，旁边站着他的两个儿子。当时我本想冒险冲进屋去抵抗他们爷三，可就在那时他的下巴已经垂了下去，我知道他已经咽气了，再进去也没有用了。那天晚上，我偷偷进了他的屋子，做了一次搜查，想从他的文件里找到藏宝的地点，但结果什么线索也没有找到。盛怒之下，我便把与图上相同的四个签名留下，别在了他的胸前，以便若能日后看见我的三个同伙，能够告诉他们我曾为报仇留下了标志。在埋葬他之前，受过他掠夺与欺骗的人不给他留点什么，那也太便宜他了。”

“从此以后，我依靠着在集市或其他的地方，把童格当吃人黑生番做公开表演，来维持生活。他能吃生肉，跳生番的舞蹈，所以每天工作之后我总能收入整整一帽子的铜板。我也常能听到樱沼别墅的消息。几年以来，除了他们还在那里寻宝之外，再没有什么其他的消息。直到最后，我们一直期待的消息来到了，宝物已在巴索洛缪·舒尔托的化学实验室的屋顶内找到了。我立即前去察看情况，觉得我的木腿是个障碍，没办法从外面爬上楼窗。后来又听说屋顶有个暗门可入，又打探清楚了舒尔托先生每天用晚餐的时间，才想到利用童格来帮我。我带着一条长绳与童格一同去了樱沼别墅，将绳子系在了童格的腰上，他爬墙的本领与猫一样，不久便从屋顶进入了室内。”

“可是可怜的巴索洛缪·舒尔托还在屋里，所以被害死了。童格杀了他，还自认为做了一件聪明事。当我沿绳子爬进去的时候，他正在屋里得意得像只孔雀似地走来走去，直到我气极了拿绳子抽他，并骂他是小吸血鬼的时候，他才惊讶起来。我把宝箱拿到手以后，在桌上留下了一张写了四个签名的纸条，表明宝物已经物归原主。我先用绳子把宝箱吊了下去，然后自己也沿着绳子滑了下去。童格把绳子收走，关好窗户，从原路爬了下来。”

“我想我要说的就是这些了。我听一个船夫说过，那只‘曙光号’是一艘快船，因此我想到，它倒是我们逃跑的便利工具。我便雇好了老史密斯的船，讲好了要是能把我们安全送达大船，就给他一大笔酬劳。当然，他可能也看得出这里面有点蹊跷，但我们的秘密他是一点也不知道的。所有这些，句句都是真的。先生们，我说的这些，并不是想要得到你们的欢心——你们也并没有对我有优待——我认为毫不隐瞒就是对自己最好的辩护，我还要让世人知道舒尔托少校是曾经如何欺骗我们，至于他儿子的被杀，我是无罪的。”

福尔摩斯说：“你的故事非常有趣。这个奇异的案子确实得到了应有的结局。你所说的后半节，除了绳子是你自己带来的这一点我不知道之外，其余的都与我的推断相符。可是还有一点，我原以为童格把他的毒刺全落下了，怎么他最后在船上又朝我们放出了一根呢？”

“先生，他的毒刺的确是全丢了，可是吹管里还剩下一支。”

福尔摩斯说：“啊，可不是吗，我没有想到这一层。”

这囚犯殷勤地问：“还有什么别的要问的吗？”

我的伙伴说：“我想没什么了，谢谢你。”

阿瑟尔尼·琼斯说：“福尔摩斯，我们应该尊重您，我们都知道您是犯罪的鉴定专家，可是我有我的责任，今天对您和您的朋友已经够通融的了。现在只有把这位给我们讲故事的人关进牢里，我才能安心。马车还在外头等着，下面还有两位警长呢，对于你们二位的帮助我表示衷心的感谢。到开庭的时候当然还要请你们出庭作证。祝你们晚安。”

乔纳森·斯莫尔也说：“两位先生晚安。”

谨慎的琼斯在出屋门的时候说：“斯莫尔，你走在前面。无论你在安达曼群岛是怎么处置那位先生的，我必须得小心一点，免得让你用木腿打我。”

他们两人走后，我与福尔摩斯抽着烟静静地坐了一会，我说：“这就是咱们这出故事的结束了，恐怕今后我要向你学习工作方法的时间变少了。莫斯坦小姐和我已订下了婚约。”

他苦哼了一声说：“我早就猜到了，恕我不能向你道喜。”

我有些不悦，问他：“我所挑选的对象，你有什么不满意的地方吗？”

“一点儿都没有，她是我平生见过的女士中最可爱的一位，而且非常有助于你我所从事的这项工作。她在这一方面是有禀赋的。她的父亲有那么多文件，她就能知道收藏好这张阿格拉图，只凭这一点就足以证明。可惜的是，爱情是感情的事，而任何感情都与实际、冷静和理智毫不相容，我重视理智高于一切。本人一辈子不结婚，免得影响自己的判断能力。”

“这我可以相信，”我大笑说，“我这次的推断能经得起任何严峻的考验。你已经非常的累了。”

“是的，我早就感觉到了。恐怕睡一个星期也恢复不了。”

“真奇怪，”我说，“你这个人，要是换作别人，我会不客气地说他生性懒惰，可不知怎么，你的热情高涨起来，说高就高，能发挥出来的精力和能量真是不得了。”

“是的，”他说，“我本是个游手好闲的人，同时也是个爱活动、非常勤快的人。我常想到歌德的话：‘上帝只赋予你一个人样，原来是体面其表，臭皮囊其中。’还有一点，在上诺伍德的案子里，我猜到他们有内应。这个内应不是旁人，正是印度仆人拉尔·拉奥。琼斯一网打尽把他也抓住，抓到这条鱼，总算得上他一人的功劳。”

“功劳的分摊好像不公平。”我说，“整个案子都是你一个人在查的，琼斯从中得到了功绩，我从中获得了一个妻子，那请问阁下你又得到了什么呢？”

“我嘛，”夏洛克·福尔摩斯说，“还有瓶可卡因吧。”他伸出长长白白的手去拿瓶子。

冒险史

波希米亚[1]丑闻

一

对夏洛克·福尔摩斯来说，她永远都是“那位女士”。我很少听到他在提到她时用别的字眼儿。在他的心目中，她以一位女性的所有魅力，使其他的女人全部都黯然失色。然而，他与艾琳·艾德勒之间产生的感情似乎让人猜不透。一切的感情，特别是爱情，对他来说是不相适合的，他具有非常冷静及缜密的思维，同时具有相当的平衡能力。在我的眼中，他是一台完美的推理和观察的机器，堪称举世无双。

作为一位情人，他却远远做得不够。他不会说甜言蜜语，除了冷嘲热讽以外，没有一句情意绵绵的话。这样的情话，他们用此可以揭开笼罩在人们行动和动机之上的迷雾，所以对于他这样的观察家来说是非常珍贵的。然而对一位训练有素的推理家来说，这属于扰乱他那完美性情的东西，必将乱其心志，进而导致他怀疑自己的智慧。就像灵敏的机器中落入了一粒粗沙，或像精密的透镜中产生了裂痕，然而这些都不比在他的本真中加入一般强烈的感情更具扰乱性。然而曾有这样一个人，她就是过世的艾琳·艾德勒，依然在他的记忆之中存留着挥之不去的印记。

我最近没有机会见过福尔摩斯。结婚之后我们彼此就很少再见面了。婚后，我完全沉浸于无比的幸福中，而那种变成一家之主的生活乐趣更是令我陶醉其中。而福尔摩斯，他依然有一个放荡自由的灵魂，不愿与社会上的陈规陋习同流合污，依然寄宿于贝克街的屋子里，埋头苦读他的旧书。他整整一周都在服用可卡因，沉浸在药物带来的梦幻的感

---

[1]原为欧洲中部的一个王国，后来于1918年瓦解。现在指捷克西部的地名，当地人性格以豪放不羁著称。

觉中，而另一周则又精力充沛，处在一种能量过剩的尽情释放中。他就这样在这两种状态之中来回摇摆不定。他和往常一样，醉心于对犯罪的研究，用尽他卓越超群的才华和超凡的能力去找寻破案的线索，破解那些警察看来难以破解而准备放弃的离奇案件。我曾经很多次听说了有关他行踪的消息，例如他被召去敖德萨办理特雷波夫谋杀案；他还曾彻底办理了阿特金森兄弟在特里克马里的怪案；最后还有他曾经很出色地完成了荷兰王室交给的任务。这些，我与其他所有的读者一样，都是通过报纸才知道的。除这些外，我对我的好友的事情知道的非常少。

一八八八年三月二十日的晚上，我出诊回来的路上（此时我已转业开了一个诊所），正好经过贝克街。再次经过那道熟悉的大门时，我仿佛又回到了从前，将我孜孜以求的东西和那起神秘残忍的“血字的研究”案联系在一起。突然，我非常想去看看福尔摩斯，想知道他又在用他那超人的能量侦破什么案件。我抬起头，看到他的房间灯火通明，他那削瘦高挑的身影落在窗帘上，并且晃了两晃。他正在房间里急切地踱来踱去，下巴抵着胸，双手在背后紧握。我知道他的每一个表情和习惯，他的姿态举止说明他已经从毒品的幻觉中醒过来了，已经开始重新投入到新的工作之中。他肯定是又遇到新的案子了。我按响了门铃，然后被领进我曾经住过的那间屋子。

对于我的到来，他表现得似乎并不是非常热情。这是非常少见的，但我知道他见到我内心还是非常高兴的。他只是亲切地看了我一眼，然后一句话没说，招手让我坐到一张扶手椅上，然后将他的雪茄盒扔了过来，并指了指放在角落里的酒精瓶和小型煤气炉。他站在壁炉前，以那种独特的反思的表情看着我。

“你非常适合婚姻生活，”他说，“华生，我发现你胖了至少七磅半，从我上次看到你到现在。”

“只有七磅！”我回答说。

“真的吗？我想不只是七磅，哪怕是多了一点点。华生，我猜你又开始做医生了。但你以前并没有告诉我你准备重操旧业啊。”

“那么，你是怎么知道的？”

“我通过观察推断出来的。我还知道你这段时间老是被淋湿，并且你有个笨手拙脚粗心大意的女佣人呢！”

“天哪，我亲爱的福尔摩斯，”我叫道，“你简直太神奇了。你要是活在几个世纪之前，一定会被火刑烧死的。我的确在周四走路到乡下去了，回家的路上淋了一场大雨。可是，我已换好了衣服，真想不明白你是怎么推理出来的。至于那个玛丽·简，她实在是无药可救了，我妻子已经把她给辞退了。但是，我还是想不出来你是怎么判断出来的。”

他呵呵地笑着，不停搓着他那双纤细的神经质的手。

“非常简单，”他说，“我看到你左鞋的边上，就是炉火照到的那侧，有六条几乎平行的裂痕。显然，这是某个粗心的人试图刮掉鞋底边上的泥巴时刮坏的。所以，你看，我就是这样进行双重推断的：你曾在恶劣的天气外出过，而且你有一个糟糕的不会刮掉鞋子上泥巴的粗心伦敦使女。至于你重操旧业嘛，你想，如果一位绅士走进我的房间，带着碘酒的味道，右手指上还有硝酸银的黑色痕迹，而且帽子的右侧还被听诊器拱起一块。如果根据这些我还不能判断他已经跻身医学界队伍的话，我就太笨了。”

听他解释完自己的推理过程，我控制不住终于笑了起来。“当我听你解释这些的时候，”我说，“道理虽然非常简单，甚至到了荒谬可笑的地步，仿佛我也能推断出来。可是我每次都是困惑不解，直到你给我讲清楚我才感觉突然醒悟。但是，我始终相信我的眼力并不比你差多少。”

“的确如此！”他点燃一支雪茄，坐进另外一个扶手椅里，回答道，“你每次都在看而不是观察。区别就在这里。例如，你经常看到从大厅到房间的楼梯的台阶吧？”

“是的！”

“有多少次？”

“嗯，不下几百次！”

“那么，你告诉我有多少级呢？”

“多少级？这个我可不知道。”

“正像我所说的那样，你没有观察，虽然经常看到。而这就是我要指出的地方。我知道有十七阶，因为我不仅仅看了，而且还用心观察。顺带说一句，既然你对这种小问题这么有兴趣，而且又非常忠实地记下我所经手的一两件小案子，我想你也许会对这个感兴趣的。”说着，他把桌子上面一张非常厚的粉红色便条纸递了过来，“这是邮差刚送过来的，”他说，“你大声念给我听。”

这张便条没有写日期，也没有签名和地址：

一位绅士将于今天晚上七时三刻造访阁下，且有要事相商。阁下近日为欧洲王室作出了巨大贡献，正表明阁下足以胜任此项非常重大的任务。请阁下务必保守秘密。届时切勿外出。访客如戴面具，请望海涵。

“这件事非常古怪，”我说，“据你的推断这可能会是怎么一回事呢？”

“我还没有拿到任何证据。在掌握材料之前就妄下论断非常容易犯下致命的错误。有人毫无意识地拿事实牵强附会地去符合理论，而不是用理论来适应现实。现在看起来这只是一张便条而已，你能看出些什么来呢？”

我认真地研究了一下那张便条的笔迹与纸张。“我可以推断出来写这张便条的人非常有钱，”我努力模仿着我的朋友福尔摩斯的推理方法说，“这纸半克朗[1]也买不了几张，而且非常结实、平整。”

“的确是这样，”福尔摩斯说，“这不是英国的纸。你拿着这张纸对着灯光试试看。”

我照做了，并且看到纸张的纹理之中印有一个大“E”和一个小“g”、一个“P”、一个大“G”和一个小“t”。

“你从中能得出什么结论来？”福尔摩斯问。

“不用怀疑，这是制造者的姓名。或者更像是他名字的首字母缩写。”

说完他便从旁边的书架上取下了一本厚重的棕色皮面的书。“Eglow，Eglonitz——有了，找到了，Egria，是一个说德语的国家，离卡尔斯班[2]不远，叫做波希米亚。‘以沃伦斯汀[3]葬于此地而闻名，同时也以其拥有无数的玻璃厂和造纸厂而著称’，哈哈，老兄，现在你了解是什么意思了吧？”他得意地笑了起来，眼睛闪闪发亮，嘴角喷出了一大口蓝色的烟圈。

“这种纸是在波希米亚制造的？”我疑惑地看着他。

“是的，你说对了，而且写这张便条的是个德国人。”

“为什么？”

“医生，你是否注意到‘请阁下务必保守秘密，守口如瓶’这种非常特殊的句子结构吗？法国人和俄国人是不会这样写的。只有德国人才会像这样把动词用在不合适的位置。因此，现在急需查明的便是这个用波希米亚制纸写便条的德国人，戴面具前往这里到底想要干什么。如果我没有猜错的话，他的到来将会解开我们的谜团。”

福尔摩斯话音刚落，下面就传来一阵清脆的马蹄声与车轮摩擦地面

[1]英国旧制硬币。

[2]捷克西北部城市。

[3]罗马帝国的统帅，军功卓越，最后被刺杀。

的“嘎嘎”声，接着便有人猛地按响了门铃。

福尔摩斯得意地吹了个口哨。“听声音是两匹马，”他说，“果然！”他望了一眼窗外，接着说，“一辆精致的四轮马车与一对漂亮的马。每一匹马都至少值一百五十金几尼[1]。华生，如果没有别的什么，这案子应该会让我们赚上一大笔钱呢。”

“我想我还是回去吧，福尔摩斯！”

“别走！医生，你留在这儿吧。没有了鲍斯维尔，我已经非常失落了。我向你保证这案子一定会非常有意思，错过了你一定会感到遗憾的。”

“但你的委托人……”

“不要管他。我可能会需要你的帮助，也许他也一样。他来了。华生，你就坐在那扶手椅里，在旁边看着就行了。”

门外传来一阵缓慢而沉重的脚步声，先是在楼梯上，接着在过道上，到门口的时候骤然停住了。然后，响起了一阵洪亮而坚定的敲门声。

“请进！”福尔摩斯答道。

接着，一个身高至少六点六英尺高，有着赫尔克里斯[2]那样的胸肌和四肢的男人进来了。他的衣着非常的奢华，在英国人看来有种近乎恶俗的不合时宜。他的袖子和前襟上镶着华丽的俄国羔皮，肩上披的深蓝色大氅上缝着金色的丝绸镶边，领口处别着一枚火焰形状的绿玉胸针。他脚上穿着一双小牛皮的靴子，靴口上镶着深棕色的毛皮。这就是他给我的第一印象——一种原始的奢华。他手里拿着一顶阔檐帽，脸的上端戴着一个黑色的遮过颧骨的面具。显然他是刚刚戴上面具的，因为他进来的时候手还停留在面具上。从他脸的下端来看，他的嘴唇厚而且两边下垂，下巴又长又直。这一切都表明他个性刚烈和脾气固执。

“你收到我的便条了吗？”他急急地问，声音非常深沉，带有浓重的德国口音。“我告诉过您我会来访的。”

他看了福尔摩斯一眼，又看了我一眼，似乎搞不准要找的是哪一个人。

“请坐！”福尔摩斯说，“这位是我的朋友兼伙伴——华生医生。他经常协助我办案。请问，我该怎么称呼您呢？”

“你可以叫我凡·克拉姆伯爵，我是波希米亚贵族。我知道，这位

[1]指英国金币，于1813年停止流通。

[2]古希腊罗马神话中的大力神。

先生——你的朋友，一定是一位令人尊敬与谨慎的人。我想我不能够将这件无比重大的事情一同托付于他。我想单独和你谈一谈。”

我起身准备离开，但福尔摩斯一把抓住我的手腕，把我推回到椅子上。

“必须我们两人都在场，不然免谈！”他说，“你可以当着这位先生的面说出所有你想告诉我的事情。”

伯爵耸了耸他那宽厚的肩膀说道：“好吧。首先，我得约定你们两位在两年内对此事都要绝对保密，两年后，你们就不用遵守这约定了。目前看来，这件事情非同小可，它重要到可以影响欧洲的历史进程也不一定。”

“我保证遵守约定！”福尔摩斯说。

“我也是！”我说。

“我戴了面具，你们不会介意吧？”这位陌生的不速之客用严肃的语气接着说，“派我来的贵人不想让别人知道他选派的代理人是谁。所以，刚才我说的也不是我自己真正的称号。”

“这我知道，从便条上能看出来。”福尔摩斯冷冰冰地说道。

“情况非常微妙。现在我们必须采取一切预防措施，尽力防止事情演变成为一个大丑闻，给欧洲王室的名声带来严重的损害。坦率一点说，这件事情将会使伟大的奥姆斯汀家族、波希米亚世袭国王受到牵连。”

“这个我也知道。”福尔摩斯喃喃地说，说着就坐进了扶手椅里，闭上了双眼。

我们的客人丝毫没有掩饰他的诧异，他扫了一眼这位欧洲公认的最精明的推理专家兼精力最旺盛的侦探，但眼前的这个人却一脸倦怠，懒懒地靠在椅子里。

福尔摩斯慢慢地睁开眼睛，不耐烦地看了看那个巨人一样的委托人。“如果殿下能够屈尊讲述您的事情，”他说，“也许我可以给您一些建议。”

那人从椅子上跳了起来，非常冲动地在屋子里走来走去。

突然，他绝望地扯下了面具丢在地上。“你说对了，”他喊着，“我就是国王，为什么我非要刻意隐瞒呢？”

“哦，真的？”福尔摩斯喃喃地说，“陛下未开口之前我就已经知道将要见到卡斯尔－费尔施泰因大公，波希米亚的世袭国王，威廉·戈特赖希·西吉斯蒙德·冯·奥姆施泰因。”

“对于我戴面具隐瞒我的身份的这个事情，希望您能理解。”我们这位奇怪的客人又重新坐了下来，用手拍了拍他那又白又高的额头，恢复了刚进门时的平静，接着说道，“你能理解我本人是不喜欢亲自办这种事情的。可是，这次的事情是如此微妙，以至于如果我把它告诉任何一位侦探，都不得不任其摆布。因此，我只能乔装打扮、微服出行，从布拉格来到这里征求你的意见。”

“那就请讲吧。”福尔摩斯话音刚落，再次闭上了双眼。

“简单地说，事情是这样的：大约五年前，我在华沙进行长期访问期间，结识了大名鼎鼎的女冒险家艾琳·艾德勒。无疑你对这个名字相当熟悉。”

“华生，请你在我的资料中帮我查找一下叫艾琳·艾德勒的女人。”福尔摩斯对我说道，眼睛都没睁开一下。福尔摩斯多年来采取了一种方法，那就是把有关一些人和一些事的资料贴上标签备案。这样一来，如果要找一个他不能记得非常清楚的人或事，只需查一下标签就可以了。我用了不大一会便找到了她的个人简介，被夹在一篇犹太法学博士和写过一起关于深海鱼类专题论文的参谋官这两份历史材料之间。

“拿过来我瞧瞧，”福尔摩斯说，“嗯！艾琳·艾德勒，一八五八年在新泽西州出生。女低音——嗯！意大利歌剧院——嗯！华沙帝国歌剧院首席女歌手——嗯！退出了歌剧舞台——哈！住在伦敦——一点都没有错！陛下，据我所知，您和这位年轻漂亮的女士有过一段故事。您曾给她写过几封会使自己受牵连的信，现在急于拿回这些信，想必这也就是您来找我的目的。”

“正是如此！但是怎么样才能……”

“你们秘密结婚了没有？”

“没有。”

“没有任何法律文书或证明吗？”

“没有。”

“那我就不懂了，陛下。如果这位年轻的女士想用这些信来达到敲诈或其他的目的，她怎么能够证实这些信的真实呢？”

“上面有我的字。”

“呸！这都是可以伪造的。”

“我的私人信笺。”

“偷来的。”

“我自己的印鉴。”

“也是仿造的。”

“我的照片。”

“买来的。”

“我们两人都在照片上。”

“哦，天哪！太糟了。陛下真的是非常的不检点。”

“我当时实在是疯了——为爱而疯狂。”

“这会严重地损害到您的声誉的。”

“当年，我只是一个王储，还非常年轻。而且，现在我也不过才三十岁。”

“必须要把那照片要回来。”

“我们已经这么做了，但都失败了。”

“陛下可以拿钱把照片买回来。”

“她不卖。”

“那就只有偷了。”

“我们已经试过五次了。有两次我出钱雇窃贼搜遍了她的房子。一次她在旅行时我们调换了她的行李。还有两次我们甚至拦路抢劫，但都以失败告终。”

“一点痕迹都没有？”

“连一点消息都没有。”

福尔摩斯笑了，说道：“这完全是一个微不足道的问题。”

“但是对我来说，却是个非常严重的问题。”国王责备了他一句。

“非常严重。的确如此。那她打算用这照片干些什么呢？”

“彻底毁掉我。”

“怎么个毁法？”

“我马上就要结婚了。”

“我听说了。”

“我将和斯堪得纳维亚国王的二公主克洛蒂尔德·洛特曼·冯·札克斯迈宁根结婚。你可能知道他们严格的皇室规矩吧，而她自己更是一个非常敏感的人。她只要对我的行为有丝毫怀疑，就会让这桩婚事告吹。”

“那艾琳·艾德勒呢？”

“她威胁我说要把照片拿给他们。她会那么做的。我知道她会。你不了解她，她有着钢铁一样的意志。她既有最美丽的女人的面孔，又有最坚定的男人的心肠。只要我与另一个女人结婚，她什么事情都能做出来。”

“您敢肯定她还没把照片送出去吗？”

“我肯定。”

“为什么？”

“因为她说过，要在婚约公布的那一天把照片拿出去。就是下周一。”

“哦，那我们还剩下三天时间，”福尔摩斯说，打了个呵欠。“这太幸运了，因为目前我还有一两件非常重要的事情要查清。当然。陛下是否暂时留在伦敦？”

“当然。你可以去兰厄姆旅馆找我。用的名字是冯·克拉姆伯爵。”

“我会给您写信的，让您了解事情进展的情况。”

“太好了。我非常想知道”

“那么，关于钱的问题……”

“全权由你处理。”

“没有条件吗？”

“我可以告诉你，为了拿到那张照片，即使让我拿出领土中的一个省来作交换，我也愿意。至于眼下的费用，您不必太担心。”

国王说完，从他的大氅下面取出一个非常重的麂皮袋子，放在桌子上，发出了“嘭”的响声。

“这里有三百镑金币和七百镑钞票。”他说。

福尔摩斯从他笔记本上撕下了一张纸，潦潦草草地写了收条，随后递给了国王。

国王接过收条，说道：“圣约翰伍德，塞彭泰恩大街，这是艾琳·艾德勒的住址。”

福尔摩斯在他的笔记本上记了下来，接着说道：“还有一个问题，照片是六英寸的吗？”

“是的。”

“那么，再见，陛下。我相信用不了多长久，我们就会给您带来好消息的。”告别之后，国王坐着皇家的四轮马车朝街心驶去，福尔摩斯接着对我说道，“华生，再见。另外，我想请你明天下午三点钟过来，跟你聊聊这件微不足道的事情。”

二

三点整，我来到了贝克街，但福尔摩斯还没有回来。女房东太太告诉我他早上八点之后就出去了。尽管这样，不论他何时回来，我还是坐在火炉旁边等他。我已对这件案子产生了极大的兴趣，因为它与前两个犯罪事件比起来，更残酷和不可思议。而且，这案子更因其委托人身份的高贵而增色不少。

事实上，除了福尔摩斯手头所经办的案子本身，他对案子那快速、敏锐和精准的推理方法，破解了无数纠缠不清的谜题，更使我觉得研究他的工作系统对我说来是一种极大的乐趣。我早就已经习惯于他那数不胜数的成功，我可从来没有想过他会失败。

四点钟左右，房门开了，走进来一个醉醺醺的马夫。他的样子邋邋遢遢，穿着也非常的不体面，蓄着络腮胡子，面红耳赤。尽管我对福尔摩斯千变万化的化妆术已经习以为常了，这一次我还是要仔细地观察才能确定这位衣衫不整的马夫就是我的朋友。他对我点头招呼了一下，就进了卧室。不到五分钟，福尔摩斯就出来了，和平常一样身穿花呢衣服，风度翩翩地站在我的面前。他将脚伸向火炉前，手插在口袋里，畅然地笑了一阵子。

“哦，真的吗？”他突然喊道，被呛了一下，然后又接着笑了起来，直到笑得直不起腰，软弱无力地瘫倒在椅子上。

“这是怎么回事？”我对于他的这种行为感到非常的不理解。

“简直太有趣了！我敢说你肯定猜不出我上午在忙在什么，或者忙的结果是什么。”

“我真的想象不出来。我猜你观察了艾琳·艾德勒小姐的生活习惯，还有是她的住处。”

“一点不错，但是结果却非常的不寻常，不过我愿意把情况都告诉你。我今早八点之后离开这里，扮成一个失业的马夫。在那些马夫当中存在着一种美好的相互同情、侠义相助的感情。如果你打扮成为他们其中的一员，你会打听到一切想知道的事情。非常快，我就到了圣约翰伍德塞彭泰恩大街，那有一座非常精致的两层别墅，面对着马路建造，后面有一个花园。房门上挂了区波锁，右边是宽敞的起居室，里面装修美丽豪华，一扇长的几乎到达地面的窗户，但那奇怪可笑的英国门窗按钮连小孩子都可以轻而易举地打开。

我绕着别墅走了一大圈，从每一个角度近距离地观察了一下，除了发现从马车房的顶端可以够着过道里的窗户之外，就再也没有看到什么特别的地方了。接着，我顺着街道慢慢地走着。果然不出我所料，在靠着花园的一侧墙那儿有一排马厩。于是，我就过去帮助那些马夫们洗马，得到了两个便士的报酬、一杯混合酒以及两烟斗装得满满的烟丝。最重要的是，我打听到了自己想要知道的有关于艾德勒小姐的事情，除此之外，那些热情的马夫们还告诉我住在附近的其他几个人的情况，尽管我对这些没有任何兴趣，但还是强迫自己认真地听下去。”

“那艾德勒小姐的情况如何？”我好奇地问道，迫不及待地想知道福尔摩斯这次化妆出门到底有什么收获。

“哦，她令那一个地方每一个男人都拜倒在她的石榴裙下。她是世界上最美丽的女人，在塞彭泰恩·梅斯的每一个男人都这样说。她过着安静而有规律的生活，每天一点钟出门去音乐会演唱，七点钟回家吃晚饭。她除了演唱之外，其余的时间则深居简出。她只跟一个男人交往，而且交往甚密。这个男人就是住在坦普尔的戈弗雷·诺顿先生。他皮肤黝黑，体态英俊，非常有活力，每天至少过来看她一次，一般情况下是两次。你懂得作为一个心腹车夫的好处吗？那些马车夫为他赶了不下十几次车，从塞彭泰恩·梅斯送他回家，对他的事无所不知。”

“我打听到他们所说的一切后，便再次在布里翁尼府第附近来回徘徊，思考我的‘作战’方案。非常显然，这个戈弗雷·诺顿是整个案子的关键人物。他是一位律师，这听起来不是非常乐观。他们两人是什么关系？他一直在这里的目的是什么？她是他的委托人，他的朋友，还是他的情妇？如果是他的委托人，她便极有可能把照片交由他保存。如果是他的情妇，那就不可能会交给他了。”

“事情的关键在于我应该继续对这位女士的调查工作呢，还是把我的注意力转移到那位先生在坦普尔的住处。这是非常关键的一点，这一问题解决以后将会扩大我的调查范围。我担心这种琐碎的细节会让你感觉不耐烦，如果你想了解情况的话，我必须让你看见我遭遇到的一点小困难。”

“我一直在认真听着呢！”我回答。

“正在我心里权衡着利弊得失的时候，忽然看见一辆双轮马车开到了布里翁尼府第门前，车里跳下了一位绅士。他是一个非常漂亮的男人，皮肤黑黑的，鹰钩鼻，留着小胡子——显然就是我听说过的那个人。他好像非常着急的样子，大声吆喝叫车夫等他。他从为他开门的女仆身边擦身而过，显出毫无拘束的样子。他在屋子里大约逗留了半个小时。我透过起居室的窗户可以朦朦胧胧地看到他踱来踱去，挥舞着双臂兴奋地说着什么。至于她，我什么也没看见。他随即走了出来，好像比刚才更匆忙的样子。他在跨上马车时，从衣袋里掏出一块金表，急切地看了看喊道，‘快走，先到摄政街格罗斯·汉基旅馆，再去埃奇丰尔路圣莫尼卡教堂。要是你能够在两分钟之内赶到，我就赏你半个畿尼。’”

“他们很快就走了。我正在犹豫不定是否要紧紧地跟着他们的时候，忽然从小巷里来了辆小巧精美的四轮马车。马车夫的上衣扣子只扣上了一半，领带歪在耳边，马的挽具上所有的金属箍头却都由带扣里头突出来。车还未停稳，她就从大门飞奔出一头钻进了车厢。在这一瞬间，我只看了她一眼，但就可以看出她是位非常可爱的女士，其美貌足令所有的男人为之倾倒。”

“‘约翰，去圣莫尼卡教堂，’她喊道，‘你要是能在两分钟之内赶到那儿的话，我就赏你半镑金币。’”

“华生，这是千载难逢的好机会。我正思索是应当赶上前去呢，还是应攀在车后的时候，正好一辆出租马车从街上经过。赶车人对那很少的车费看了又看。”

“但我在他还没有表示干不干之前就跳上了车。‘圣莫尼卡教堂，’我说，‘给你半镑金币，要是你能在两分钟以内赶到那里的话。’那时是十一点三十五分，即将发生一些事情，这显然是非常清楚的。我的马车走得飞快。我觉得我从没有赶得这么快过，但前面两辆马车已比我们先行到达。当我赶到的时候，那辆出租马车跟那辆四轮马车早就停在了门前，两匹马正气喘吁吁地喷着热气。我付了钱，赶紧走进教堂。”

“那里除了我所跟踪的两人和一位身着白色法衣、看起来正在劝说他们什么似的牧师之外，没有其他任何人。他们三个人一起围着站在圣坛面前。我就像偶然闯进教堂里头的其他的游手好闲的人一样，信步沿着两边的通道向前走。令我感到惊奇的是，忽然间圣坛前的这三人的脸都转向我。戈弗雷·诺顿拼命地向我跑来。”

“‘谢天谢地！’他喊，‘有你就行了。来！来！’”

“怎么回事啊？”我问。

“来，老兄，来，三分钟就可以了，不然就不合法了。”

“我是被半拖半拉上圣坛的。在我还没弄清楚我站在什么地方以前，我发觉我自己正喃喃地对我耳边低低的话语作出答复，为我一无所知的事作证。总的来说是帮助把未婚女子艾琳·艾德勒和单身汉戈弗雷·诺顿紧密地结合在一起。这一切是在非常短的时间内完成的。接着男方在我这一边对我表示感谢，女方在我那一边对我表示感谢，而牧师则在我对面向我微笑。这是我有生以来从未碰到过的最荒谬的场面。刚才我一想到这件事就禁不住大笑起来了。看来他们的结婚证明有点不够合法，牧师在没有某些证人的情况下，断然拒绝给他们证婚，幸而有我出现使得新郎不至于必须跑到大街上去找一位傧相。新娘赏给我一镑金币。我打算把它拴在表链上戴着，以纪念这次的际遇。”

“这真是一件完全出乎意料的事，”我说道，“后来又怎样呢？”“咳，我觉得我的计划受到严重的威胁。看来这一对有可能立刻离开这里，因此我必须采取迅速而有力的措施。他们在教堂门口分手。他坐车回坦普尔，而她则回到她自己的住处。

“我还像平常一样，五点钟坐车到公园去，”她辞别他时说道，我就听到这些。他们各自乘车驶向不同的方向，我也离开了那里去为自己作些安排。”“是什么安排？”

“一些卤牛肉和一杯啤酒，”他揿了一下电铃答道，“我一直忙得不可开交，没工夫想到吃东西，今晚我非常可能还要更忙些。顺便说一句，大夫，我将需要你的合作。”“我非常乐意。”“你不怕犯法吗？”“一点也不。”“也不怕万一被捕吗？”“为了一个高尚的目标，我不怕。”“噢，这目标是再高尚不过了。”“那么，我就是你所需要的人了。”“我原先就肯定我是可以依仗你的。”“可是你打算怎么办呢？”“特纳太太一端上来盘子，我就跟你说明。现在，”他饿着肚子转向房东太太拿来的简易食品，说，“我不得不边吃东西边谈这件事，因为我的时间所剩不多。现在已经快五点钟了。我们必须在两个小时内赶到行动地点。艾琳小姐，不，是夫人，将在七点乘车归来。我们必须在布里翁尼府第与她相遇。”

“然后呢？”

“这之后的事一定要我来办。我对即将发生的事情已有了安排。现在只有一点我一定要坚持，那就是，无论发生什么，你都一定不准插手。你明白吗？”

“难道我什么事都不管吗？”

“什么事都不要管。也许会有一点小小的不愉快的事件。你千万不要介入。当我被送进屋子里时，这些不愉快就会结束。四五分钟之后，起居室的窗户将会被打开。你要在紧靠打开窗户的地点守候着。”

“是。”

“你一定要盯紧我，我总会让你看得到我的。”

“是。”

“我一举手——就是这样——你就把我叫你扔的东西扔到屋子里去，同时，扯开嗓门喊‘着火了’。你完全听明白我的话了吗？”

“完全明白。”

“那就没有什么大不了的事了，”他从口袋里取出一只非常长的雪茄模样的卷筒说，“这是一只管子工使用的普通的烟火筒，两头都盖了盖子，能够自己燃烧。你的任务就是负责这样东西。当你大喊着火的时候，肯定有很多人赶过来救火。这时你就可以走到街的那头去。我会在两分钟之内与你会合。我希望你已经听清楚我说的话了，懂了吗？”

“我应保持不干预的状态，靠近窗户，盯紧你；一见到信号，就把这东西扔进里头；然后喊着火了；再到街的拐角那儿去等你。”

“完全正确。”

“那就瞧我干的吧。”

“太好了。我想，也许快到我为扮演好新角色准备的时候了。”

他藏到了卧室里面。几分钟之后再出来时已化装成了一个和蔼可亲而质朴单纯的新教牧师。他那顶宽大帽檐的黑帽子、宽松垂下的裤子、白色领带、富有同情心的微笑还有那种凝视的、慈祥的、好奇的神色，只有约翰·里尔[1]先生可以和他相媲美。福尔摩斯不仅是换了衣服，连他的神情、他的态度，以至于他的灵魂似乎都跟随他所装扮成的新角色而起了新变化。当他作为一位研究罪行的专家时，舞台上就少了一位优秀的演员，甚至会使学界少了一位敏锐的推理家。

六点一刻，我们离开了贝克街。我们提前两分钟到达了目的地——塞彭泰恩大街。那时候已经马上到黄昏时分了，我们在布里翁尼府第外面踱来踱去，等待屋主的回来，灯亮了。正如福尔摩斯简单描述的样子，这确实是一栋精致的别墅。但是一点却不像我预期的那般平静，恰恰相反，与附近都非常安静的小巷相比，这条街显得异常热闹。街头拐角处有一群衣衫褴褛、抽着烟说笑的人们，其中有一个带着脚踏磨轮的磨剪刀的人、两个正在跟保姆调情的警卫以及几位穿着体面、嘴里叼着雪茄烟、吊儿郎当的年轻人。

“华生，你看，”当我们在房前来回踱步的时候，福尔摩斯说，“因为他俩这突如其来的婚事倒使案子变得非常简单了，而那张照片现在也变成了一把双刃剑。艾琳·艾德勒很可能害怕照片被戈弗雷·诺顿看见，就像我们的委托人害怕它出现在公主眼前一样。可是眼下的问题是，我们该到哪里去找那照片呢？”

“是的，不知道会在哪里”

“我想她随身携带的可能性最小。因为那是一张六英寸大的照片，如果放在女人的衣服里，不能轻易地隐藏起来，并且她应该知道国王是会拦路搜查她的，诸如此类的尝试国王已经试过两次了。”

“那你认为她会把照片放在什么地方呢？”

“有两种可能性存在，在她的银行家或者律师那里，但我却认为其

[1]英国著名的演员，善演老人角色而闻名。

中哪一种可能都不太现实。女人天生就对保密情有独钟，她们喜欢用自己的办法隐藏东西。那她为什么把照片交给他人保管呢？她对自己的能力是有信心的。可是，一个办理实务的人可能会受到间接的或政治上的影响，那她就说不上来了。另外，你可别忘了，她是决定要在几天内用到这张照片的。所以，那照片一定被她放在随时可以找到的地方，一定在她的房间里。”

“但是屋子已经被盗过两次了，你又怎么找呢？”

“哼！他们不知道如何去找，而我压根儿就不找。”

“那你要怎么办？”

“我会让她把那些漂亮的照片拿给我看。”

“她才不会这么干的。”

“而她不得不这么干。好了，我听见车轮的声音了，那是她乘坐的马车。现在要严格按照我的指令行事。”

他刚说完，马车两侧车灯发出的闪闪灯光顺着弯曲的街道绕了过来。一辆非常精致的四轮小马车咯嗒咯嗒地驶入了布里翁尼府第的门前。马车刚一停下，一个流浪汉就从角落里冲上前去开车门，希望能够赚点赏钱，但是却被抱了同样念头的另一个流浪汉给挤开了，于是，不可避免的一场激烈的争吵便开始了。两个警卫站在一位流浪汉一边，而磨剪刀的则同样带劲地站在了另一位流浪汉一边，这样的局面使争吵变得更加厉害了。接着不知是谁动了手，这时这位夫人正好下车，立刻就被卷入了一群纠缠争吵的人群之中，这些人个个面红耳赤，拳打脚踢，身体野蛮地扭打在一起。

看到这种场景，福尔摩斯毫不犹豫地冲进人群中，试图去保护夫人。但是，刚挤到她身边，就大叫了一声，倒在了地上，脸上全是鲜血。众人见他倒下，争吵立即停了下了，那两名警卫朝同一个方向拔腿溜走，那些流浪汉也向另一个方向逃之夭夭，只有一些穿着比较整齐体面、围着看热闹的人挤了进来，帮夫人解了围，还扶起了受伤的先生。艾琳·艾德勒——尽管她已经为人妻，但我还是愿意这样称呼她——急急忙忙地跑上台阶。接着她在最高的那一级台阶上站住了，门厅里的灯光勾勒出她那非常优美的身材轮廓，还有她那完美的面容。她回过头朝街上的人群问道：

“那个勇敢而可怜的先生伤得严重吗？”

“他已经死啦。”几个声音异口同声地喊道。

“不，还活着呢，”另一个声音喊着，“但是等不到你们把他送到医院，他就会没命的。”

“他太勇敢了，”一个女人说，“要是没有他，那群流浪汉肯定早就把夫人的钱包和表抢走了。他们是一起的，简直是一伙粗鲁卑鄙的家伙。啊，这位勇敢的先生现在能呼吸了。”

“夫人，我们不能让他躺在大街上，能把他抬到屋子里吗？”

“当然可以。请把他抬进起居室，那儿有张舒适的沙发，可以放在那里。好了，请跟我来吧！”

大家非常小心地把他抬进了布里翁尼府第的正房里头。这时我站在靠近窗口的地方一直看着整件事情的经过。灯全亮了，可窗帘并没有拉上，我透过窗户看到了福尔摩斯被安放在长沙发上面的全部过程。那个时候，众人抬他的时候，我不知道他对他所扮演的角色有没有感到内疚，但是，我却由衷地感到惭愧了。我是真的想对他托我扮演的角色甩手不干了，可如果现在我这么做了，就是对我朋友的一种最卑鄙无耻的背叛。我思考再三，还是狠下心来，从我的长外套里掏出烟火筒。我想，我们并不是在伤害这位美人，而是在阻止她去伤害其他人罢了。

福尔摩斯倚靠在那张长沙发上。我见到他的样子非常像一个需要空气的人。一个女仆赶忙走过去猛地把窗户推开。就在那一刹那我看见他举起了手来。

依照这个信号，我把烟火筒扔进了屋里，大声喊：“着火啦！”

我的话音刚落，所有看热闹的人，穿得体面的和穿得不怎么体面的人，绅士、马夫和女仆们，也齐声高喊起来：“着火啦！”浓烟滚滚，缭绕了整个屋子，并且从开着的窗户冒了出去。我看见争先恐后乱成一团的人影。过了片刻，还听到了从房中传出福尔摩斯叫大家放心那只是一场虚惊的喊声。我急忙穿过惊叫的人群，跑到街道的拐角。不到两分钟，我高兴地看到了我的同伴，他挎着我的胳膊逃离喧闹骚动的现场。在我们转到埃奇韦尔路的一条安静街道之前，他有几分钟都一言不发地急速往前走。

“医生，你干得真棒，”他说，“不可能比这更漂亮的了。一切非常顺利。”

“你弄到照片了吗？”

“我知道放在哪儿了。”

“你是怎么发现的？”

“正如我和你说过的那样，是她把照片拿给我看的。”

“我还不太明白。”

“我不愿意把这说得太神秘，”他笑了起来，“这事非常简单。你当然应该看出来了在街上的每一个人都是跟咱们一伙的。今天晚上他们全都是雇来的。”

“我猜也是这么一回事。”

“当两边发生争吵的时候，我手里拿了一小块湿的红颜料。我冲上去，跌倒在地上，赶紧把手捂在脸上，这样就成了一副可怜的样子。这是老把戏了。”

“这个我也猜出来了。”

“之后他们把我抬了进去。她不得不将我弄进去。不这样她又能怎么办呢？她把我安置在起居室里，正是我所预料的那个房间。那么照片应该就藏在屋子与她的卧室之间，我决定要看一下到底是在哪间房间里。他们把我搁在长沙发上，我做出需要充足空气的样子，他们便只好推开了窗户，这样你的机会就到了。”

“这对你有什么帮助呢？”

“这个非常的重要了。当一个女人想到她的房子着火时，她就会立刻本能地抢救她最宝贵的东西。这是一种完全不可遏制的本能冲动，我已经很多次都利用过这一点，并且在达灵顿顶替丑闻中发挥了重要作用，在阿恩沃思城堡案中也是如此。结了婚的女人赶紧抱起她的婴孩；没结过婚的女人首先保护珠宝盒。当时，我非常清楚，在这房子的东西里，对于我们当前这位夫人来说，没有比我们去追寻的那件东西更珍贵了。她一定会冲上前去把它拿到手中。着火的警报非常好地引起了她的恐慌。喷出的烟雾和喊叫声足以摧毁她钢铁般的意志。她的反应棒极了。那张照片藏在右门铃按钮上方百叶窗后面的壁龛里。她在那里待了片刻。当她把那张照片抽出一半的时候，我一眼看到了它。当我高喊那是一场虚惊时，她又把它放回去了。她看了一下烟火筒，就奔出了屋子，此后我就没再看到她了。我站了起来，找个借口偷偷地溜了出来。我曾犹豫是否设法把那张照片立刻也弄到手，但是这时马车夫进来了。他紧紧地盯着我看，看起来等等再拿照片比较安全。因为如果太鲁莽，就会把事情搞砸。”

“现在怎么办？”我问道。

“我们的调查实际上已经完成了。明天我将和国王一块去拜访她。如果你愿意跟我们一起去的话，你也可以去。我们会被引进起居室里等候那位夫人，但是非常有可能等她出来会客时，她既找不到我们，也找不到那张照片了。国王陛下如果能够亲手拿回那张照片，一定会非常满意。”

“那么你们什么时候去拜访她呢？”

“早晨八点钟。趁她还没起床的时候，这样我们就一展身手。而且，我们必须速战速决，因为结婚可能会使她的生活习惯完全改变。我必须马上给国王发个电报。”

这时我们已经走到贝克街，在门口停了下来。正在他从口袋里掏钥匙的时候，有人路过这里，并招呼道：“晚安，夏洛克·福尔摩斯先生。”

这时的人行道上有很多人。可这句问候语好像是一个身材细长、穿着长外套的年轻人匆匆路过时说的。

“我以前听见过这声音，”福尔摩斯惊讶地注视着昏暗的街道说，“但我不知道跟我打招呼的这个人究竟是谁。”

三

那天晚上，我住在了贝克街。早晨起来，我们正吃烤面包、喝咖啡的时候，波希米亚国王猛地冲了进来。

“那张照片真的在你手里吗？”他急切地看着夏洛克·福尔摩斯大声喊道，双手还紧紧地抓着他的肩膀。

“还没有。”

“那你有把握吗？”

“有。”

“那么我们现在就走吧。我真恨不得马上赶过去。”

“我们必须租辆出租马车。”

“没有那必要了，我的四轮马车就在外面等着呢。”

“这样就更省事了。”我们三个人又一次动身前往布里翁尼府第。

“艾琳·艾德勒已经结婚了。”福尔摩斯平静地说道。

“结婚了？我怎么不知道，这是什么时候的事？”

“就在昨天，跟一个叫诺顿的英国律师。”

“她不可能爱他。”

“我倒希望她爱他。”

“你为什么这样想呢？”

“因为这样完全可以免除陛下未来的麻烦。如果这位女士爱她的丈夫，就不会爱陛下了。这样一来，她就没有理由去干涉陛下的结婚计划了。”

“此话不假。可是……嗯，如果她和我的出身一样就好了，她将会是一位了不起的王后！”说完他又重新陷入忧郁的沉默中，一直到我们在塞彭泰恩大街停下来时都是如此。

布里翁尼府第的大门敞开着。一个上年纪的妇人站在台阶上。她满脸讥讽地打量着从四轮马车上下来的我们。

“我相信你是夏洛克·福尔摩斯先生吧？”她说道。

“我是福尔摩斯。”我的伙伴诧异地、多少有些惊愕地注视着她答道。

“真是！我的女主人告诉我你很有可能会来。今天早晨她跟她的先生一起走了，他们乘五点十五分的火车从查林十字街到欧洲大陆去了。”

“什么！”夏洛克·福尔摩斯向后打了个趔趄，懊恼和惊讶让他脸色苍白。

“你的意思是说她已经离开英国了吗？”

“再也不回来了。”

“那照片呢？”国王声音嘶哑地问，“一切都完了！”

“我们要看一下。”福尔摩斯推开仆人，奔进了客厅，国王和我尾随其后。家具乱七八糟地摆着，架子拆了下来，抽屉开着，好像这位女士在她临走之前匆匆忙忙地翻箱倒柜洗劫了一番似的。福尔摩斯冲到门铃的按钮处，拉开一扇可滑动的百叶窗，伸进手去，掏出一张艾琳·艾德勒穿着晚礼服的照片和一封信。信封上写着：“夏洛克·福尔摩斯先生本人亲收。”我的朋友把信拆开，我们三个人围着一起读这封信。写信日期是今天凌晨。信中是这样写的：

亲爱的夏洛克·福尔摩斯先生：

你真的干得非常出色。你完全把我给骗了。直到火警到来之前，我一点也没有疑心。但是从那之后，当我意识到我暴露了秘密时，才回想起来。几个月之前，就有人警告我要提防着你。他们说要是国王雇佣侦探的话，那一定非你莫属。而且他们还告诉了我你的住址。尽管这样，你还是成功了。甚至当我在开始怀疑的时候，我仍觉得难以置信那么一位温和可亲的、年长的牧师怎么会不怀好意。

但是，你要知道，我自己也是位训练有素的女演员。男性化装服对我并不新鲜。我自己经常女扮男装，并充分享受它所带来的自由。我派约翰也就是那个车夫监视你，然后跑上楼，换上便服，当我下楼来的时候，你正好刚刚离开。

之后，我在你身后跟踪你来到了你家门口，这样一来，我才能肯定自己正是在接受您，非常著名的夏洛克·福尔摩斯先生的调查了。于是，我非常冒失地祝您晚安，然后动身去坦普尔找我的丈夫。

我们两人都认为被这么一位难以应付的高手盯着，最好的办法还是远走高飞，因此在你明天早晨来的时候会发现这里早已人去楼空了。至于照片，你的委托人尽管放心。我和另外一人彼此相爱，而且他比国王更好。国王完全可以做他任何想做的事，不必担心他错爱过的那个人会对他有任何妨碍。我保存那张照片，只是为了保护我自己，正如珍藏一件能永远保护我将来免受伤害的武器。我现在留给他一张他也许愿意保存的相片。谨此向您，亲爱的夏洛克·福尔摩斯先生致敬。

您最真诚的艾琳·艾德勒·诺顿上

"她真是一位非常了不起的女人啊——哦，一位这么了不起的女人啊！"当我们三个人一起念这封信时，国王毫不避讳地这么喊着。

"我有跟你们说过她是多么的机智、聪明、果断吗？如果她能成为我的王后，那她一定是一位能使人民钦佩的好王后，只是可惜，她与我的身份地位那么的不相称。"

"据我从这位女士身上见到的，她的水平的确与陛下的非常的不一样，"福尔摩斯非常冷淡地说道，"我本人实在是非常遗憾没能让陛下得到一个更为完美的结局。"

"亲爱的福尔摩斯先生，我认为结局跟您说的恰好相反，"国王说，"我想再也没有一个结局能比这个更为完美的了。她是一个非常守信用的女人，现在那张照片和它被烧掉一样令我放心了。"

"非常高兴能听陛下这么说。"

"此外，我对你真是感激不尽。请告诉我要怎样酬谢你才好，这样吧，这枚戒指……"他从手指上摘下一只蛇形的绿宝石戒指，放在手掌上递给他。

"在我看来，陛下有一件比这戒指更有价值的东西。"福尔摩斯说。

"你只要能说出来是什么东西，我都愿意送给你。"

"就是这张照片！"

国王惊异地睁大眼睛凝视着他，喊道："艾琳的照片！好吧，如果你想要的话，当然没有问题。"

"谢谢陛下。那么这事就算办好了吧。我祝您早安。"他鞠了躬转身便离开了，对国王伸向他的手看都不看一眼。他与我一起回到了他的住处。

这就是波希米亚王国怎样受到了一桩巨大丑闻的威胁，而福尔摩斯的出色计划又是怎样被一个女人的聪明智慧所挫败的过程。他以前对女人的聪明才智常常加以讽刺与嘲笑，近来我很少听到他这样的嘲笑了。

当他提到艾琳·艾德勒或提起她那张照片时，他总是用“那位女士”这个非常尊敬的称呼。

红发会

去年秋天的一天，我去看望我的朋友夏洛克·福尔摩斯。我见到他时，他正在同一位身材矮胖、脸色红润、头发火红的老先生在交谈。我对自己的唐突表示非常的抱歉。当我想退出来的时候，福尔摩斯却出乎意料地一把将我拉住，把我拽进了房间，并随手把门关上了。他非常亲切地对我说：“亲爱的华生，太好了，你现在能够过来真是再好不过了。”

“我怕你正忙着。”

“是呀，我的确是非常的忙。”

“那我就到隔壁的房间等你。”

“不必了，威尔逊先生，这位是我的伙伴兼助手，他帮助我成功地办理过许多起案件。我一点也不怀疑在着手您的案件时，他将同样提供给我最大的帮助。”

那位矮胖的先生从他坐着的椅子里半站起身来，向我点头致意，从他那厚重的眼皮低下的一双小眼睛里迅速地掠过一丝质疑的目光。

“你坐在长靠背椅上吧。”福尔摩斯说，又回到他那把扶手椅坐下，双手手指的指尖合拢着。这是他在思考时候的习惯。

“亲爱的华生，我知道，你和我一样，不喜欢日常生活中那些平淡无奇的老掉牙的故事，而是喜欢稀奇古怪的东西。你那么满怀热忱地把这些东西都记录下来，可见你对它们非常感兴趣。如果你不介意的话，我要说，你这样做是为我许多小小的冒险经历增色不少。”

“正如你所说，我的确对你经手的那些案件都非常感兴趣。”我回答道。

“你应该记得，那天我们在谈到玛丽·萨瑟兰小姐所提的那个非常简单的问题之前，我对你说的那些话吧：为了获得新奇的效果和超乎寻常的配合，我们必须要深入到生活中去，而它本身富有的冒险性总是比任何大胆的想象大得多。”

“我倒是对您的这一看法持有怀疑的态度。”

“真的吗？医生。但是，你必须得同意我的看法。否则，我将要继续列举非常多的事实，这些事实将会使你的理论不攻自破，然后你就会承认我的观点是正确的。好啦，这位杰贝兹·威尔逊先生简直是太好了，他今天上午专程过来看我。刚开始他给我讲了一个故事，我保证它也许是我这段时间以来听到过的最稀奇古怪的故事之一。你曾经也听我说过这样一句话，最稀奇、最古怪的事物往往不是与重大的罪行有关，恰好相反，往往是跟微不足道的小罪行有关，而且有些时候，的确能够左右人的思想，让人对是否真的有人犯了罪产生怀疑。据我所知，目前我个人还不能判断这件案子是否属于犯罪性质。”

“威尔逊先生，可不可以请您费心从头讲一下这件事情的经过。请您从头开始讲，这不仅仅是因为华生医生没有听到开头部分，还因为这件事实在是太稀奇古怪了，我非常想从你嘴里听到最详细的描述。一般说来，每当我听到一些稍能说明事情经过的细节时，这些细节就会指引我记起脑海里那几千个相似的情节。可是这一次，我真的是不得不承认，现在我确信这件事情是非常独特的了。”

这位矮胖的委托人不由得露出非常骄傲的神态，挺起他那结实的胸膛，从大衣里面的口袋里掏出一张非常脏的皱报纸，然后他把报纸平摊在膝盖上，俯首仔细阅读上面的广告栏。在这时，我非常仔细地打量这位先生，力图模仿我同伴的做法，从他的服装或者外表上看出点什么名堂来。但是，我不得不承认，我这么做的收获非常的小。从这位客人的外貌特征来看，他是一位非常普通的英国商人，肥胖的身材，自高自大的神态，穿着一条袋状的灰格子裤子，一件没有系扣子的不太干净的燕尾服，里面穿一件黄褐色背心，背心上面还系了一条艾尔伯特式的粗铜链，还有一个四方的金属片当做装饰品，来回晃动着。在他一旁的椅子上放着一顶磨损的礼帽和一件褪了色的棕色大衣，大衣的天鹅绒领子已经有点褶皱。总的来说，我觉得这个人，除了他的头发颜色火红、表情非常的不耐烦和不满之外，没有什么特别的地方。

夏洛克·福尔摩斯锐利的眼睛似乎猜透了我的心思。当他注意到我疑惑的目光时，他面带微笑地摇了摇头。“他干过一段时间的体力活，吸鼻烟，还是共济会[1]会员，到过中国，最近写过非常多的东西。除了这些以外，我推断不出别的什么。”

杰贝兹·威尔逊先生在他的坐椅上突然坐直了身子，他的食指仍然放在报纸上，但眼睛已经转过来看着我的同伴。

他问道：“我的上帝啊！福尔摩斯先生，你怎么知道这么多我的事？比如，你怎么知道我干过体力活？那是像福音书一样千真万确，我最初就是在船上当木匠的。”

“我亲爱的先生，你看你这双手，你的右手比左手大多了。你用右手干活，所以右手的肌肉比左手发达。”

“哦，那么吸鼻烟和共济会会员呢？”

“我不会告诉你我是怎么看出来的，否则的话. 对你的智力是一种侮辱。何况你还不顾你们团体的规章制度，戴了一个弓形指南针模样的别针呢。”

“啊，当然，我把这个给忘记了。可是写作呢？”

“还有别的什么更能说明问题吗？那就是：你右手袖子上足有五寸长的地方闪闪发光，而左袖子靠近手腕贴近桌面的地方打了个整整齐齐的补丁。”

“那么，中国又怎么样？”

“注意你的右手手腕，那里有一个鱼形文身，据我所知，这种文身只能在中国刺。我曾经研究过一些文身的图案，还有写过关于这个专题的几篇论文。像这种用细腻的粉红色给大小不等的鱼着色的技巧，只有中国才会有。另外，在你的表链上还挂有一块中国钱币，那你的中国之行岂不更加一目了然了吗？”

杰贝兹·威尔逊听完福尔摩斯的分析大笑了起来：“哦，原来是这样啊，我怎么就没有想到呢！一开始我还以为是您神机妙算呢，可是说穿了之后，也就没有什么奇妙的了。”

福尔摩斯说：“华生，我现在才想起来，实在不该这样摊开来说，要‘大智若愚’。你是知道的，我的名声本来就不太好，时间长了，我肯定会身败名裂的。威尔逊先生，你能找到那则广告吗？”

“能，就在这里。”他边回答边用他那粗红的手指指向那栏广告的中间，他说，“就在这儿，它就是整件事情的原因。先生们，你们自己看吧。”

我从杰贝兹·威尔逊的手中把报纸接过来，念道：

---

[1]一个范围广泛的秘密互助会，1717年在伦敦建立。

“红发会：由于原居于美国宾夕法尼亚州已故黎巴嫩人伊齐基亚·霍普金斯之遗赠，现留下另一空职，凡红发会会员皆可申请。薪金为每周四英镑，工作实系仅挂名而已。凡红发男性，年满二十一岁，体格健康，智力健全者即均符合条件。应聘者请于周一上午十一时亲临舰队街、教皇院7号红发会办公室邓肯·罗斯处提出申请为荷。”

我读了两遍这则不一般的广告后不禁叫道：“这究竟是怎么回事？”

福尔摩斯坐在椅子上笑得扭动不已，他高兴的时候总是这个样子。他说：“这则广告非常特别，对吗？好啦，威尔逊先生，你现在就痛痛快快地把关于你自己的所有事情，以及和你同住的人，还有这个广告给你带来多大的好处，一五一十地讲出来吧。医生，你先把报纸的名称和日期记下来。”

“这是一八九〇年四月二十七日的《纪事年报》，正好是两个月以前的。”

“非常好。好了，威尔逊先生，请说吧。”

“嗯，夏洛克·福尔摩斯先生，我刚才跟您讲过了，”杰贝兹用手擦了一下自己的额头说，“我在市区附近的萨克斯—科伯格广场开了个小当铺。那是个小本生意，近年来，它仅仅是让我维持生活罢了。过去还能雇得起两个伙计，但是，现在只雇一个。如果不是他为学会做生意自愿只拿一半工资的话，就是这一个伙计我也雇不起啊。”

夏洛克·福尔摩斯问道：“这位热心的年轻人叫什么名字？”

“他名叫文森特·斯波尔丁。其实他也不年轻了，只是具体多大年纪非常难说。福尔摩斯先生，再也找不到比他更精明强干的伙计了。我非常清楚，他本来可以过得更好些，赚比我付给他多一倍的工资。可是，不管怎么讲，既然他心满意足，我又何必给他增加烦恼呢？”

“哦，真的？你能以低于市场价格的工钱雇到伙计，看起来是非常幸运的了。这在像你这样年纪的老板当中，可是一件不平常的事啊。我不知道你的伙计是不是和你的广告一样非常不同凡响。”

威尔逊先生说：“啊，其实他也有非常多的毛病。他比谁都爱照相，他拿着照相机到处照，就是没有上进心。他一拍完照就急急忙忙地跑到地下室去冲洗，速度非常快，这是他最大的毛病。可是，总的说来，他是个好工人，没有什么坏心眼。”

“我猜想，他现在还是和你在一起吧。”

“一点没错，先生。除他以外，还有一个十四岁的小姑娘。这个姑娘负责做饭、打扫房子。我的屋子里就只有这些人，因为我是个鳏夫，没有结过婚。我们三个人在一起过着安静的生活；我们住在一起，要是没有别的事可做的话，我们就欠了债一起还。”

“打扰我们的第一件事就是这则广告。正好在八个星期以前的一天，斯波尔丁走到办公室里来，手里拿着这张报纸。他说：‘威尔逊先生，我向上帝祷告，我多么希望自己是个红头发的人啊。’”

“我问他：‘那是为什么？’”

“他说，‘为什么？红发会现在又有了个空缺。谁要是得到这个职位，那简直是发了相当大的财。据我了解，空缺比谋职的人还多，受托管理那笔资金的理事们简直不知道该怎么办才好，有钱没有地方花啊。如果我的头发能变颜色就好了，这个怪不错的安乐窝就等着我去了。”“我问他，‘那又是怎么回事呢？’福尔摩斯先生，你可知道，我是个深居简出的人。因为我的买卖是送上门来的，用不着我到外面奔走兜生意，我往往一连几个星期足不出户。所以，我对外界孤陋寡闻，我总是乐意能听到点消息。斯波尔丁两只眼睛瞪得大大地反问我说，‘你从来没有听过红发会的事吗？”“从来没有听说过。”

“你这么说倒使我感到莫名其妙了，因为你自己就有资格去申请那个空着的职位。”“一年只给二百英镑，但这个工作非常轻松，如果你已有别的职务也并不碍事。”“好，你们不难想见，这真使我侧耳恭听啊，因为好些年来，我的生意并不怎么好，这笔额外的二百英镑如能到手，那简直是来得太容易了。”“于是我对他说，‘你把事情的全部情况都告诉我吧。”“他边把广告指给我看边说，‘好，你自己看吧，红发会有个空缺，这广告上有地址，到那里可以办理申请手续。据我了解，红发会的发起人是一个名叫伊齐基亚·霍普金斯的美国百万富翁。这个人作风非常古怪。他自己的头发就是红的，并且对所有红头发的人怀有深厚的感情。他死后大家才知道，原来他把他的巨大的财产留交给财产受托管理人处理，他留下遗嘱要用他的遗产的利息让红头发的男子有个舒适的差事。从我所听到的来说，待遇非常高，要干的活倒非常少。’”“我说：‘可是，会有数以百万计的红头发男子去申请的。’”

“他说：‘肯定没有你想的那么多人去申请。你再想想看，这实际上仅仅限于伦敦人，而且还必须是成年男子。这个美国富翁在青年时代在伦敦发了财，他想为这座城市做些好事。我还听说，要是你的头发是浅红色或深红色，而不是真正的火红，那你去申请也没有用。好了，威尔逊先生，如果你想去申请的话，就去好了。可是，为了几百英镑，让您去受那麻烦，也许根本不值得。’”

“先生们，正如你们现在亲眼看到的那样，我的头发，真的是火红火红的。因此，在我看来，如果为了这一职位而需要竞争的话，那么我会比任何与我竞争的人都会有希望。文森特·斯波尔丁好像对这件事已非常了解，所以我想他或许能助我一臂之力。于是，我便让他把百叶窗合上，立即跟我一起走。他非常高兴得到了一次休假，我们便这样停了业，朝广告上写的那个地点出发了。”

“福尔摩斯先生，我永远不想要再看到那种情景了。头发深浅不一的人来自各地、四面八方，涌向城里去找那则广告去应聘。舰队街满满挤着红头发的人，主教院看上去正如叫卖水果的商贩放满柑橘的手推车。我没有想到过区区一则广告竟然聚集到了全国那么多的人。他们头发的颜色什么样的都有——稻草黄色、柠檬色、橙色、砖红色、爱尔兰长毛猎狗那种颜色、肝色、土黄色等。但是，正如斯波尔丁所说，真正非常鲜艳的火红色的真不是非常多。”

“当我看见那么多的人在等待，我感到非常失望，非常想放弃。但是，斯波尔丁当时无论如何也不同意。我真难以想象他当时是怎么连推带搡，领我从人群中间挤过去，一走到那办公室的台阶前面。楼梯上有两拨人，一些人怀着希望往上走，一些人低头丧气向下走；我们用尽全力挤进人群中。不久，我们发现自己已经进了办公室。”

福尔摩斯先生看着他的委托人顿了一下，用力地吸了一下鼻烟，稍加思索地说，“你的这次经历实在是太有趣了。请继续讲讲你的这段相当有趣的事吧。”

“办公室里除了几把木椅和一张办公桌外，没有其他的东西。在办公桌的后面坐着一个头发颜色比我的还要红的小个子男人，每一个候选人走到他的面前，他总是要说几句，然后他就想办法在他们身上挑毛病，找任何理由来说他们不合格。原来，要得到这个职位并不是一件容易的事情。不管怎么样，轮到我们的时候，这个小个子男人对我比对任何其他应聘者都客气。我们走进去后，他就把门关上了，这样他就可以和我们单独地谈一谈。”

“我的伙计说，‘这是杰贝兹·威尔逊先生，他愿意填补红发会的空职。’”

“对方回答道，‘他非常适合担任一个职务。他满足了我们的所有条件。在我的记忆中，我还没有看过有谁的头发的颜色比他更好的了。’他向后退了一步，歪着头，注视着我的头发，弄得我不好意思起来。然后他一个箭步向前握住我的手，热烈祝贺我求职成功。”

“他说，‘要是继续犹豫不决那就非常不好了。不过，对不起，显然我必须小心谨慎，我相信你不会介意。’他双手紧紧揪住了我的头发，用力地拔，我疼得叫出了声，他才松手。”

“他撒手之后对我说，‘你眼泪都掉出来啦。我清楚地发现，一切都非常的理想。但是我必须得谨慎一些，因为我们曾两次被带着假发的家伙、有一次被了染头发的家伙给骗了。我可以跟你说一些关于鞋蜡的故事，你听了会觉得恶心的。’”

“他走到窗户那儿声嘶力尽地喊，‘已有人填补空职了。’窗户下面传来了一阵失望的叹息，人们陆陆续续地向四面八方散开了。他们走了以后，除了我自己与那位干事外，再找不到一位红头发的人了。”

“他说，‘我叫邓肯·罗斯先生。我自己便是一位我们高贵的施主遗赠基金的养老金领取者。威尔逊先生，你已经结婚了吗？成家了吗？’”

“我回答说，‘没有。’”

“他立刻脸色一沉。”

“他严肃地说，‘哎哟！这可真是一件大事啊！你刚刚所说的情况让我感到非常遗憾。当然，创立这个基金的目的既是为了维护并且同时也是为了生育更多红头发的后代。你竟是个未婚的单身汉，那实在是太不幸了。’”

“福尔摩斯先生，听到这些话我感到非常沮丧。我当时想，完了，这职位还是到不了手。但是他思考了一会之后又说：‘不过那没关系。’”

“他说：‘如果是别人的话，这个缺点可能是不幸的。但是，你的头发长得这么好，对你这样一个人，我们必须破例照顾。你什么时候可以来上班？’我说：‘哦，事情有点不好办，因为我已经有了一家铺子。’文森特·斯波尔丁说：‘那不要紧，我能替你照管好生意。’”

“我问他：‘上班时间是几点到几点？’他说：‘是上午十点到下午两点。’福尔摩斯先生，开当铺的人生意多半是在晚上，特别是在星期四、星期五晚上，这正是发薪前两天，所以在上午多赚几个钱对我是非常合适的。而且我知道我的伙计人挺不错，有什么事他都会照料好的。”

“后来我又问了一些薪金和工作的问题，他告诉我说：‘每周四英镑。至于工作也仅仅只是挂名而已。意思也就是说，在整个办公时间你必须待在办公室里，或者至少在那楼房里待着；如果你离开，那就永远放弃了你的整个职位。对于这一点，在遗嘱上说得非常清楚。如果你在这段时间里稍微离开一下办公室，那就是没有按照条例办事。’我说：‘一共只有四个小时，我可以做到。’”

“邓肯·罗斯先生说：‘不得以任何理由为借口，不管是有病、有事或其他理由都不行。你必须老老实实地在那里待着，否则你就会丢掉你的职位。’”

“我问他在工作时间我做什么，他说，我的工作是抄写《大英百科全书》，这里有第一卷，我要自备墨水、笔和吸墨纸，他们只提供给你这张桌子和这把椅子。随后他又问我明天可以开始上班吗。我回答说：‘当然可以。’”

“‘那么，杰贝兹·威尔逊先生，再见，让我再次祝贺你这么幸运地得到了这个重要职位。’他向我鞠了一个躬。随即我离开了那个房间，和我的伙计一起回到了家里。我为自己的好运气简直高兴得不知所措了。嗯，我整天都在思考着这件事。到晚上，我的情绪又消沉下来了，因为我总觉得这件事一定是某种大骗局或大诡计，虽然我猜想不出它的目的是什么。有人立下这样的遗嘱，或者给那么多的钱让人做像抄写《大英百科全书》这种简单的工作，简直是不可思议的。文森特·斯波尔丁想尽一切办法来宽慰我。到晚上睡觉的时候，我已从这整个事件中得出结论，不管怎样，我决定第二天早晨去看看究竟是怎么回事。我花一个便士买了一瓶墨水、一根羽毛笔、七张大页书写纸，然后动身到教皇院去。”

“嗯，使我又惊又喜的是，一切都非常的顺利。桌子已经给我摆好了，邓肯·罗斯先生在那里照料，好让我顺利地开始工作。他让我从字母A开始抄，然后离开了，但他不时地走进来看看我。下午两点钟他和我说再见，并称赞我写得可真不少。我走出办公室后，他就把门锁上了。”

“福尔摩斯先生，事情就这样一天天地继续下去。到了星期六，那干事进来，付给我四个英镑的金币作为我这一周工作的报酬。下星期是这样，再下星期还是这样。我每天上午十点到那里上班，下午两点下班。以后邓肯·罗斯先生就逐渐地不怎么来了，有时候一个上午也只来一次，再过一段时间，他根本就不来了。当然，我还是一会儿也不敢离开办公室，因为我不敢肯定他什么时候可能会回来，而这个职务确实非常不错，对我非常合适，我不愿冒丢掉它的风险。就这样，八个星期的时间过去了。我抄写了‘男修道院院长’、‘盔甲’、‘建筑学’和‘雅典人’等词条，并且希望由于我的勤奋努力，不久就可以开始抄写以字母B为首的词条。”

“我花了不少钱买大页书写纸，我抄写的东西几乎堆满了一个架子。接着，这整件事情突然被宣告结束了。”

“结束？”

“是的，先生，就在今天上午结束的。我照常十点钟去上班，但是门关着而且上了锁，在门的嵌板中间用大头钉钉着一张方形小卡片。这张卡片就在这儿，你们自己可以看看。”

他举着一张约有便条纸大小的白色卡片，上面这样写着：

红发会业已解散

此启。一八九〇年十月九日

我和夏洛克·福尔摩斯看了这张简短的通告及站在后面的那个人充满懊恼的愁容，这件事的滑稽可笑完全压倒了一切其他可以考虑的东西，我们两个人情不自禁，哈哈大笑起来。我们的委托人涨得满面通红，暴跳如雷地嚷道：“我看不出有什么可笑的地方。如果你们不会干别的而只会取笑我的话，那我可到别处去。”福尔摩斯大声说，“不，不，”他一面把已半站起来的威尔逊推回那把椅子里，一面说，“我真的无论如何不能放过你这个案件。它太不寻常了，实在使人耳目为之一新，但是如果你不见怪的话，我还是要说，这件事确实有点可笑。请问，当你发现门上卡片的时候你采取了什么措施？”“先生，我感到非常震惊，我不知道怎么办才好。我向办公室周围的街坊打听，但是，看来他们谁也不知道那是怎么回事。最后，我去找房东，他住在楼下，是当会计的。我问他能否告诉我红发会出了什么事。他说，他从来没有听说过有这样一个团体。然后，我问他邓肯·罗斯先生是什么人。他回答说，这个名字对他非常陌生。”“我说，‘哦，是住在7号的那位先生。’‘什么，那个红头发的人？’‘是的。’他说，‘哦，他名叫威廉·莫里斯。他是个律师，他暂住我的屋子，因为他的新居还没有准备好。他是昨天搬走的。’‘我在什么地方能找到他呢？’‘哦，在他的新办公室。他确实把他的地址告诉我了。是的，爱德华王街17号，就在圣保罗教堂附近。’‘福尔摩斯先生，我马上动身到那里去了，但是，当我到那个地方的时候，我发现它是个护膝制造厂，这个厂子里谁也没有听说过有个叫威廉·莫里斯或叫邓肯·罗斯的人。”福尔摩斯问道：“那你接下来怎么办呢？”

“我回到我在萨克斯—科伯格广场的家里去。我接受了我伙计的劝告。可是，他的劝告根本帮不了我的忙。他只是说，如果我耐心等待，也许会收到来信，从中得到消息。但是，福尔摩斯先生，这些话并不能安慰我。我不愿意不争取就失去这么好的职位。因为我听说你肯给不知道如何是好的穷人出主意，所以我就立即到你这里来了。”

福尔摩斯先生说：“你这样做非常明智。你的案件是非常特别的，我非常乐意帮你调查。从你所告诉我的经过看，可能它牵连的问题要比乍看起来更为严重。”

杰贝兹·威尔逊先生说：“够严重的啦！你想想，我每周损失四英镑啊。”

福尔摩斯又说：“就你本人来说，的确如此。我认为你不应该抱怨这个不同寻常的团体。恰恰相反，据我所知，你白白赚了三十多个英镑，且不说你抄了那么多以字母A为词头的词，增长了不少知识。你干这些事并没有什么损失。”

“确实如此。但是，先生，我想找到他们，想知道他们是什么人，他们拿我开玩笑的目的又是什么——如果确实是开玩笑的话。他们开这个玩笑的代价非常的昂贵啊，这花费了他们三十二个英镑。”

“这一点我们将努力去替你弄明白。但是，威尔逊先生，你要先回答我一两个问题。第一个，叫你注意看广告的那位伙计，他怎么去你那里的？有多长时间了？”

“在发生这件事以前大约一个月，他是看广告应聘来的，当然，来应聘的有十来个人。我之所以选中他，是因为他灵巧，而且花费也不多，实际上他只领一半工资。”

“这个文森特·斯波尔丁是什么模样？”

“小个子，体格健壮，动作非常敏捷。虽然年龄在三十开外，脸皮却非常光滑。他的前额有一块被硫酸烧伤的白色伤疤。”

福尔摩斯非常兴奋地在椅子上挺直了身子。他说：“这些我都想到了。你有没有注意到他的两只耳朵穿了戴耳环的孔？”

“是的，先生。他对我说，是他年轻的时候一个吉起赛人在他耳朵上穿的孔。”

福尔摩斯说：“哦，”渐渐陷于沉思之中，“他还在你那里吗？”

“哦，是的，我刚才就是从他那里来的。”

“你不在的时候生意是不是一直由他打理？”

“先生，我对他的工作没有什么可抱怨的，上午本来就没有多少买卖。”

“行啦，威尔逊先生，我非常高兴在一两天内把我关于这件事的意见告诉你。今天是星期六，我希望到星期一我们就可以作出结论了。”

客人走了之后，福尔摩斯对我说："好啦，华生，依你看，这到底是怎么回事呢？"

我坦率地回答说："我一点问题也看不出来。这件事实在是太神秘了。"

福尔摩斯先生说："一般地说，越是稀奇古怪的事，一旦真相大白，就可以看出并不是那么高深莫测。那些普普通通没有一点特点的罪行才真正令人迷惑。就像一个人平淡无奇的面孔最难以辨认一样。但是，我必须立即采取行动去处理这件事。"

我问他："那么你准备怎么办呢？"

他回答说："抽烟，这是要抽完三个烟斗的烟才能解决的问题；同时请你在五分钟之内不要和我讲话。"他蜷缩在椅子里，消瘦的膝盖几乎要碰着了他的鹰钩鼻。他双目紧闭静静地坐在那里，嘴上叼的那只黑色的陶制烟斗，非常像某种珍奇的鸟的那又尖又长的喙。我当时觉得，他一定是沉入梦乡了，我也就打起瞌睡来了，而正在这个时候，他忽然从椅子上一跃而起，一副拿定了主意的样子，然后把烟斗放在了壁炉台上。

他说："萨拉沙特[1]今天下午在圣詹姆士会堂演出。华生，你觉得怎么样？你的病人能让你有空余的时间吗？"

"今天我没什么事情。我的工作向来不是很忙。"

"那么戴上帽子，咱们走吧！我们经过市区的时候顺道可以吃顿午饭。我发现节目单上的德国音乐不少。我认为德国音乐比意大利或法国音乐更加优美动听。德国音乐听了能使人深省。我正需要做一番内省的功课。走吧。"

我们乘地铁一直到了奥尔德斯盖特，又走了一小段路，我们就到达了萨克斯—科伯格广场，上午所听到的那离奇的故事就是发生在这里的。这是些狭隘窄小破败而又虚张声势的穷街陋巷，四排灰暗的双层砖房排列在一个四周有铁栏杆的围墙里面。院内是一片杂草丛生的草坪，草坪上几簇枯败的月桂小树丛在浓烟弥漫和非常不适宜的环境里顽强地生长。街道拐角的一座房子上方，有一块棕色的木板和三个镀金的圆球，上面刻了"杰贝兹·威尔逊"这几个白色大字，这一招牌向人们表明，这里就是我们那位红头发委托人做生意的地方。

夏洛克·福尔摩斯在那座房子面前停下了，歪着脑袋仔细察看了一番这所房子，双眼在布满皱纹的眼皮中间炯炯闪光。他接着漫步走到街

[1]西班牙作曲家、小提琴大师。

上，然后又返回到那个拐角，眼睛凝视着那些房子。最后他回到那家当铺落户的地方，用手杖用力地敲了两三下那儿的人行道，然后便走到了当铺门口敲门。一个看起来非常精明能干、胡子剃得光光的小伙子立刻给他打开了门，请他进去。

福尔摩斯说："麻烦，我只想问问，从这儿到斯特兰德要怎么走。"

那伙计马上回答说："在第三个路口右拐，到第四个路口再左拐。"然后关上了大门。

当我们从那儿离开的时候，福尔摩斯说："他的确是个精干的小伙子。根据我的判断，他在伦敦城能算得上第四个最精明能干的人了；至于胆略方面，我不能肯定地说他是不是排第三。我之前对他有过了解。"

我说，"非常明显，威尔逊先生的伙计在这起红发会的神秘事件中起到了非常大的作用。我相信你过去问路不过是为了看一看他这个人而已。"

"不是看他。"

"那是为什么呢？"

"看看他裤子上膝盖的那个地方。"

"你看见了什么？"

"我找到了我想看的东西。"

"那你为什么要走人行道呢？"

"我的亲爱的医生，现在是需要留心观察，而不是应该谈话的时候。我们是在敌人的领土上进行侦查。我们了解一些萨克斯—科伯格广场的情况。现在我们去侦查一下广场后面的那些地方。"

当我们从偏僻的萨克斯—科伯格广场的拐角转过弯来的时候，呈现在我们眼前的道路是一种截然不同的景象，就像一幅画的正面和背面那样截然不同。那是市区通向西北的一条交通大动脉，街道被一股熙熙攘攘做生意的人堵住了。在这洪流中，有向内流的，也有向外流的。人行道则被蜂拥而来的无数行人踩得发黑。当我们看着那一排华丽的商店和富丽堂皇的商业楼的时候，简直难以相信这些楼宇和我们离开的那死气沉沉的广场是紧密地在一起的。

福尔摩斯站在一个拐角顺着那一排房子看过去，说："让我们想想看，我非常想记住这里这些房子的顺序，准确地了解伦敦是我的一个嗜好。这里有一家叫莫蒂然的烟草店，那边是一家卖报纸的小店，再过去是城市与郊区银行的科伯格分行、素食餐馆、麦克法兰马车制造厂，一直延伸到另一个街区。好啦，医生，我们已完成了我们的工作，该去消遣一会了。来份三明治和一杯咖啡，然后到演奏提琴的场地去转一转，在那里一切都是悦耳的、优雅的、和谐的，在那里没有红头发委托人出难题来打扰我们。”

我的同伴是位热情洋溢的音乐家，他不但是一位技艺高超的演奏家，而且还是一个才艺超群的作曲家。整个下午他都坐在观众席中，显得非常的愉快，随着音乐的节奏轻轻地抖动他修长的手指。他面含微笑，眼睛却略含伤感，如入梦境。这时的福尔摩斯与那厉害的侦探、铁面无私、机智善断、果敢敏捷的刑事案件侦探福尔摩斯截然不同，简直可以说是判若两人。在他那古怪的双重性格交替地显露出来时，正如我常常想的那样，他的极其细致、敏锐，和平时他身上占主导地位的富有诗意的沉思神态，形成了鲜明的对比。他这样的性格使他从一个极端走到另一个极端，时而非常憔悴，时而精力充沛。我非常清楚地知道，他最严肃的时候就是接连几天坐在扶手椅中苦思冥想地构思和创作的时候，而强烈的追捕欲望又会突然支配他，这个时候他的推理能力就会高超到成为一种直觉，以致那些不了解他做法的人会以疑问的眼光，把他看作是一个万事通的知识超人。那天下午，我看见他在圣詹姆士会堂完全沉醉在音乐声中的时候，我感觉他决定要追捕的人肯定会倒大霉了。

当我们听完音乐走出来的时候，他说：“医生，你应该是想要回家了吧。我还有点事要费几个小时才能办完。发生在科伯格广场的事是件非常大的案件。”

“为什么是重大案件呢？”

“有人正在密谋策划一桩重大案件。我有充分的理由相信我们将会及时制止他们。但是，今天是星期六，事情变得比较复杂了。今晚我需要你的帮助。”

“什么时间？”

“十点钟就够早了。”

“那我十点到贝克街就是了。”

“那太好了。不过，医生，可能有点儿危险，请你把你在军队里使用过的那把手枪放在口袋里。”他招了招手，转过身去，立即消失在人群中。

我敢说，我这个人并不比我的朋友愚钝，但是，在我和夏洛克·福尔摩斯的交往中，我总是感觉到一种压力：我自己太笨了。就拿这件事来说吧，他听到的我也都听到了，他见到的我也都见到了，但从他的谈话中可以明显地看出，他不但清楚地了解到已经发生的事情，而且还预见到将要发生的事情；而在我看来，这件事仍然是相当混乱和怪诞。当我乘车回到我在肯辛顿的住家时，我又把事情从头到尾梳理了一遍，从抄写《大英百科全书》的那个红头发人的异乎寻常的遭遇，到去访问萨克斯—科伯格广场，到福尔摩斯和我分手时所说的不祥的预示。夜间会有什么样的冒险？为什么要我全副武装？我们准备到哪里去？去干什么？我从福尔摩斯那里得到暗示，当铺老板的那个脸庞光滑的伙计应该是个非常难以对付的家伙，这家伙非常有可能正在筹划一桩阴谋。我老是想把这些事情理出个头绪来，结果总在失望中作罢，只好把它们放在一边，反正到晚上一切都会揭晓的。

九点一刻，我从家里动身穿过公园之后，经过牛津街就到达了贝克街。门口停着两辆双轮双座马车。当我走进过道的时候，我听到从楼上传出来一些声音。我走进福尔摩斯的房间里，看见他正热烈地和两个人交谈。我认出其中一个人是警察局的官员彼得·琼斯；另一个是面黄肌瘦的高个子男人，他头戴一顶崭新发亮的帽子，身穿一件厚厚的、非常讲究的礼服大衣。

福尔摩斯说："哈，我们的人都到齐了。"他一面说话一面把他粗呢上衣的扣子扣上，并从架上把他那根笨重的打猎鞭子取下来。他又说："华生，我想你认识伦敦警察厅的琼斯先生吧？让我给你介绍一下梅里韦瑟先生，他就要成为我们今晚冒险行动的伙伴。"

琼斯傲慢地说："大夫，你看，我们又重新组合在一起打猎了。我们这位朋友是个好猎手。他只需要一条老狗去帮助他把猎物捕获。"

梅里韦瑟悲观地说："我倒希望这次追捕不会成为一桩徒劳无功的行动。"

那个警探趾高气扬地说："先生，你对福尔摩斯先生应当非常有信心才对，他非常有自己的办法。这套办法，恕我直言，就是有点太理论化和异想天开，但他具有成为一名侦探所需要的素质。有一两次，比如说舒尔托凶杀案和阿格拉珍宝大盗窃案，他都比官方侦探判断得更加正确。还有一点我要说明：我这样说并不是夸大其词。"

那个陌生人顺从地说："琼斯先生，你要这样说我没有意见。不过，我还是要声明，我错过了打桥牌的时间，这是我二十七年来第一次星期六晚上不打桥牌。"

夏洛克·福尔摩斯说："我想最终你会明白，今天晚上你下的赌注比你以往下过的都大，而且这次打牌的场面更加激动人心。梅里韦瑟先生，对你来说，赌注约值三万英镑，而琼斯先生，对你来说，赌注是你想要逮捕的人。"

“约翰·克莱这个杀人犯、盗窃犯、抢劫犯、诈骗犯，是个青年人，梅里韦瑟先生，但他是这伙罪犯的首领人物。我认为逮捕他比逮捕伦敦的任何其他罪犯都更具有紧迫性，他是个值得注意的人物。这个年纪轻轻的约翰·克莱，他的祖父是王室公爵，他本人在伊顿公学和牛津大学读过书，头脑和手一样非常灵活。虽然我们每拐个弯都可能碰到他的踪迹，但是，我们始终不知道到哪里去找他这个人。他前一个星期在苏格兰砸烂了一个儿童床，而下一个星期却在康沃尔筹款兴建一个孤儿院。我跟踪他多年了但是一直没有见过他。”

“我希望今晚能够高兴地为你介绍一番。我也和这个约翰·克莱交过一两次手。我同意你刚才说的，他是个盗窃集团的头子。好啦，现在已经十点多，是时候我们出发了。如果你们二位坐第一辆马车，那么我和华生坐第二辆马车跟着。”在漫长的道路上，夏洛克·福尔摩斯基本没有讲话；他在车厢的座位上向后靠着，口里哼着当天下午听过的乐曲。马车辘辘地在没有尽头、迷津似的点着许多煤气灯的马路上行驶，一直到了法林顿街。我的朋友说，“现在我们离那里已经不远了。梅里韦瑟这人是个银行董事，他本人对这个案子非常感兴趣。我想让琼斯也和我们一块来有好处。这个人不错，虽然就他的本行来说，他纯粹是个笨蛋。不过他有一个值得肯定的优点，一旦他抓住了罪犯，他就像条獒狗一样勇猛，顽强得像只龙虾。好，我们到了，他们正在那里等着我们。”我们到达上午去过的那条平常人来人往拥挤不堪的大马路。把马车打发走了以后，在梅里韦瑟先生的带领下，走过一条狭窄的通道，通过他给我们打开的旁门进去。在里面有条小走廊，走廊尽头是扇巨大的铁门。梅里韦瑟先生把那扇铁门打开，进门后是盘旋式石板台阶通向另一扇令人望而生畏的大门。梅里韦瑟先生停下来把提灯点着，然后领我们往下沿着一条有一股泥土气息的通道走下去，然后再打开第三道门，便进入了一个非常庞大的拱顶的地下室。地下室周围堆满了板条箱和非常庞大的箱子。

福尔摩斯把提灯举起来四下察看。他说：“你们这个地下室要从上面突破不是非常容易。”梅里韦瑟先生边用手杖敲打着平地的石板边说：“从地下突破也不是非常容易。”接着惊讶地抬起头来说，“哎哟！听声音底下是空的。”

福尔摩斯严厉地说：“我必须要求你们安静点！你已经损害我们取得这次抓捕行动的完全胜利。我请求你找个箱子坐在上面，不要干扰我好不好？”

这位庄重的梅里韦瑟先生只好坐到一只板条箱上，一脸委屈的表情。这时，福尔摩斯跪在石板地上，拿着提灯和放大镜开始仔细地检查石板之间的缝隙。他只用了片刻时间就检查完毕，起身站了起来，并把放大镜放回口袋里。

他说："我们起码要等一个小时，因为在那个好心肠的当铺老板睡安稳之前，他们是不会采取任何行动的。然后，他们就会分秒必争地抓紧时间动手，因为他们动手得越早，逃跑的时间就越多。医生，你应该已经猜到了，我们现在是在伦敦的一家大银行的市内分行的地下室里。梅里韦瑟先生是这家银行的董事长，他会向你解释，为什么伦敦的那些胆子比较大的罪犯现在会对这个地下室那么感兴趣。"

"你们的法国黄金？"

"是的，几个月以前，我们恰好有机会增加我们的资金来源，为此向法兰西银行借了三万个拿破仑[1]。现在大家都已知道，我们一直没有机会开箱取出这些钱，因此仍然放在地下室里。我坐着的这个板条箱子里面就有两千个法国金币，是用锡箔一层一层夹着包装的。我们的黄金储备现在比一家分所平常所拥有的数量大得多，董事们对这件事一直非常不放心。"

福尔摩斯说："他们就应该不放心。现在是我们安排一下我们小小的计划的时候了。我预料在一小时内事情就会真相大白。现在，梅里韦瑟先生，我们必须用布罩把这比较暗的提灯蒙上。"

"在黑暗中坐着等吗？"

"恐怕是这样的。本来我带了一副扑克牌放在口袋里。我原本来想，我们正好四个人，你也许还可以打你的桥牌。但是，现在我看敌人已经开始有所行动，我们不能冒着漏出亮光的危险。首先，我们必须选好位置。这些人都是胆大包天的家伙，但是我们将会以毒攻毒。我们要谨慎小心，否则他们非常有可能使我们受到一些损伤。我将站在这个板条箱后面，你们都藏在那些箱子后面。然后当我把灯光照向他们的时候，你们就迅速跑过去。华生，如果他们开枪，你就毫不留情地把他们打倒。"

我蹲在一个木箱后面，把左轮手枪推上了子弹，然后放在前面的木箱上。福尔摩斯飞快地把提灯的滑板拉到灯的面前，这样我们就陷入一片漆黑之中——我以前从来没有在这么一团漆黑的地方呆过。烤热了的金属的气味使我们确信，灯还是亮着的，一得到信号就可以亮起来。我当时静静地等着，精神高度紧张，在那阴湿寒冷的地下室，在那突然的

[1]带有拿破仑头像的旧时金币，面值为二十法郎。

黑暗里，令人感到压抑和无助。

福尔摩斯低声说："他们只有一条退路，那就是退到屋子里去，然后再退到萨克斯—科伯格广场去。琼斯，我想你已经照我的要求做了吧？"

"我已派了一个巡官和两个警官守候在前门那边。"

"那么我们把所有退路都堵死了，现在我们必须静静地在这里等着。"

时间过得非常慢！事后我们对了一下表，一共等了一小时十五分钟，但是我仿佛觉得是通宵达旦，等了整整一夜，似乎天都快要亮了。因为我不敢随便移动，手脚都发麻了。我神经紧张到了极点，但听觉却非常敏锐，不但能听见同伙们轻轻的呼吸，而且连那大块头琼斯又深又粗的吸气和那银行董事非常轻的叹息我都能分辨出来。从我面前的那个箱子上望过去，可以看到石板地上那个方向。

突然，我看见那里透出一丝光亮。刚开始，那只是闪现在石板地上的灰黄色的星星之火，接着火星连成了一条黄色的光束。忽然间地面悄悄地似乎出现了一条裂缝，一只手从那里伸了出来，一只几乎像妇女那样又白又嫩的手在有亮光的一小块地方的中央摸索着。一分钟左右，这只指头蠕动的手伸出了地面，然后同它的突然伸出一样，顷刻之间又缩了回去，周围又是一片漆黑，只有一点灰黄色的火星照亮着石板缝。不过，那只手只是隐没了一会儿，接着发出了一种刺耳的撕裂声，在地板中间的一块宽大的白石板翻了过来，那里立时出现了一个四方形缺口，随即从缺口里射出一线提灯的亮光。在边缘上露出一张清秀的孩子般的脸，这个人敏捷地向四周围察看了一下，然后用两只手扒着那缺口的两边向上攀升，直至肩膀和腰部都到了缺口上面，然后一个膝盖跪在洞口边缘。一刹那，他已经站在了洞口一边，并把一个同伙拉了上来。同伙和他一样，是个动作轻巧灵活的小个子，面色苍白，有一头蓬乱的非常红的头发。

他小声地说："一切都非常顺利。你把凿子和袋子都带来了吗？天哪，不好了！阿尔奇，跳，赶紧跳，其他的由我来对付！"

夏洛克·福尔摩斯一跃而起，跳过去一把揪住这个偷偷潜入的那个人的领子，另一个人猛然一下子跳到洞里去了。我听到撕破衣服的声音，琼斯当时一把抓住了他的衣服的下摆。一支左轮手枪的枪管在亮光中闪现了一下，但福尔摩斯的打猎鞭子骤然打在那个人的手腕上，手枪当的一声掉在石板地上。

福尔摩斯毫无表情地说："约翰·克莱，那是徒劳的，你逃不过这一关了。”对方非常冷静地回答说：“我看是这样。我想我的好友会平安无事的，虽然我看见你们揪住了他的衣角。”

福尔摩斯说：“三个人正在那边门口等着他呢。”

“哦，真的，你们办事好像非常的周到。我应该向你们致敬！”

福尔摩斯回答道：“彼此，彼此。你的那个红头发点子非常的新颖，也非常有效。”

琼斯说：“你将会和你的伙伴愉快地会面的。他钻进洞里的动作比我来得快。伸出手来，让我铐上。”当手铐把我们的俘虏的手腕扣上的时候，他说：“我请求你们不要用你们的脏手碰我。你们或许并不知道我是皇族后裔。我还要请你们在跟我说话的时候，在任何时候都要用‘先生’和‘请’字。”

琼斯把眼睛睁圆了，强忍住笑说：“好吧，嗯，‘先生’请你向台阶那儿走吧，到了上面，我们可以请一辆马车把阁下送去警察局。好吗？”

约翰·克莱满意地说：“这就好些了。”他对我们三人快速地鞠了个躬，之后默默地在警探的看护下走了出去。

在我们跟随在他们身后从地下室走上来的时候，梅里韦瑟先生说：“我真不知道我们的银行要怎么感激和报答你们才好。可以肯定，你们用了最严密周全的方法来侦察与破案。这件案件是我的经历中从来没有见过的最精心谋划的一起银行盗窃案。”

福尔摩斯说：“我自己就有一两笔账要同约翰·克莱算。我为这桩案子花了非常多的钱，我想银行是会付给我这笔钱的。但是，除此之外，我还获得了其他方面的优厚报酬，这次破案的经验在很多方面是以前没有的。只是那红发会的非常不一般的故事也就受益不小了。”

清晨，我们在贝克街喝了加苏打水的威士忌的时候，福尔摩斯向我解释：“华生，你看，这个从一开始就非常的明显，红发会的那个莫名其妙的广告与抄写《大英百科全书》的唯一可能的原因，是使这个昏头昏脑的当铺老板每天离开他的店铺一些时间。这个做法非常奇特，但的确非常难找出比这更巧妙的方法。这个方法无疑地说明了克莱的别出心裁，他利用了同犯的头发颜色。每周四英镑当然是引诱他的诱饵。对于他们这些要把成千成万的英镑搞到手的人来说，这一点钱算得上什么？他们刊登了广告，一个流氓找了间临时的办公室，另一个流氓鼓动他去申请那个位置。他们合伙确保他一周的每天上午离开他的店铺。从我听见那伙计只要一半工资的时候起，我就发现，非常显然他去那当铺当伙计是有什么特殊的目的的。”

“可是，你又是怎么猜出他的动机呢？”

“要是在那家店铺里有个女人的话，我原本怀疑无非是搞一些庸俗的风流韵事。可是，压根儿不是那样的。这位当铺老板做的是小本生意，当铺里没有任何值钱的东西，不值得他们如此精心谋划，花费那么多钱。因此，他们的目的肯定不在当铺。那么可能干什么呢？我想到这个伙计非常喜欢拍照，想到了他经常出没于地下室的这一诡计。地下室！这就找到了这个纠缠难解的案子的线索。接着，我去调查了这个神秘伙计的情况。我发现，我的对手是伦敦城脑子最清楚、胆量最大的罪犯之一，他在地下室里搞了些名堂，并且要接连几个月每天做许多个小时才行。那么再问一下，可能搞些什么呢？我想除了挖掘一条通向其他楼房的通道之外，不可能再有其他的什么事情了。”

“当我们去观察作案地点时，我心里就已经有数了。我用手杖敲击人行道让你感觉非常惊讶，我当时是要弄明白地下室是向前还是向后延伸的。不是向前的。然后我摁门铃，正如我希望的，是那位伙计出来开的门。我们之前有过几次交手。但是，在这之前，彼此之间从未面对面地见过。我几乎没有看他的脸，我要看的是他的膝盖。你自己一定也能觉察到，他的裤子膝盖那个部分非常的破旧、皱巴和肮脏。这些情况表明，他花了非常多的时间去挖地道。”

“这样唯一未解的问题就是，他们为什么要挖地道？于是，我在那拐角四周查看一番，我发现原来那城市与郊区银行以及我们的朋友的房子紧靠着。我认为问题解决了。当你和我听完音乐会坐车回家的时候，我拜访了苏格兰场和这家银行的董事长，结果怎样，你也已经看到了。”

我问他：“你怎么就能够断定他们会在当天晚上作案呢？”

“嗯，他们的红发会办公室闭门解散是个讯号：他们对杰贝兹·威尔逊先生人在不在当铺里已经不在意了。换句话说，他们的地下道肯定已经挖好了。但是，最要紧的是，由于地道非常有可能被发现，黄金也可能会被运走，所以他们一定要尽快地利用这条地道。周六比其他日子对他们都更适合，这样他们有两天的时间可以逃跑。根据上面各种理由，我预料到他们肯定会在当天晚上动手。”

我不掩饰地赞叹道：“你这样推理真是太厉害了。这一连串的推理可谓非常长，但每个环节都证明你的推断是正确的。”他回答说：“这免得让我感到无聊。”他打个哈欠，接着说，“唉，我已经觉得生活够无聊的了。我的一生就是力求不要在庸庸碌碌中虚度过去，而这些小小的案件着实帮了我的大忙。”

我由衷地说道："你真是造福人类啊！"他耸了耸肩，说道："嗯，总而言之，这也许还有点用处。正如居斯塔夫·福楼拜在给乔治·桑的信中所说的，'人是渺小的——著作就是一切。'"

身份案

我与福尔摩斯两人面对面坐在贝克街他的寓所里的壁炉旁边。

他说："老兄，生活比人们所能想象的肯定能妙千百倍；真正存在非常普通的事情，我们连想都不敢想。如果我们能手牵手地飞出那扇窗户，在这座大城市的上空翱翔，轻轻地掀开那些房顶，窥探里边正在发生的不寻常的事情：奇妙的巧合、密室的谋划、闹别扭，以及令人惊叹的一系列的事件，它们一代一代地接连发生着，导致各种奇特的结果，这就会让所有老一套的、一看开头就猜得到结尾的小说，变得索然无味而不会有任何销路。"

我回答说："但是，我并不信。报纸上发表的案件，一般地说，都非常的单调，俗不可耐。在警察的报告里，现实主义到了极点，必须承认，结果是既不有趣，也无艺术性。"

福尔摩斯说道："要产生实际的效果必须运用一些选择和判断。警察报告里根本就没有这些，也许重点放到地方长官的陈词滥调上去了，而不是放在观察者认为的整个事件必不可少的实质细节上。毫无疑问，没有什么能像司空见惯的东西那样不自然的了。"

我笑着摇摇头说："我非常理解你这种想法。当然，由于你所处的地位，是拯救三大洲每一个陷于困境的人的非正式顾问和助手，你就有机会接触到非常多异乎寻常的人和事。可是在这儿"——我从地上捡起一份晨报——"让我们做一次实验，这是我看到的第一个标题：《丈夫虐待妻子》，这条新闻占了半栏篇幅，可是我不看就完全明白里边说的是什么。毫无疑问，其中牵涉另一个女人、狂欢滥饮、推推搡搡、拳打脚踢、伤痕累累以及富有同情心的姐妹或者房东太太等。哪怕最拙劣的作者也想不出比这更俗不可耐的东西了。"

福尔摩斯接过报纸，粗略地看了一下，开口说："其实，你所说的例子对你的观点来说是不可取的。这是邓达斯家分居的案子，发生时，我正把有关的一些小细节搞明白：这位丈夫从不饮酒，没有第三者；被控告的原因是，他总是在饭后摘下假牙，朝他的妻子扔去。你也知道，这种细节在普通编故事者的想象之中是不太会发生的。医生，来一点鼻烟，你必须承认，根据你找的例子来看，我赢了。”他伸手取出他的乌金鼻烟壶，壶盖的中央镶嵌着一枚硕大的紫色水晶。它光彩夺目，这和他朴素的生活方式形成了鲜明的对比，我便忍不住评论了一下。

“哈，”他说，“我忘了已经有几星期没见到你了。这是波希米亚国王为感谢我在艾琳·艾德勒相片案中帮助他而赠予的小小纪念品。”

“那枚戒指呢？”我看了看他手上光彩耀眼的钻石戒指问。

“这是荷兰王室赠给我的，因为他们侦破的案件非常微妙，即使是对你这样一位一直忠心耿耿地把我的一两件小事都记录下来的朋友，我也不方便说。”

“那么，目前你手头上有什么案子？”我感兴趣地问。

“有那么大约十一二件，但是没有一件是非常有特色或有趣的。它们非常重要，你知道，但实际上却非常枯燥。的确，我发现在通常不重要的事件里倒有观察和可以机敏地分析因果关系的可能，这样的调查工作就让人意兴盎然。案子越大，往往越简单，因为罪行越大，一般来说动机就更加显而易见。这些案件中，除了马赛方面指定我办的那个案件错综复杂以外，没有一件特别有趣的。不过，也许不多久，更有趣的案件就会送上门来，因为我如果没猜错的话，现在又有位委托人来了。”

他从椅子上站了起来，来到拉开的窗帘前，往下看着那黯淡而萧索的伦敦街道。从他的肩上往外看去，我看到对面人行道上站着一个高大的女人，颈上围着厚毛皮围脖，插着一支大而卷曲的红色羽毛的宽檐帽，像所有德文郡公爵夫人一样，歪戴在一只耳朵上面。在这样盛装之下，她显得有些紧张、迟疑不决地向上窥视着我们的窗子，同时身体前后徘徊着，手指烦躁不安地拨弄着手套上的纽扣。突然，像一个游泳者从岸上跳入水中一样，她飞快地穿过马路。接着，我们听到了一阵刺耳的门铃声。

“我以前从来没有见过这种情况。”福尔摩斯把烟头丢进壁炉里说：“在人行道上徘徊不前，通常意味着发生了色情事件。她需要征寻其他人的意见，可是又下不了决心是否应该把这种微妙的事情跟别人说。就在这一点上也要加以辨别。当一个女人认为一个男人干了非常对不起她的事时，她便不会继续犹豫了，正常的表现是恨不得马上把你的门铃线都给拉断。眼下这个我们可以认为这是一次恋爱事件，只是这个女人并不是非常的愤怒，而只不过是不知所措或忧郁伤心。现在她亲自来访，我们的迷惑就可以迎刃而解了。”

他正在说话的时候，有人敲门，身着制服的男仆进门通报玛丽·萨瑟兰小姐来访。话音还未落，这位女士就出现在了他那穿着黑制服的小个子后面，就像随着小小的领航船蜿蜒而来的一艘商船。福尔摩斯以他简易平常却气度非凡的姿态向她表示了欢迎。关上门后，他稍稍鞠躬，请她坐在扶椅上。

几分钟内，他就把她打量了一番，但是让人的感觉仿佛是漫不经心的样子。“你难道没有发现吗？”他说：“你的眼睛有点近视，要打那么多字，是不是有一些吃力吗？”

“起先有些费劲，”她回答，“但现在用不着看就知道键盘上每个字母的位置了。”紧接着，她猛然间意识到他问这话的真正目的，一下子抬起头来看着福尔摩斯。她那稍宽但却非常亲和的脸上透出惊慌之色。她喊道：“福尔摩斯先生，您了解我的事情吧，不然的话，你怎么会知道这些呢？”

“不用怕，”福尔摩斯笑着说，“我的工作就是要了解一些事情。或许我已经养成由外表观察别人的习惯。否则的话，你为什么会来找我寻求帮助呢？”

“先生，我来找您，是因为从埃思奇太太那里听说了您。警察和所有的人都认为她的丈夫已经死了而放弃了继续追寻的希望，而您却不费什么力气就找到了他。哦，福尔摩斯先生，我希望您这次还能再让奇迹发生。我并不富有，但除了打字所赚的那点钱外，靠我自己继承的财产，每年还得到一百英镑的收入。只要能够重新获得霍斯默·安吉尔先生的消息，我愿意把这笔财产当作报酬全部付出来。”

福尔摩斯问：“你为什么这么慌慌忙忙地来找我呢？”他手指尖交叠着，双眼望向天花板。

玛丽·萨瑟兰小姐的脸上再一次露出怅惘若失和惊慌失措的表情。“是的，我是突然离家的。”她说：“因为发现温迪班克先生——也就是我的爸爸——对这事非常冷漠，我感到非常气愤。他既不去报警，也不求助于您，最终，因为他不采取任何事后补救措施，只是不停地安慰我，‘没事，没事’，这都快让我发疯了，我就赶紧放下手头的事情，然后匆忙过来找您。”

“你的父亲，”福尔摩斯说，“他一定是你的继父，因为姓不相同。”

“没错，他是我的继父。我喊他父亲，尽管这听起来非常的滑稽，他只比我大五岁零两个月而已。”

“你母亲还健在吗？”

“对，我母亲的身体还非常好。福尔摩斯先生，我父亲刚过世不久，她就又结婚了，那个人差不多要比她小十五岁，这令我非常不愉快。我的亲生父亲是在托特纳姆法院路做管子买卖的。他死后遗留下一个非常大的企业，这个企业由我母亲和工头哈迪先生继续照管。但是，温迪班克先生一开始就逼母亲卖掉这家企业，由于他是位推销酒的旅行推销员，地位非常不错。他们卖掉企业加上利息，共赚了四千七百英镑。如果我的父亲还活着，由他来处理的话价钱一定比这要高得多。”

我原以为福尔摩斯会对这么乱七八糟的讲述感到厌烦，但是正好相反，他听的时候表现出了前所未有过的兴趣。“你自己的这一点收入，”他问道，“是继承于你父亲的企业吗？”

“哦，不是的，先生。那是一份额外的收入，是在奥克兰的奈德伯父遗留的新西兰股票，利率是四分五厘，总额是二千五百英镑，可是我只能使用利息。”

福尔摩斯说：“我对你所说的非常感兴趣。既然你每年可以领取一百英镑那样一大笔钱，加上你工作赚的钱，毫无疑问你能够外出旅游，用你喜爱的方式尽情地享受生活。我相信，一位单身女士每年得到六十英镑的收入就可以过得非常好了。”

“福尔摩斯先生，即使比这数目少得多，我也可以过得非常好。不过，您可以想象，只要我与家人住在一块儿，就不愿意变成他们的负担，所以我住在家中的时候，他们完全能够花我的钱，当然，这仅仅是暂时的。温迪班克先生每一季度把我的利息取出来交给母亲，我认为我只用打字所得的收入就能生活的非常好。每打一页纸就是两便士，我经常一天就可以打十五至二十页。”

福尔摩斯说：“你已经把你的情况叙述得非常明白了。这位是我的朋友华生医生，在他面前可以跟在我面前一样，讲话不必保留。请你把与霍斯默·安吉尔先生的交往全过程说给我们吧。”

萨瑟兰小姐的脸上泛起了红晕，紧张不安地用手抚弄短外衣的镶边。她说：“我第一次遇见他是在煤气装修工的舞会上。我父亲在世的时候，他们总是会送票给他。此后，他们还记得我们，把票送给我母亲。温迪班克先生不愿意我们赴舞会，他从来不愿意我们到任何地方去，甚至我想去教堂做礼拜，他也会非常生气。可是这一次我下定决心前往，我就是要去，他有什么权利阻止我去呢？他说，父亲的所有朋友都会在那里，我们结识那些人不合适，还说我没有合适的衣服穿。而我的那件紫色长毛绒衣服，几乎从来没有从柜子里取出来穿过。最后，他没有别的办法，为了公司的公事而到法国去了。母亲和我两个人，就和从前当过我们工头的哈迪先生一起去参加舞会了，就是在那里我碰到了霍斯默·安吉尔先生。”

福尔摩斯说：“我想，温迪班克先生从法国回来后，对你去过舞会的事一定非常的恼火。”

“啊，可是他的态度倒非常不错。我记得他笑笑，耸耸肩膀，还说不让女人做她愿意做的事是没有用的，她总是爱干什么就干什么。”

“我明白了。我想你是在煤气装修工舞会上遇见一位叫霍斯默·安吉尔先生的。”

“先生，是的。那天晚上我碰到了他。第二天他来访，问我们是否都平安无事地回到家里。从此以后，我们约会过几次……福尔摩斯先生，我是说，我同他一起散过两次步，但是在我父亲回来之后，霍斯默·安吉尔先生就不能再到我家来了。”

“不可以吗？”

“对啊，您知道我父亲不喜欢那样的事情。只要是可能，他总是极力不让任何客人来访，他总是说，女人应当安于同自己家里的人待在一起。不过我却常常对母亲说，一个女人首先要有她自己的小圈子，而我自己还没有。”

“那么霍斯默·安吉尔先生又怎么样了呢？他没有想办法来看你吗？”

“唉，父亲一星期后又要去法国了，霍斯默来信说，在他走之前最好双方不要见面，这样更保险。在这期间我们可以通信，而且他总是每天都有信来。我一早就把信收进来了，没有必要让父亲知道。”

“你这时候和那位先生订婚了吗？”

“嗯，已经订了婚的，福尔摩斯先生。我们在第一次散步后就订了婚。霍斯默·安吉尔先生……是莱登霍尔街一家办公室的出纳员，而且……”

“什么办公室？”

“福尔摩斯先生，最大的问题就在这里，我不知道。”

“那么，他住在哪里呢？”

“就住在办公室。”

“你竟不知道他的地址？”

“不知道……只知道是莱登霍尔街。”

“那么，你的信寄到哪里呢？”

“寄到莱登霍尔街邮局，等本人领取。他说，要是寄去了办公室，其他同事都会嘲笑他与女人通信。所以，我提出用打字机写信，正如他所做的那样，可他又不愿意，因为他说，读我亲笔写的信就像与我直接交往，而打出的信，总感觉像我们俩中间隔了一台机器一样。福尔摩斯先生，这说明他非常爱我，哪怕在一些小细节上他也想得非常周到。”

福尔摩斯说：“这最可以说明问题了。长此以往，我一直觉得，小事情是再重要不过了。你还能说得出霍斯默·安吉尔先生的其他小细节吗？”

“福尔摩斯先生，他是一个非常羞涩的人。他宁肯与我在晚上散步，也不喜欢白天出去散步，因为他说他非常不喜欢让别人注意到他。他行为文雅，态度悠然，甚至连说话的声音都是温柔的。他告诉过我，他小时曾得过扁桃腺炎和颈腺肿大，之后嗓子一直不太好，讲起话来模模糊糊、细声细语。他对衣着总是非常的讲究，相当洁净素雅，可他的视力不好，跟我一样，所以戴上了浅色眼镜，遮挡炫目的光亮。”

“好，你继父温迪班克先生又一次去法国之后又怎样呢？”

“霍斯默·安吉尔先生又来到我家，并且提出我们要在父亲回来之前就结婚。他非常认真，让我把手放在圣经上面起誓，无论发生任何事情，我都要永远对他忠诚。母亲说，他让我起誓是非常正确的，这是他的热诚的表现。母亲从开始时就对他极有好感，甚至比我更喜欢他。这样，当他们谈到要在一周内举行婚礼的时候，我就提起了父亲。可是他们两个都说，不必担心父亲，只要之后跟他说一声就行了。母亲还说，她会把这事跟父亲谈好的。福尔摩斯先生，我并不愿意这么做。由于他只比我大几岁，却一定要得到他的许可，说来也非常的荒谬，可是我不愿偷偷摸摸做任何事情，所以我就写信给父亲，寄往公司驻法国办事处所在地波尔多，但就在我结婚的那天早晨，信被退回来了。”

“就是说，他没有收到这封信？”

“是的，先生；因为信寄到时，他正好已经动身回英国来了。”

“哈哈！那可不巧。那么，你的婚礼安排在星期五。是准备在教堂里举行吗？”

“是的，先生，但是非常的安静，一点没有张扬。我们定在皇家十字路口的圣救世主教堂举行婚礼。婚礼后去圣潘克拉饭店用早餐，霍斯默坐了一辆双轮双座的马车来接我们。可是我们有两个人，他就让我们两个坐上这辆车，当时在街上正巧有另一辆四轮马车，他一人就坐上了那辆马车。我们首先到教堂，当四轮马车随后到达时，我们等他下车，却未见他走下来。当马车夫从赶马的位置上下来时，人已经是毫无踪影、不翼而飞了！车夫说他难以想象人会去哪里，因为他亲眼看到他坐进车厢的。福尔摩斯先生，那天是上周五，从那以后，我就再也没有得到他的任何消息了。”

福尔摩斯说：“看来，他这样对待你，对你来说是一个非常大的羞辱。”

“啊，不，不，先生。他对我非常的好，那样的体贴，他不会弃我而去的。为什么呢？因为结婚那天早上他还一直对我说，不管发生任何事情，我都要忠于他；哪怕发生最不可逆料的事情，将我们两个分开，我也应该记住我曾经对他发过的誓言，而他迟早会要我兑现诺言的。在结婚当天早晨，说这样的话似乎有点奇怪，但是从那以后发生的事情来看，这里面寓有深意。”

“的确是这样的。那么，你本人也认为他遭遇到了不可预知的横祸吗？”

“是的，先生。我相信他预见到某些危险，否则他不会讲那样的话。后来，只不过是他所预料的事情按照安排发生而已。”

“不过，难道你真的不知道可能会发生什么事情吗？”

“完全不知道。”

“我还有一个问题。你母亲是怎样看待这件事的呢？”

“她非常生气，并且让我永远不要再提这件事。”

“还有你父亲呢？你告诉他了吗？”

“是的，告诉了，他似乎和我想的想法一样，的确发生了一些事情，但是他认为我肯定会非常快就能够得到霍斯默的消息的。而且，他还说，把我带到教堂门口就离我而去，对任何人来说都不会有什么好处的。如果他借了我的钱，或者同我结了婚而我把财产转让给他，这样或许可以勉强说得过去。但是霍斯默在金钱上是一个非常独立的人，对我的钱，哪怕是一个先令，也是从来不屑一顾的。既然如此，还会发生什么事呢？为什么连信也不写一封呢？唉，想起这些事情我就彻夜难眠，整个人都快疯掉了。”她从皮手笼里抽出一块小手帕，蒙着脸开始失声痛哭。

福尔摩斯站起身来说：“我要帮你办理这件案子，我们一定能够得出结果的，这没有问题。现在请让我来担起这副担子吧，你就不用再操心了。最为重要的是，让霍斯默先生在你的记忆中抹去吧，正如他从你的生活中消失了一般。”

“那么，您认为我不会再见到他了吗？”

“恐怕是不会了。”

“那么，他到底出了什么事呢？”

“把这个问题就交给我好了。我想要得到关于这人的确切描述，还需要你现在保留着的他的信件。”

她说：“我在上周六的《纪事报》上刊登过寻找他的广告。这就是这则广告，这儿还有他的四封来信。”

“谢谢你。你的通信地址呢？”

“坎伯韦尔区，里昂街31号。”

“我知道你一直不知道安吉尔先生的地址，那么，你父亲工作的地点在哪里呢？”

“他是芬丘奇特的法国红葡萄酒大进口商韦斯特豪斯·马班克商行的旅行推销员。”

“谢谢。你已经把情况介绍得非常清楚了。请你把这些文件留给我，记住我对你的劝告。整个事件就这么结束，不要再让它影响你的生活。”

“福尔摩斯先生，你对我真是太好了，可是这一点我做不到。我要忠于霍斯默。一旦他回来我就要跟他结婚。”

我们的女委托人，尽管戴了一顶非常可笑的帽子，显得怅然若失，可是她那质朴的忠贞之心带着一种高洁的情操，使我们不能不对她肃然起敬。她把一小摞文件搁在桌上就走了，答应用得着她的时候，她立即过来。

福尔摩斯的手指尖相互交叉着，双腿向前伸开，眼睛向上盯住天花板。然后，他从架子上拿下使用多久、粘满油腻的陶制烟斗，这烟斗好像是他的一个顾问。点上烟丝之后，他向后倚在椅子上，浓浓的蓝色烟圈丝缕萦绕，脸上露出沉思的表情。他说：“那姑娘自身就是一个非常有趣的侦查对象。我发觉她本人比她那小小的问题更有趣。顺便说一句，她的案子只是一个非常普通的问题。只要翻阅一下我的案例、一八七七年安多弗索引的话，就可以找到相同的例子，并且去年在海牙也出现过一些类似案件。那都是些老把戏，我看其中的一两个情节倒是比较新奇。可是这个姑娘本人却是让人捉摸不透。”

我说：“你好像能从她身上看出许多我看不到的东西。”

“不是看不出来，华生，而是没有注意到。你不知道该往哪里看，所以忽略了一切重要的东西。我从来没有让你意识到袖子的重要性，在大拇指指甲中发现问题，或是在鞋带上看到大问题。好，你从这位姑娘的外貌看出了什么呢？你描述一下吧。”

“嗯，她戴一顶蓝灰色的宽檐草帽，帽上嵌了一支砖红色羽毛。短外套是灰黑色的，上面缝着黑色珠子，边缘镶嵌了小小的黑玉装饰。她的上衣是褐色的，比咖啡色深，领子和扣子上镶着窄窄的紫色长毛绒。手套是浅灰色的，右手食指处已经磨破。她穿了什么鞋子我倒没注意。她微微有些发胖，戴下垂的金耳环，总的气度看起来是非常富裕的，神态是非常平常、舒舒服服、自由自在的。”

福尔摩斯轻轻地拍着手，抿嘴微笑。“华生，我不是在奉承你，你的确有非常大的进步。这段描述的确非常到位。你虽然忽视了很多非常重要的东西，可是已掌握了方法。你察言观色的双眼非常敏锐。老兄，你决不能靠一般的印象，而要集中发现细节。我先注意的总是女人的袖子。观察一个男人，或许首先要观察他裤子的膝部为好。正如你看到的那样，这女人的袖子上有长毛绒，这是显示痕迹的最有效的材料。手腕再向上一点的两条纹路是打字时压到桌子的地方，看起来非常显眼。手摇式的缝纫机也会留下相似的痕迹，但是在左臂上，离大拇指最远的一边，而不像打字的痕迹那样正好穿过最宽的地方。然后我看了看她的脸，看到鼻梁两侧都是夹鼻眼镜留下的凹痕，我大胆地提出近视和打字这两种看法，好像这个让她感到非常惊讶。”

“这让我也感到非常惊讶。”

“可是一点没错，这是非常明显的。我接下去看，非常惊诧、也非常感兴趣地又观察到，尽管她穿的两只靴子，并不是不一样的，而事实上却不是一双。一只的靴尖上有画了花纹的皮包头，而另一只却没有。一只靴子上的五个扣子中只系了下面两个，而另一只则系上第一、第三和第五个扣子。喏，当你看到一位年轻女性，穿着得非常整洁，而出门时却穿上了不搭配的一双靴子，靴上扣子只系好一半，那表明她离家时非常的忙，这算不上一个多么了不起的推论吧。”

“还有呢？”我问，我的朋友精密的推理，经常能够激起我强烈的兴趣。

“顺便说一下，我注意到她在离家之前写了一张字条，而这张纸条是在穿戴完毕之后写下的。你看到她右手套的食指的地方磨破了，不过你当然没有注意到手套与食指都沾了紫色墨水。她写得非常匆忙，蘸墨水的笔插得太深了。事情一定发生在今天早上，不然墨迹不会那么清晰地留在手指上，这些虽然很简单，但却非常有趣。不过我必须回到正题上来，华生，给我念一念寻找霍斯默·安吉尔先生的那则启事好吗？”

我把那一小张印刷的字条凑到了灯前。

（寻人启事写道：）“十四日晨，一个名叫霍斯默·安吉尔的先生失踪。此人身高五英尺七英寸，体格健壮，肤色淡黄，头发乌黑，头顶略秃，留有浓密漆黑的颊须和唇髭，戴茶色眼镜，讲话低声细语。失踪前身穿丝绸镶边的黑色礼服，黑色马甲，上有艾伯特式金链表，哈里斯花呢灰裤，褐色绑腿，两边有松紧带的长靴。此人曾在莱登霍尔街的一个事务所任职。若有人……”

“这样就可以了，”福尔摩斯说，“至于那些信件，”他看了一眼又说，“非常普通。除了一次引用了巴尔扎克的话之外，其中没有任何关于霍斯默先生的线索。不过其中一点倒非常值得注意，它肯定会让你大吃一惊。”

“这些信是用打字机打的。”我说。

“不仅如此，连签名也是打字机打的。请看信的结尾打得工工整整的这几个小字：‘霍斯默·安吉尔’，有日期，但是地址除了‘莱登霍尔街’外，别无其他，这是非常含糊的。这个签名非常说明问题，事实上，我们可以说它是决定性的。”

“关于哪方面的？”

“我的好伙伴，难道你还没看出这个签名与本案有非常重要关系吗？”

“我不敢说我已看出来了，也许他想一旦有人对他的毁约行为提出起诉时借以否认是自己的签名。”

“不，这问题不在这里。不过，我要写两封信，这样就能解决问题。一封给伦敦的一个商行；另一封给那位年轻小姐的继父温迪班克先生，请问他明晚六点钟能否跟我们在此见面。我们不妨跟男亲属打打交道。好吧，医生，在没有得到这两封信的回音之前，我们什么事情也不用做，我们可以把这小小的问题暂时放一放。”

我非常相信我的朋友在行动中的推理是非常细致的，所以他对别人请他侦查这个奇特的疑案的那种胸有成竹、从容不迫的态度，我想必定是有根据的。据我所知，他只失败过一次，就是波希米亚国王和艾琳·艾德勒照片案，但是，当我回顾“四签名”那种怪事以及与“血字的研究”联系在一起非常不寻常的情况的时候，我觉得如果连他都解决不了的话，那真是一个非常神秘的疑案了。我离开他时，他仍然抽着那只黑色的陶制烟斗，我相信明晚再来时就能发现，他已掌握了最终确证玛丽·萨瑟兰小姐的失踪新郎到底是何许人的所有线索。

当时，我正忙于为一个病情严重的患者治疗，第二天我在病床边又忙碌了一整天，将近六点钟时我才得到空暇，于是跳上了一辆双轮小马车直驶贝克街。我有些担心去晚了会赶不上为了结这桩案助一臂之力。我见到夏洛克·福尔摩斯时，他独自一人在家，瘦长的身子蜷缩在深陷下去的扶手椅中，处于半睡半醒状态。让人看着就害怕的是一排排烧瓶和试管散发出清新而刺鼻的盐酸气味，说明他整天忙于他酷爱的化学实验。

“喂，解决了吗？”我边问边走进门。

“解决了，是硫酸氢钡。”

“不，不，我说的是那个谜啊！”我叫道。

“呵，那个！我想到的是我一直在做实验的这种盐。我昨天说过，这个案子毫无任何神秘之处，但是有些细节还是非常有意思的，唯一的缺憾是我担心没有哪一条法律可以惩处那个恶棍。”

“他是谁呢？他为什么要抛弃萨瑟兰小姐？”问题刚从我口中说出，福尔摩斯还没来得及开口作答，我们就听到楼道里响起一阵沉重的脚步声，嗒嗒嗒有人敲门。

“是那位姑娘的继父詹姆斯·温迪班克先生。”福尔摩斯说道，“他给我写信说，将于六点钟前来。请进吧！”进门的男人一副殷勤的、阿谀奉承的样子，中等身材，身体结实，三十来岁，胡须刮得干干净净，肤色淡黄，还有一双锐利逼人的灰色眼睛。他询问地扫视了我们两一眼，把那顶有光泽的圆式帽子搁在边架上，稍微鞠了个躬，侧身坐在最近的椅子上。

“晚安，詹姆斯·温迪班克先生，”福尔摩斯说道，“我想这封打字的信是你写的吧，你在信中约定六点钟和我们见面，是吗？”

“是的，先生。我怕是有些来迟了，不过我也身不由己啊。我非常抱歉萨瑟兰小姐拿这种小的事情来麻烦你，我觉得还是不要家丑外扬的好。她来找你们，这违背了我的意愿。你们也已看到了，她是个好发脾气、容易冲动的姑娘，她一旦决定干什么就难以自制。当然我对你们倒是不介意，因为你们与官厅警察没有联系，不过让这种家庭的不幸张扬出去也不是令人高兴的事。而且，这是没有任何意义的，因为你不可能找到霍斯默·安吉尔。”

“恰恰相反，”福尔摩斯平静地说，“我非常有理由相信我能够找到霍斯默·安吉尔先生。”温迪班克先生听了，身子猛然震动了一下，手套掉在地上，他说道：“听到你这番话，高兴极了。”

“奇怪的是，”福尔摩斯说，“打字也像手书一样可以表现出一个人的个性。除非打字机是新的，否则两台打字机打出来的字是不会一模一样的。有的字母比别的字母磨损得更厉害些，有的字母只磨损了一边。温迪班克先生，请看你自己打的这张短笺，字母‘e’总是有点模糊不清，字母‘r’的尾巴总有点儿缺损，还有其他十四个更加明显的特征。”

“我们的来往信函都是使用事务所里的这台打字机打的，当然它有点儿磨损了。”我们客人说着，发亮的小眼睛迅速地看了一眼福尔摩斯。

“温迪班克先生，现在我要告诉你什么才是真正有趣的研究，”福尔摩斯继续说，“我想在这几天再写一篇短的专题论文来阐述打字机以及打字机与犯罪的关系。这是我起初关注的一个题目。我手边有四封写明是来自失踪的那个男人的信，全是打字的，不仅每封信中字母‘e’都是模糊的，字母‘r’都是缺尾巴的，而且你如果愿意用我的放大镜看一看，那么我提到的那其他的十四个特征也非常清楚。”

温迪班克先生从椅上跳了起来，捡起帽子，说：“福尔摩斯先生，我不能再继续浪费时间听这类无稽之谈。假如你能抓到那个人，就抓住他好了，抓到他时，请告诉我一声。”福尔摩斯跨步上前，把门锁锁上，说：“那么我现在就告诉你，我已经抓到他了。”

“什么，在哪里？”温迪班克先生喊道，吓得嘴唇发白，眨着眼睛看着他，像掉进了捕鼠笼里的老鼠那样。

“啊，你嚷嚷没有任何用处，一点用处也没有，”福尔摩斯温和地说，“温迪班克先生，那是根本不可能赖掉的。事情再清楚不过了。你说我解决不了如此简单的问题，实在是太不客气了，那的确是个非常简单的问题！请坐下，我们来谈谈吧。”

客人整个人瘫在椅子上，面色苍白，额上汗水涔涔，结结巴巴地说着：“这……这还不到提出诉讼的程度。”

“确实，恐怕还不到这个程度。但是，温迪班克先生，就你我二人来说，这是我从来没有见过的最自私、最残酷、最丧心病狂的鬼把戏。让我先把事情从头到尾叙说一遍，说得不对你可以提出异议。”

这个人蜷成一团缩在椅子中，脑袋垂到胸前，一副完全被打败了的样子。

福尔摩斯把脚放在壁炉台的角上，双手插进衣袋，朝后仰着身子，自言自语般地开始讲起来。

“一个男人因为贪图钱财而跟一个年纪比他大很多的女人结了婚，他说，只要她的女儿与他们一同生活，他就可以毫无顾忌地花她的钱。就他们所处的身份来讲，这笔财产非常可观。失去这笔钱，景况将大不一样。因此值得拼命去保住它。女儿心地纯良和善，个性温婉多情。显然，有她这种品貌和收入的姑娘是不会空待闺房的。要是她结婚的话，这显然将意味着每年失去一百英镑的收入，那么她的继父怎么样能防止这桩亲事？他当然是要用尽办法把她关在家里，禁止她与年纪相仿的朋友们来往。”

“不久，他发现这么做并不是长久之计。她变得不那么听话了，坚持要有自己的权利与自由，最后竟声称一定要赶赴舞会。这样一来，她那位诡计多端的继父要怎么办呢？他想出了一个恶毒的计策。在妻子的默认和协助之下，把自己伪装了起来，给锐利的眼睛戴上墨镜，给自己的脸上戴了假髭和乱蓬蓬的假络腮胡子，把自己清楚的说话声装成柔声轻气的耳语，因为女儿近视，他的化妆就更没有事了。他以霍斯默·安吉尔先生的身份出现。他亲自向女儿求爱，以免她爱上其他的男人。”

“我一开始只不过是想跟她开个玩笑，”客人嘟嘟哝哝地说，“我们根本没想到她那么痴情。”

“根本不是玩笑。不过，那位年轻的姑娘的确是被爱情冲昏了头，一心认为她的继父是在法国，一直没有怀疑自己是受骗。她因为得到那位先生的殷勤奉承而心花怒放。而她的母亲的一片赞许声使她更加开心。于是安吉尔先生开始到访，因为一旦有效，事情就要接着进行下去。约会过几次，订了婚，这便最后保证了那姑娘的心不会转移给别人。但是戏不能永远继续下去，装出去法国出差也非常麻烦，所以就索性把事情来了个戏剧性的结尾，这样就可以在年轻姑娘的心灵上留下永远的印象，如此可以防止她有朝一日也许会爱上其他求婚的男人。”

“于是，就有了手按圣经起誓白头偕老，婚礼当天的早晨暗示也许会发生某种事情等这样那样的花样。詹姆斯·温迪班克想要萨瑟兰小姐对霍斯默·安吉尔忠心不二，而对他的生死却难以肯定，总之，能使她在之后的十年之内不会去听其他男人的话。霍斯默陪她到了教堂门口，他便不能继续向前走了，他耍起了老把戏，从四轮马车的这扇门钻入，又从另一扇门钻出来，悠闲地溜走了。我想这就是整件事情的经过，温迪班克先生！”

在福尔摩斯讲述的时候，我们的客人恢复了一点自信从容，他从椅子上站起身来，苍白的脸上露出讥讽的神情。“或许是真，或许是假，福尔摩斯先生，”他说，“你聪明过人啊，你应该更聪明一点才行，这样你就会知道是你在侵犯法律，而不是我。我一直没有做什么可以构成起诉的事情，可你把门锁上了，只是这件事就足以让你因‘人身攻击和非法拘禁’而受到起诉。”

“就算和你说的一样，法律也拿你没有办法，”福尔摩斯说着打开了门锁，并推开门，“但是没有其他人会比你受到更大的惩罚了。如果这位年轻女士有兄弟或是朋友的话，他们应该用鞭子抽你的脊梁骨！那是你应受的惩罚！”

看见那男人脸上的讥诮的表情，他气愤得涨红了脸接着说：“这确实不是我对我的委托人要担当的责任，但我的手上正好有一条猎鞭，我想我应该狠狠地动手惩罚……”

他快走了两步去取鞭子，但鞭子还未拿到，楼梯上就响起了猛烈的“哒哒哒哒”的脚步声，沉重的大门“嘭”地响了一声关上了，我们从窗户里看到詹姆斯·温迪班克先生拼了命在马路上奔跑。

“真是个阴险的混蛋！”福尔摩斯边说边笑，又一屁股坐回了他的扶手椅，“这家伙一次次犯罪，总有一天他会因自己的罪行而被送上绞架。从许多方面看，这案子并不完全一点意思也没有的。”

“我现在还不能了解你全部的推理步骤。”我说。

“嗯，当然，首先要想到的是：这个霍斯默·安吉尔先生的奇怪行为肯定具有某种强烈的目的，与此同时，就像我们看到的，真正可以从中受益的人只有那位女孩的继父。之后我发现这样一件事实：他们两人从未相互见过，一个人出面的时候，另外一个人却总是不在。这一点是非常有启发性。茶色眼镜和古怪的说话声，加上毛蓬蓬的络腮胡子组合到一起都暗示着这人是化装出来的。他甚至还用打的字签名，由此当然可以由此推出她是非常熟悉他的笔迹，以至于就算是看到再少量的手写字，她肯定也认得出是他写的字。这个奇怪的做法又增加了我的怀疑。你看，将这一切孤立的事件和许多细节凑在一起，都指往同一方向。”

“你是如何来证明这些推测的呢？”

“一旦确定嫌疑人，就非常容易拿到证明他的罪行的证据。我知道这个人工作的商行。我一接到那份印刷出来的寻人启事，我就从那启事描述的外貌特征中除掉可能是伪装的结果的部分——络腮胡子啦、眼镜啦、声音啦——然后把这份寻人启事寄给那个商行，请他们告诉我他们商行里哪位经常出差的雇员与这个人相像。我已注意到打字机打印的特点，我写信到他的办公地点给他本人，请他是否来这里一趟。正如我所预料的那样，他的回信是用打字机打的，但是却暴露了同那几封信件中一样的缺点，虽然细微但却相当有特征的打字机的毛病。同一个邮局给我送来了另外一封来自芬丘奇街韦斯特豪斯·马班克商行的信，信中说，启事中所描述的人和他们的雇员詹姆斯·温迪班克的各个方面完全相符。全部情况是这样。”

“那么，萨瑟兰小姐该怎么办呢？”

“假如我把事情的真相全部告诉她，她肯定是不会相信我的。你也许还记得有一句古老的波斯谚语，是这样说的：‘想要打消女人内心的痴情妄想，比从老虎的爪下争夺幼虎更为危险。’哈菲兹[1]的话跟赫拉斯[2]的话一样意义深刻、引人深思，并且包含了整个世界的智慧和奥妙。”

博斯科姆比溪谷秘案

有一天早上，正当我和妻子在一起共进早餐的时候，女仆送过来一封电报。那是夏洛克·福尔摩斯打来的，电报内容是这样的：

你能否抽出几天空闲时间？刚得到英国西部为博斯科姆比溪谷惨案来电。如你能够亲自过来，我不胜欣喜。该地空气和景致非常的好。希望十一点十五分从帕丁顿起程。

“亲爱的，你觉得这怎么样？”我的妻子隔着餐桌盯着我说，“你是不是非常想啊？”

“我真的不知道该说什么才好。我现在要做的事情还非常多。”

“哦，安斯特鲁瑟会代替你把所有工作做好的。你看起来最近脸色有些苍白。我觉得，换个环境对你是非常有好处的，况且你又总是对夏洛克·福尔摩斯侦察的案件又那么有兴趣。”

“想想我从他办案中也收获了非常多的教益，我要是不去，那就太对不起他了。”我回答道，“但是，要是我想去的话，就得马上收拾行装，因为现在距离出发的时间还只有半个小时了。”

我在阿富汗经历的战斗生涯，至少让我形成了动作迅速、几乎能够随时出发的习惯。我随身携带的生活必需品并不是很多，所以在半小时以内我就能提着我的旅行皮包上了出租马车，车声辘辘地慢慢驶向帕丁顿车站。夏洛克·福尔摩斯已经在站台上踱来踱去。他正穿着一件长长的灰白色旅行斗篷，并且戴着一顶紧紧箍着头的帽子，他那细长瘦小的

[1]波斯诗人，一生创作诗五百余首，哲理性强，富有浪漫色彩。

[2]古罗马诗人，作品对西方诗歌的发展影响非常大。

身躯就显得更为突出了。

“华生，你能来真是太好了，”他说道，“有个能够完全靠得住的人跟我在一起，情况就会非常的不一样。地方上的帮助往往不是没有价值，就是带有偏见。你先去占着那角落里的两个座位，我现在就买票去。”

火车包厢里[1]，除了福尔摩斯随身带过来的一大卷乱七八糟的报纸外，只有我们两个乘客。他在这些报纸里东翻西找，然后阅读，有时记点笔记，有时陷入深思，直到我们已经过了雷丁为止。突然，他猛地把所有报纸卷成一大捆，扔到行李架上。“你听说过有关这个案子的什么情况吗？”他问道。

“一无所知。我有好几天没有看报纸了。”

“伦敦出版的报纸报道都不很详细。我一直在看最近的报纸，想掌握一些具体情况。据我推测，这件案子好像是那种非常难侦破的简单案件之一。”

“这话听起来有点自相矛盾。”

“但这是一个意味深长的真理。异常现象几乎总是可以为你提供线索，可是，一个越是毫无特征和平平常常的罪行就越难明确证明它是某个人所犯的。然而，这起案件，他们已经认定是儿子谋杀父亲的严重案件。”

“这么说，是个谋杀案了？”

“是的，他们是这样猜想的。在我有机会亲自侦查这个案件之前，我绝不会想当然地肯定是这样。现在我就把目前为止所了解到的情况，简短地给你说一下。”

“博斯科姆比溪谷位于赫里福德郡，在距离罗斯不是非常远的一个乡下。约翰·特纳先生是那个地区的一个最大的农场主。他在澳大利亚发了财，若干年前返回故乡，他把他所拥有的农场之一，哈瑟利农场，租给了也曾经在澳大利亚待过的查尔斯·麦卡锡先生。他们两人是在那个殖民地互相认识的，因此，当他们定居的时候，彼此尽可能亲近地结为邻居是非常自然的。显然特纳比较富有，所以麦卡锡成了他的佃户，但是，看来他们还是和过去在一起的时候一样，是完全平等的关系。麦卡锡有一个儿子，是个十八岁的小伙子，特纳有个同样年龄的独生女，他们两个人的妻子都已经不在人世。他们好像一直都避免和附近的英国人家有任何社会交往，过着隐居的生活。麦卡锡父子俩倒是喜欢运动，

---

[1]欧洲和英国的客车车厢通常都分割成小间，一般六个人坐一间。

因此经常出现在附近举办的赛马场上。麦卡锡有两个仆人，一个男仆和一个侍女。特纳一家人口相当多，大约有五六口人。”

“这就是我尽可能了解到的这两家人的情况。现在再说些具体事实。六月三日，也就是上星期一下午三点钟左右，麦卡锡从他哈瑟利的家里外出，步行到博斯科姆比池塘。这个池塘是从博斯科姆比溪谷倾泻而下的溪流汇集而成的一个小湖。上午，他曾经同他的仆人到罗斯去，并对仆人说过，他必须抓紧时间办事，因为下午三点钟有一个重要约会。从这个约会之后，他就没有再回来。哈瑟利农场距离博斯科姆比池塘四分之一英里的地方，当他走过这个地方的时候，曾有两个人见到过他。一个是个老妇人，报纸没有提到她的姓名，另一个是特纳先生雇用的猎场看守人威廉·克劳德。这两个人都宣誓作证说，麦卡锡先生当时是自己一个人路过这里的。那个猎场看守人还说，在他看见麦卡锡先生走过去几分钟后，麦卡锡先生的儿子詹姆斯·麦卡锡先生腋下夹着一支枪也从同一条路上走过去了，他确信，当时父亲的确是在尾随在他后面的儿子的视野之内。在他晚上听说发生了那件惨案之前，他没有再想过这件事。”

“在猎场看守人威廉·克劳德目睹麦卡锡父子走过之后，还有别人见到过他们。博斯科姆比池塘周围都是茂密的树林，池塘四周则长满了杂草和芦苇。一个十四岁的女孩子，博斯科姆比溪谷庄园看门人的女儿佩兴斯·莫兰，当时在那周围的一个树林里采摘鲜花。她说，她看见麦卡锡先生和他的儿子在树林边靠近池塘的地方，当时他们好像正在激烈争吵，她听见老麦卡锡先生大骂他的儿子，还看见他儿子举起了手，好像要打他父亲似的。她被他暴跳如雷的行为吓得赶快跑开了，回到家后便对她母亲说，她离开树林时麦卡锡父子两人正在博斯科姆比池塘附近吵架，恐怕他们很快就要扭打起来。她的话音刚落，小麦卡锡便跑进房来说，他发现他父亲已在树林里了，他向看门人求助。他当时非常激动，他的枪和帽子都没有戴，在他的右手和袖子上都可以看到刚沾上的血迹。”

“他们跟着他到了那里，便发现尸首躺在池塘旁边的草地上。死者头部被人用某种又重又钝的武器猛击，凹了进去。从伤痕上来看，这非常可能是他儿子用枪托打的，那枝枪扔在草地上，离尸体仅有几步远。在这种情况下，那个年轻人当即遭到逮捕，星期二传讯时被宣告为犯有‘蓄意谋杀’罪，星期三将提交罗斯地方法官审判，罗斯地方法官现在已经把这个案子提交巡回审判法庭去审理。这些就是由验尸官和法庭对这个案子处理的主要事实的经过。”

我当即说："我简直难以想象能有比这更恶毒的案件了。如果用现场作为证据来证明罪行的话，那么这样一个案子正好是。"

福尔摩斯若有所思地回答说："拿现场作证据不一定可靠。它好像可以直截了当地证实某一种情况，但是，如果你稍微改变一下看法，那你可能会发现它可以准确无误地证实迥然不同的另一种情况。但是，必须承认，案情对这个年轻人非常的不利，他可能确实就是个杀人犯。附近倒有几个人，其中有农场主的女儿特纳小姐，相信他是清白无辜的，并且委托雷斯垂德负责这件案子，为小麦卡锡的权益进行辩护——你可能还记得雷斯垂德就是同'血字的研究'一案有关的那个人——但是，雷斯垂德感到这个案子非常难办就求助于我。因此，这就是两个中年绅士以每小时五十英里的速度飞奔而来，在早餐没有吃饱而不肯留在家里享享清福的缘故。"

我说："我看事实看起来太明显了，恐怕你从处理这个案子中得不到非常多好处。"他笑着回答说："没有比明显的事实更容易使你上当的了。况且也许我们碰巧可以找到其他一些在雷斯垂德看来并不明显的事实。照我说，我们将用雷斯垂德根本没有能力使用甚至理解不了的方法来肯定或推翻他的那一套说法。你对我非常了解，我这样说你不会认为我在说大话吧。随便举个例子，我非常清楚地看到你卧室的窗户是在右边，而我怀疑雷斯垂德先生连这样一个不言自明的事实都注意不到。"

"那你又是怎么能知道的呢"

"我亲爱的伙计，我对你太熟悉了，我知道你有一种军人所独有的那种整齐的习惯。你在每天早上都会刮胡子，在现在这么一个季节里，你肯定是借着阳光刮的。你刮左颊时，越是往下就越是刮不干净，这样刮到下巴底下时，那就显得非常不干净了。非常清楚的是，左边的光线肯定没有右边的好。我实在不能猜测像你这样喜欢整洁的人，在两边光线相同的情况下，竟会把脸刮成这个样子。我说这种小事是拿它来作为观测问题和推论的例证。这就是我的特长，但这非常有可能对我们当前正在进行的侦察有所作用。所以，对在传讯中提出的一两个不是非常重要的问题还是值得认真考虑的。"

"那是什么东西呢？"

"看来没有当场捉他，而是在回到哈瑟利农场之后才被捕的。当巡官告诉他被捕了的时候，他还说，他并不奇怪，这完全是他罪有应得的。他的这些话自然起了打消验尸官以及陪审团心目中还存在的那一点怀疑。"

我忍不住喊道，“那肯定是他自己如实交代啊。”

“不是的，因为之后便有人提出反对意见，他说自己是清白无辜的。”

“在已经发生了这么多的事件之后才有人提出反对意见，起码这是让人非常怀疑的。”

福尔摩斯说道：“恰恰相反，那是现在我在黑暗中所能观察到的最为明确的一道光芒。不论他是多么天真无邪，他也绝不可能愚蠢到连当场的情况对他非常不利都会一点都不知道。要是他被抓时表示惊奇或假装非常气愤，我倒会把它看成非常可疑的方式来对待，因为在那种方式下表现出惊奇和愤怒一定是不自然的，而对于一个心计非常重的人来说，这倒像是个绝妙的计策了。他非常直接地承认了当时的状况，这表明他要不是清白无辜，那他就是非常能自我保持和克制的一个非常刚强的人。”

我摇了摇头说：“很多人在比这个案子的证据少得多的情况下就被绞死了。”

“他们是这样被绞死的。但是许多被绞死的人死得都非常冤枉。”

“那个年轻人自己是怎么交代的？”

“他自己的交代对支持他的人们鼓舞作用不大，其中倒有一两点给人一些启示。你可以在这里找到，你自己看好了。”

他从那捆报纸中抽出一份赫里福德郡当地的报纸，把其中一页翻折过来，指出那不幸的年轻人对所发生的情况交代的那一大段。我安静地坐在车厢的一个角落里专心致志地阅读了起来。其内容如下：死者的独生子詹姆斯·麦卡锡先生当时出庭作证如下：

“我曾经离家三天去布里斯托尔，而在上星期一（三天前）上午回家。我到家的时候，父亲不在家，女佣人告诉我，他和马车夫约翰·科布驾车到罗斯去了。我到家不久就听见他的马车驶进院子的声音，我从窗口望去，看见他下车后非常快就从院子里面往外走，我当时并不知道他要到哪里去。于是我拿着枪慢慢地朝博斯科姆比池塘那个方向走去，打算到池塘的那一边的养兔场去看看。正如猎场看守人威廉·克劳德在他的证词所说的我在路上见到了他。但是他以为我是在跟踪我父亲，那是他搞错了。我根本不知道他在我前面。当我走到距离池塘有一百码的地方的时候我听见‘库伊’[1]的喊声，这喊声是我们父子之间常用的信

[1]原为澳大利亚、新西兰土著的打招呼用语，十九世纪中期为英人模仿借用。

号。于是我赶快往前走，发现他站在池塘旁边。他当时见到我好像非常惊讶，并且粗声粗气地问我到那里干什么。我们随即交谈了一会，跟着就开始争吵，并且几乎动手打了起来，因为我父亲脾气非常暴。我看见他火气越来越大，大得难以控制，便离开了他，转身返回哈瑟利农场，但是我走了不到一百五十码左右，便听到我背后传来一声可怕的喊叫声，促使我赶快再跑回去。

等到我回到与父亲争吵的地方时，发现父亲已经奄奄一息地躺在地上，头部受了重伤。我把枪扔在一边，将他抱起来，但他几乎当即就断了气。我跪在他身旁约几分钟，然后到特纳先生的看门人那里去求援，因为他的房子离我最近。当我回到那里的时候，我没有看见任何人在我父亲附近，我根本不知道他是怎么受伤的。他不是一个非常得人心的人，因为他待人非常的冷淡，举止让人感到害怕，但是，据我所知，现在他没有要跟他算账的仇人。我对这件事就了解这么些。”

验尸官：“你父亲临终前对你说过什么没有？”

证人：“他含糊不清地说了几句话，但我只听到他好像提到一个‘拉特’。”

验尸官：“你认为这话是什么意思？”

证人：“我不懂它是什么意思，我觉得他当时已经神志不清了。”

验尸官：“你和你父亲最后一次争吵的原因是什么？”

证人：“我不想回答这个问题。”

验尸官：“如果我坚持要你回答呢。”

证人：“我真的不能告诉你。我可以向你保证，这和随后发生的惨案毫无关系。”

验尸官：“这要由法庭来裁决。我不用向你指出你也该明白，拒绝回答问题，在将来可能提出起诉时，对于你的案情将非常的不利。”

证人：“我仍然坚持拒绝回答。”

验尸官：“据我了解，‘库伊’的喊声是你们父子之间常用的信号。”

证人：“是的。”

验尸官：“那么，他还没有见到你，甚至还不知道你已从布里斯托尔回来就喊这个信号，那是怎么回事呢？”

证人（显得相当慌乱）：“这个，我可真的不知道。”

一个陪审员：“当你听到喊声，并且发现你父亲受重伤的时候，你没有看见什么引起你怀疑的东西吗？”

证人：“没有什么明确的东西。”

验尸官："你这话是什么意思？"

证人："我赶紧跑到那空地的时候，思想非常乱，非常紧张，我脑子里只想到我的父亲。不过，我有这么一个模糊的印象：在我往前跑的时候，在我左边地上有一件东西。它好像是灰色的，仿佛是大衣之类的东西，也可能是件方格呢的披风。当我从我父亲身边站起来时，我转身去找它，但它已经无影无踪了。"

验尸官："你是说，在你去求援之前就已经不见了？"

证人："是的，已经不见了。"

验尸官："你不能肯定它是什么东西？"

证人："不能肯定，我只感到那里有件东西。"

验尸官："它离尸体有多远？"

证人："大约十几码远。"

验尸官："离树林边缘有多远？"

证人："差不多同样距离。"

验尸官："那么，如果有人把它拿走，那是在你离开它只有十几码远的时候。"

证人："是的，但那是在我背向着它的时候。"

对证人的审讯到此结束。

我一面看这个专栏一面说，"我觉得验尸官最后说的那几句话对小麦卡锡相当严厉。他有理由来提醒证人注意供词中相互矛盾的地方，那就是他父亲还没有见到他时就给他发出信号；他还要求证人注意，他拒绝交代他和他父亲谈话的细节以及他在叙述死者临终前说的话时所讲的那些'拉特'的话。他说，所有这一切都是对这个儿子非常不利的。"

福尔摩斯暗自发笑。他伸着腿半躺在软垫靠椅上，说："你和验尸官都努力突出最有说服力的要点，使之对这个年轻人不利。可是难道你还不明白，你时而说这个年轻人想象力太丰富，时而又说他太缺乏想象力，这是什么意思呢？太缺乏想象力，因为他未能编造他和他父亲吵架的原因来博得陪审团的同情。想象力太丰富，因为从他自己的内在感官发出了夸大其词的所谓死者临终前提及的'拉特'的怪叫声，还有那忽然不见了的衣服。不是这样的，先生，我从这个年轻人所说的是实情这样一个观点出发，去处理这个案子，我们看看这一假设能把我们引到哪里。这是我的彼特拉克[1]诗集袖珍本，你拿去看吧。我在亲临作案现场之前，不想再说一句关于这个案子的话了。我们去斯温登吃午饭，两分

[1]意大利诗人，欧洲人文运动的代表人物之一。

钟内就可以到那里。”

当我们经过风景秀丽的斯特劳德溪谷，越过宽阔河面、闪闪发光的塞文河之后，终于到达罗斯这个风景宜人的小乡镇。一个细长个子、貌似侦探、神秘狡猾的男人正在站台上等着我们。尽管他遵照周围农村的风俗穿了件浅棕色的风衣和打了皮裹腿，我还是一眼就认出他是苏格兰场的雷斯垂德。我们和他一道乘车到赫里福德阿姆斯旅馆，在那里他已经为我们预定了房间。

当我们坐下来喝茶的时候，雷斯垂德说："我已经雇了一辆马车。我知道你的个性比较刚毅，你肯定会恨不得马上就到案发现场去的。"

福尔摩斯回答说："你实在是太客气了。去不去完全取决于晴雨表是多少度。"

雷斯垂德听了这话之后感到愕然。他说："我没有听懂你这话是什么意思。"

"水银柱上是多少度？我看是二十九度。没有风，天上也没有云彩。我这里有整整一盒香烟要抽，而这里的沙发又比一般农村旅馆讨厌的陈设要好得多。我想今晚我大概用不着马车了。"

雷斯垂德放声大笑起来。他说："你应该已经根据报纸上的报道下了结论。这个案子的案情非常清楚，你越是深入了解就越清楚。当然，我们也确实不好拒绝这样一位女士的要求。她听说过你的大名，她要征询你的意见。虽然我一再对她说，凡是我办不到的事，你也是办不到的。啊，我的天呀！她的马车已经到了门前。"

他的话音刚落，一位我有生以来见到的最秀丽的年轻妇女急促地走进了我们的房间。她蓝色的眼睛晶莹明亮，双唇张开，两颊微露红晕，她当时是那么的激动，那么忧心忡忡，以致把她天生的矜持也抛到九霄云外了。

她喊了声："哦，夏洛克·福尔摩斯先生，"同时分别打量着我们两个人，终于凭着一个女人的机敏的直觉凝视着我的同伴，"你来了我非常高兴，我赶到这里来是为了向你说明，我肯定詹姆斯不是凶手。我希望你开始侦查时就知道这点，不要让你自己怀疑这一点。我们从小就互相了解，我对他的缺点比谁都清楚，他这个人非常心软，连只苍蝇都不肯伤害。凡是真正了解他的人都认为这种控告非常的荒谬了。"

福尔摩斯说："我希望我们能够为他澄清。请相信我，我一定会尽力而为的。"

"你已经看过证词了，那么你是不是已经有了一些结论了？你没有看出其中有漏洞和毛病吗？难道你不认为他是无辜的吗？"

“我想非常可能他是无辜的。”

她把头往后一仰，以轻蔑的眼光看着雷斯垂德大声地说：“好啦！你注意听着！他给了我希望。”

雷斯垂德耸了耸肩。他说：“我看我的同事结论下得也太轻率了吧。”

“但是，他是正确的。哦！我知道他是正确的。詹姆斯绝没有干这种事。至于他和他父亲争吵的原因，我敢肯定，他之所以不愿意对验尸官讲是因为这牵涉到了我。”

福尔摩斯问道：“那怎么会牵涉到你的呢？”

“时间已不允许我再有任何隐瞒了。詹姆斯和他父亲因为我的原因有非常大的分歧。麦卡锡先生急切希望我们能够结婚。我和詹姆斯从小就像兄妹一样相爱。当然，他还年轻，缺乏生活经验，而且……而且……哦，他自然还不想现在马上结婚。所以他们吵了起来。我肯定这是吵架的原因之一。”

福尔摩斯问道：“那你的父亲呢？他同意这门亲事吗？”

“不，他也反对。赞成的只有麦卡锡先生一个人。”

当福尔摩斯表示怀疑的眼光投向她时，她鲜艳而年轻的脸忽然红了一下。

他说：“谢谢你提供这个情况。如果我明天登门拜访，我可以会见你父亲吗？”

“我恐怕医生不会同意你见他。”

“医生？”

“是的，你没有听说吗？可怜的父亲健康不佳已经多年了，而这件事使他身体完全垮了。他不得不卧病在床，威罗医生说，他的健康受到极度损坏，他的神经系统极度衰弱。麦卡锡先生生前是往日在维多利亚唯一认识我父亲的人。”

“哈！在维多利亚！这非常重要。”

“是的，在矿场。”

“这就对啦，在金矿场。据我了解，特纳先生是在那里发的财。”

“是的，确实这样。”

“谢谢你，特纳小姐。你给了我有重要意义的帮助。”

“如果你明天得到任何消息的话，请立即告诉我。你一定会去监狱看詹姆斯的。哦，如果你去了，福尔摩斯先生，务必告诉他，我知道他是无辜的。”

“我一定照办，特纳小姐。”

“我现在必须回家了，因为我爸爸病得非常厉害，而且我离开的时候他总是非常不放心。再见，上帝保佑你们一切顺利。”她离开我们房间的时候，也是同进来时那样的激动而又急促。我们随即听到她乘坐的马车在街上行驶时辘辘的车轮滚动声。

雷斯垂德在沉默了几分钟之后严肃地说：“福尔摩斯，我真替你感到羞愧。你为什么要叫人家对毫无希望的事抱有幻想呢？我自己不是个软心肠的人，但是，我认为你这样做太残忍了。”

福尔摩斯说：“我认为我能想办法为詹姆斯·麦卡锡洗清冤屈，你得到了准许到监狱里去看他的命令？”

“有，但只有你和我可以去。”

“那么，我要重新考虑是不是要去。我们今天晚上还有时间乘火车到赫里福德去看他吗？”

“时间非常充裕。”

“那就这么办吧。华生，我怕你会觉得事情进行得太慢了，不过，我这次去只要一两个小时就够了。”

我和他们一同步行到火车站，然后在这个小城镇的街头闲逛了一会儿，最后还是回到了旅馆。

回到房间，我躺在旅馆的沙发上，拿起一本黄色封面的廉价的通俗小说，希望从中得到一些趣味，以资消遣。但是那微不足道的小说情节同我们正在侦查的深奥莫测的案情相比显得过于肤浅。因此，我的注意力不断地从小说虚构的情节转移到当前的案件上来，最后我终于把那本小说扔得远远的，全神贯注地去思考当天所发生的事情。

假如这个倒霉的青年人所说的事情都属实，那么，从他离开他父亲到听到他父亲的惨叫声而立刻赶回到那块林间空地的短短的时间里，到底发生了什么事，发生了怎么样一些完全猜测不到和非比寻常的苦难呢？这是某些令人震惊的突发事故。然而这可能又是怎么样的突发事情呢？难道我不能靠我医生的直觉从死者的伤痕上发现点问题吗？我拉铃请人把县里印刷的周报送过来。

周报上记载着逐字逐句的调查记录。在法医的验尸结论书上写着：死者脑后的第三个左顶骨到枕骨的左半部因受到极为笨重武器的打击而导致破裂。我用自己的头找死者被袭击的大致位置，非常明显的是，这一打击是来自死者背后一击。这一情况在某些情况下对被告有利，因为有人发现他是和他父亲面对面进行争吵的。然而，这一点毕竟解释不了多大问题，因为死者极有可能是在他转过身去之后然后被打死的。不论怎么样，告诉福尔摩斯观察这一点大概还是有价值的。另外，那个人死的时候单独喊了一句“拉特”。这到底意味着什么呢？这绝不可能是神志不清楚时讲的呓语。一般说来，被忽然一击而立刻死亡的人是绝不会说呓语的。这肯定不会的，这仿佛更像是想表明他是怎么遇害的。但是，那它又能表明什么呢？因为找不到言之有理的解释，我真可以说是绞尽了脑汁。还有小麦卡锡发现灰色衣服的事情。要是这一情况是真的，那么凶手必定会在逃跑时把身上穿的衣服落下了，大概是因为他的大衣，而且他竟然胆敢在小麦卡锡跪下来的那个时间，也就是在他背后只有十几步的地方把掉下的衣服拿走。这整个案情是非常错综复杂的，这简直是非常的不可思议啊！至于雷斯垂德的一些看法，我并不会感觉奇怪。然而，因为我对夏洛克·福尔摩斯的洞察力有非常大的信心，所以，要是有不少的新的真相来让他加倍认为小麦卡锡是无罪的这一观念，那么我觉得并不是没有可能的。

夏洛克·福尔摩斯回来得非常晚。因为雷斯垂德在城里住下了，所以他就自己一个人回来了。他坐下来就跟我说："晴雨表的水银柱仍然非常高，希望在我们检查现场之前千万不要下雨，这个事关重大。另一方面，我们去做这种细致的工作必须精神非常饱满、非常敏锐才行。我们不希望由于长途跋涉而疲劳不堪的时候去工作。今天我见到了小麦卡锡。"

"你从他那里了解到了什么情况？有什么线索吗？"

"没有了解到任何情况。他一点线索也提供不了。我一度有过这样的想法：他或许知道是谁干的，而他是在为他或她掩盖。但是现在我确信，他和别人一样对这件事也感到迷惑不解。他不是一个非常机敏的青年，虽然相貌非常帅气，我倒觉得他心地还是非常忠实可靠的。"

我说："如果他真的不愿意和特纳小姐这样非常有魅力的年轻姑娘结婚的话，那我认为他真是太没有眼力了。"

"哦，这里面还有一桩非常痛苦的故事呢。这个小伙子其实爱她爱得像发了疯一样。但是，大约两年前，那时他还不过是个少年，也就是在他真正了解她以前，她曾经离家五年，在一所寄宿学校读书。这个傻瓜在布里斯托尔被一个酒吧女郎缠住了，并在婚姻登记所和她登记结婚，你说他有多傻？谁也不知道有这件事，不过你可以想象他干了这件傻事之后是多么的着急，因为他没有做他应该做的事，而是做了他自己明知绝对不应该做的事，这样他是要受到谴责的。当他父亲在最后一次和他谈话中极力劝他向特纳小姐求婚的时候，他就是因为曾干了那件非常疯狂的蠢事而急得双臂乱舞。而且，他无力供养自己，而他的父亲为人非常刻薄，如果他知道实情，肯定会彻底抛弃他的。前三天他是在布里斯托尔和他的那个当酒吧女郎的妻子一起度过的，当时他父亲对他身在何处，一点也不知道。请注意这一点，这是非常重要的。但是，坏事变成了好事，那个酒吧女郎从报上看到他身陷险境，案情严重，可能被处绞刑，于是干脆将他抛弃了。她写信告诉他，她原是有夫之妇，此人在百慕大码头工作，所以他们之间并没有真正的夫妻关系，我想这一消息对备受苦难的小麦卡锡是一种告慰。”

“但是，如果他是无辜的，那又是谁干的呢？”

“哦！是谁？我要提醒你特别注意两点。第一，被谋杀者和某人约定在池塘旁边见面，这个人不可能是他的儿子，因为他的儿子正在外面，他不知道他什么时候会回来。第二，在被谋杀者知道他儿子已经回来之前，有人听见他大声喊‘库伊’！这两点是能否破案的关键。现在，如果你愿意的话，让我们来谈谈乔治·梅瑞秋斯[1]吧。那些次要的问题我们明天再说。”

正如福尔摩斯预言的，那天没有下雨，一清早就是晴空万里。上午九点多，雷斯垂德乘坐马车来邀请我们。我们随即动身到哈瑟利农场和博斯科姆比池塘去。

雷斯垂德说：“今天早上有重大新闻。据说庄园里的特纳先生病势严重，已经危在旦夕。”

福尔摩斯说：“我想他大概是个老头儿吧。”

“六十岁左右，他侨居国外的时候身体就已经不行了，他健康衰退已经好几年了。现在这件事对他影响非常大。他是麦卡锡的老朋友了，而且我还可以补充说一句话，他同时还是麦卡锡的一个大恩人呢，因为我了解到，他把哈瑟利农场租给麦卡锡，连租金都不要。”

福尔摩斯说：“真的！这倒非常有趣。”

“哦，是的！他千方百计地帮助他，这一带的人无不称赞他对他的仁慈友爱。”“真的是这样？那么这个麦卡锡看来本来应该是一无所有的，他受了特纳那么多的恩惠，竟然还说要他的儿子和特纳的女儿结婚，而且这个女儿可想而知应该会是全部产业的继承人，而且采取的态度又是如此的蛮横，好像这不过是一项计划，只要一提出来，所有其他的人都必须遵循似的。你们对这一切不感到有点奇怪吗？尤其是，我们知道特纳本人是反对这门亲事的，那不是更奇怪了吗？这些都是特纳的女儿亲口告诉我们的。你没有从这些情况中推断出点什么来吗？”

雷斯垂德一面对我使眼色一面说：“我们已经用演绎法来推断过了。福尔摩斯，我觉得，不去轻率地空发议论和想入非非，专门去调查

[1]英国小说家，擅长刻画人物心理活动描写。

核实这些事实就已经够难办的了。”

福尔摩斯非常有风趣地说：“你说得对，你确实觉得核实事实非常难办。”

雷斯垂德有点激动地回答说：“不管怎么样，我已经掌握了一个你似乎难以掌握的事实。”

“那就是……”

“那就是麦卡锡死于小麦卡锡之手，与此相反的一切说法都是空谈。”

福尔摩斯笑着说：“哦，月光总比迷雾要明亮些。左边不就是哈瑟利农场了吗，你们看是不是？”

“是的，那就是。”

那是一所占地面积非常大、样式令人感到非常舒适惬意的两层石板瓦顶楼房，灰色的墙上长满了大片大片的黄色苔藓。然而窗帘低垂，烟囱也不冒烟，显得非常凄凉的样子，仿佛这次事件的恐怖气氛仍然沉甸甸地压在它上面似的。我们在门口叫门，里面的女仆应福尔摩斯的要求，让我们看了她主人死的时候穿的那双靴子，也让我们看了他儿子的一双靴子，虽然不是他当时穿着的那双。福尔摩斯在这些靴子上的七八个不同部位仔细量了一量之后，要求女仆把我们领到院子里去，我们从院里沿着一条弯弯曲曲的小路走到博斯科姆比池塘。

每当福尔摩斯这样热切地探究线索的时候，他都会变得和原来判若两人。只熟悉贝克街那个沉默寡言的思想家和逻辑学家的人，这时是认不出他来的。他的脸色一会儿涨得通红，一会儿又阴沉得发黑，他双眉紧锁，形成了两道粗粗的黑线，眉毛下面那双眼睛射出刚毅的光芒。他脸部朝下，两肩向前弓着，嘴唇紧闭，那细长而坚韧的脖子上，青筋突出暴起，犹如鞭绳。他鼻孔张大，完全像渴望捕猎物的野兽一样。总之，他是那么全神贯注地在进行着侦查，谁要是向他提个问题或说几句话，他全当做耳边风，或者充其量给你一个急促的不耐烦的粗暴的回答。

他迅速沿着横贯草地的小路静静地前进，然后通过树林走到博斯科姆比池塘。那里是块沼泽地，地面潮湿，而且整个地区都是这个样子的，地面上有许多脚印，脚印还散布于小路和路畔两侧长着短草的地面上。福尔摩斯有时急急忙忙地往前赶，有时停下来一动也不动。有一次他稍微绕了一下走进了草地里去。雷斯垂德和我走在后边，这个官方侦探抱着一种冷漠和蔑视的态度，而我呢，兴致勃勃地注视着我的朋友的每一个行动，因为我深信他的每个行动都是有一定目的的。博斯科姆比池塘是大约五十码方圆、周围长满芦苇的一小片水域，它的位置在哈瑟利农场和富裕的特纳先生私人花园之间的边界上。池塘对面是一片树林，我们可以看到耸立于树林上面的房子的红色尖顶，这是有钱的地主的住址的标志。挨着哈瑟利农场这一边池塘的树林里，树木非常的茂密，在树林的边缘到池塘一侧的那一片芦苇之间，有一片只有二十步宽的狭长的湿草地带。

雷斯垂德把发现尸首的准确地点指给我们看，那里的地面非常的潮湿，我可以清楚地看见死者倒下后留下的痕迹，而对福尔摩斯来说，我从他脸上的热切表情和锐利的目光可以看出，在这被众人脚步践踏过的草地上他将要侦查出许许多多其他的东西来。他跑了一圈，就像一只已嗅出气味来的狗一样，然后转向我的同伴。他问道："你曾经跑到池塘这里过，干什么来着？"

"我用草耙在周围打捞了一下，想也许有某种武器或其他踪迹。但是，我的天呀……"

"哦，得啦！得啦！我没有时间听你说这些！这里到处都是你向里拐的左脚的脚印。一只鼹鼠都能跟踪你的脚印，脚印就在芦苇那消失了。唉，如果我能在这群水牛在这池塘里乱打滚以前到达这里，那么事情肯定会非常的简单。看门人领着那帮人就是从这里走过来的，尸体周围六到八英尺的地方都布满了他们的脚印。但是，这里有三对与这些脚印不连在一起的同一双脚的脚印。"他拿出个放大镜，他趴在他的防水油布上，以便观察得更仔细些，在所有时间里，与其说他是跟我说话，倒不如说他是在自言自语。

"这些都是年轻的麦卡锡的脚印。他已经来回走了两次，有一次他是跑得飞快的，因此脚板的印迹非常的深，而脚后跟的印迹好像看不清。这能够表明他说的是实话。他发现他父亲躺在地上就飞快跑过来。那么，这个地方是他父亲来回踱步的脚印。那么，这到底是什么呢？这是儿子站着仔细听时枪托着地的痕迹。那么，这个又是什么呢？哈，哈！这到底又是什么东西的印迹呢？肯定是脚尖的！肯定是脚尖的！并且是方头鞋的，这不是一般普通的靴子！这是一些走过来的脚印，那是一些走过去的，接着又是再走过来的脚印……肯定这是为了走回来来取大衣的脚印。那么，这一带的脚印又是从什么地方过来的呢？"

他来回仔细地观察着，有时脚印又找不到了，有时脚印又再次出现了，一直走到树林的边沿；追踪到一棵大山毛榉树——旁边最大的一棵树——的树荫下。福尔摩斯接着往前探访，一直追到那一端，紧接着再一次脸朝下趴在地上了，而且发出了声音不大的自信的喊声。他在那里一直趴了好长时间，查看树叶和枯枝，然后在我看来像是把泥土一样的东西放进了一个信封里。他用放大镜不仅观察地面，并且还观察他能检查到的树皮。在苔藓之间有一块锯齿形的石头，他也非常细致地检查了，并且把它收藏了起来。然后他沿着一条小路穿过树林，他一直走到公路那里，在那里什么踪迹都没有找到。

他说："这是一个非常有趣的案子。"这时，他才回到了常态。"我猜测右边这间灰色的房子一定是门房，我应该到那里去跟莫兰说句话，或许应该留个便条给他。之后我们就应该坐马车回饭店吃中午饭了。你们可以开始步行到马车那里，我马上跟着就来。"

我们大概走了两分钟便走到马车那里了，接着我们便搭乘马车回到罗斯，福尔摩斯拿着他在树林里捡到的那块石头。他拿出这块石头对雷斯垂德说，"雷斯垂德，你大概对这个有兴趣。这就是那个杀人的凶器。"

"我看不到有什么标志，你是怎么知道的？"

"是没有什么标志，但是，石头底下的草还活着。说明这块石头放在那里不过几天的工夫。找不到这块石头是从哪里来的痕迹。这块石头的形状和死者的伤痕正好相符，此外没有任何其他武器的踪迹。"

"那么凶手呢？"

"那是一个高个子男子，他是个左撇子，右腿瘸，穿一双后跟非常高的狩猎靴子和一件灰色大衣，他抽印度雪茄，使用雪茄烟嘴，在他的口袋里带有一把削鹅毛笔的非常钝的小刀。还有几种其他的迹象，但是，这些也许已经足以帮助我们进行侦查了。"

雷斯垂德笑了。他说："我看我仍然是个怀疑派。理论总是可以说得头头是道，但是和我们打交道的英国陪审团是讲究证据的。"

福尔摩斯冷静地回答说："我们自有办法。你按你的方法办，我按我的方法办好了。今天下午我会非常忙的，非常可能会乘坐晚班火车回伦敦。"

"让你的案子悬而不决吗？还有那个疑团？"

"不，案子已经结束了。那个疑团也已经解决了。"

"那么罪犯是谁？"

"我所描述的那个先生。"

"可是，他是谁呢？"

"要找出这个人来肯定不是非常难。住在附近这一带的居民并不是太多。"

雷斯垂德耸了耸肩说："我是个讲求实际的人。我可不能负责在这一带到处乱跑去寻找一个惯用左手的瘸腿先生。那样我会成为苏格兰场的笑柄的。”

福尔摩斯平静地说：“好吧，我给你机会了。你的住处到了，再见，在我离开以前，我会写个便条给你的。”

我们让雷斯垂德在他的住处下车后，便回到了我们住的旅馆。到达旅馆时，午饭已经摆在桌上了。福尔摩斯默不作声，陷入沉思之中，脸上露出一种痛苦的表情，这是处境非常困惑的人的那种表情。

在餐桌已经收拾完毕之后，他说：“华生，你听我说，你就坐在这把椅子上，听我唠叨几句。我还不能非常确定怎么办好，我想听听你的宝贵意见。点根雪茄吧，让我阐述一下我的看法。”

“请说吧。”

“嗯，在我们考虑这个案子的案情时，小麦卡锡所谈的情况中，有两点当时立即引起你我两个人的注意，尽管我的想法对他有利，而你的想法对他不利。第一点是，据他的叙述，他的父亲在见到他之前就喊叫了‘库伊’。第二点是，死者临死时说了‘拉特’。死者当时喃喃地吐露了几个词，但是，据他儿子说，听到的只有这个词。我们必须从这两点出发去研究案情，我们开始分析的时候不妨假定，这个小伙子所说的一切都是绝对真实的。”

“那么这个‘库伊’是什么意思呢？”

“哦，显然这个词不可能是喊给他儿子听的。他当时只以为他的儿子在布里斯托尔。他儿子当时听到‘库伊’这个词完全是偶然的。死者当时喊‘库伊’是为了引起他约见的那个人的注意。而‘库伊’显然是澳大利亚人的一种叫法，并且只在澳大利亚人之间用。因此可以大胆地设想，麦卡锡想要在博斯科姆比池塘会晤的那个人是一个曾经到过澳大利亚的人。”

“那么，‘拉特’这个词又是什么意思呢？”

夏洛克·福尔摩斯从他口袋里掏出一张折叠的纸，把它在桌上摊开，说道：“这是一张维多利亚殖民地的地图。我昨天晚上打电报到布里斯托尔去把它要来的。”他把手放在地图的一个地方上说，“你念一下这是什么？”

我照念道：“阿拉特。”

他把手举起来说：“你再念。”

“巴勒拉特。”

“这就对了。这就是那个人喊叫的那个词，而他的儿子只听清这个词的最后两个音节。他当时是使劲想把谋杀他的凶手的名字说出来。巴勒拉特的某某人。”

我赞叹道：“太神奇了！”

“那是非常明显的。好啦，你看，我已经把研究的范围大大地缩小了。现在姑且承认那儿子的话是正确的，那么这个人有一件灰色大衣这件事就是完全可以肯定的第三点。对于一个有一件灰色大衣的来自巴勒拉特的澳大利亚人，我们原先只有一种模糊的概念，现在就明确了。”

“那是当然。”

“他是一个熟悉这个地区的人，因为要到这个池塘来必须经过这个农场或经过这个庄园，这个地方，陌生人几乎是进不来的。”

“确实是这样。”

“所以我们今天长途跋涉到这里来。我检查了场地，了解到了案情的细节，我已经把这个罪犯是个什么样的人告诉了低能的雷斯垂德。”

“你是怎样了解到这些细节的？”

“我的方法你是知道的。那就是靠从观察细小的事情当中了解到的。”

“我知道你可以从他走路步子的大小约略地判明他的高度。他的靴子也是可以从他的脚印来判明。”

“是的，那是一双非常特别的靴子。”

“但是他是个瘸子是怎么看出的呢？”

“他的右脚印总是不像左脚印那么清楚。可见右脚使的劲比较小。为什么？因为他一瘸一拐地走路，他是个瘸子。”“那么，他是一个左撇子呢？”

“你自己已注意到在审讯中法医对死者伤痕的记载。那一击是紧挨着他背后打的，而且是打在左侧。你想想看，如果不是一个左撇子打的，怎么会打在左侧呢？当父子两人在谈话的时候，这个人一直站在树后面。他在那里还抽烟呢。我发现有雪茄灰，我对烟灰有特殊研究，所以能够断定他抽的是印度雪茄。我为此曾经花过相当大的精力，我还写过些专题文章论述一百四十种不同的烟斗丝、雪茄和香烟的灰，这你是知道的。发现了烟灰以后，我接着在周围寻找，就在苔藓里发现了他扔在那里的烟头。那是印度雪茄的烟头，这种雪茄和在鹿特丹卷制的雪茄差不多。”

“那么，雪茄烟嘴呢？”

“还有，我看出烟头没有在他嘴里叼过。可见他是用烟嘴的。雪茄烟末端是用刀切开而不是用嘴咬开的，但切口非常不整齐，因此我推断是用一把非常钝的削鹅毛笔的小刀切的。”

我说："福尔摩斯，你已经在这个人周围布下了天罗地网，他逃不了啦，你还拯救了一个清白无辜的人的性命，确实就像你把套在他脖子上的绞索斩断了一样。我看到了这一切都是朝这方向发展。可是那罪犯是……"

"约翰·特纳先生来访。"旅馆侍者一面打开我们起居室的房门，把来客引进来，一面说道。

进来的这个人看起来非常的陌生，相貌不凡。他步履缓慢，一瘸一拐，肩部下垂，显得老态龙钟，但是他那皱纹深陷、坚定严峻的脸和粗壮的四肢，使人感到他具有异常的体力和个性。他弯曲的胡须、银灰的头发和非常有特色的下垂的眉毛结合在一起赋予了他尊贵和权威的风度和仪表，但是他脸色灰白，嘴唇和鼻端呈深紫蓝色。我一眼就能看出，他得了不治之症。

福尔摩斯彬彬有礼地说："请坐在沙发上，你收到我的便条了？"

"是的，看门人把你的便条交给我了。你说，你想在这里和我见面是为了避免流言蜚语。"

"我想如果我到你的庄园里去，人们是会纷纷议论的。"

"你为什么想要见我呢？"他以疲倦、绝望的眼光打量着我的同伴，仿佛他的问题已经得到回答了一样。

福尔摩斯说："是的。"这是回答他的眼色，而不是回答他的话。

"是这样的。我了解麦卡锡的一切。"

这个老人把头低垂着，两手掩面。他喊道："上帝保佑我吧！但是，我是不会让那个年轻人受害的。我向你保证，如果巡回审判法庭宣判他有罪的话，我会站出来说话的。"

福尔摩斯严肃地说："我非常高兴听你这么说。"

"要不是为了我亲爱的女儿着想，我早就说出来了。那会使她非常痛心的，如果她听到我被捕的消息，她肯定会非常痛心的。"

福尔摩斯说："也许不至于会被逮捕吧。"

"你说什么？"

"我不是官方的侦探。我明白，是你女儿要求我到这里来的，我现在是替她办事。无论如何必须使小麦卡锡无罪释放。"

老特纳说："我是个濒临死亡的人了。我患糖尿病已经很多年。我的医生说，我能否活一个月都是个问题。可是，我宁可死在自己家里也不愿意死在监狱里。"

福尔摩斯突然站起身来走到桌子旁边坐下，接着拿起一支笔，并在他面前放了一叠纸。

他说："如果你告诉我事情的真相，我把事情的真相记录下来，然后你在上面签字，这位华生先生可以作为见证人。以后我能提供你的自白书，但只是在为了挽救小麦卡锡的万不得已的时候。我向你保证，除非完全必要，否则我是不会使用它的。"

那老人说："这样也可以。我那时候还能不能活到巡回审判法庭开庭的时候还是一个问题，所以这对我没有多大的关系了，我只是不想让艾丽斯感到震惊就可以了。目前我一定会向你直说的，事情经过的时间虽然非常长，我说出来倒其实用不了多长一段时间。你不知道这个死者麦卡锡。他简直就是个魔鬼的化身。我说的这些都是真话。希望上帝保佑你可千万不要让他那样的人抓住你的把柄。因为这二十年来，他一直是抓住我不放，他把我的一生都给毁了。"

"我首先跟你说我是怎样落到他手里的。那是十九世纪六十年代初期在开矿的地方。那时我是一个非常年轻的小伙子，非常容易冲动，也不本分，什么事情都想干；我和一些坏人组成了一伙，整日饮酒作乐，因为在开矿方面失败，之后便当了强盗。我们一伙总计有六个人，每天过着放荡不羁的生活，经常抢劫车站和阻拦驶往矿场的马车。我当时是化名为巴勒拉特的黑杰克，目前在那个殖民地，人们还记得我们这一伙叫巴勒拉特帮。"

"那是有一天，一个运输黄金的车队从巴勒拉特驶往墨尔本，我们埋伏在路边准备袭击它。那个运输队一共有六名护送的骑兵，我们这边也是六个人，那应该说是势均力敌，然而我们一开枪就把四个骑兵打下马来。我们也有三个小伙子被打死才把那笔钱财搞到手。我用手枪对着那个马车夫的脑袋，他就是现在的这个麦卡锡。我向上帝祈求，要是我当时开枪打死了他，那就好了，然而，我饶过了他一条命，即使我那时看到他那对眯缝着的狡诈的眼睛一直盯着我看，似乎要把我脸部的特征完全都牢牢记住似的。我们顺利地把那笔黄金弄到了手，都成了大富翁，并且来到了英国，这并没有令人怀疑。"

"在英国，我和我的老伙计就分开了，我们各走各的路，我下定决心以后过正当生活。我买了那时刚好在标价要卖的这份产业，亲自用我的钱做一点好事，这样来补偿一下我在大发横财时的所作所为。我还因此结了婚，虽然我的妻子非常年轻就已经去世了，但是给我留下了心爱的小艾丽斯。然而当她还是个孩子的时候，她的小手就好像比过去任何东西都能够有效地引领着我走上正道。总之，我会改过自新的，以我自己的最大的可能来弥补我以前的过失。"

"本来一切都非常的顺利，但麦卡锡的魔掌一下把我给抓住了。当时我是到城里去办一件投资的事，我在摄政街遇见了他，他当时是衣不蔽体，还光着脚。他拉着我的胳膊说：‘杰克，我们又见面了。我们将和你亲如一家人。我们只有父子两人，你收留我们吧。如果你不干，英国这里可是个非常著名的奉公守法的国家，只要喊一声随时都可以叫到警察。’哦，他们就是这样来到了西部农村，从此以后我就怎么也摆脱不了他了，他在我最好的土地上生活，租金全免。从此我不得安生，家无宁日，老是忘记不了过去，不管我走到什么地方，他那狡诈的狞笑的面孔总是跟随着我。”

“艾丽斯长大之后情况更糟糕，因为他也很快就看出，我怕她知道我的过去，甚至比警察知道我的过去更害怕。不管他想要什么，他都非要弄到手不可，而不管是什么，我都会毫不迟疑地给他，土地、金钱、房子什么都给，直到最后他向我要一件我不能给他的东西为止。他要我的艾丽斯。他的儿子已经长大成人，我的女儿也长大成人了，大家都知道我身体不好，让他的小子插手整个财产，对他来说是条好计。但是，这件事我坚决不干。我绝不同意让他那该死的血统和我们家的血统混到一块去，并不是我不喜欢那个小伙子，而是因为他身上有他老子的血，这就够受的了。我坚决不答应，即使麦卡锡威胁我。我对他说，即使把他最毒辣的手段使出来我也不在乎。我们约定在我们两所房子之间那个池塘会面以便谈出个结果来。”

“当我走到那里的时候，我发现他正在和他儿子谈话，我只好抽支雪茄烟在一棵树后面等着他，等到他单独一个人在那里的时候再过去。但是，当我听着他的谈话的时候，激愤的情绪简直达到了极点。他正在极力促使他儿子和我女儿结婚，根本不考虑她本人有什么意见，好像我亲爱的女儿是马路边上的妓女似的。一想到我和我所心爱的一切竟然受这样一个人主宰，我简直感觉被气疯了。我能不能冲破这个束缚呢？我已经是一个快要死去和已经绝望了的人。虽然我头脑清醒，四肢还相当强壮，但我知道自己这一生已经结束了。可是，我记忆中的往事和我的女儿啊！只要我能令这条邪恶的舌头保持沉默，那么，我记忆中的往事和我的女儿两者都可以得以保全了。”

“福尔摩斯先生，我就这样做了，要我再来一次我还是得这么做。我是罪孽深重，为了赎罪而过一辈子活受罪的生活是应该的，但是把我的女孩也卷进束缚我的罗网之中，这个我无法承受。我把他打翻在地犹如打击一头非常凶恶的野兽一样，心中丝毫没有不安的感觉。他的呼喊声使他儿子赶了回来，而这时我已跑到树林里躲起来了，但是后来，我又不得不再跑回去取我逃跑时丢下的那件大衣。先生，这就是所发生的全部事实真相。”

那老人在写好了的那份自白书上签了字。福尔摩斯当即说：“好啦，我无权审判你，但愿我们永远不会受到这样一种诱惑而无法控制自己。”

“先生，我也愿意如此。你打算怎么办呢？”

“考虑到你的身体情况，不打算做什么。你自己也知道，你不久就要为你干过的事在比巡回审判法庭更高一级的法院受审讯。我一定能把你的自白书保存好，如果麦卡锡被定罪我就不得不用它了。如果麦卡锡不被定罪，它就永远不会为任何人所见。不管你是活着还是死去，我保证为你保密。”

那老人庄严地说：“那么，再见了。当你自己临终之际，想到曾经让我安然死去，你会感到更加安宁的。”这个身躯庞大的人摇摇晃晃地慢步从房间里走了出去。

福尔摩斯沉默了非常久，然后说：“上帝保佑我们！为什么命运老是对贫困穷苦而又孤立无援的芸芸众生那么恶作剧呢？”我每当听到这一类的案件时，我都想起巴克斯特[1]的话，并说，“夏洛克·福尔摩斯之所以能破案还是靠上帝保佑。”

詹姆斯·麦卡锡在巡回法庭上被宣告无罪释放，因为福尔摩斯写了若干非常有力的申诉意见，这些意见提供给了辩护律师。在和我们谈话之后，老特纳还活了七个月，现在已经去世了；非常可能会出现这样的前景：那个儿子和那个女儿终于共同过着幸福的生活，他们根本不知道，在过去的岁月里，他们的上空曾经出现过不祥的乌云。

五个橘核

我大体地掠读了一遍我留存的一八八二年至一八九〇年间福尔摩斯侦察案的日记和记录时，发现摆在我眼前离奇有趣的材料浩如烟海，实在太多了，竟不知该怎么取舍了。有些案件在报纸上已经广为流传，但

[1]英国基督教清教徒牧师，王政复辟时因促使当局对脱离国教的温和派实行宽大而遭迫害。

是有些案件却缺乏可供我朋友尽情发挥其卓越的才能的舞台，而我朋友的这种出类拔萃才能正是那些报纸极力想报道的最主要题材；有些案件使他无法施展自己擅长于分析的本领，正像有些故事一样，有头无尾；还有一些案件，他仅仅弄明白了一部分，对情节的分析只是出于推测或者是臆断，而不是以我朋友最看重的、准确无误的逻辑论证为依据。

在上述最后一种案件中，有一个案件情节异常、结局离奇，使我禁不住要叙述一番，尽管与这桩案子有关的一些真相从未弄明白过，而且也许永远都弄不明白了。一八八七年我们经手了一系列颇为有趣的案件，当然也有趣味不大的案件，关于这些案件的记录，我都保留着。

在这一年的十二个月的记录的标题中，有关于如下各案的记载："帕拉多尔大厦案"、"业余乞丐团案"，这个业余乞丐团在一个家具店库房的地下室拥有一个非常奢华的俱乐部；"美国帆船索菲·安德森号失事真相案"；"格赖斯·彼得森在乌法岛上的破案"；"坎伯韦尔放毒案"。记得在最后一案里，当夏洛克·福尔摩斯给死者的钟表上发条时，发现该表在两小时前曾被上紧了发条，从而证明在那段时间里死者已经上床就寝。这一推论对于弄清案情至关重要。所有这些案件，我有朝一日可能会大体地叙述其梗概，但是其中没有一个案件比我现在就要动笔描述的更加怪诞不经，它有着一连串扑朔迷离的情节。

那个时候正是九月下旬，秋分时候的暴风雨非常的猛烈。整天狂风怒号，秋雨敲打着窗户，甚至在这伟大的人类用双手建造起来的伦敦城内，我们在这时刻，也失去了从事日常工作的心情，而不得不承认伟大的自然界威力的存在。它犹如铁笼里未经驯服的猛兽，透过人类文明的栅栏向人类怒吼。随着夜幕的降临，暴风骤雨也更为猛烈。风时而大声呼啸，时而低沉饮泣，颇似从壁炉烟囱里发出来的婴儿哭泣声。福尔摩斯坐在壁炉的一端，心情忧郁，正在编制罪案记录互见索引；而我则坐在另一端，埋头于阅读一本克拉克·拉塞尔[1]著的精彩的有关海洋的小说。这时房间外面风呼呼地刮着，滂沱大雨渐渐变成海浪似的冲击，仿佛和小说的主题互相呼应，混成一体了。我的妻子那时正回娘家探亲，所以最近几天我又成为我那贝克街故居的常客了。

"噢，"我说，抬头望了望我的同伴，"的确是门铃在响。今夜谁还能来？也许是你的哪位朋友吧？"

"除了你，我哪里还有什么朋友。"他回答道，"我并不期望人们来访。"

---

[1]英国作家，以写海洋故事著称。

“那么，应该是位委托人吧？”

“如果是委托人，案情一定非常严重。如果不严重，此时此刻谁还肯出来。但是我觉得这人更可能是咱们房东太太的好朋友。”

福尔摩斯猜错了，因为过道上响起了脚步声，接着就有人在敲门。他伸出长臂把照亮他自己的那盏灯转向那张客人肯定会在那里就座的空椅子一边，然后说：“进来吧。”

走进来的是一个年轻人，看起来大约二十二岁左右，穿着非常讲究，服饰整洁，举止大方，彬彬有礼。他手里的雨伞水泄如注，身上的长雨衣闪闪发亮，这些都说明他一路上所经历的风吹雨打。他在灯光下焦急地向四周打量了一下。这时我看出他的脸色苍白，双目低垂。一个被某种巨大的忧虑压得喘不过气来的人的神情一般都如此。

“非常抱歉。”他边说边将一副金丝夹鼻眼镜戴上。

“我希望我没有打扰您！我担心我已经把从暴风雨里带来的泥水玷污了您整洁的房间。”

“把您的雨衣和伞都给我，”福尔摩斯说，“把它们挂在钩子上，一会儿就会干的。我看，您是从西南来的吧？”

“是的，从霍尔舍姆来的。”

“从沾在您鞋尖上混合在一起的黏土和白垩上，我就非常清楚地看出您是从那里来的。”

“我是专程来向您求教的，并且希望能得到您的帮助。”

“嗯，我非常乐意。”

“我已久仰大名，福尔摩斯先生。我听普伦德加斯特少校说过，您是如何把他从坦克维尔俱乐部丑闻案件中拯救出来的。”

“噢！不错。人家诬告他用假牌行骗。”

“他说您能解决所有问题，并且屡战屡胜。”

“他说得太过分了。我曾失败过四次——三次败于几个男人，一次败于一个女人。”

“可是，这对无数次的胜利来说是微不足道的。”

“不错，总体来说，我还是成功的。”

“那么，对于我的事，您可能也会成功的。”

“请您把椅子挪近壁炉一些，给我们说一下您这件案子的一些细节。”

“这绝不是一个寻常的案子。先生，我想问您，在您的经验中，有没有听说过比我家族中所发生的一连串更为神秘、更难以解释的事故？”

“我对您说的非常感兴趣，”福尔摩斯说道，“请您首先告诉我们一些主要事实，我随后会把我认为最关紧要的细节提出来问您。”

那年轻人往前挪动了一下椅子，然后把两只穿着潮湿鞋子的脚伸向了炉火边。

他说：“我的名字叫做约翰·奥彭肖。根据我的理解，我自己本身同这一些可怕的事件并没有多大关联。那是上一代留下来的问题，因此，为了让您对这事有一个大致的掌握，我必须从这一事件的开头说起。我的爷爷有两个儿子——我的伯父伊莱亚斯，还有我的父亲约瑟夫。我父亲在康文特开办了一座小工厂，在自行车发明出来的那段时间，他就把这个工厂扩展了，并拥有奥彭肖防爆破车胎的专利权，因而他的生意非常兴隆，这就能让他后来将工厂出让，而凭借一笔巨款过着富裕的退休生活。”

“我的伯父伊莱亚斯还非常年轻的时候就侨居美国，他成了佛罗里达州的一位种植园主。据说他在那儿经营得非常不错。在南北战争期间，他曾在杰克逊[1]部队作战，后来从属于胡德[2]部下，他升任上校。在南军统帅罗伯特·李投降后，他就从部队回家，重新回到他的种植园，并在那里又住了三四年。大约在一八六九或者是一八七〇年，他又回到欧洲，并在苏塞克斯郡霍尔舍姆附近购买了一小块地产。他在美国的时候曾发过大财，他之所以离开美国返回英国，是因为他非常讨厌黑人，也不喜欢共和党授予黑人选举权的政策。”

“他这个人性格非常怪癖，凶狠急躁，发怒时常常言语粗鄙，他的性情非常孤僻。但是自从他定居霍尔舍姆以来的这些日子里，他时常深居简出，我不了解他是否会去城镇。他还拥有一座花园，在房子的周围有两三块田地，他可以在那里锻炼身体，可是他却常常几个星期都足不出户。他疯狂地喝白兰地酒，而且他的烟瘾极大，但是他并不喜好社交，不需要任何朋友，甚至和自己的亲弟弟也不来往。他并不关心我；但是实际上，他还是挺喜欢我的，因为当他初见我时，我还只不过是个十一二岁的小孩子。那是一八七八年了，他已经回国八九年了。他请求我父亲让我同他住在一起，他说用他自己的方式来疼爱我。当他清醒并且不醉时，喜爱同我一起玩斗双陆、玩象棋。他还让我代表他与佣人和一些生意人打交道。”

“在我十六岁的时候，已经几乎成为一个小当家的了。我拥有所有

[1]美国南北战争时期南军将领。

[2]美国南北战争时期南军将领，战后做生意。

的钥匙，我能够随心所欲的到我想要去的任何地方，做我想做的任何事情，只要不去打扰他的隐居生活即可。不过，也是有一个特殊的例外，那就是在阁楼那一层有着非常多房间，而唯独其中一间堆放破旧杂物的房间，却常年加着锁，不论是我还是其他任何人，他都禁止入内。我曾经带着一个男孩子的好奇心，从钥匙孔朝屋内窥视。可是除了想象中在这样一间屋子里会堆放着的一大堆破旧箱笼和大小包袱之外，就没有其他的了。”

“然而有一天，那是在一八八三年的三月，一封贴有外国邮票的信放在上校的餐盘面前。对于他来说，一封来信却是一件出乎意料的事，因为他的账单都是用现金支付，他不论什么样的朋友一个都没有。”

“‘这是从印度来的！’他一边拿起信来，一边惊奇地讲道，‘是本地治里[1]的邮戳！这到底是怎么回事？’在他匆忙拆开信封的时候，忽地从信封里掉出五个又干又小的橘核嗒嗒地落在盘子里面了。我正要张嘴发笑，但是一看他的脸，我的笑容立刻从我的唇边消失了。只见他咧着嘴唇，两眼突出，面色如死灰一样，直瞪瞪地盯着颤抖的手中仍旧拿着的那个信封。‘K．K．K．！’他突然尖叫了起来，然后喊道，‘天啊，天啊，真是罪孽难逃呀！’”

“我叫道：‘伯伯，怎么啦？’”

“‘死亡！’他说着，从桌旁站起身来，回到他自己的房间，只剩下我一个人在那里吓得心惊肉跳。我拿起了那信封，发现信封口盖的里层，也就是涂胶水的上端，有三个用红墨水潦草地写的K字。此外，除了那五个干瘪的橘核，没有其他任何东西。是什么原因使他吓得魂飞魄散呢？我离开那早餐的桌子上楼时，正好碰见他走下楼来，一手拿着一只旧得生了锈的钥匙——这一定是楼顶专用的了，另一手里却是一个像钱盒似的小黄铜匣。”

“‘他们随便干什么都行，可是我肯定能战胜他们。’他发誓赌咒地说道，‘叫玛丽给我房间里的壁炉升火，再派人去请霍尔舍姆的福德姆律师来！’我照他的吩咐办了。律师来时，我被召唤到他的房间里。炉火熊熊，在壁炉的炉栅里有一堆黑色蓬松的纸灰烬。那黄铜箱匣放在一旁，敞着盖，里面空空如也。我瞧了那匣子一眼，大吃一惊，因为那匣子盖上印着我上午在信封上所见到的那样的三个K字。”

“‘约翰，我希望你，’我伯父说道，‘做我的遗嘱见证人。我把我的所有的产业，连带它一切有利和不利之处，留给我的兄弟——也就

[1]印度东南部城市，本地治里区首府。

是你的父亲。毫无疑问以后你父亲又会遗留给你。如果你能平安无事地享有它们，自然是好，不过，如果你发觉不能，那么，孩子，我劝你把它留给你的死敌。我非常遗憾给你留下这样一个具有双重意义的东西，但是我也说不上事情会向哪个方向发展。请你按照福德姆律师在遗嘱上指给你的地方签上你的名字吧。’”

“我照律师所指的地方签了名，律师就将遗嘱带走了。您可以想象，这件奇怪的事给我的印象非常的深刻。我反复思量，一直揣摩，还是无法知道其中的奥秘。可是这件事留下来的模模糊糊的恐怖感觉却始终难于摆脱，虽然随着时光的流逝，不安之感逐渐缓和，而且也没有发生任何干扰我们日常生活的事。从此以后，我仍能够看出我的伯父行为异常。他酗酒狂饮更加厉害了，并且更加不愿意置身于任何社交场所。他的大部分时间都消磨在他自己的深室之内，而且室内门上还上了锁。但是他有时又像是酒后发疯，从屋子里一冲而出，手握左轮手枪，在花园中狂奔乱跑，尖声叫喊，说什么他谁也不怕，还说不管是人是鬼，谁也不能把他像绵羊似的圈禁起来。等到这阵激烈的癫狂过去以后，他又心慌意乱地急急跑回房间里去，把门锁了起来，还插上门闩，好像一个内心深处渗透了恐惧的人，无颜再虚张声势地装下去那样。在这种时刻，我见到他的脸，即使在寒冷的冬天，也是冷汗涔涔、湿漉漉的，似乎刚从洗脸盆里抬起头来一样。”

“哦，福尔摩斯先生，现在说说这件事的结局吧，不能再考验您的耐性了。有一晚上，他又发了一回那样的酒疯，突然跑出去，可是这一回，却永远没有回来。我们去寻找他时，发现他面朝下摔跌在花园一端的一个泛着绿色的污水坑里。并未发现施行任何暴力的迹象，坑水也不过两英尺深，因此，陪审团鉴于他平日的古怪行径，断定为‘自杀’事件。可是我素来知道他是个怕死的人，总觉得难于相信他竟会跑出去自寻短见。尽管如此，事过境迁。我父亲继承了他的地产，以及他存放在银行的大约一万四千镑存款。”

“等一等，”福尔摩斯插言道，“我预料您所说的这案情将是我所听到的一件最出奇的案子。请把您的伯父接到那封信的日期和他的被信以为真的自杀日期告诉我。”

“收到来信的日期是一八八三年三月十日。他的死是在七个星期后的五月二日。”

“谢谢您。请说下去。”

“当我父亲接收了那座霍尔舍姆房产时，他接受了我的建议，仔细检查了长年累月挂上了锁的阁楼。我们发现那个黄铜匣子仍在那里，虽然匣内的东西已经被毁掉了。匣盖的里面有个纸标签写着K. K. K.！三个大写字母。下边还写有“信件、备忘录、收据和一份记录”等字样。我们认为：这表明了奥彭肖上校所销毁的文件的性质。除了许多散乱的文件和记有我伯父在美洲的生活情况的笔记本外，顶楼上其余的东西都无关紧要。这些散乱的东西，有些是关于战争时期的情况和他恪尽职守荣获英勇战士荣誉称号的记述；还有些是关于战后南方各州重建时期的大多与政治有关的记录，显然我伯父当时曾积极参加反对那些由北方派来的随身带着一只手提包进行搜刮的政客[1]的活动。”

“后来，我父亲搬到霍尔舍姆去住时，正值一八八四年初。直到一八八五年元月，一切都非常好。元旦过后的第四天，我们大家围着桌子坐在一起吃早餐时，我的父亲忽然一声惊叫，只见他坐在那里，一手举着一个刚刚拆开的信封，另一只手的五指伸开的掌心上有五个干瘪的橘核。他平日总嘲笑我说伯父的遭遇是荒诞无稽的故事，一旦他自己碰上了同样的事，却也吓得大惊失色，神志恍惚。”

“‘啊，这究竟是怎么一回事，约翰？’他结结巴巴地问道。”

“我的心也变得非常地沉重。‘这是K. K. K.！’我说。”

“他看看信封的内层。‘不错，’他叫了起来，‘就是这几个字母。这上面又写着什么？’”

“把文件放在日晷仪上，我从他肩膀背后望着信封念道。”

“‘什么文件？什么日晷仪？’他问道。”

“‘花园里的日晷仪，别的地方没有，’我说，‘文件一定是被毁掉的那些。’”

“‘呸！’他壮着胆子说，‘我们这里是文明社会，不容许有这种愚蠢的事情发生！这东西是哪里来的？’”

“‘从敦提来的。’我看了一下邮戳回答说。”

“‘一个荒唐的恶作剧，’他说，‘我和日晷仪啦、文件啦，有什么关系？对这种无聊的事我不屑一顾。’”

“‘要是我的话，就一定会报警。’我说。”

“‘这种让我感到痛苦，却让他们讥笑的事情，我不干，而且也不许你去。我不愿为这种荒唐事庸人自扰。’我父亲命令我说。与他争辩根本就是徒劳的，因为他是个非常顽固的人。我只好走开，心里惴惴不安，感觉将要大祸临头。接到来信以后的第三天，我父亲离家去看望他

---

[1]指南北战争后，身无分文，口袋空空的到南方进行政治投机的北方佬。

的一位老朋友，弗里博迪少校。他现在是朴次当山一处堡垒的指挥官，我为他的出访而感到高兴，在我看来，仿佛他离开了家倒可以避开危险。可是我想错了。他出门的第二天，我接到少校发来一封电报，要我立即赶赴他那里。我父亲摔在一个非常深的白垩矿坑里，这种矿坑在这附近地区是非常多的，他摔碎了头骨，躺在那里不省人事。我急切地跑去看他，可是他再也没有恢复知觉，去世了。”

“非常明显，他是在黄昏前从费尔哈姆回家，由于乡间道路不熟，白垩坑又无栏杆遮挡，验尸官便毫不迟疑地作出了‘意外致死’的判断。我小心谨慎地检查了每一处与他死因有关联的事情，但是没有发现任何含有谋杀意图的事实，现场也没有暴力行动的迹象，没有脚印，没有发生抢劫，也没有关于看见路上有陌生人出现的记录。可是我不说您也知道，我的心情非常不平静。我几乎可以确定：一定有人在他的周围策划了某种卑鄙的阴谋。在这种不祥的情况下，我继承了遗产。您可能会问我为什么不把它卖掉，因为我深信，我们家的灾难在一定程度上是由我伯父生前的某种意外事故所导致的，所以不管是在这所房子里，还是在另一所房子里，祸事必将同样地威胁着我们。”

“我的父亲是在一八八五年一月遭遇不幸，至今仅仅两年八个月。在这个时间内，我在霍尔舍姆的生活还是非常幸福的。我已开始怀着这种希望：灾祸是已远离我家了，它已与我的上一代人一起告别了。谁知我这样的安慰还为时过早。在昨天早上，灾祸又找上门了，情况和我父亲当时经历的完全一样。”

那年轻人从背心的口袋里又取出一个揉皱了的信封，突然走向桌旁，他摇落在桌上的再次是五个又小又干的橘核。

“这就是那个信封了，”他继续补充说道，“邮戳盖的是伦敦的东区。信封里依然是我父亲接到的最后一封信里的那几个字：‘K. K. K.！’。然后是‘请把文件放在日晷仪上’。”

“您采取了什么措施吗？”福尔摩斯问道。

“一点也没有。”

“一点也没有？”

“说真的，”他低着头，用消瘦苍白的双手捂着脸，“我觉得是没有办法的。我认为自己像一只可怜的兔子面对着一条蜿蜒前来的毒蛇。我似乎陷入一种无法抗拒，而又残酷无情的恶魔的魔爪之中，而这魔爪是难以预见、无论什么预防措施都无法防范的。”

“啧！啧！”福尔摩斯大声嚷道。“您一定要采取行动啊！先生。不然，您可也就完了！现在除了振奋精神以外，没有别的什么别的办法能够挽救您的了。可没有什么时间去唉声叹气啊！”

“我已经去找过警察了。”

“啊！”

“但是他们在听我诉说以后，都是付之一笑，没当回事。我坚信那巡官已经形成固定的看法，会觉得那些信肯定属于恶作剧，我的两位亲人之死好像验尸官所说的，一定是出于意外，因此不要和那些前兆联系到一起。”

福尔摩斯又愤怒地挥舞起拳头来。“那么，您为什么来找我？”他叫道，“再说，更重要的是，为什么您一开始不来找我？”

“我不知道啊。只是到了今天，我向普伦德加斯特少校谈了我的困境，他才劝我来找您的。”

“您接到信已经整整两天了。我们应当在此之前采取行动。我估计您除了那些已经向我提供的情节以外，没有更进一步的凭证——没有什么可以对我们带有启发性的细节了吧？”

“有一件，”约翰·奥彭肖说。他在上衣口袋里翻找了一番，掏出了一张褪色的蓝纸，摊开放在桌上。“我记得，”他说，“那一天，伯父在焚烧文件的时候，我看见纸灰堆里有一些小的没有烧着的文件的纸边是这种特殊的颜色的。我在我伯父的屋子里的地板上发现这张纸。我倾向于这样的看法：它是从一叠纸里掉下来的，所以没被焚烧掉。除了纸上提到橘核之外，恐怕它对我们帮助不大。我想它也许是私人日记里的一页，字迹毫无疑问是我伯父的。”

福尔摩斯把灯移动了一下，我们两人弯下身来看那张纸。纸边参差不齐，的确是从一个本子上撕下来的。

上端写有“一八六九年三月”的字样，下面是一些莫名其妙的记载，内容如下：

四日：赫德森来。抱着同样的旧政见。

七日：把橘核交给圣奥古斯丁的麦考利、帕拉米诺和约翰·斯温。

九日：麦考利已清除。

十日：约翰·斯温已清除。

十二日：访问帕拉米诺。一切顺利。

“谢谢您！”福尔摩斯说，同时把那张纸折叠起来还给了客人，“现在您连一分钟都不能再耽搁了。我们甚至没有时间来讨论您告诉我的情况。您必须马上回家，采取行动。您现在只有一件事要做，而且刻不容缓。您必须把给我们看过的这张纸放进您说过的那个黄铜匣子里去，还要放进一张便条，说明所有其他文件都已被您的伯父烧掉了，这是仅剩的一张。您一定要用使他们能够确信无疑的措辞。做完这一切以后，您必须马上就把黄铜匣子按信封上所说的放在日晷仪上。您明白了吗？”

“完全明白了。”

“现在不要想报仇之类的事，我认为我们可以通过法律来达到目的。既然他们已经布下了罗网，我们也应该采取相应措施。现在首先要考虑的是消除威胁您的迫在眉睫的危险，其次才是揭穿秘密，惩处罪恶的集团。”

“谢谢您，”那年轻人说着站起身来，穿上雨衣，“您给了我新的生命和希望。我一定遵照您的吩咐去做。”

“您必须争分夺秒。与此同时，您首先必须照顾好自己，因为我认为，毫无疑问有一种非常现实和逼近的危险正在威胁着您。您怎样回去呢？”

“从滑铁卢车站乘火车回去。”

“现在还不到九点钟。街上人还非常多，所以我相信您也许能平安无事。不过，您无论怎样严加小心都不会过分。”

“我身上有武器。”

“那就好。明天我就开始办您这案子。”

“那么，我就在霍尔舍姆等着您？”

“不，您这案件的奥秘在伦敦。我将在伦敦寻找线索。”

“那么我过一天，或者两天，再来看您，告诉您关于那铜匣子和文件的消息。我将遵照您的指点一一去办。”他和我们握手告别。门外狂风依旧呼啸不停。大雨瓢泼，簌簌不停地敲打着窗户。这个离奇、凶险的故事似乎是随着狂风暴雨而来到我们这里的——它仿佛是强风中掉落在我们身上的一片落叶——现在又被暴风雨卷走了。

福尔摩斯默默地坐了一会儿，头向前倾，目光凝注在壁炉的红彤彤的火焰上。随后他点燃了烟斗，背靠坐椅，望着蓝色烟圈一个跟着一个地袅袅升向天花板。

“华生，我想我们经历的所有案件中没有一件比这个更为稀奇古怪的了。”他终于做出了一个判断。

“除了‘四签名’案外，也许是这样。”

“嗯，对了。除此之外，也许是这样。可是在我看来，这个约翰•奥彭肖似乎是正在面临着比舒尔托更大的危险。”

“但是，你对这是什么样的危险是否有了任何明确的看法？”我问道。

“它们的性质是没有疑问的了，”他回答说。

“那么，它们是怎么回事？谁是这个K．K．K．？为什么他要一直纠缠着这个不幸的家庭呢？”

夏洛克·福尔摩斯闭上了眼睛，两肘靠在椅子的扶手上，指尖合拢在一起，说道，“对于一个理想的推理家来说，一旦有人向他指明一个事实的一个方面后，他就不仅能从这个方面推断出导致这个事实的各个方面，而且能够推断出由此将会产生的一切后果。正如居维叶[1]，经过深思默想就能根据一块骨头准确地描绘出一头完整的动物一样。一个观察家，既已彻底了解一系列事件中的一环，就应能正确地说明前前后后的所有其他的环节。我们还没有掌握唯有理性才能获得的结果。问题只有通过研究才能获得解决，企图凭借直觉解决问题的人是会失败的。不过，要使这种艺术达到登峰造极的地步，推理家就必须善于利用他已经掌握的所有事实，这是你不难理解的，其本身就意味着要掌握一切知识。而要做到这一点，即使在有了免费教育和百科全书的今天，多少也还是一种难得的成就。一个人要掌握对他工作可能有用的全部知识，倒也不是不可能的。我本身就一直在作此努力。如果我没有记错的话，在我们结交之初，你曾有一次非常准确地指出了我的局限性。”

“对，”我回答道，不禁笑了，“那是一张非常有趣的记录表。我记得哲学、天文学、政治学，打了零分；植物学，说不准；地质学，就伦敦五十英里以内任何地区的泥迹而言，算得上造诣非常深；化学，非常独特；解剖学，没有系统；关于惊险文学和罪行记录是无与伦比的；是小提琴音乐家、拳击手、剑术运动员、律师；是服用可卡因和吸烟的自我毒害者。我想，那些都是我分析的要点。”

福尔摩斯听到最后一项，嘻嘻地笑了。

“嗯，”他说，“就像我过去说的一样，到现在我还是要说：一个人应当给他自己头脑的小小阁楼里装满他可能需要使用的一切。其余的东西可以放到他的藏书室里去，需要的时候，随时取用就可以了。现在，为了今晚我们接受的这样桩案件，我们需要把我们所有的资料都集中起来。劳驾把你身边书架上的美国百科全书里K字部的那一册递给我。谢谢你！”

“让我们考虑一下形势，看看从中可能作出什么样的推论。首先，我们可以从一个有充分根据的假定开始——奥彭肖上校是由于某种有理由的原因而离开美国的。到了他那样年纪的人是不会改变他全部的习惯

[1]法国动物学家，创立比较解剖学和古生物学。

的，他也不会心甘情愿地放弃佛罗里达的宜人的气候而回到英国来过乡镇的寂寥生活的。他对英国的孤独生活和那极为罕见的喜爱暗示着他心中惧怕某人、某事，因此我们不妨作出一个假设，认为他是出于对某人、某事的恐惧被迫离开美国的。至于他所怕的是什么，我们只能从他和他的几个继承人所接到的那几次可怕的信件来推断。你注意到那几封信的邮戳了没有？”

“第一封是从本地治里寄出的，第二封是敦提，第三封是伦敦。”

“从伦敦东区寄出。你据此能推断出什么来呢？”

“那些地方都是海港。”

“还有呢？”

“写信的人是在船上。”

“好极了，我们有了一条线索了。毫无疑问，非常可能——极其可能——写信的人当时一定是在一条船上。现在我们再考虑第二点。就本地治里来说，从收到恐吓信起到出事，前后经过七个星期。至于敦提，仅仅经过大约三四天。这能够说明什么呢？”

“前者路程较远。至少可以这样假设：那个人或那一伙人乘坐的是一条帆船。看来好像他们奇特的警告或信号总是在他们出发肇事以前发出的。你瞧，信号从敦提来后，紧接着事情就发生了，你说有多快。如果他们是从本地治里乘轮船来的，那他们会同那信同时到达。但是，事实上，过了七个星期才出事。我想那七个星期代表的是信件是由邮轮运来的，而写信的人是乘帆船来的。”

“非常有可能。”

“不仅可能，而且大概就应该是这样。现在可以看出这桩新案子的极端紧迫性和为什么我极力告诫小奥彭肖要提高警惕。灾祸总是在发信人旅程终了之后来临。可是这一回是从伦敦来的，所以我们就刻不容缓了。”

“天哪！”我大叫起来了。“这到底意味着什么？这种无情的折磨！”

“奥彭肖所携带的那个文件明显对于帆船里的一个人或一伙人有着生死攸关的重要性。我想情况应该是非常清楚的，他们肯定不止一个人。单独一人是不能够接连使得两人死于非命的，而所用的手段则竟然逃过了验尸陪审团的眼睛。这里面必然会有同伙数人，他们也还一定是有勇有谋的人。他们是必须要把文件弄到手不可的，不论是藏在谁那里。因此，你可以发现已不再仅仅是一个人的名K K K字缩写，而且是一个团体的化身。”

“是什么样团体的化身呢？”

“你没有——”福尔摩斯说道，一面低下身子向前放低声音，“你难道从来没有听说过三K党吗？”

“我从来没有听说过。”

福尔摩斯一页一页地查阅着放在他膝盖上的书。

“看这儿，”随后他又念道，“克尤·克拉克斯·克兰[1]，这是一个名字。它来源于那种好像扳起枪的打击铁的声音。这个骇人的绝密团体是南方各州的前联邦士兵在南北战争结束之后组成的，并迅速在全国各地建立了分会。其中包括在田纳西、路易斯安那、卡罗来纳、佐治亚和佛罗里达各州尤其为引人注目。它的势力范围是为了实现其政治目的，主要是针对黑人选民使用恐怖手段，谋杀或驱赶反对他们观点的人出国。”

“他们准备施加暴行时通常做法是，先寄给受到仇视的人某些形状奇怪但仍可以分辨的东西，比如，一小根带叶的橡树叶，或是几粒西瓜籽，或是几个橘核，来作为告诫。受到仇视的人在接到警告以后，可以公开宣称放弃原有观点，或是逃奔国外。要是不管不问，则肯定会遭受杀害，而且往往出于某种非常奇怪或者是意料不到的方式。那个团体的组织是非常严密的，所采用的方式又是这样有系统，竟使得在有案可查的案件中，还从未发现有哪个与之抗衡的人能够幸免于祸的，也从未能查获到暴行的嫌疑人。虽然美国政府和南方上层社会曾经努力阻止过，但是这个团体在几年时间里还是发展得非常快。最后，到一八六九年，这个三K党运动竟然突然解散，虽然此后还是不断发生这类暴行。”

福尔摩斯放下了他手中的书，说道：“你肯定能够看出来，那个团体的忽然垮台是与奥彭肖带着文件逃出美国几乎同一时间发生的。两件事非常有可能是互为因果的。这就难怪奥彭肖连同他的一家人，总有一些死对头在跟踪他们。你一定能了解，这个记录和日记可能牵涉到美国南方的某些头面人物。另外，估计还会有非常多人如果找不到这些东西是连觉都睡不好的。”

“那么，我们看见过的那一页……”

“正如我们所想的那样。如果我没记错的话，那上面写着：‘送橘核给A、B和C。’那就是把团体的警告送给他们。然后，又接着写道：A、B已清除或者已出国；最后还说访问过C；我担心这会给C带来不祥的后果。喂，医生，我想，我们可以让这个黑暗的地方获得一线

[1]三K党的英文全名，音响杜撰词。

光明，我相信，在这同一时间里，小奥彭肖的唯一机会就是按照我告诉他的去做。今天夜里，没有什么可说和可做的了。请你把小提琴递给我！让我们把这恼人的天气和我们同胞的不幸遭遇暂时置之脑后半小时吧。”

清晨，天气非常晴朗，太阳透过笼罩在这伟大城市上空的朦胧云雾闪耀着柔和的光芒。我下楼时，福尔摩斯已经在吃早餐了。

“你不会怪我没有等你吧，”他说，“我估计，我将要为小奥彭肖的案子忙碌一整天。”

“你准备采取什么措施？”我问道。

“这在很大程度上取决于我初步调查的结果。总之，我不得不去霍尔舍姆一趟。”

“你不是得先去那里吗？”

“不，我得从城里开始，只要拉拉铃，女佣人就会给你端杯咖啡来的。”

我在等待咖啡的时候，拿起了桌上还没有打开的报纸浏览了一下。我的目光停在一个标题上，心里打了一个冷战。

“福尔摩斯，”我叫了起来，“太迟了！”

“啊！”他放下了杯子答道，“我担心的正是这样。这是怎么搞的？”显然他说的时候非常平静，但我看出他内心非常激动。

奥彭肖的名字和“滑铁卢桥畔的悲剧”这一标题吸引住了我的注意力。这个报道的内容如下：昨晚九时至十时之间，八班警士库克于滑铁卢桥附近值勤，忽然听到有人呼救及落水之声。是夜伸手不见五指，又值狂风暴雨肆虐，故虽有过路者数人援助，亦无法营救。然而警报当即发出，经水上警察协同努力，终于捞获尸体一具。事后检查得知该尸乃一名青年绅士，从其衣袋取出之信封，得知此人之姓名为约翰·奥彭肖，生前居住于霍尔舍姆附近。

据推测，他可能是着急准备赶搭从滑铁卢车站开出之末班火车，匆忙间于一片漆黑中迷途，误踩一轮渡小码头之边缘而失足落水。尸体未见有任何暴力之痕迹。无疑，死者乃因意外不幸遇难，此事足以唤起市政当局注意河滨码头之情况等。我们默默地坐了几分钟，福尔摩斯情绪沮丧，深受震惊的神情是我从未见过的。

“这件事伤了我的自尊心，华生，”他终于开口说道，“虽然这是一种狭隘的感情，但它伤了我的自尊心。现在这成为我个人的事了。如上帝给我时间，我就要亲手解决这帮家伙。他跑来向我求救，而我竟然把他打发走去送死！”

他从椅子里一跃而起，在房中走来走去，情绪非常的激动，难以抑制。他深陷的双颊上浮现赧颜，两只瘦长的手不安地一会儿手指交叉着紧握在一起，一会儿又松开。最后，他大声说道："他们这帮魔鬼真是狡猾透了，他们怎么能够把他骗到那儿去的呢？那堤岸并不在直达车站的路线上呀！对于达到他们的目的来说，即使在这样一个黑夜，在那座桥上无疑会有非常多的人。唉，华生，咱们瞧着吧，看谁最后能够取得胜利！我现在就要出去了！""去找警察吗？"

"不，我自己来当警察。等我结好了网，就可以用来捕捉苍蝇了。可是要在结好网之后捕捉。"

这一整天我忙于我的医务工作，天已经非常黑了我才返回贝克街。福尔摩斯还没有回来。一直到快要十点钟了，他才面色苍白，精疲力尽的走了进来。他跑到碗柜旁边，撕下一大块面包，狼吞虎咽地嚼着，拿起一大杯水把它冲下去。

"你饿了，"我说。

"饿极啦！一直忘记吃东西了，早餐后就什么也没吃。"

"没吃东西？"

"一点也没吃，没工夫想到它。"

"进展如何？"

"不错。"

"有线索了吗？"

"他们在我的掌握之中了。小奥彭肖的仇不会报不了的。"

"嘿，华生，让咱们以其人之道，还治其人之身。这是经过深思熟虑的啊！"

"你这是什么意思？"

他从碗柜里拿出一只橘子来，掰成几瓣儿，把橘核挤出来，放在桌上，从中选了五个，装到一个信封里面。在那信封口盖的反面，他写上"S．H．代J．O．"。他封上信封，在上面写上"美国，佐治亚州，萨凡纳，'孤星号'三桅帆船，詹姆斯•卡尔霍恩船长收"等字样。

"当他进港时这封信已经在等着他了，"他得意地笑着说，"这封信会使他夜不安眠。他还会发觉这封信肯定是他死亡的预兆，正如奥彭肖从前所遭遇到的情况一样。"

"这个卡尔霍恩船长是什么人？"

"那帮家伙的头头。我还要搞其他几个人，不过先搞他。"

“那么，你怎样追查出来的呢？”

他从衣袋里拿出一大张纸来，上面全是些日期和姓名。

“我花了一整天的时间，”他说，“用来在查阅劳埃德船登记簿和旧文件的卷宗，追查一八八三年一、二月在本地治里港停靠过的每艘船在离港之后的航程。从登记上看，在这两个月里，到达那里吨位较大的船共有三十六艘。其中一艘叫‘孤星号’的，立刻引起了我的注意，因为这艘船虽然登记的是在伦敦结关，但是却用了美国的一个州的名称来命名的。”

“我想，是得克萨斯州。”

“是哪一州，我原来弄不清，现在也说不准，不过我知道它原先一定是一艘美国船。”

“后来呢？”

“我查阅了敦提的记录。当我看到一八八五年一月三桅帆船‘孤星号’抵达那里的记录时，我心里的猜想就变成确信无疑的了，我接着就对目前停泊在伦敦港内的船只的情况进行了查询。”

“结果呢？”

“那‘孤星号’是上星期到达这里。我跑到艾伯特船坞，查明这船今天早晨已趁着早潮顺流而下，返回到萨瓦纳港去了。我发电报给格雷夫森德，得知这船已经在不久前驶过去了。由于风向是朝东的，我确信：这船此刻已开过古德温斯，离怀特岛不远。”

“你现在想干什么呢？”

“我要去逮住他！他和那两个副手，据我所知，是那船上唯一的美国人。其余的是芬兰人和德国人。我还了解到他们三人昨晚曾离船上岸，这消息是当时正在给他们装货的码头工人说的。等到他们的这艘帆船到达萨瓦纳时，邮船也已经把这封信带到那个地方了，同时海底电报已经通知了萨瓦纳的警察，说明这三位先生是伦敦正在通缉中的被控犯有谋杀罪的人犯。”

但是，那人布下的网再巧妙，还是不能没有一丝漏洞。杀害约翰·奥彭肖的凶手竟然再也没有收到那几个橘核了，而那几个橘核是为了让他们知道世界上另外还有一个和他们一样狡猾、同样坚决的人正在追捕着他们。

那年秋分时的暴风刮得非常久，刮得非常的猛烈。我们等了很长的时间，想要得到萨瓦纳“孤星号”的消息，但是一直杳无音信。最后我们听说：在遥远的大西洋某处，有人看到在一次海浪的退潮中漂荡着一块粉碎的船尾柱，上面写着“Ｌ．Ｓ．”[1]两个字母，而我们所能了解的关于“孤星号”的命运也只有这些了。

歪唇男人

艾萨·惠特尼是圣乔治大学神学院已故院长伊莱亚斯·惠特尼的兄弟，他整日沉迷抽鸦片，而且他瘾癖非常大。据我所知，他染上这一恶习是因为在大学读书时出于一种非常愚蠢荒诞的想法而形成的。那时候因为他看过了德·昆西[2]对梦境和激情的描写，然后就把烟草放在鸦片酊里浸染过后来吸，希望获得梦境和激情的那种感觉。他跟许多人一样，后来才发现这样做上瘾并且非常难戒除，然后他多年来便吸毒成癖而不能自拔，他的亲戚和朋友们对他是又深恶痛绝，又非常地怜悯。他的样子我现在还记忆犹新：他的面色青黄憔悴，并且眼皮下垂，两瞳无神，身体会缩成一团蜷缩在一把椅子里，表露出一种落魄王孙的倒霉像。

“有病人，”她说，“你又得出诊了。”

我叹了口气，因为我刚忙了一整天，疲惫不堪，刚从外面回来。

我听到开门声和急促的说话声，然后一阵快步走过地毡的声响。接着我们的房门突然大开，一位妇女身穿深色呢绒衣服，头蒙黑纱，走了进来。

“请原谅我这么晚来打搅您！”她开始说，随即克制不住自己，快步向前，搂着我妻子的脖子，伏在她的肩上啜泣了起来。“哦！我真倒霉！”她哭着说，“我现在非常需要一点帮助啊！”

“啊！”我的妻子说，同时掀开她的面纱，“原来是凯特·惠特尼啊。你吓坏我了，凯特！你进来时我简直想不到是你！”

---

[1]即“孤星号”英文原文lone star的首字母。

[2]英国著名散文家、评论家，吸鸦片成瘾。代表作《一个英国伪君子的自白》。

“我不知道怎么办才好，就直接跑来找你。”事情总是这样，人们一有发愁的事，就来找我的妻子，好像黑夜里的鸟儿喜欢朝向灯塔寻找慰藉一样。

“我们非常高兴你的光临！不过，你得喝一点兑水的酒，坐一会儿平静一下，再跟我们讲是怎么回事，要不然我先打发詹姆斯去就寝，你看好吗？”

“哦！不，不！我也需要大夫的指点和帮助呢。是关于艾萨的事情，他两天没回家了。我非常害怕！”

对我来说作为一个医生，对我妻子来说作为一个老朋友和老同学，听她向我们诉说她丈夫给她带来的苦恼，这已经不是第一次了。我们尽量找些类似这样的话来安慰她，比如，她知道她的丈夫在哪里吗？我们有可能替她把他找回来吗？看来好像有可能。她得到确切的消息说，近来他的烟瘾一发作，就到老城区最东边的一个鸦片馆去。到目前为止，他在外放荡从来不会超出一天，每到晚上他就抽搐着身体，垮掉了似的回到家里。可是这次鬼迷心窍已经四十八小时了。现在准是躺在那儿，和在码头上的社会渣滓鬼混在一起吞云吐雾地吸毒。或者是在酣睡，好从鸦片所起的作用中缓过劲来。到那儿一定会找得到他，这一点她确信无疑。地点是天鹅闸巷的黄金酒店。可是，她可怎么办呢？她，一个年轻娇怯的女人，又怎能闯进那样一个地方，把厮混在一群歹徒中间的丈夫拽走呢？情况大体就是这样，而且当然也只有这样一个办法。我想是否就由我陪同她去那地方呢？随着，又一转念，她又为什么要去呢？我是艾萨·惠特尼的医药顾问，以这层关系讲，我对他还是有点影响力。我倘若独自前往，也许能解决得更好些。我答应她，如果他真是在她告诉我们的那个地方的话，我会在两小时内雇辆出租马车把他送回家去。于是，在两分钟内，我就已经离开了我的那张手扶椅和那舒适的起居室，乘了一辆双轮小马车，在向东面疾驶而去。

这趟差事，当时我已觉得有点离奇，不过只有到了之后才显出它究竟离奇到了何等程度。但是，在我这探奇之始，倒没有多大的困难。天鹅闸巷是一条污浊的小巷，它隐藏于伦敦桥东沿河北岸的高大码头建筑物后边。在一家出售廉价成衣的商店和一家杜松子酒店之间，靠近有一条陡峭的阶梯往下直通一个像洞穴似的黑乎乎豁口，我发现了我要寻访的那家烟馆。我叫马车停下来等着，便顺着那阶梯走下去。

这阶梯的石阶中部已被川流不息的醉汉们的双脚踩磨得凹陷不平。门上悬挂着的油灯灯光闪烁不定。借着灯光，我摸到门闩，便走进一个又深又矮的房间里面，屋里弥漫着浓重的棕褐色的鸦片烟的烟雾，靠墙放着一排排的木榻，就像移民船前甲板下的隐隐约约地瞧见东倒西歪的人躺在木榻上，有的耸肩低头，有的屈膝蜷卧，有的头颅后仰，有的下颌朝天，他们从各个角落里以失神的目光望着新来的客人。在幢幢黑影里，有不少地方发出了红色小光环，微光闪烁，忽明忽暗。这是人们用金属的烟斗锅吮吸燃烧的鸦片的情景。大多数人静悄悄地躺在那里，也有些人自言自语，还有人用一种奇怪的、低沉而单调的语声交头接耳、窃窃私语——这种谈话有时滔滔不绝，嘟嘟囔囔，只是在说自己的心事，而把人家对他讲的话都当耳边风。

在远处的一头，有一个小炭火盆，炭火熊熊燃烧。盆旁一只三足木板凳上坐着一个瘦高的老头，双拳托腮，两肘支在膝盖上，双目凝视着炭火。当我进屋时，一个面无血色的马来人伙计兴冲冲地走上前来，递给我一杆烟枪和一份烟剂，招呼我到一张空榻上去。“谢谢你。我来呆不长时间，”我说，“我有一位朋友艾萨·惠特尼先生在这里。我想找他说几句话。”

在我右边有人蠕动并发出喊声。我透过暗淡的灯光瞧见惠特尼面色苍白，憔悴不堪，邋里邋遢，睁大眼睛盯着我看。“天哪！原来是华生！”他说，他答话的样子显得既可怜又可恨，他的每条神经似乎都处于紧张状态，“嘿，华生，几点钟了？”

“快十一点钟了。”

“哪天的十一点钟？”

“星期五，六月十九日。”

“我的天！我一直以为是星期三。今天确实是星期三，你可别吓唬我？”他低下头，把脸埋在双臂之间，开始放声痛哭起来。

“我告诉你，今天是星期五，没错。你的妻子一直等你两天了。你应当感到羞愧！”

“对！我应当感到羞愧，不过你弄错了，华生，因为我在这里只不过待了几个小时，抽了三锅，四锅……我记不得抽了多少锅了。不过我还是要跟你回去。我不该让凯特担心害怕，可怜的小凯特！扶我一下！你雇马车来了吗？”

“是的，我雇了一辆，等着你呢。”

“那我就坐车走吧。不过，我一定欠了账。看看我欠了多少，华生。我一点精神也没有了。我无法照顾我自己了。”

我穿过两排躺着人的木榻间那条非常狭窄的过道，一直屏息不敢喘气，生怕去闻到那鸦片令人恶心和呕吐的臭气，到处寻找掌柜的。我穿过炭火盆旁的那个高个子时，忽然发现有一只手突然猛地拉了一下我上衣，并且有人低声说：“你现在走过去，然后回头看我！”这两句话一句一句地落入了我的耳朵里面。我转过头一看，这话仅仅是出自我旁边的老头之口。但是，这时他还是跟刚才一样了，专心致志地坐在那里。他浑身瘦骨嶙峋，面脸皱纹，佝偻着身体，一支烟枪放在他的双膝中间，似乎是为了怕他疲乏无力而脱落下去似的。

我向前又走了几步，回头看看，不禁让我大吃一惊。幸亏我努力控制才没有喊出声来。他也同时转过身来，除了我，没有人能看见他。他的身体的样子已经伸展开了，脸上的皱纹也已经彻底消失，昏花无神的双眼又恢复到炯炯有神。同时，坐在炭火盆边盯着惊讶的我并咧着嘴开始发笑，果然这个人不是别人，就是夏洛克·福尔摩斯。他暗示叫我到他的身边去，立刻转过身去，再侧脸朝向众人，马上又摆出一种哆哆嗦嗦、胡言乱语的老态龙钟的样子。

“福尔摩斯！”我低声说，“你到这个烟馆是来干什么呢？”

“你最好小声点，”他回答道，“我耳朵是非常灵的。要是你愿意帮个大忙，打发掉你的那位瘾君子朋友，我倒非常高兴可以和你稍微说几句话。”

“我有一辆小马车现在在外边。”

“那么，还是请让他坐着回去吧！对他你尽管放心，因为他明显已经没有什么精力再去惹是生非了。我提醒你再写个便条，托马车夫带给你的妻子，跟她讲咱俩又搭上伙啦。你在外边稍微等一会，我过五分钟之后就从里面出来。”

要回绝夏洛克·福尔摩斯的所有请求是非常困难的，因为他的恳求总是非常恳切，又总以这样一种灵巧的温柔态度提出来的。总而言之，我认为惠特尼如果一登上马车，我的使命在实际上就已经完成了。至于其余的事情，可以和我的老友一起携手去准备一次非同寻常的探奇涉险那是再好不过的了，而冒险对他说来，却是生活中习以为常的事情了。我花了几分钟时间写好了一张便条，帮惠特尼付清了账，带他出去上了马车，送他在黑夜中乘车缓缓而去。这个时候，一个面容衰老的人从那鸦片烟馆跑了出来，这样我便同夏洛克·福尔摩斯一起来到街上了。大概走了两条街的路途，他一路上总是驼着背，并且东摇西晃，蹒跚而行。

“华生，我猜想，”他说，“你想象我在注射可卡因和一些你从医学观点来看也并不反对的小毛病之外，又添了一个阿芙蓉癖吧？”

“我当然非常惊讶会在那里看到你。”

“不过不会比我在那里发现你更惊奇。”

“我来找一位朋友。”

“而我是来找一个敌人的。”

“敌人？”

“是的，找我的一个天敌，或者，我将称之为我的一个猎物。简单地说，华生，我正在进行一场非常不平常的侦查。我打算从这些烟鬼的胡言乱语中找到一条线索，正如我从前干过的一样。倘若在那烟馆里有人认出我来，那么，顷刻之间，我的性命就会断送掉了。以前我曾为自己的目的到那里去侦查过。那个开烟馆的无赖印度人就曾经发誓要找我报仇。在保罗码头附近拐角处那房子的后面有一个活板门，它能说出一些奇怪的、在月黑风高之夜在那里经过的东西的非常多故事。”

“什么！莫非你说的是那些尸体？”

“唉，是尸体，华生。如果我们能够从每一个在烟馆里被害死的倒霉蛋身上得到一千镑，那我们就成为富翁啦。这是沿河一带最险恶的图财害命的地方。我担心内维尔·圣克莱尔进得去，出不来。可是我们的圈套应当就设在这儿。”他把两个食指放在上下唇之间，吹出尖锐的哨声，远处也回响起同样信号的哨声，不久就听到一阵辘辘的车轮声和嘚嘚的马蹄声了。

“现在，华生，”福尔摩斯说——这时一辆高轩的双轮单马车从暗中驶出，两旁吊灯射出两道黄色的灯光——“你愿意跟我一块去吗？”

“如果我对你有所帮助的话，我肯定会去。”

“哦，可靠的伙伴总是非常有用的，记忆力好的人更没得说了。我在杉园的房间里有两张床铺。”

“杉园？”

“是的，那是圣克莱尔先生的房子。我进行侦查时就住在那里。”

“那么，它在什么地方？”

“在肯特郡，离李镇不远。我们要跑二十来里路。”

“可是我一无所知啊。”

“当然是喽，不久你就会明白所有的情况。上来吧！好了，约翰，不麻烦你了，这是半克朗。明天等着我，大约十一点钟。放开马缰绳吧，再见。”他轻轻抽了那马一鞭子，马车就飞快地跑了起来，穿过了一条条黑乎乎的没有人烟的街道，然后，路面慢慢地变得宽阔起来，最终飞驰过一座两侧都有栏杆的大桥，桥下是黑沉沉的河水缓慢地流淌着。我向前看去，又是一片满是砖堆，而且有灰泥的单调的荒地，并且四野阒然。仅仅有巡逻警的沉重而非常有规则的脚步声，或者偶尔有某些流连忘返的狂欢的人在回家的路上乱唱乱喊，才偶尔打破寂静。一堆凌乱的云缓慢地穿过天空，这儿那儿有一两颗星星在云层里闪耀着微弱的光线。福尔摩斯静静地赶着车前行。他头垂在胸前，好像已经深深地陷入沉思了。我坐在他的身边，非常纳闷这件新案到底是怎么一回事儿，竟然使他耗费这么大的精力，但是又不敢打乱他的思绪。

我们赶车走出了好几里，直到到了郊外别墅区的边际，这时他才摇晃着身子，耸了耸肩膀，点着了烟斗，显露出洋洋得意的神气。“你有保持沉默的天赋，华生，”他说，“它让你成为一个非常难得的伙伴。我可以向你担保一定是这样：和别人相互谈论，对我来说是件非常非常重要的事情，因为我自己的看法不一定能够让所有人都满意的。我想不出今夜那位可爱的年轻女人到门口来欢迎我时应该对她说些什么。”

“你忘了我对此是一无所知的。”

“在我们来到李镇之前，我正好有时间对你讲清楚本案的详细情节。看来好像简单得太厉害，可是，我现在却有点摸不着头脑。可以肯定的是，思绪非常多，但我找不到任何头绪。目前，我来简单扼要地把案情说给你听一下，华生，或许你能在对我来说是一片黑暗之中看到一点光明。”

“那么，你就说吧。”

“在几年之前——说得更明确些，那是在一八八四年五月里。有一位绅士，他的名字叫做内维尔·圣克莱尔，来到了李镇。这个人确实非常有钱。他购买了一座大别墅，把庭园搞得非常漂亮，生活得非常豪华。他慢慢地和附近许多人交上朋友。在一八八七年，他迎娶了当地一位酿酒商的女儿为妻，并且生下两个孩子。他并没有职业，但是却在几家公司里都有投资。他每天都会在早晨进城，并且下午五点十四分从坎农街坐火车回来。圣克莱尔先生现在年纪约三十七岁，并没有任何不良癖好，可以称得上良夫慈父，与别人没什么不同。我能够再补充一句，现在他的全部债务，根据我们查到的，共有八十八镑十先令，但是他在首都郡银行里就有存款达到了二百二十镑。所以，没有理由会以为他会因财务问题而苦恼。”

“在上个星期一，圣克莱尔先生进城的时间要比平常的时候要早很多。在出发前他说过有两件非常重要事情要办，还说要给小儿子捎一盒积木回来。说来也是非常巧的，在那同一个星期一，在他出门后不久，他的妻子看到一封电报说有个宝贵的小包裹——她一直在等着这包裹——现在已经寄到亚伯丁运输公司的办事处等候她去取。好了，要是你了解伦敦的街道，你会了解公司的办事处是在弗雷斯诺街。那条街有一条岔路通向天鹅闸巷，就是今天晚上你见到我的那个地方。然后圣克莱尔太太就在那儿吃过午饭就进城了，在商店买了一些东西就到公司的办事处去，并且取出包裹，在回车站穿过天鹅闸巷时，刚好是下午四点三十五分。这些你了解了吗？”

“听得非常明白。”

“要是你能够记得非常清楚的话，星期一那天非常热，圣克莱尔太太的步子非常慢，四下环顾，期望能雇到一辆小马车，因为她发现她不喜欢周围那条街道。刚好在她穿过天鹅闸巷时，忽然听见一声喊叫声和哭嚎声，她发现她的丈夫正从三层楼的窗口往下看着她，似乎在向她招手，她顿时吓得浑身发冷。那窗户是开着的，他的脸她看得非常清楚，据她说他那激动的样子非常可怕，他拼命地向她挥手，但忽然消失于刹那之间，好像他身后有一种不可抗拒的力量一把将他猛拉回去一样。她那双眼睛具有敏锐观察力，她突然看到的一个异常的地方是他穿的虽然是他进城时的那件黑色上衣，但是他的脖子上没有硬领，胸前也没有戴领带。”

“她知道他肯定出了事，便顺着台阶飞奔下去——因为这房子正好是今晚你发现我待过的那个烟馆——闯进那栋房子的前屋，当她穿过屋子正想登上通往二楼的楼梯时，在楼梯口，她遇到了我说过的那个印度人。她被他推了回来，接着又来了一个丹麦助手，一起把她推到了街上。她心里充满了疑虑和震惊，急忙沿着小巷冲了出去，想不到非常幸运，在弗雷斯诺街头，她遇见了正在去值岗上班途中的一位巡官和几名巡捕。那巡官同两名巡捕随她回去。尽管那烟馆老板再三阻拦，他们仍然进入了刚才发现圣克莱尔先生的那间屋子。在那间屋子里看不出他在那儿待过的迹象。事实上，在整个那层楼上，除了一个跛脚的、面目可憎的家伙似乎在那里住家以外，没有见到有其他任何人。这家伙和那个印度人异口同声赌咒发誓说，那天下午没有任何人到过那层楼的前屋。他们矢口否认，使得巡官不知该如何处置，并且几乎认为圣克莱尔太太看错了人。这时，她突然大喊一声，猛扑到桌上的一个小松木盒前，把盒盖掀开，哗地倒出来一大堆儿童玩的积木，这就是他曾经答应要带回家去的那个玩具。”

“这一发现，加上那瘸子表现出非常明显的惊慌失措的样子，使巡官认识到事态的严重性。他们把所有房间都进行了仔细检查，结果表明一切都与一件非常可憎的罪行有关。前屋陈设简朴，作为起居之用。这间屋子通向一间小卧室，由小卧室望出去，正对着一段码头的背部。码头和卧室窗户之间是一窄长地段，退潮时是干涸的，涨潮时则为至少四英尺深的河水所淹没。卧室的窗户非常宽敞，是由下边开的。在检查房间时，发现窗框上有斑斑血迹，还有几滴滴在卧室的地板上。在前屋中，猛地拉开一条帷幕，在它的后面发现有圣克莱尔先生的全套衣服，只缺那件上衣。他的靴子、袜子、帽子和手表——都在那里。从这些衣物上瞧不出有什么暴行的痕迹，此外也看不到圣克莱尔先生的踪影。他显然一定是从窗户跑出去的，因为没有发现有别的出路。从窗框上那些非常不祥的血迹看来，他想通过游泳逃生是不大可能的，因为这个悲剧发生的时候，潮水正涨到了最高点。”

“我们再说说看起来直接与本案有牵连的歹徒们吧。那个印度人是个出名的劣迹斑斑的人。不过，根据圣克莱尔太太的说法，她的丈夫出现在窗口以后仅仅几秒钟，他就已经在楼梯角那里了。这个人顶多不过是这桩罪案的一个帮凶而已。他分辩说他什么也不知道，他声明他对楼上租户休·布恩的一切行动都毫无所知。他对那位下落不明的先生的衣物出现在那屋子里的原因也说不出原因。印度老板的情况就是这些。”

“那个阴险的瘸子住在三层楼上，一定是最后曾经亲眼见过圣克莱尔先生的人。他名叫休·布恩，他那丑恶的面孔，素为常到伦敦旧城区来的人们所熟知。他以乞讨为生，由于要避免警察的管制，他装作卖蜡火柴的小贩。就在针线街往下走不远，靠左手边，你可能已注意到有一个小墙角，他每天就坐在那里，盘着腿儿，把少得可怜的几盒火柴放在膝上。由于他有着一副令人可怜的的模样，施舍给他的小钱就非常多地落进他放在人行道上一顶油腻的皮革帽子里。在我想到必须对他的以乞讨为生的情况进行了解以前，我也曾不止一次地观察过这个家伙，但只有在了解他的乞讨情况之后，我才对他在一会儿工夫收获这么多深感惊讶。你知道他的形象非常地特别，没有一个从他面前路过的人能不看他一眼的。一头蓬松的红头发；一张苍白的面孔被一块可怕的伤疤弄得更加难看，这块伤疤，一经收缩就把上唇的外部边缘翻卷上去了；一副哈巴狗一样的下巴；一双目光锐利的黑眼睛，这两只眼睛和他的头发的颜色形成鲜明的对照。这一切都显示出他和其他一般的乞丐不同。而且，他的智力显然也是超群的，因为过路人投给他无论是什么破烂东西时，他都有话可说。现在我们知道他只是寄宿在烟馆里的人，并且也正是最后目睹我们要寻找的那个绅士的人。”

“但是，一个瘸子！”我说，“他一个人能将一个年轻力壮的男人怎么样呢？”

“如果就走起路来一瘸一拐这点来讲，他可能是个残废人；可是，在其他的方面，他明显是非常有力气，并且是个营养充足的人。明显的是你的医学经验会告知你，华生，一肢不灵的缺点，常常是可以由其他肢体的非常健壮有力而得到补偿。”

“请你继续讲下去！”

“圣克莱尔太太一看到窗框上的血迹就立刻晕了过去，并由一位巡捕用车护送她回家，因为即使她留在现场对侦查也是毫无帮助的。巴顿巡官管理此案，将房屋全部细致地观察了一下，但是没有发觉对破案有一点启示的东西。同时他还犯了一个错误，就是没有把休·布恩立即逮捕起来，使他得到了能够和他那印度朋友相互之间串供词的几分钟的时间。”

“但是，这个错误立刻就得到了纠正。他被拘捕并接受了审查，但是并没有发现任何可以将他定罪的证据。确实的，他的汗衫右手袖子上是有一点血斑，但是他指着他的左手第四指接近指甲被刀所割破的地方，说血就是从那儿流出来的；还说不一会儿工夫之前他曾经走到窗户那边去过，并在那里被发觉的血斑一定也是这么来的。他坚持否认曾经见过圣克莱尔先生，并且发誓说，说起在他的房间里找到的衣物，他和警方一样都感觉非常的疑惑。而对圣克莱尔太太所讲她肯定看到她丈夫是出现在窗前这一方面，他说她肯定是发疯了，否则那就是在做梦了。”

“后来不管他怎么大声地抗议，他们还是把他带回警察局去了。在另外一方面，巡官就停留在那个房间里，期望在退潮后能够搜寻到一些新的痕迹。竟然真的找到了，即使在那泥滩上他们并没有找到他们害怕想要找到的东西。因为他找到的不是内维尔·圣克莱尔其本人，而是他的上衣。这件上衣裸露在退潮后的泥滩上。你想想他们在衣服口袋里发现了些什么东西？”

“我实在想不出。”

“是的，我觉得你肯定想不到的。每个口袋里都充满了便士和半便士——共有四百二十一个便士和二百七十个半便士。无疑这上衣没有被潮水所卷走，但是人的身体就是另外一回事了。在那所房子与码头中间的退潮，水势是汹涌的。看来非常有可能是这种沉甸甸的上衣保留了下来，而被剥光了的身体却被扔进河里去了。”

“不过，据我所知，他们发现所有其他的衣服都在屋子里，难道他身上只穿着一件上衣么？”

“不，先生，可是这件事也许能够自圆其说。假定布恩这个人把内维尔·圣克莱尔推出窗外——可是没有人亲眼看见此事——这样的话他会再干什么呢？他当然马上就会想到要消灭那些泄露真相的衣服了。这时他会抓起衣服来，抛出窗外去。而在他往外抛的当儿，他会想到：那件上衣会被水浮起，沉不下去。他的时间已经非常少了，因为他已听到那位太太为要上楼而在楼下吵闹，也许他已从他的印度同伙那里听说有一批巡捕正顺着大街朝这个方向急忙跑来。这时已刻不容缓。他一下子冲到密藏他从乞讨中积累起来的银钱的地方。看到那些硬币，他能抓起多少，尽量往衣袋里塞，这样为的是确保上衣能够深沉水底。他把这件上衣抛出去了以后，本来还想用同样的方法处理其他的衣服，如果不是已听到楼下匆促的脚步声的话。可是这时巡捕已经上楼来了，他的时间仅够把窗户关上。”

“听起来的确可能是这样。”

“喏，咱们就权且当它是个有用的假定吧，因为还没有比这更好的假定。我已经说过，休·布恩被捕之后，被关到了警察局里面去了，可就是拿不出什么证据证实他有什么罪。多年以来他是尽人皆知的专门以乞讨为生的人。他的生活似乎是非常安静和对别人无害处的。现在事情就这样摆在面前，应该解决的问题像过去一样还远远没得到解决。这些问题是，内维尔·圣克莱尔在烟馆里干什么？他在那里究竟发生了什么事？他现在在哪里？休·布恩和他的失踪有什么关系？我承认：在我的经验中，我想不到有哪一个案件，乍一看好像非常的简单，可是却出现了这么许多困难。”

当夏洛克·福尔摩斯细说着这一连串离奇的事情的时候，我们的马车正飞快地驶过这座大城市的郊区，最后把那些零零散散的房子甩在后面。接着马车顺着两旁有篱笆的乡间道路辚辚前进。他刚一讲完，我们正从两个疏疏落落的村庄之间驶过，有几家窗户里的灯光闪烁着微弱的光芒。

“现在已经到了李镇的郊区，”我的伙伴说，“在我们短短的旅途中，一路上竟接触了英格兰的三个郡县，从米德尔赛克斯出发，经过萨里的一隅，最后到达了肯特郡。你看到了那树丛中的灯光了吗？那就是杉园。在那灯旁坐着一位妇女，她忧心如焚，静静聆听着的耳朵无疑已经听到我们马蹄嘚嘚的声音了。”

“可是你为什么不在贝克街办这件案子呢？”

“因为有许多事情要在这里进行侦察。圣克莱尔太太已经盛情地安排了两间屋子供我使用。你可以放心，她一定对我的朋友兼伙伴表示热烈欢迎。华生，在我还没有得到她丈夫的消息以前，我可是真的非常怕见她。我们到啦。”

我们在一座大别墅前停车，这座别墅坐落在庭园中间。这时一个马童跑了过来，拉住马头。我跳下车来跟着福尔摩斯走上了一条通往楼前的、小小弯曲的碎石道。我们走近楼前时，楼门洞开，一位白肤金发的小妇人立在门口，穿着一身浅色细纱布的衣服，在衣服的颈口和腕口处镶着少许粉红色蓬松透明的丝织薄纱边。她在灯光的辉映下，亭亭玉立，一手扶门，一手半举，非常的热情。她微微弯腰，探首向前，渴望的目光凝视着我们，双唇微张欲语，好像是在提出询问的样子。

“啊？”她喊道，“怎么样？”随后，她看出我们是两个人，起先还充满了希望地喊着；可是看到我的伙伴摇头耸肩，就转而发出痛苦的呻吟了。

“没有好消息吗？”

“没有。”

“没有坏消息吗？”

“没有。”

“谢天谢地！请进来吧！你们一定非常辛苦了，足足累了这么一整天。”

“这是我的朋友，华生医生。在过去的几个案件里，他对我的帮助极大，我非常幸运能把他请来和我一同进行侦查。”

“我非常高兴见到您，”她说，热烈地和我握手，“如果您考虑到我们所受到的打击是来得多么突然的话，我相信您会原谅我们有什么招待不周的地方的。”

“亲爱的太太，”我说，“我是经过多次战役的老战士，即使不是如此，请您也不必跟我客气。对您或者对我的老朋友，如果我能够有所帮助的话，那么，我真是太高兴了。”

“福尔摩斯先生，”圣克莱尔太太说，这时我们已经走进了一间灯光明亮的餐室，桌上摆好了冷餐，“我非常想问您几个个直截了当的问题，求您给一个坦率的回答。”

“当然可以，太太。”

“您别担心我的情绪。我不会变得歇斯底里的，也不会动不动就晕倒。我只是想听听您的实实在在的意见。”

“在哪一方面？”

“您说真心话，您认为内维尔还活着吗？”

洛克·福尔摩斯似乎被这问题给问住了。“说实话，说啊！”她重复着，站在地毯上目光向下直盯着他，这时他正仰身坐在一张柳条椅里。

“那么，太太，说实话，我不这么认为。”

“你认为他已经死了？”

“是的。”

“被谋杀了？”

“我不这样认为。应该是。”

“他在哪一天遇害的？”

“星期一。”

“福尔摩斯先生，也许您希望能够解释一下我今天接到他的来信，这又是怎么一回事？”

福尔摩斯从椅子上跳了起来，好像触了电一样。

“什么？”他咆哮道。

“是的，今天。”她微笑地站着，高高地举起一张小纸条。

“我可以看看吗？”

“当然可以。”

他急切地抓住那张纸条，在桌子上把它摊开，挪过灯来，专心地审视着。我离开坐椅，从他背后注视那张纸。信封的纸非常粗糙，盖有格雷夫森德地方的邮戳，发信日期就是当天，或者说是前一天，因为现在已过了午夜非常久了。

“字迹潦草，”福尔摩斯喃喃自语，“这肯定不是您先生的笔迹，夫人。”

“是的，可是信的确是他写的。”

“我还觉得，不管是谁写的信封，您都得去问地址。”

“您怎能这么说？”

“这个人，您看看，全部是用黑墨水写的，写出来之后就自己干了。剩余的字呈现灰黑色，这表明写后是用吸墨纸吸过的。要是一起写好的，再用吸墨纸吸过，那么有些字就不可能是深黑色了。这个人是先写人名，然后过了一会儿，才会写地址，这就只能够表明他不了解这个地址。这肯定是件小事，但是没有比一些小事更紧要的了。现在还是让咱们来观察信吧。哈！随信还贴了件东西呢！”

“对，有一枚戒指，是的他的图章戒指。”

“您能确定这是您丈夫的手迹吗？”

“这是他的一种手迹。”

“是一种？”

“是他在急忙中写的一种笔迹。这和他日常的笔迹有些不一样，但是我全部都能够认得出来。”

亲爱的：

请不要担心。所有都会变得好起来的。我已经铸成了一个大错误，这大概需要耗费一些时间来加以矫正。请耐心地等待。

内维尔

“这封信是用铅笔写在一张八开本书的封页上的，但是纸上没有水纹。嗯！它是由一位大拇指非常脏的人最近从格雷夫森德寄出的。哈！信封口上面是用胶水粘的，要是我没有弄错的话，封这封信的人还在一直吃着草。太太，您敢确定这是您丈夫的笔迹吗？”

“我敢确信。这是内维尔所写的字。”

“信物还是日前从格雷夫森德那儿寄出的。喏，圣克莱尔太太，乌云已经散去了，但是我不敢贸然说危险已经离开了。”

“但是他肯定是尚在人间了，福尔摩斯先生。”

“除了这笔迹是一种精巧的伪造，来诱导我们走入歧途的，那枚戒指，说到底，说明不了任何东西。它应该是从他手上拿下来的嘛！”

“不，不，这是他的亲自书写笔迹啊！”

“非常对。然而，它也许是星期一书写的，直到今天才寄过来的。”

“那是有可能的。”

“按照那么说，在这段时间里也许会发生非常多的事情。”

“哦，您可别光给我泼冷水，福尔摩斯先生。我们两个人之间，有一种敏感的同感力。一旦他遭到不幸，我应该是会感觉到的。就在我最终看到他的那一天，他一在卧室里割破了手，而我在餐室时，心里就了解一定是出了什么事，所以立刻跑上楼去。您猜一下我对这样一桩小事还会表现得这么迅速，而对于他的死亡，我又怎能一点都没感觉呢？”

“我见过的事情非常的多，不会不知道一位妇女所得到的印象可能会比一位分析推论家的推断更有些价值了。在这封信中，您一定得到一些强有力的证据来证明您的想法。然而，要是您的丈夫还活着，并且还能写信的话，那他为什么一直还待在外面不回家呢？”

“我实在想象不出来这是怎么一回事，这简直非常让人费解。”

“星期一的那天，当他离开您时，他没说什么吗？”

“没有。”

“您在天鹅闸巷望见他时是不是大吃一惊？”

“非常的惊讶。”

“窗户是开着的吗？”

“是的。”

“那么，他也许还可以叫您了？”

“可以。”

“据我所知，他仅仅发出了不清楚的喊声。”

“对。”

“您认为是一声呼救的声音吗？”

“是的，他挥动了他的双手。”

“但是，那也可能是一声惊讶的叫喊。出乎他意料之外地看到您所引起的惊奇也可能会使他举起双手，是吗？”

“这是可能的。”

“您认为他是被人硬拽回去的吗？”

“他是这样突然就不见了。”

“他可能是一下子跳回去了。您没有看见房里还有别人吧？”

“没有，但是那个可怕的人承认他曾在那里，还有那个印度人在楼梯脚下。”

“正是这样。就您所能看到的，您的丈夫穿的还是他平常那身衣服吗？”

“可是没有了硬领和领带。我清清楚楚地看见他的脖子露着。”

“他以前提到过天鹅闸巷没有？”

“从来没有提过。”

“他曾经露出抽鸦片的任何迹象吗？”

“从来没有。”

“谢谢您，圣克莱尔太太。这些正是我希望弄得一清二楚的重点。让我们来吃点晚饭，然后去睡觉，因为明天我们也许要忙碌一整天呢。”

一间宽敞舒适的房子，里面放着两张床铺，供我们使用。我非常快就钻到被窝里去了，因为经过这一夜的奔波我已经身心疲惫了。可是夏洛克•福尔摩斯却是这样一个人：当他心中有一个解决不了的问题时，他就会连续数天、甚至一个星期，废寝忘食地反复思考，重新梳理掌握的各种情况，并从各个角度来审查那问题，一直要到水落石出，或是深信自己搜集的材料尚不充分时才肯罢休。我很快就知道：他正要准备通宵达旦地坐着。他脱下了上衣和背心，穿上一件宽大的蓝色睡衣，随后就在屋子里到处乱找，把他床上的枕头以及沙发和扶手椅上的靠垫收拢到一起。他用这些东西铺成一个东方式的沙发。他盘腿坐在上面，面前放着一盎司强味的板烟丝和一盒火柴。在那幽暗的灯光里，只见他端坐在那里，嘴里叼着一只欧石南根雕成的旧烟斗，两眼茫然地凝视着天花板一角。蓝色的烟雾从他嘴边盘旋缭绕，冉冉上升。他寂静无声，纹丝不动。灯光闪耀，正照着他那山鹰般的坚定面容。我渐入梦乡，他就这样坐着。有时我大叫一声从梦中惊醒，他还是这样坐着。最后，我睁开双眼，夏日的阳光正照进房来。那烟斗依然在他的嘴里叼着，轻烟仍旧缭绕盘旋，冉冉上升。浓重的烟雾弥漫满屋，昨晚所看到的一堆板烟丝，这时已经不在了。

“醒了么，华生？”他问道。

“醒了。”

“早上赶车出去玩玩如何？”

“好的！”

“那么，穿上衣服吧。还没有人起床呢，可是我知道那小马童睡觉的地方，我们很快就会把马车弄出来的。”他边说边咯咯地笑了起来，两眼闪烁着光芒，似乎和昨夜那个苦思冥想的他判若两人。我穿衣时看了一下表。难怪还没有人起床，这时才四点二十五分。我刚穿好衣服，福尔摩斯就回来说马童正在套车准备出发。

“我要检验一下我小小的理论，”他边说边拉上他的靴子，“华生，我认为你现在正站在全欧洲一个最笨的糊涂虫面前！我该被人们一脚从这儿踢到查林克罗斯去！可是我想我现在已经找到了开启这个案子的最有把握的钥匙了。”

“在哪里？”我微笑着问道。

“在盥洗室里，”他回答道，“哦，我不是开玩笑。”

他看见我不是很相信的样子，就继续说下去：“我刚刚到那里去过了，我已经把它拿出来了，放进格拉德斯通制造的软提包里了。走吧，伙计，让咱们瞧瞧钥匙对不对得上锁。”

我们尽量放轻脚步走下楼梯，然后走出房门，沐浴在明媚的晨曦之中。套好的马车停在路边，那个衣服还没有穿好的马童在马头一旁等着。我们两人一跃上车，就顺着伦敦大道飞奔而去。路上有几辆农村大车在走动，它们是运载蔬菜进城的，可是路旁两侧的一排排别墅仍然寂静无声，死气沉沉，犹如仍然在睡梦中的城市。

“有些地方显示这是一桩奇案，”福尔摩斯说着，顺手一鞭催马向前疾驰，“我承认我曾经像鼹鼠一样眼拙。不过虽然学聪明比较晚，但总比不学强。”

当我们驱车经过萨里一带的街道时，这城里起床最早的人也刚刚睡眼惺忪地望望窗外的曙光。马车驶过滑铁卢桥，飞快地经过威灵顿大街，然后向右急转弯，来到布街。福尔摩斯是警务人员所熟识的，门旁两个巡捕向他敬礼。一个巡捕牵住马头，另一个便引我们进去。

“谁值班？”福尔摩斯问。

“布雷兹特里特巡官，先生。”

“哦！布雷兹特里特，你好！”一位身材高大魁伟的巡官走下石板坡的甬道，头戴鸭舌便帽，身穿带有盘花纽扣的夹克衫，“我想和你私下谈一谈，布雷兹特里特。”

“好的，福尔摩斯先生。那就到我的屋子里来吧。”

这是一间小小的类似办公室的房间，桌上放着一大本厚厚的分类登记簿，一架电话安在墙上，比较突出。巡官临桌坐下。

“您需要我做点什么，福尔摩斯先生？”

“我是为了乞丐休·布恩而来的。这人被控与李镇的内维尔·圣克莱尔先生的失踪案件有关。”

“是的，他是被押到这里来候审的。”

“这个我已知道了。他现在在这里吗？”

“在单人牢房里。”

“他老实吗？”

“哦，一点也不捣乱。不过这坏蛋脏透了。”

“脏得很？”

“对，我们能做的只能是督促他洗洗手。他的脸简直黑得像个补锅匠一样。哼，等他的案定了，他就得按照监狱的规定洗个澡。我想，您见了他，您会同意我所说的他需要洗澡的看法。”

“我现在非常想见见他。”

“您想见他吗？那容易。跟我来。您可以把你的提包撂在这里。”

“不，我想我还是拿着它比较好。”

“好吧，请跟我来！”他领着我们走下一条甬道，打开了一道上闩的门，从一条盘旋式的楼梯下去，把我们带到了一处墙上刷白灰的走廊，两侧各有一排牢房。

“右手第三个门就是他的牢房。”巡官说，往里瞧了一瞧。

“他睡着了，”他说，“你可以看得非常清楚。”

我们两个人从隔栅往里面看，那囚犯的脸对着我们躺着，他正在熟睡，他的呼吸缓慢并且深沉。他是中等身材，身穿和他的职业非常相称的粗料子衣服，贴身一件染过色的衬衫从破旧的上衣裂缝处显露了出来。他确实像巡官说的那样，简直肮脏污秽到了极点。但是他脸上的污泥还是掩饰不了他那可恶的丑容：从眼边一直到下巴有那么一道宽宽的旧伤疤，这伤疤收缩后会把上唇的一边往上吊起，他的三颗牙齿全露在外面，好像是一直在叫唤的样子，他的一头蓬松光亮的红发低低遮掩着自己的两只眼睛和前额。

“好似一个美人儿，是不是？”巡官说。

“他确实需要洗一洗，”福尔摩斯说，“我想到了个他可以洗一洗的方法，我自作决定带了一群家伙来。”他说时，一边打开那个由格拉德斯通制造的软提包，从里面取出了一块非常大的洗澡海绵，这让我吃了一大惊。

“嘻，嘻！您真是一个喜欢开玩笑的人！”巡官非常轻声地笑着。

“喏，要是您肯做件大好事，请你偷偷地打开这牢门，我们立刻就会让他重现出一副更体面的样子。”

“好的，那又有什么不行呢？”巡官说，“他这样子是不会给布街看守所增添光彩，是吗？”

他把钥匙放进门锁里面，我们都悄悄地走进牢房。那睡着的家伙就侧了侧身子，又重新进入了梦乡。福尔摩斯弯腰靠着水罐，并且蘸湿了海绵，并在囚犯的脸上用力地上下左右擦了两下。

“让我来替你们介绍介绍吧！”他高声喊道，“这位就是肯特郡李镇的内维尔·圣克莱尔先生。”

我这一辈子还从来没见到过这种场面。这人的脸就如同剥树皮一样被海绵剥下了一层皮。那种粗糙的棕色不见了！在他的脸上横缝着的那道可怕的伤疤和那显出一副可恶的冷笑的歪唇也全都不见了。那一堆乱松松的红头发在一揪之下也全都掉下了。现在，从床上坐起来的是一个面容苍白、愁眉不展、样子非常俊美的人，他是一头黑发，并且皮肤光滑。他搓了搓双眼，集中注意力上下打探着周围，睡眼惺忪，不知为什么。突然他知道事情已经败露，然后就尖叫一声扑在床上，并把脸埋在枕头里。

“天啊！”巡官叫道，“是的，他就是那个失踪了的人。我从相片上就认出他了。”

那囚犯转过身来，他摆出一副好像听天由命、不在乎的样子说，“就算是这样吧，”他说，“请问一下，你们能指控我犯了什么罪呢？”

“指控你犯了谋杀内维尔·圣……哦，要是他们把这个案件当做一起自杀未遂案，就不会指控你犯了这个大罪。”巡官咧开嘴笑着说道，“哼，我已经当了二十七年的警察了，这次可真算是见了世面了。”

“要是我是内维尔·圣克莱尔先生，那么，明显我就是没犯什么罪。所以，我现在是受到非法拘禁的。”

“不是犯罪，却犯了一个非常大的错误！”福尔摩斯说，“你要是信得过你的妻子的话，你就会干得更漂亮些。”

“倒不是我的妻子，而是我的孩子们，”那囚犯发出呻吟的声音说，“上帝保佑，我不愿他们为自己的父亲所做的事而感到耻辱。天哪！讲出去多么难堪啊！我该怎么办呢？”

福尔摩斯坐在他身边，和蔼地拍了拍他的肩膀。

“如果你让法庭来查清这件事情，”他说，“当然那就不可避免地要宣扬出去。可是，只要你能使警务当局相信，这是一件不足以向你提出控告的事情，我想没有什么理由必须把你的案子详情公之于报纸。我相信布雷兹特里特巡官会把你说给我们听的记录记下来提交给有关当局的。如果是这样的话，这个案子就根本不会交到法庭上去了。”

“上帝保佑您！”那囚犯热情洋溢地高喊起来，“我宁愿忍受拘禁，唉，甚至处决，也不愿把让我感到痛苦的秘密作为家庭的污点留给孩子们。”

“你们是唯一听到我的身世的人。我父亲是切斯特菲尔德的小学校长，在那里我受过非常良好的教育。我青年的时候非常热爱旅行，喜欢演戏，后来就在伦敦一家晚报当了记者。有一天，总编辑想要一组反映大城市里的乞讨生活的报道，我自告奋勇来提供这方面的稿件。这就成了我一生历险的开端。我只有客串充扮乞丐才能收集到写文章所需的一些基本材料。我当过演员，自然学到了一些化装的秘诀，并曾以我的化装技巧而闻名于剧场后台。这时我利用了这种本领。我先用油色涂脸，然后为了尽量装成最令人怜悯的样子，我用一小条肉色的橡皮膏，做出一个惟妙惟肖的伤疤，把嘴唇一边向上扭卷起来，戴上一头红发，配上适当的衣服，就在市商业区选定一个地方，表面上是火柴小贩，实际上是在当乞丐。我就这样干了几个小时，晚上回到家里，我发现竟得到了二十六个先令零四个便士，这让我大吃一惊。我把报道写完，这些事也就置之脑后不再去想了。”

“直到后来有一天，我为一位朋友担保了一张票据，后来竟然接到一张传票说要我赔偿二十五镑，我因为拿不出那么多钱，急得走投无路，这才想起来这一计。我央求债主缓期半月让我去筹款，又请求雇主给我几天假。然后我就化起装来，到城里去乞讨。过了十天，我凑齐了钱，还清了这笔债。”

“哦，这么一来，你们是可以想象的，当时我知道：只要我在脸上抹上一点油彩，把帽子放在地上，静静地坐着，一天就能挣两英镑的时候，再要我安心地去做那一星期只能挣这么点钱的辛苦工作，是非常困难的。是要自尊心还是要钱，我思想斗争了非常久。最后还是金钱占了上风，我抛弃了记者生活，日复一日地坐在我第一次选定的那条街的拐角，借着我那一副可怕的面容所引起的恻隐之心，把我的铜板儿塞满了我的口袋。只有一个人知道我的隐秘。这个人就是我在天鹅闸巷寄宿的那下等烟馆的老板。在那里我能够每天早晨以一个邋遢乞丐的面目出现，到晚上又变成一个衣冠楚楚的浪荡公子。这个印度人收了我高价的房租，所以他会为我保密。”

“没过多久，我就发现我已积起大笔钱财。我不是说任何在伦敦街头的乞丐，一年都能挣到七百英镑（这还够不上我的平均收入），但我有巧于化装和善于应付的特殊才能，而这两方面又越练越精，这就使我成为城里为人所赏识的人物。整天都有各种各样的银币流水般地进入我的腰包，如果哪天收入不到两英镑，那就算是运道不济的了。我越发财，野心越大。我在郊区买了栋房子，后来又结婚成家。没有任何人怀疑我的真正职业。我的爱妻只知道我在城里做生意，她却不知道我究竟是做什么的。”

“上星期一，我刚结束了一天的营生，正在烟馆楼上的房间里换衣服，不料向窗外一望，突然看见我妻子站在街心，眼睛正好看到我，这使我惶恐万状。我惊叫一声，连忙用手臂遮住脸，接着立即跑去找我的知交——那个印度人，求他阻止任何人上楼来找我。我听见她在楼下的声音，但知道她一时还上不来。我飞快地脱下衣服，穿上乞丐的那一身装束，涂上颜色，戴上假发。这样，甚至于一个妻子的眼睛也不能识破这伪装。不过马上我又想到也许在这屋子里要进行搜查，那些衣服可能会泄露我的秘密。我忙把窗户打开，由于用力过猛，竟又碰破我清晨在卧室里割破的伤口。平常我要来的钱都放在一个皮袋里，这时我刚把其中的铜板掏出来塞在上衣兜里。我抓起因装满铜板而沉甸甸的这件衣服，扔出窗外。它掉在泰晤士河里不见了。其他的衣服本来也要扔下去，但是就在此转瞬之间，有些警察这时正好冲上楼来。我感到非常欣慰的是我发现我未被认出是内维尔•圣克莱尔先生，而是把我当做谋杀内维尔•圣克莱尔的嫌疑犯逮捕起来了。”

“我不知道是不是还有些什么别的需要我解释的地方。我当时下定决心长期保持我那化装的样子，所以我宁愿脸上脏一点也没关系。我晓得我的老婆一定焦急万分，我就取下戒指，乘警察不在意的时候，托付给那印度人，还匆匆写了几行字，告诉我的妻子不用害怕。”

“那封信昨天才寄到她的手里，”福尔摩斯说。

“我的天！这一个星期可真够她受的！”

“警察看住了那个印度人，”布雷兹特里特巡官说，“我非常了解：他会觉得要想把信寄出去而不被发现是非常困难的。大概他把信又转托给某个当海员的顾客，而那家伙又把它一股脑儿地忘了几天。”

“就是这么一回事，”福尔摩斯说，点点头表示同意，“我相信就是这样。可是你从来没有因为行骗而被控告过吗？”

“有过几次了，但是，一点罚款对我来说又算得了什么呢？”

“不过事情必须到此为止，”布雷兹特里特说，“如果要警察局不声张出去，必须是休·布恩不再存在了。”

“我已经非常郑重地发过誓了。”

“要是这样，我想大概也就不会再深究下去了。可是，你如下次再犯，那我们就要全盘托出。福尔摩斯先生，我得说我们非常感谢您帮助我们澄清这个案件！我希望知道，您又是怎样得出这个答案来的呢？”

“这个答案，”福尔摩斯说，“是全靠坐上五个钟头，抽完一盘司板烟丝得来的。我想，华生，如果我们坐车去贝克街，正好可以赶上吃早饭。”

蓝宝石案

圣诞节过后的第二天早晨，我满怀节日的问候，前往贝克街探望我的朋友夏洛克·福尔摩斯。他身上穿着一件紫色的睡袍懒散地斜靠在一张沙发上，右手边放着一个烟斗架，身边有一堆弄得皱皱巴巴的晨报。显然，他刚刚仔细研究过了这些报纸。沙发旁边是一把木椅，椅子的靠背上挂着一顶脏乎乎的、不是非常体面的硬礼帽。帽子简直已经坏得不能再戴了，有好几处都裂了缝。椅子上放着一个放大镜和一把镊子，这一切说明那顶帽子之所以这样悬挂着，目的是为了便于他研究。

“你正忙着吧，”我说，“我是不是打扰到你了。”

“没有，我非常开心有一位朋友与我来一同讨论我研究的成果。这根本是件毫无价值的东西。”说着，他用大拇指指了一下那顶帽子，“但是，与它相关的几个问题却并不是索然无味的，甚至还可以给我们一些启发。”

我坐在他那张扶手椅上，把双手放在木柴劈啪作响的炉火上暖暖，因为严寒已经降临，窗户上的玻璃都结了晶莹的冰凌。“我猜想，”我说道，“尽管这顶帽子非常不雅观，但它牵连到某桩性命攸关的案件，就是这条线索能引导你解开某个疑团，并且指导你去惩罚某种犯罪行为。”

“不，不是犯罪行为，”夏洛克·福尔摩斯笑说道，“这只是许多神秘的小事中的一件而已。在一块仅有几平方英里的弹丸之地上，非常拥挤地居住着四百万人口，这件小事是免不了的。在如此密集的人群里，尔虞我诈，各种错综复杂的事情都是有可能发生的；有些疑难问题看起来非常神秘和稀奇古怪，但不一定就是犯罪。我们对于这一类的事情是早有经验的了。”

“是的，甚至到了这样的程度，”我说，“就是我记述的最近新增的六个案件中，倒有三件完全与法律上的犯罪无关。”

“确切地说，你讲的是我找回艾琳·艾德勒相片，玛丽·萨瑟兰小姐的奇案和歪唇男人这几个案子吧。我并不怀疑这件小事也在法律上属于无罪的范畴。你认识看门人彼得森吗？”

“认识。”

“这就是他的战利品。”

“这是他的帽子？”

“不，不是。是他捡到的。主人是谁还不知道呢。但请不要由于它只是一顶破毡帽而忽视它，而应该把它看成一个需要智慧才可以解决的疑难问题来对待。先说一说这顶帽子的来历吧。它是同一只大肥鹅一起在圣诞节清晨送达这里来的。我相信，这只鹅现在正在彼得森的炉前被烧烤。经过是这样的：圣诞节凌晨大约四点的时候，彼得森，就是你所知道的，为人质朴诚实，在某地参加过一次小小的欢聚之后正在回家路上，他是经由托特纳姆法院路步行回家去的。在煤气灯下，他看到一个身材非常高的人在他的前面走着，步履有些蹒跚，肩上背了一只白鹅。当彼得森经过古治街的转角时，这陌生人忽然跟几个流氓发生了一场争执。一个流氓把他的帽子打落在地上，为此他拿起棍子自卫，他高举着棍子到处挥舞，一下把身后商店的玻璃窗砸得粉碎。彼得森刚要挺身而出，帮助这个陌生人对付这群无赖，但那陌生人正为打破玻璃而感到恐慌，同时又看见一位身着制服、好像是警官的人冲他过来，他便把鹅丢下，拔腿就逃，很快地消失在了托特纳姆法院路后面曲曲折折的小巷中。那群流氓看见警察正在前来也马上逃之夭夭了。这样，就只留下了彼得森站在那里，不但占领了战场，还获得了这两件战利品：一顶破毡帽和一只上等的圣诞大肥鹅。”

“他毫无疑问是想把这些东西归还原主的吧？”

“我亲爱的伙伴，难题就在这里。确实是，这只鹅的左腿上系着一张写着‘给亨利·贝克夫人’的小卡片，而且这顶帽子的衬里也的确写着姓名缩写‘H．B．’的字样，但是，在我们这个城市里，姓贝克（Baker）的人数以千计，而名叫亨利·贝克（Henry Baker）的人又何止数百人，所以要在这么多人中间找到失主，把东西归还给他，绝对不是一件容易的事。”

“那后来彼得森是怎么办的呢？”

“因为他知道我对那些即使是非常细小的问题也非常感兴趣，所以就在圣诞节早晨戴着帽子和鹅到我这里来了。这只鹅我们一直留到今天早晨。尽管天气比较冷，但种种迹象表明最好还是把它吃掉，没有必要再继续拖延了。因此彼得森带走它，去完成一只鹅的最终命运，而我则继续保留着这位失去了圣诞节佳馔的素未谋面的先生的帽子。”

“他没有在报纸上刊登寻物启事吗？”

“没有。”

“那么，关于这个人的身份你有什么线索吗？”

“只有尽我所能去推测了。”

“从这顶帽子上？”

“对。”

“你可真能开玩笑，从这顶又破又旧的毡帽上你能推测出什么来？”

“这是我的放大镜，你平常知道我的方法。对于戴这顶帽子的那个人的个性，你能够推测出什么来吗？”

我把这顶破帽子拿在手中，无奈地把它翻过来看了看，这是顶非常普通的圆形黑毡帽，硬邦邦的并且已经破旧得不能再戴了。原先红色的丝绸衬里早已经褪了色，上头没有制帽商的商标，但是正如福尔摩斯所说，在帽子的一侧，却有草草写上的姓名缩写字母“H．B．”。为了防止被风刮走，帽檐曾穿过小孔，但上头的松紧带已经没有了。

至于其他的情况，虽然好像是为了掩饰帽子上的几块褪色的补丁而用墨水涂黑了，但还是四处开裂，布满灰尘，有许多地方甚至污迹斑斑的。

“我实在是看不出什么。”我一边说着，一边把帽子还给我的朋友。

“恰恰相反，华生，其实你什么都可以看得出来，但是，你没有用所看到的东西推出结论。你对作出推论太缺乏信心了。”

“那么，请你告诉我你能从这顶帽子得出什么推论呢？”

他拿起帽子，并且以他那种独特的、个性鲜明的反思神情盯着它。“我想，我所推测出的东西，比这顶帽子可能提供的富有启发的东西要逊色很多，”他说道，“不过，还是有几点推论是非常明显的，而其他几点推论至少为前面的推论提供了论据。从帽子的外观来看，非常明显这个人是个学问渊博的人，而且在过去三年里，生活相当优越，尽管他目前的生活已经非常落魄。他曾经是一个非常有远见的人，可是现在已经不如以前了。一直以来，坎坷的命运给他带来了非常恶劣的影响，导致了他精神上非常颓废，也许就因为这样他很自然地染上了酗酒的恶习。非常明显，这些恐怕就是他的妻子不再爱他的原因。”

“我亲爱的福尔摩斯，够了！”

“尽管生活非常困顿，但是他还是有着某种程度的自尊，”他没有理睬我的抗议而继续说下去。

“他这个人一向整天待在家里，很少外出，几乎从不锻炼身体。他是个中年人，头发灰白，而且是几天前刚刚理过的，头发上涂着柠檬膏。这些就是从他的帽子上所推测出来的显而易见的事实。还有，顺便再说一句，他家里是肯定不可能安着煤气灯的。”

“你根本是在跟我开玩笑，福尔摩斯。”

“一点都没有开玩笑。难道现在我把观察结果都告诉了你，你还看不出来它们是如何得出的吗？”

“我非常确定我自己是非常迟钝的，但我不得不承认我根本听不懂你说的话。举个例子来说，你是如何推断出这人是非常有学问的？”

福尔摩斯啪的一下把帽子戴在了头上来当做回答。帽子刚好把整个前额都罩住，而且压在了鼻梁上。

“这是一个关于容积的问题，”他说，“有这么大脑袋的人，脑袋里一定有点东西吧！”

“那他家道中落又是怎么看出来的呢？”

“这帽子已经买了三年了，这种类型的平沿、帽边向上翻卷的帽子在当时是非常流行的。它是一顶一流的帽子。你瞧这条螺纹丝绸箍带儿和那华丽的衬里。要是这个人三年前能买得起这么贵的帽子，但从那之后又没有买过别的帽子，那么没有疑问他家里是在逐渐地败落了。”

“哦，这一点当然非常清楚了，但是说这人有‘远见’，又说他‘精神颓萎’又是怎么回事呢？”

夏洛克·福尔摩斯笑了起来：“这就说明有远见。”

他一边说着，一边把手指放在钉松紧带用的小圆盘和搭环上。“出售帽子的人从来不附带这些东西。这个人定做了这样一顶帽子，正好说明此人有远见，因为他特意用这个方法来预防帽子被风刮跑。可是我们又看到他把松紧带弄坏了，而又不愿意费点事重新钉上一条，这清楚地说明他的远见已不如从前了，同时这也是他意志日渐消沉的一个明显证明。另一方面，他用墨水涂抹帽子上的污痕，努力地来掩饰它的破旧，表明他还没有完全丧失他的自尊心。”

“你的推论似乎是非常有道理的。”

“另外还有几点：他是个中年人，头发灰白，最近刚理过发，头上抹过柠檬膏。这些都是通过对帽子里衬的下部的仔细检查推断出来的。通过放大镜看到了许多被理发师剪刀剪过的整齐的头发茬儿，头发茬儿都是粘在一起的，而且有一种柠檬膏的特殊气味。而帽子上的这些尘土，你将会注意到，不是街道上夹杂沙粒的灰尘，而是房间里那种棕色的绒状尘土。这说明帽子大部分时间是挂在房间里的，而另一方面衬里的湿迹非常清楚地证明戴帽子的人经常大量出汗，所以这个人不可能是一个经常锻炼，身体非常好的人。”

“可是他的妻子——你刚才说过她已经不再爱他了。”

“这帽子已有很多个星期没有刷过了。我亲爱的华生，要是我看见你的帽子积了个把星期的尘，并且你的妻子听之任之，就这个样子让你去出门，估计你也已经非常不幸地失去了你妻子的爱情了。”

“但是他也许是个单身汉哪！”

“不可能，因为当天晚上他正要把那头鹅带回家去当作一件表示亲热的礼物送给他的妻子。你可不要忘了系在鹅腿上的那一张卡片。”

“你对所有的问题都做出了回答，但是你到底是如何推断出他家里没有装煤气灯呢？”

“一滴烛油，或甚至两滴烛油，都非常有可能是偶尔滴上的；但是当我发现至少有五滴烛油时，我就断定每一滴烛油都一定是因为常与点燃的蜡烛接触而滴上的。比如说，夜晚上楼时非常有可能一手拿着帽子，而另一只手拿着滴着烛油的蜡烛。但是无论怎么样，他绝不会从煤气灯上面沾到烛油。你现在明白了吧？”

“太棒了，你的脑子真好用，”我笑着说，“但是既然正如你刚刚所说的，这里头没有犯罪行为，除了丢掉一只鹅之外，并没有造成任何危害，这一切看起来都是白费精力了。”

夏洛克·福尔摩斯刚要张开嘴回答我，只见房门猛地被打开，看门人彼得森冲了进来，脸涨得通红，带着一种由于惊讶而感到迷茫的神情。

“鹅，福尔摩斯先生！那只鹅，先生！”他喘着气说。

“哦，它怎么啦？说啊，莫非它又活了，拍打着翅膀从厨房的窗户飞出去了？”为了把这个人的激动面孔看得更清楚一些，福尔摩斯在沙发上转过身来。

“看这儿，先生，您瞧我妻子从这只鹅的嗉囊里发现了什么！”他伸出手，在他手心上有一颗闪烁着灿烂夺目光辉的蓝宝石。这颗蓝宝石虽然在体积上比黄豆稍微小一些，但却是异常纯净，显得格外晶莹璀璨，好像是他的手中发出一道明亮的电光一样。

夏洛克·福尔摩斯吹了一声口哨，坐了起来。“上帝啊，彼得森！”他说道，“这确实是一件稀世珍宝啊！我想你应该明白自己得到的是什么。”

“一颗钻石？先生，是不是？一颗宝石。用它切割玻璃就像切泥巴一样简单。”

“这好像不是一颗普通的宝石，恰好就是那颗非常著名的宝石。”

“莫非是莫卡伯爵夫人的蓝宝石吗？”我喊了出来。

“非常正确！我最近每天都看《泰晤士报》上面有关寻找这颗宝石的启事。我知道它的大小和形状的。这颗宝石绝对是举世罕见的无价之宝，它的价值只能大概估计。可它的悬赏的报酬是一千英镑，这个价格肯定还不到这颗蓝宝石市价的二十分之一。”

“一千英镑！仁慈的主呀！”看门人“扑通”一下跌坐在椅子上，瞪大眼睛来回地看着我和福尔摩斯。

“那仅仅是赏钱而已，况且我知道伯爵夫人因为某些私人感情上的原因，只要可以拿回这颗宝石，就是把财产分给别人一半她也会心甘情愿的。”

“如果我没有记错的话，这颗宝石是在‘世界旅馆’丢的。”我说。

“事实正是如此，十二月二十二日，也就是在五天前。约翰·霍纳，一位管子工，被指控在伯爵夫人的首饰盒里盗窃了这颗宝石。由于他犯罪证据确凿，现在此案件已提交法庭审理了。我想这儿还有一点关于这事件的记录。”

他在那摞报纸里翻看着，眼睛扫过一张张报纸的日期，最后拿出一张报纸铺平，叠了一下，然后念出了以下的段落：

“‘世界旅馆宝石失窃案’。约翰·霍纳，二十六岁，管子工，因本月二十二日自莫卡伯爵夫人首饰盒中盗取一颗以‘蓝宝石’闻名的贵重宝石而被送交法庭起诉。旅馆侍者领班詹姆士·赖德，于此案的证词如下：盗窃发生当天，他曾带约翰·霍纳去楼上莫卡伯爵夫人的化妆间内焊接壁炉的第二根已经松动的栅栏。他和霍纳一同逗留片刻一段时间，随即被唤走。等到重新回到该处，发现霍纳早已离开，而梳妆台已被撬开，有一只摩洛哥小首饰盒放置于梳妆台上，盒里已经空空。之后人们才得知伯爵夫人习惯将宝石存放于此盒内。赖德立即报案，霍纳于当晚被捕。但自霍纳身上及其家中均未找得宝石。伯爵夫人的女仆凯瑟琳·丘萨克发誓证明曾听见赖德发现宝石被盗时的惊叫，且证明她跑入房间时目睹的情况和上述证人所讲相符。B区布雷兹特里特巡官证明霍纳遭捕时曾经抵死抗拒，并用最强烈的言辞辩解自己是无辜的。由于之前有人证明他犯过类似偷盗案，地方法官拒绝草率从事，并已将此案交由巡回审判庭处置。霍纳在审讯过程当中表现得非常的激动，在判决时竟当场昏厥而被抬出法庭。”

“哼！警察局和法庭所提供的情况也就这么多了！”福尔摩斯若有所思地说着，顺手把报纸扔到了一边。

“我们现在要解决的问题是，把从被盗的首饰匣为起点到托特纳姆法院路拾到的那只鹅的嗉囊为终点的一系列事件按顺序理清楚。你知道吗？我们的小小推论的严重性已大为增加，而无罪的可能性大为减少。这就是那颗宝石，那颗宝石来自那只鹅，那只鹅来自亨利·贝克先生。关于这位先生的破帽子以及所有其他的特征的分析我已经和你详细说了。因此，现在我们要认真地去找到这位先生，并且弄清楚他在这小小的神秘事件中扮演的是怎么样的角色。要做到这一点，我们开始必须使用最简单的方法。这方法毋庸置疑地是在所有晚报上刊登一则启事。如果这种方法不成功，那么我将不得不借助于其他的方法了。”

“启事上要说些什么呢？”

“给我一支铅笔和一张纸。好，下面就是我要说的：

‘兹于古治街拐角拣到鹅一只和黑毡帽一顶。亨利·贝克先生请于晚六点半到贝克街221号乙询问，即可领回原物。’这样写既简单又明了。”

“对，非常简单，非常清楚，可是他能够看到这则启事吗？”

“当然会的，他肯定会注意看报的，因为对一个穷人来说，这些损失也算是非常惨重的了。他显然由于打破玻璃闯了祸以及彼得森向他逼近而惊慌失措，因此除了只顾逃跑以外，没有想到别的。可是，过后他一定会后悔莫及的，痛惜一时的冲动而丢下了他的鹅。另外，报上刊登了他的名字一定会使他看报，因为每一个认识他的人都会提醒他去看报的。彼得森，这个给你，赶快把它送到广告公司，并且要刊登在今天的晚报上。”

“登在哪家报纸上，先生？”

“哦，《环球报》、《星报》、《蓓尔美尔报》、《圣詹姆斯宫报》、《新闻晚报》、《回声报》以及你想到的随便哪家报纸。”

“好的，先生，那么这颗宝石怎么处置呢？”

“哦，这颗宝石暂时先由我保存，谢谢你，还有，彼得森，在回来的路上你买只鹅送到我这里，因为我得给这位先生一只鹅用来代替你们家里人正在享用的那只。”

看门的人离开之后，福尔摩斯举起宝石向着光线细致鉴赏了起来。

“这真是一颗美妙绝伦的宝石，”他说，“你看它是那么的光彩耀眼呀！当然，它也是罪恶的源泉。所有珍奇的宝石都是如此。它们是魔鬼最满意的诱饵。在更大的和历史更古老的宝石上，每一次切割都象征了一次血腥的罪恶。这颗宝石自问世以来还不到二十年，它是在华南厦门的河岸上被发现的。它的奇特之处在于：除了它是蓝色的而不是鲜红色的这点以外，它具有了红宝石所有的特点，虽然它流传于世的时间不长，但是已经遭遇过一段不幸的历史了。因为这颗重四十格令[1]重的结晶碳的原因，已经发生过两起谋杀案了，一次浇洒硝镪水毁人容貌案，一次自杀，此外还有几起抢劫案。谁想得到这般美丽的小装饰品竟是往绞刑架和监狱输送罪犯的供应者呢？我要把它锁进我的保险柜，并且写一封简短的信给伯爵夫人，说我们已经找到这颗宝石。”

“那么你认为霍纳是无罪的了？”

“这个我还不能肯定。”

“好，那么你认为另外那人亨利·贝克与这事有关系了？”

“我想亨利·贝克非常肯定是清白无辜的。他决不会想到他手里的鹅的价值比一只金子铸成的鹅的价值还要多得多。不管怎么样，如果我的启事得到了答复，我就能通过一个极其简单的检验来测定这一点。”

“在此之前你无事可做了吗？”

“没有什么可做的了。”

“既然是这样的话，我将继续处理我的日常业务，不过我今天晚上会在你刚才说的时间回来，因为我很想看看如此复杂的事情是怎样迎刃而解的。”

“我会非常高兴再见到你，我七点钟吃晚饭，我相信会吃到一只山

[1]等同于64.8毫克，原为小麦谷粒的平均重量。

鹬。顺便提一下，考虑到最近出现的情况，也许我应该请赫德森夫人检查一下那只山鹬的嗉囊。”

一个患者耽误了我一点时间，当我重新回到贝克街的时候，已经六点半多。当我走近寓所时，看见一个身材高大的男人，穿着一件带苏格兰帽的上衣，上衣的纽扣一直扣到下巴底下。他正伫立在屋外一个从扇形窗里照射出来的半圆形的灯光下。我到门口的时候，门正好打开，我们一起被领进福尔摩斯的房间。

“我相信你就是亨利·贝克先生。”他一边说着一边从扶手椅上站起身来，并且非常快地摆出一副平易近人的和蔼神态来欢迎客人。“请坐在靠近壁炉的这把椅子上，贝克先生，今天晚上非常的冷，我看得出你的血液循环夏天比冬天强。啊，华生，你来得正是时候。这是你的帽子吗，贝克先生？”

“是的，先生，这确实是我的帽子。”

他身材魁梧，膀大腰圆，脑袋非常大，长了一张宽阔而聪慧的脸，并且脸上的棕色络腮胡子越向下越细的已是灰白色的了。鼻子和脸颊略显红润，手伸出时微微颤抖，这些特征让人想起了福尔摩斯对他特征的推测。他那已褪色的黑色礼服大衣前面全都系好了，领子也立了起来，大衣袖子下露出细长的手腕，上面并无袖口或衬衣的痕迹。

他说话断断续续的，措词严谨，总体说来给人留下了一位时运不济的文人学者的印象。

“这东西在我们这儿放了好多天了，”福尔摩斯说，“因为我们等着从你的寻物启事上找到你的住址。我不明白你为什么不登启事呢？”

我们的客人难堪地笑了笑，“我已经囊中羞涩了，已经不像以前那么有钱了，”他说，“我以为袭击我的那群流氓早就把我的帽子和鹅都抢去了。所以试图找回它们是没有希望的，我不想为这个再花钱了！”

“你说得非常合情合理，顺便说一下，那只鹅，我们不得已已经把它吃了。”

“吃掉了！”我们的客人激动得差点儿站了起来。

“是的，要是我们不这样做的话，那么鹅对谁来说都会是无法食用的了。可是，我认为餐柜上那只鹅的重量和你的鹅差不多，而且非常鲜嫩，这同样会令你满意的。”

“哦，那当然，当然。”贝克先生吁了一口气说。

“当然，我们还保留了你自己那只鹅的羽毛、腿、嗉囊等。所以，要是你希望……”

这人突然哈哈大笑。

“这些东西当做我那次冒险的纪念品或许有些用处，”他说，“除此之外，我实在看不出我那只鹅的琐碎遗物对我有什么好处。不，先生，如果你允许的话，我想我关心的将只限于我看到的餐柜上的那只美妙的鹅。”

夏洛克·福尔摩斯飞快地朝我看了一眼，轻轻耸了耸肩膀。

“那么，这是你的帽子；还有，这是你的鹅，”他说道，“顺便问一声，能否麻烦您告诉我们您那只鹅是从哪里买来的？我对饲养家禽颇感兴趣，比你那只长得更好的鹅，我还从来没见过。”

“当然可以了，先生，”他站起了身并且把失而复得的财物夹在了腋下说，“我们的一些朋友经常出入博物馆附近的阿尔法小酒店，因为我们白天都在博物馆里。你明白吗？今年，我们的好店主，名叫温迪盖特，创办了一个鹅俱乐部。只要每星期向俱乐部交纳几个便士，我们每个人就可在圣诞节都收到俱乐部送给我们的一只鹅。我总是按时付钱。至于以后发生的事你就已经都知道了。先生，我还是要向您表达感激之情，虽然我戴的是这样一顶苏格兰圆帽，既不适合我这样的年龄，也不适合我的身份。”他带着一种滑稽、自负的神态向我们两人庄重地鞠了一躬，然后就径直走出了房间。

“亨利·贝克先生的事情就到此结束。”福尔摩斯一边说着，一边随手关上了门。“非常明显，他对蓝宝石的事情一无所知。你饿了吗？华生？”

“不是非常饿。”

“那么我建议我们再晚点儿吃晚餐，我们应该顺藤摸瓜，趁热打铁。”

“可以啊。”

这是一个寒风凛冽的夜晚，我们都穿上了长大衣，脖子上围了围巾。屋外，星光璀璨，在万里无云的夜空中闪着寒光，来往行人呵出的气凝成冷雾，正如许多枪在射击一般。我们的脚步发出清脆又响亮的声音。我们大步地穿过了医师区、威姆波尔街、哈利街，随后又穿过了威格摩街到了牛津街，在一刻钟之内我们到达了博物馆区的阿尔法小酒店。这是家非常小的酒店，开在通往霍尔伯恩的一条街的转角处。福尔摩斯推开这个私人酒店的门，问那位满面红光、系白围裙的老板要了两杯啤酒。

“要是你的酒能像你的鹅一样棒，那就是最上乘的啤酒了。”他说道。

“我的鹅！”这人好像非常惊讶。

“没错，就在半小时之前我刚跟你们俱乐部的会员亨利·贝克先生谈过。”

“哦，我知道了。但是你知道吗，先生，那鹅不是我们的！”

“真的吗？那是谁的呢？”

“哦，我从考文特园的一位推销员那儿买了二十四只。”

“真的？我认识他们中的几个人，是哪个呢？”

“他的名字是布莱肯里奇。”

“哦，我不认得他，好吧，老板，祝你身体健康，生意兴隆。再见。”

“现在我们去找布莱肯里奇，”我们走出了酒店走进寒冷的空气当中，他一面扣着外衣，一边接着向下说，“记着，华生，虽然在这锁链的一端，我们目前只找到像鹅这样平常的东西，但是在另一端，我们会找到一位肯定会被判七年监禁的人，除非我们可以证明他是无辜的；但是，非常有可能我们的调查只能证明他是有罪的。无论怎样，有一条被警察忽视了的调查线索因为一种特别的机缘落入了我们手中。让我们沿着这条线索继续追查下去，直到真相大白。现在赶紧向南前进！”

我们穿过霍尔伯恩街，折入恩德尔街，接着又走过道路曲折的平民区来到了考文特园市场。在一些大货摊中有一个货摊的招牌上写着布莱肯里奇的名字。店主是个长脸的人，脸部瘦削，留着整齐的络腮胡子，这时候，他正在帮着一个小伙计收摊。

“晚安，多么冷的夜晚哪！”福尔摩斯说。

店主人点了点头，用怀疑的眼光打量了一下我的同伴。

“看光景鹅都卖完了。”福尔摩斯手指着空荡荡的大理石柜台接着说。

“明天早晨，我可以卖给你五百只鹅。”

“那没有用。”

“好吧，煤气灯亮着的那个货摊上还有几只。”

“哦，可是我是人家介绍到你这儿来的。”

“谁介绍的？”

“阿尔法酒店的老板。”

“哦，是的；我给他送去了二十四只。”

“那些鹅可真是不错啊。那么，你是从哪儿弄来的呢？”

使我感到惊讶的是这个问题竟然惹得店主勃然大怒。

“那么，好吧，先生，”他扬着头，手叉着腰说，

“你这是什么意思？有什么话咱们就直截了当地说个明白。”

“我已经够直截了当的了，我非常想知道你供应阿尔法酒店的那些鹅是谁卖给你的？”

“哦，是这么一回事，我不想告诉你，就是这个样！”

“哦，这是一件无关紧要的事，但是我不明白你为什么会为这件小事而大动肝火？”

“大动肝火！如果你也像我那样被人纠缠的话，也许你也会大动肝火的。我花大价钱买好货，这不就完事了吗。但是你却要问：‘鹅在哪儿？’‘你们的鹅卖给谁了？’和‘你们这些鹅要换些什么东西啊？’人们在听到对他们提出这些唠唠叨叨的问题时，也许会认为这些鹅在世界上是独一无二的了。”

“哦，可是我与其他提这些问题的人并没有什么关系，”福尔摩斯冷淡地说，“要是你不想告诉我们，我这次打赌就算告吹了。我要说的就这些。但我会一直坚持我在家禽问题上的观点。我在这问题上下了整整五英镑的赌注，我敢肯定我吃的鹅是在农村养大的。”

“哈，你那五英镑算是输了，它是在城里养大的。”这位老板说。

“不是这样的。”

“我说是这样的。”

“我不相信。”

“你认为你对家禽的了解比我这个从做小伙计就开始跟它们打交道的人还懂行吗？我跟你说，那批送去阿尔法酒店的鹅都是在城里养大的。”

“我没有办法相信你的话。”

“那么你想打赌吗？”

“这只不过是让你输钱罢了，我知道我是对的。但我还是想要拿出一个英镑的硬币跟你打赌，只是为了教训你不要过于固执。”

店主奸笑起来。“给我把账本拿来，比尔，”他说。

那小男孩拿来一本薄薄的小账本和一个封面沾满了油腻的大账本。将它们一起摊开在吊灯下。

“喂，自负的先生，”店主说，“刚刚我认为我把鹅全卖光了，但是在我结束营业前，你会看到我们店里还剩一只鹅，你看到这个小账本了吗？”

“怎么一回事？”

“那就是把鹅卖给我的人的名单，你懂了吗？好！这一页上面的名字是乡下的，他们名字后面写的数字是总账的页码，他们的账就记在那一页上面。喂！你看到红墨水写着的另外一页吗？这是一张把鹅卖给我的城里人的名单。好！看一眼那边第三个人的名字。念给我听。”

“奥克肖特太太，布瑞克斯顿路117号——249页，”福尔摩斯念道。

“就是这样。现在再查一下总账吧！”

福尔摩斯翻到了他所指的那一页：“正是这里，奥克肖特太太，布里克斯顿路117号，鸡蛋和家禽供应商。”

“那么，最后记的一笔账是什么？”

“十二月二十二日，二十四只鹅，收价七先令六便士。”

“对，是这样，你看，那么在这行下面呢？”

“卖给阿尔法酒店温迪盖特，售价十二先令。”

“你现在还有什么可说的呢？”

夏洛克·福尔摩斯表现出非常懊恼的样子，他从口袋里掏出一个英镑的硬币扔在大理石柜台上，带着一种难以用语言形容、叫人觉得高深莫测的厌恶神态走开了。走出几步之后，他在一个路灯杆子下站住，以他特有的姿势会心而静静地笑了起来。

“当你遇到留着那种络腮胡子的人，而他又不愿泄露机密时，你总是可以用打赌的方式让他把真情说出来，”他说，“我敢说，如果我刚才在那个人面前放上一百镑，那他就绝不会像通过打赌的方式那样向我提供那么全面的情况。哦，华生，我真想不到我们已经接近了调查的尾声。现在剩下唯一需要决定的是我们今天晚上就应该到这位奥克肖特太太那里去，还是应该等到明天再去。从那个粗鲁家伙的谈吐中，可以清楚地知道，除了我们之外，还有其他人也急于知道此事，因此，我应该……”

他的话忽然被一片喧嚷的吵闹声打断了，声音是从我们刚刚离开的那个货摊那里爆发出来的。我们回头一看，只见一个獐头鼠目、身材矮小的人正站在门口吊灯的黄色光晕下。那个店主人布莱肯里奇堵在他那货摊的门口，向这个畏畏缩缩的人恶狠狠地挥舞着拳头。

“你跟你的鹅真的是让我烦透了！”他喊着，“我真希望你们都一起见鬼去！要是你再跑过来用那种蠢话烦我，我就放狗来咬你。你把奥克肖特太太带过来，我会回答她的，但是这与你有什么关系？我的鹅是从你那儿买来的吗？”

“不是，不过虽然这样，那里头有一只鹅是我的呀！”那个小个子唉声叹气地说。

“好，那你就去管奥克肖特太太要去吧！”

“她叫我来问你要。”

“哦，那你就去问普鲁士国王要吧，这我可管不着。我早就听够了，你给我滚吧！”他恶狠狠地冲上去，那个问话的人马上就消失在黑暗中了。

“哈哈，这就免得我们到布瑞克斯顿路去了。”福尔摩斯轻声对我说，“跟我来，我们要看一下从这家伙身上能得到些什么，”我们穿过三三两两在灯火辉煌的店铺周围闲逛的人群，我的同伴上前紧走几步追上了那个小个子，拍了一下他的肩膀。

那个人一下子转过身来，在电灯下我可以看到这个人面色发白，毫无血色。“你是谁？你要干什么？”他颤抖着问。

“劳驾，”福尔摩斯和气地说，“我刚刚无意中听到了你向那商贩提出的问题，我想我或许可以帮上你的忙。”

“你？你是谁？你为什么会知道这件事。”

“我的名字叫夏洛克·福尔摩斯。了解别人不知道的事是我专门的工作。”

“但你对这件事又知道些什么？”

“对不起，这事我全都知道了。你努力想找到那只鹅。那只鹅是布瑞克斯顿路的奥克肖特太太卖给叫布莱肯里奇的那个小贩的。经由他的手又转到了阿尔法酒店温迪盖特先生那儿。通过他又转到了他的俱乐部，而亨利·贝克先生是俱乐部的会员。”

“哎呀！先生，你就是我想要见到的人，”这个小个子哆哆嗦嗦地伸出双手叫着，“我很难向你解释我对这事是多么感兴趣。”

夏洛克·福尔摩斯喊住一辆路过的四轮马车。“既然是那样，我们与其在这个刮着寒风的闹市谈话，还不如到一个舒舒服服的房间里细细讨论这个问题，”他说，“但是，在我们还没出发之前，请把我有幸为之效劳的人的尊姓大名告诉我。”

这个人犹豫了一会儿，眼睛向旁斜视了一下，回答说：“我的名字是约翰·鲁宾逊。”

“不，不，我是问你的真名实姓，”福尔摩斯和蔼地说道，“办事情用化名总是非常不方便的。”

这位陌生人的苍白的脸顿时涨得通红。“好吧，那么，”他说，“我的真名实姓是詹姆斯·赖德。”

“一点儿也不错，‘世界旅馆’的领班。请上马车吧！我一会儿就能把你想要知道的一切告诉你。”这个小个子站在那里，来回打量着我们，眼神半是担心，半是希望。这正是一个处于吉凶未卜的境地，对自己的前途毫无把握的人的表情。随后他上了马车，在车上我们都缄默无语，一言不发，可是我们的新伙伴呼吸急促、微弱，两手时而紧握，时而放松，透露了他内心的极度紧张。半小时以后，我们回到了贝克街的起居室。

“我们到家了！”我们鱼贯走进屋子时，福尔摩斯愉快地说道。“在这种天气里这熊熊炉火是非常令人惬意的。你似乎非常冷，赖德先生。请你坐在这把藤椅上吧。在解决你这件小事之前，让我先换上拖鞋。哦，现在好了，你是想知道那些鹅的情况吧？”

“是的，先生。”

“我想，或者更确切地说，你想知道的是那只鹅的情况吧。我设想你最感兴趣的是一只白色的、尾巴上有一道黑的鹅。”赖德激动得颤抖了一下。“啊，先生！”他喊道，“您能告诉我这只鹅的下落吗？”

“这里？”

“是的，它的确是一只非常神奇的鹅。我并不为你对这只鹅感兴趣而感到奇怪。这只鹅死之后生了一个蛋——世上稀有的、最美丽、最闪耀的蓝色小蛋。我已把它收藏在我这里的博物馆中了。”

我们的客人颤巍巍地站了起来，右手抓紧了壁炉架。福尔摩斯打开了保险箱，高举着那颗宝石，宝石光彩夺目，像一颗璀璨的寒星。

赖德的脸拉的非常长，直勾勾地盯着宝石，不知是该认领好还是该否认好。

“这出戏算落幕了，赖德，”福尔摩斯镇静地说，“站稳点，赖德，否则你就会跌到壁炉里头去。扶他到他的椅子上坐着，华生。他还不具备足够的胆量坦然地去做罪恶的勾当。给他喝一些白兰地。好了，现在他看着有些人样了。真的差点跌倒了，但是白兰地给他双颊带来了一丝血色，他重新坐了下来，带着恐惧的目光看着谴责他的两个人。”

“我基本上已经全部掌握这个案件的每一处环节和我可能需要的所有证据。所以没有什么事情是需要你告诉我的了。但是，为了完美地结束这件案子，我们还是把那件小事情弄清吧。赖德，你以前听说过莫卡伯爵夫人的蓝宝石吗？”

“是凯瑟琳·丘萨克告诉我的。”他结结巴巴地说。

“哦，是伯爵夫人的侍女。嗯，如此唾手可得的一大笔横财对你具有非常大的诱惑，正如它以前曾诱惑过比你本事更大的人一样；可是，你使用的把戏却不够精明啊。在我看来，赖德，你这个人生性便是个相当狡猾的混蛋。你了解管子工霍纳这个人曾经犯过类似的盗窃罪，因此嫌疑会非常容易就落在他身上。那么你做了什么呢？你们——你和你的同谋丘萨克在伯爵夫人的房里弄了些小小的伎俩。你们想办法把他叫到房间里来，而在他离开后，你撬开了首饰盒，随即又大叫发现房间失窃，使这个可怜的人遭受逮捕。然后你……”

赖德扑通一声跪在了地毯上，抱住我朋友的双膝哀求道：“看在上帝的份上，可怜可怜我吧！想一想我的父亲！想一想我的母亲！那样会让他们非常伤心的。我以前从来没干过什么坏事！以后我再也不敢了，我可以发誓。我可以用手按着圣经发誓。哦，千万不要把这件事移交给法庭！看在基督的份上，千万不要这么做！”

“坐到你的椅子上去！”福尔摩斯厉声说，“现在你倒知道磕头求饶了，可是你有没有想过可怜的霍纳却因为他并不知情的罪名而坐牢。”

“我会远走高飞的，福尔摩斯先生。我会离开这个国家的，先生。那么，对他的控告也就会撤销了。”

“哼！我们要谈这个问题的。不过现在先让我们听听这出戏第二幕的真实情况吧。你老实说，这颗宝石是怎样到了鹅的肚子里的，而那只鹅又是怎样到集贸市场上去的呢？把事实真相告诉我们，这是你能平安无事的唯一希望。”

赖德用舌头舔了舔他那干裂的嘴唇。“我一定会将实际情况如实告诉您的，先生，”他说，“霍纳被捕以后，对我来说似乎最好的办法就是携带宝石立即潜逃，因为我不知道什么时候警察也许就会想到搜查我和我的房间。可是旅馆里没有一个地方是安全的。我假装受人差遣走出旅馆，乘机跑到我姐姐家一趟。她和一个名叫奥克肖特的人结了婚，住在布里克斯顿路。她在那里以喂养和贩卖鹅为生。对我来说一路上碰到的每一个人都好像是警察或侦探。尽管那天晚上非常的寒冷，但在我到达布里克斯顿路的时候，已经是汗流满面了。我姐姐问我发生了什么事情，还问我为什么脸色这么苍白；但是我告诉她说我是被旅馆发生的那一桩珠宝盗窃案弄得心烦意乱。紧接着我走进后院，抽着烟斗，盘算着怎么做才能万无一失。

“我从前有过一个叫莫兹利的朋友，他曾经干过非常多坏事，刚在培恩顿威尔服完刑。有一天他碰到我并且和我谈起盗窃和销赃的门道来。我相信他可能会出卖我，因为我知道一两件有关他的事，于是我打定主意去他在基尔伯恩的住处找他，并向他吐露我的秘密。他一定能够教我怎样把宝石换成钱。但是怎样才能安全抵达他那里呢？我想起了我从旅馆来的路上所经受的惶恐不安。我或许随时都有可能会遭到逮捕和搜查，而宝石就在我马甲的口袋里。当时我正倚着墙看着一群鹅在我脚下摇摇摆摆地走来走去，我突然心生一计，我想这个办法一定能骗过那些侦探的法眼。”

“几个星期之前，我姐姐曾告诉过我，我能从她的鹅中选出一只，当做她送我的圣诞节礼物。我向来知道姐姐是说话算数的。那么，不如我现在就把鹅拿走，这样一来我能够把宝石藏进鹅的肚子里，带去基尔伯恩。”

“我姐姐的院子里有一个小棚子，我便从棚子后面赶出了一只鹅，一只大白鹅，尾巴上有一道黑边。我捉住了它，撬开它的嘴巴，把宝石塞进了它的喉咙，一直塞到我的手可以够得着的地方。鹅一口就把宝石咽了下去，我摸到宝石已沿着它的食道进入了它的嗉囊。那鹅拍打着翅膀努力挣扎着，这时我姐姐闻声走了出来，问我出了什么事情。就在我转身跟她讲话的时候，那鹅却从我的手中猛地逃脱了出来，拍着翅膀逃回到鹅群里去了。”

“‘杰姆，你抓那只鹅干什么？’她问。”

“‘哦，’我说，‘你不是说要送给我一只鹅当做圣诞节的礼物吗？我在找哪一只是最肥的！’‘哦，’她说，‘我们早就把准备给你的那只鹅留在一边了，我们给它取名做杰姆的鹅。就是那边的那只大白鹅。我总共喂了二十六只鹅，一只给你，一只是给我们自己吃的，还有二十四只是要卖去市场的。’”

“‘谢谢你，麦琪，’我说，‘可是要是对你说来都一样的话，我还是宁可要我刚刚抓住的那一只。’”

“‘我们留给你的那一只要比刚才你捉的那只重整整三磅，’她说，‘那是我们特地为你养胖的呢。’”

“‘没关系，我要我抓的那只，我准备现在就把它拿走。’我说。”

“‘唉！那随你的便好了。’她有些生气地说，‘那么，你要的是哪只呢？’”

“那只尾巴上有道黑道的白鹅，就在那边的鹅群里头。”

“哦，好吧，把它杀了，你就拿走吧。”

“就这样，我按我姐姐说的照做了，福尔摩斯先生。于是我拿着这只鹅一路跑到了基尔伯恩。我把我所做的一切都告诉了我的伙伴，因为他是一个值得将这样的事情坦诚相告的人。他乐得喘不上气来。我们用刀将鹅开了膛。我的心一下子凉了半截，因为嗉囊里根本没有蓝宝石的踪影，我知道一定发生了一些差错。我赶紧丢下那只鹅，飞一样地赶回到我姐姐家里，匆匆走进了后院，但是那里却连一只鹅都没有了。”

“我喊道：‘麦琪，那些鹅都到哪里去了？’

‘都已经卖掉了，吉姆。’

‘卖给谁了？’

‘考文特园的布莱肯里奇。’

‘其中是否有另外一只尾巴带有黑道的鹅？和我挑选的那只一样的？’我问道。

‘有的，吉姆，一共有两只尾巴带黑道的鹅，连我都分不清它们。’”

“是啊，我当然知道是怎么回事了。我飞快地跑到布莱肯里奇店主那里，可是他早就把所有的鹅都卖掉了，而且他一点也不肯告诉我，鹅究竟卖到哪里去了。他今天夜里说的话你已经亲自听到了。他总是那样打发我。我姐姐以为我要发疯了，有时候我自己也觉得我真的是要发疯了。而现在，尽管我出卖人格偷来的东西已经不见了，可是我已经是一个打上了窃贼的印的人了。上帝啊，饶恕我的罪恶吧！饶恕我吧！”只见他用双手捂着脸抽搐着哭了起来。

非常长的一段时间里，房里鸦雀无声，只能听到他粗重的喘气声与夏洛克·福尔摩斯用手指有节奏地敲击桌沿的声响。

突然间，我的朋友站了起来，一下子把门打开。“滚出去！”他说。

“什么，先生？哦，上帝保佑你！”

“少废话了，滚吧！”

不需要多说些什么了。只听楼梯上响起一阵“噔噔”的脚步声，“嘭”的一声门关上了，紧接着是街上传来的一阵清脆的脚步声。

“毕竟，华生，”福尔摩斯一边说着，一边伸出手去拿那只陶土制的烟斗，“我现在还没有被警察局请去向他们提供他们所不知道的案情，如果霍纳现在处于危险境地，那就是另外一回事了；但是这个家伙是不可能再出来控告他了，这个案件也就会不了了之。我想我在使一个重罪得以减轻，但也可能我是挽救了一个人。这个人将不会再做坏事了，他已经吓得失魂落魄了。要是把他送进监狱的话，你就会使他变成一个终身的罪犯。再说，现在正是大赦时节，我们何乐而不为呢。偶然的机会使我们碰上这个非常奇特的古怪问题。而这个问题的解决也就算是对它的报酬了。如果你愿意按一按铃，医生，我们还可以开始另一案件的调查，其中主要的特点仍然是一只家禽。”

斑点带子案

在前面的八年里，我研究了我的同伴夏洛克·福尔摩斯的破案方法，随手记录下了七十多个案例。我大略地翻看了一下这些破案记录，看到里头既有非常多悲剧，也有些是喜剧，但更多的只不过是稀奇古怪而已，却没有一件是平淡无奇的。这完全是因为，这个职业对他来说与其说是为了赚取金钱，倒不如说是他对那门破案艺术的挚爱。他不屑于接手办理没有特色的案件，除非那些非常有特色或甚至接近奇谈怪论的案子。但是，在许多的充满无穷变化的案子里，只有一个案子一直在我的脑海里回荡，那便是独一无二的、远近闻名的萨里郡斯托克莫兰罗伊洛特家族案。

现在我将要谈的这件事，发生在我和福尔摩斯交往的初期。那时，我们俩都是单身，在贝克街合租一套公寓。如果可以的话，我早就能把这件案子记录下来，但是，当时我曾起誓对此要严格保密。直到上个月，由于我曾对她作过担保的那位女士不幸早逝，这件事才得以解密。或许，现在应是让真相大白于天下的时候了，而且我准确地知道，外界对于格里姆斯比·罗伊洛特医生之死众说纷纭，谣言四起。这些谣言听起来比事情本身的真实情况更让人恐怖和骇人听闻。

在一八八三年四月初的时候。一天早上，我一觉醒来，发现夏洛克·福尔摩斯早已穿戴整齐，站在我的床边。我非常了解他，他向来有爱睡懒觉的习惯。而当时壁炉台上的时钟，才指向七点一刻，我有些诧异地朝他看了几眼，也许心里还有点不满，因为我自己的生活一向是非常有规律的。

“非常抱歉，这么早就把你吵醒了，华生，”他说，“但是，今天早上不知道是怎么回事，先是赫德森太太被敲门声吵醒，接着她好像报复似的来吵醒我，现在是我来把你叫醒。”

“究竟发生了什么事——失火了吗？”

“不，是一位委托人。好像是一位年轻的女士前来造访，她情绪非常的激动，坚持要马上见我。现在她正在起居室里等候。目前情况是这样的，如果有些年轻的女士这么一大清早就徘徊于这个大都市，甚至不惜把尚在熟睡的人从床上吵醒，我认为那必定是一件非常紧迫的事情，她才不得不找人商量。这应该是一件非常有意思的案子，我敢保证，你肯定希望从一开始就能关注这件事情。我想，不管怎样我都要把你叫醒，不能让你错过这个机会。”

“我的老兄，那我是无论如何也不可能失掉这个机会的。”

对我来说，最大的乐趣就是观察福尔摩斯进行案件调查，特别是亲眼目睹他娴熟快捷地作出推论。仿佛这一切都是和直觉一样的反应，事实上却总是建立在严密的逻辑推理基础之上。就是靠着这些技巧，一桩桩看似疑难离奇的案件，在他的手里全部能够迎刃而解。我快速穿上衣服，几分钟后就洗漱完毕，随同我的朋友来到楼下的起居室。一位女士端坐窗前，她身穿黑色衣服，蒙着厚厚的面纱。我们走进房间的时候，她起身站了起来。

“早上好，小姐，”福尔摩斯愉快地说道，“我的名字是夏洛克·福尔摩斯。这位是我的最亲密的朋友和助手华生医生。在他面前，你可以像在我面前一样地谈话，不要有什么顾忌。呵呵！赫德森太太想得非常周到，我非常高兴看到她已经点着了壁炉。请离炉火近一些，我叫人给你端一杯热咖啡，我注意到你一直在发抖。”

“我不是因为寒冷才发抖的。”那个女人轻声说，与此同时，她照福尔摩斯所说的换了个座位。

“那么，是因为什么呢？”

“是因为恐惧，福尔摩斯先生，是惊吓。”她一面说着，一面掀起面纱，我们可以看出，她的确是处于让人同情的惶恐不安之中。

她神色沮丧，脸色苍白，双眼因为惊惧而闪烁不定，像是一只受伤的小动物。从身材和相貌上看，她大约三十多岁左右，但是，她满头的黑发中却过早地夹杂着非常多白发，表情非常萎靡和憔悴。

夏洛克·福尔摩斯快速地从上到下向她打量了一番。

“你不用害怕，”他向前探探身子，轻轻地拍了拍她的手臂，轻声地安慰她说，“我可以肯定地告诉你，我们很快就能把问题解决好。我知道，你今天早晨是坐火车来的。”

“难道，你认识我？”

“不，我看到你左手手套露出了半截回程车票。你一定非常早就出发了，并且在到达车站之前，还乘马车在泥泞的街道上走了非常长的一段时间。”

那位女士猛然吃了一惊，满脸疑惑地注视着我的同伴。

“这没什么稀奇的，亲爱的小姐，”他笑了笑说。“你外套的左臂上，少说有七处溅上了泥，并且泥迹都是新溅上去的。除了只能坐一位客人的马车之外，没有任何其他的车辆会这样地甩起泥来，并且只有你坐在车夫的左侧才会溅到泥。”

“不管你是怎么推断出来的，你说得全部都正确，”她说，“我六点之前就从家里动身了，两分钟之后到达莱瑟黑德，接着坐上了开往滑铁卢的第一班列车。先生，我再也难以无法承受这么大的压力了，如果再继续这么下去我会疯掉的。我孤苦无依，只有一个人关怀我，但是他，这不幸的人，也爱莫能助。我听说过你，福尔摩斯先生，我是从法林托施太太那儿听说的，你曾将她从苦海中摆脱出来。我正是从她那里打听到你的住址的。哦，先生，你能否也助我一臂之力呢？至少为被无限的黑暗包围着的我指一线光明与生机吧。现在，我实在没有经济能力来报答您对我的帮助，但在一个月或一个半月之后，我就要结婚了，到那个时候，我就可以支配自己的收入了。那个时候，你至少能够知道，我不是个忘恩负义的人。”

福尔摩斯转身走向他的办公桌，打开抽屉的锁，从中取出一本小小的案例簿，翻阅了一下。

“法林托施，”他说，“哦，是的，我想起那个案子了，那是一件和钻石王冠有关的案子。华生，那还是在你来之前的事情。小姐，我只能说我非常愿意为你这个案子效劳，就像我曾经为你的朋友效劳一样。至于酬劳，我的职业本身就是它的酬劳；但是，你可以随便在对你来说是最合适的时候，支付我在这件事上应该得到的费用。那么，现在请你把你所知道的一切都说给我们听一下，只要能够帮助我们对此做出清晰判断的事情就都说出来。”

“唉，”来客叹了一口气说，“我的处境可怕之处就在于我所担心害怕的事情非常模糊不清，我的猜疑完全是建立在一些琐事的基础上。这些小事在别人看起来可能是微不足道的。于是，我把自己的全部猜疑告诉了一个人，他是我最有权利获得帮助和指点的人。但是，他和其他所有的人一样，将这件事看做是一个神经质的女人的胡思乱想。虽然他没有这么说，但我能从他安慰我的话语和回避的眼神中觉察出来。我听说，福尔摩斯先生，你能深刻地洞穿人性中的一些复杂和邪恶的东西。你能否给我一些建议，在重重危险包围之中，我该如何办。”

“我会尽自己最大努力的，小姐。”

“我的名字叫海伦·斯通纳，我和我的继父住在一起，他是位于萨里郡西部边陲的斯托克莫兰的罗伊洛特家族——英国最古老的撒克逊家族之一的最后血脉。”

福尔摩斯点点头，“这名字我非常熟悉。”他说。

“这个家族曾经一度是英国最富有的家族之一，它的产业占地非常大，北至伯克郡，西至汉普郡。但是到了上世纪，接连四代继承人全部是荒淫无度、挥霍钱财之辈。到了摄政时期[1]，这家族终于被一名赌棍弄得最后倾家荡产。除了几亩田产和一座二百年的古老房子外，其他一切都已经荡然无存，而那宅子也已经被抵押得所剩无几了。最后一位地主在那儿苟延残喘，过着没落贵族的凄惨生活。”

“但他的独生子，我的继父，意识到他必须适应这种新的环境，从一位亲戚那儿借到了一笔钱，靠这笔钱拿到了一个医学学位，并且出国去加尔各答行医，在那里依靠他的医术与人格魅力，建立起了良好的声誉。可是，由于家里发生过几次失窃，他盛怒之下，把在当地雇佣的保姆殴打致死。非常幸运的是，他没有被判死刑。这样，他便开始了漫长的监狱生涯。出狱后，他返回故土英国，这时他却变成了一位性格暴躁、困顿而不得志的人。”

“罗伊洛特医生在印度时与我的母亲结婚。她当时是孟加拉炮兵司令斯通纳少将的年轻遗孀，斯通纳太太。我和姐姐朱莉娅是双胞胎，母亲再婚的时候，我们只有两岁。我的母亲拥有一笔非常大的财产，每年收入至少一千英镑。我们和罗伊洛特医生生活在一起时，她便立下了遗嘱把财产全部都留给他，但是有一个附加条件，就是在他们结婚后，每年都要分给我们一定数额的财产。”

“我们回到英国不久，母亲就去世了。她是于八年前在克鲁附近一次火车事故中遇难的。在这以后，罗伊洛特医生放弃了再次在伦敦开业的念头，带着我们一起到斯托克莫兰祖先留下的古老宅子里生活。我母亲留下的钱可以满足我们的任何需求，看起来好像我们的生活应该无比幸福了。可是，就在这个时候，我们的继父发生了可怕的变化。起先，我们的邻居们看到斯托克莫兰的罗伊洛特的后裔搬回到这座古老家族的宅子，都非常高兴。但是我的继父一改与邻里交朋友或相互往来的姿态，把自己关进房子中，基本从来不出门。”

“在家里，他无论看到什么人，他都跟发了疯似的凶狠地跟人争吵。这种近乎疯狂的火爆脾气是从家族祖先那儿遗传的，并且我认为继父因为长期生活在热带地区，以致这种暴躁的脾气变本加厉。由此，发生了一连串不光彩的吵架事件。其中有两次，一直吵到得把警察都惊动

[1]指乔治三世因精神不正常而由其荒淫无度的其子乔治四世执政时期。

了，并且闹到法庭才罢休。结果，他成了村里令人害怕的一个人。村民们一看到他，就远远地避开了。但是因为他是一个力大无比的人，一旦发起火来，谁都控制不了他。”

“上个星期他把村里的铁匠从栏杆上扔进了小河，是我在花掉了尽我所能找到的钱，才避免了又一次当众出丑。除了那些到处流浪的吉卜赛人之外，他没有任何朋友。他允许那些流浪者在那一块象征着家族地位的几亩荆棘丛生的土地上扎营。他会到他们帐篷里去接受他们作为报答的殷勤款待。有时候随同他们出去流浪长达数周之久。他还对印度的动物有着强烈的爱好。这些动物是一个记者送给他的。目前，他有一只印度猎豹和一只狒狒，这两只动物就在他的土地上自由自在地跑来跑去，村里人就像害怕我继父一样害怕它们。”

“通过我说的这些情况，你们可能也不难想象我和可怜的姐姐朱莉娅的生活肯定是毫无乐趣可言的。没有外人愿意跟我们长期相处，在非常长的一段时期里，我们操持所有的家务。我姐姐死的时候，仅仅三十岁。可是她早已两鬓斑白了，甚至和我现在的头发一样白。”

“那么，你姐姐已经死了？”

“她正好是两年前死的，我想对你说的正是有关她去世的事。你可以理解，过着我刚才所说的那种生活，我们几乎见不到任何和我们年龄相仿和地位相同的人。不过，我们有一个姨妈，叫霍洛拉·韦斯法尔小姐，她是我母亲的老处女姐妹，住在哈罗附近，我们偶尔得到允许，到她家去短期作客。两年前，朱莉娅在圣诞节到她家去，在那里认识了一位领半薪的海军陆战队少校，并和他缔结了婚约。我姐姐回来之后，我继父得知了这一婚约，对此并未表示反对。但是，在预订举行婚礼之前不到两周的时候，可怕的事情发生了，并且夺去了我唯一的亲人。”

福尔摩斯一直倚靠在椅背上，闭着双眼，头靠在靠垫上。但这时他半睁开了眼，看了一看他的客人。“请你把这些细节描述得准确些好吗。”他说。

“这非常的容易，因为在那可怕的时刻所发生的每一件事，都已深深印在了我的脑海里。正如我刚才说过的，我们居住的宅子是非常古老的，只有一边的厢房现在住人。卧室在一楼，起居室在宅子的正中央。这些卧室里头第一间是罗伊洛特医生的，第二间是我姐姐的，第三间是我的。房间彼此之间并不相通，但房门都是朝着同一条走廊的。我这样说能明白吗？”

“明白”

“三个房间的窗子都是向着草坪的方向开着的。那个可怕的夜晚，罗伊洛特医生非常早就回到了自己的房间，但是我们知道他并没有睡觉，因为我姐姐正被他每天必抽的非常强烈的印度雪茄烟味熏得痛苦不堪。所以，她走出自己的房间，来我的卧室坐了一会儿。她还和我谈到了她将要举行的婚礼”。

“到了十一点，她起身回到了自己的房间，可走到门口时停下了脚步，转过头问我：‘告诉我，海伦，’她说，‘在半夜三更的时候，你有没有听见过有人吹口哨？”

“‘从来没有听到过啊。’我说。”

“我想你在睡着的时候，不可能会吹口哨吧？”

“当然不可能，为什么你要问这个呢？”

“因为这些天的夜里，大约凌晨三点钟左右，我总是能听到低低的而又清晰的口哨声。我睡眠非常浅，非常容易被吵醒。我不知道声音是从哪儿传来的，也许来自隔壁的房间，也许来自草坪上。我当时就在想，我应该问一问你是不是也听到了。”

“没有，我没听见。肯定是种植园里那些烦人的吉卜赛人吧。”

“非常有可能。但是要是从草坪那儿传来的，我非常奇怪你为什么没有一样也听到。”

“哦，但是，我总是睡得比你沉。”

“好啦，不管怎样，这没有什么了不起的。’她转过脸对我笑笑，然后着把我的房门关上。很快，我就听到了她的钥匙在锁孔里转动的声响。”

“什么？”福尔摩斯说，“这是你们的习惯吗，晚上总是把自己锁在屋子里？”

“总是这样的。”

“为什么呢？”

“我想我和你提到过，医生养了一只印度猎豹和一只狒狒。不把门锁上，我们感到不大安全。”

“的确也是。请你接着说下去。”

“那天晚上，我睡不着。一种朦胧的大难临头的感觉笼罩着我。你应该记得我们是孪生姐妹，你知道，这样两个血肉相连的灵魂之间有着某种微妙的心灵感应。那是个暴风雨之夜，外面狂风怒吼，雨点劈劈啪啪地打在窗户上。突然，在嘈杂的风雨声中，传来一声女人惊恐的尖叫，我知道那是我姐姐的声音。我一下子从床上跳了起来，裹上了一块披肩，就冲向了走廊。就在我打开房门的时候，我似乎听到一声轻轻的就像我姐姐说的那样的口哨声，稍停，又听到‘哐啷’一声，仿佛是一块金属一样的东西掉在地上。就在我顺着走廊跑过去的时候，只看见我姐姐的门锁已经开了，房门正在慢慢地向后打开。我被吓坏了，惊恐地瞪着双眼看着，不知道接下来会发生什么事情。借着走廊的灯光，我看见我姐姐出现在房门口，她的脸因恐惧而变得雪白如纸，双手摸索着寻求帮助，整个身体就像醉汉一样摇摇晃晃。我跑上前去，用双臂抱住她。这时只见她似乎双膝突然变得软弱无力，并颓然瘫倒在地上。她像一个正在经受剧痛的人那样翻滚扭动，她的四肢可怕地抽搐。起初我想她可能没有认出是我，可是当我俯身要抱她时，她突然发出凄厉的叫喊，那叫声我是一辈子也不会忘记。'哦，海伦！天啊！是那条带子！那条带斑点的带子！'她似乎言犹未尽，还非常想说些别的什么，她的手臂举向空中，指向医生的房间，但是抽搐再次发作，她突然说不出话来了。我疾步奔跑出去，大声喊我的继父，正碰上他穿着睡袍，急急忙忙地从他的房间赶过来。他赶到我姐姐身边时，我姐姐已经不省人事了。尽管他给她灌下了白兰地，并从村里请来了医生，但一切努力都是徒劳的，因为她已奄奄一息，濒临死亡，直至咽气之前，再也没有重新苏醒。这就是我那亲爱的姐姐悲惨死去的过程。"

"等一下，"福尔摩斯说，"你非常肯定听到了那口哨声和金属声了吗？能确定吗？"

"这个问题本郡验尸官在来调查时也问过我。我确实听到了这样的声音，它给我的印象非常深刻。但是，在剧烈的狂风刮得老房子吱嘎作响的情况下，我也非常有可能听错。"

"你姐姐当时穿着白天的衣服吗？"

"没有，她穿着睡衣。她的右手上有一根烧焦了的火柴棍，左手拿了一个火柴盒。"

"这说明在发生危险的时候，她划亮火柴想看一看发生了什么，这一点非常重要。验尸官的检验结果是什么？"

"他非常谨慎地调查了这件案子，因为罗伊洛特医生的行为在郡里早就已经臭名昭著，但是他不能找出任何让人信服的死亡解释。我能证明，房门从里头严实地反锁了，窗户也是由带了宽铁杠的老式百叶窗挡着，每天夜里都关得牢牢的。墙壁也认真地敲过，发现四面都非常坚固，地板也进行了彻底搜查，结果也是一样的。烟囱倒是非常宽，但也用了四个大铁钉钉上了。所以，我可以肯定，姐姐在临死前的最后一刻，只有她一个人在房里。再说，她身上也没有任何遭受暴力的迹象。"

"有没有可能是因为投毒？"

“医生们也做了这方面的检验，但查不出来。”

“那么，你觉得这位可怜的女士的死因是什么呢？”

“我相信她一定是死于惊吓，一定是她脆弱的神经经受不住这样的惊吓……虽然我想不出来她是如何被吓死的。”

“当时的种植园里有吉卜赛人吗？”

“有，那儿几乎一直都有一些吉卜赛人。”

“哦，从她临死的时候提到的带子——带斑点的带子，你想出来是什么东西了没有？”

“有时我觉得，那只不过是精神错乱时说的胡言乱语。有时又觉得，可能指的是某一帮人，也许指的就是种植园里那帮吉卜赛人。他们当中有那么多人头上戴着带点子的头巾，我不知道这是否可以说明她所使用的那个奇怪的形容词。”

福尔摩斯摇摇头，好像这样的解释远远不能使他感到满意。

“事情根本没有这么简单。”他说，“请继续讲下去。”

“那件事情已经过去两年了，从那时候一直到最近，我的生活比以前更加孤单寂寞。然而，一个月前，我多年前非常幸运认识的一位亲密朋友向我求婚。他的名字叫阿米塔奇，全名是珀西·阿米塔奇，是住在里丁附近克兰活特的阿米塔奇先生的二儿子。我继父对这件婚事也没有表示出任何异议，我们商定在春天的时候结婚。两天前，这栋房子的西厢房开始进行修缮，我卧室的墙壁也需要修葺，所以我不得不搬到我姐姐丧命的那房间里去住，睡在她睡过的那张床上。昨天晚上，我睁着眼睛躺在床上，想起她那可怕的遭遇。在寂静的深夜，我突然听到曾经预示着姐姐死亡的低低的口哨声。请想象一下，我当时是多么的害怕，被吓得毛骨悚然！我从床上跳了下来，把灯点着，但是在房间里什么也没看到。可是我已经被吓得魂不附体，再也不敢重新上床睡觉了。天刚刚放亮，我就穿上了衣服，我悄悄地出来，在邸宅对面的克朗旅店雇了一辆马车，坐车到莱瑟黑德，又从那里来到你这儿，唯一的目的是来拜访你并向你请教。”

“你这样做非常明智，”我的朋友说，“但是你是否把所有知道的一切全说了呢？”

“是的，全部。”

“罗伊洛特小姐，你并没有全说。你在包庇你的继父。”

“为什么啊！你这是什么意思？”

为了回答她的问题，福尔摩斯拉起了遮住我们的客人放在膝盖上那只手的黑色花边袖口的褶边。白皙的手腕上，清晰地印着五小块乌青的伤痕，那是四个手指和一个大拇指的指痕。

“你被虐待过。”福尔摩斯说。

这位女士满脸通红，赶忙遮住受伤的手腕说，“他是一个身强力壮的人，他很可能不知道自己的力量有多大。”

大家沉默不语了好长时间，在这一段时间里福尔摩斯手托住下巴，注视着劈啪作响的炉火。最后他说：“这是件错综复杂的案子。在开始要采取什么措施之前，还存在成百上千个我想弄清楚的细节。不过，我们一刻也不能耽搁了。如果我们今天去斯托克莫兰，能否可以在你继父不知道的情况下，看一看那些房间呢？”

“正好，他说过今天要进城来办一些非常要紧的事情。他非常有可能整整一天都不在家里，所以不会对你们带来任何干扰。现在我们雇佣的一位保姆，她已年龄非常大并且有点痴呆，非常容易我就能够把她支开。”

“太好了，华生，你不会反对我们出去一趟吧？”

“随你啦。”

“那么，我们两人都要去。你自己还有什么其他的事吗？”

“既然到了城里，有一两件事我要去处理一下。但是，我必须要乘十二点钟的火车赶回去，好及时回家迎接你们的到来。”

“你可以在中午过后不久等着我们。我自己有点业务上的小事要处理一下。你不留下吃点儿早饭吗？”

“不，我必须要走啦。把我的烦恼对你们吐露出以后，心情轻松多了。我期盼着下午可以再见到你们。”她把厚重的黑色面纱拉下来罩在脸上，匆忙地走出了房间。

“华生，对这一切你怎么想得？”夏洛克·福尔摩斯往后一仰，斜倚在椅背上问。

“在我看来，这是个非常阴险恶毒的阴谋。”

“是的，够阴险，够狠毒。”

“可是，如果这位女士所说的地板和墙壁没有受到什么破坏，由门窗和烟囱是钻不进去的这些情况没有错的话，那么，她姐姐莫名其妙地死的时候，应该是一个人在屋里的。”

“可是，那夜半哨声是怎么回事？那女人临死时非常奇怪的话又如何解释呢？”

“我想不出来。”

“夜半哨声同这位老医生关系非常密切的一帮吉卜赛人的出现，我们有充分理由相信医生企图阻止他继女结婚的这个事实，那句临死时提到的有关带子的话，最后还有海伦·斯通纳小姐听到的哐啷一下的金属碰撞声（那声音非常有可能是由一根扣紧百叶窗的金属杠落回到原处引起的），当你把所有这些情况联系起来的时候，我想有充分根据认为：沿着这些线索就可以解开这个谜了。”

“但是那些吉卜赛人都干了些什么呢？”

“我想不出来。”

“我觉得任何这一类的推理都有许多缺陷。”

“我觉得是这样。恰恰就是由于这个原因，我们今天才要到斯托克莫兰去。我想看看这些缺陷究竟是无法弥补的呢，还是可以解释得通的。可是，真见鬼，这到底是怎么回事呢？”

我的伙伴这声突如其来的喊叫声是因为我们的门突然被人撞开了。一个彪形大汉堵在房门口。他的装束非常古怪，既像一个专家，又像一个庄稼汉。他头戴黑色大礼帽，身穿一件长礼服，脚上却穿着一双有绑腿的高筒靴，手里还挥动着一根猎鞭。他长得如此高大，他的帽子实际上都擦到房门上的横楣了。他块头之大，几乎把门口堵得严严实实。他那张布满皱纹、被太阳炙晒得发黄、充满邪恶神情的宽脸，一会儿看着我，一会儿看着福尔摩斯。他那一双凶光毕露的深陷的眼睛和那细长的高鹰钩的鼻子，使他看起来活像一头年迈、残忍的猛兽。

“你们两个谁是福尔摩斯？”这怪物问道。

“先生，我就是，请问您尊姓大名？”我的伙伴镇静地说。

“我是斯托克莫兰的格里姆斯比·罗伊洛特医生。”

“哦，医生，”福尔摩斯和蔼地说，“请坐。”

“我不会吃你那一套的，我一直在跟踪我的继女，而且我知道她到过你这里。她都对你说了些什么？”

“今年的天气比以往这个时候要冷的多。”福尔摩斯说。

“她都跟你说了些什么？”这老头暴跳如雷地吼叫起来。

“可是我听说番红花将会开得非常好。”我的朋友继续若无其事地说。

“哈！你不要打岔，行不行啊？”我们这位新客人往前跨了一步，挥舞着手上的猎鞭说，“我认得你，你这个无赖！我早听说过你。你是福尔摩斯，一个爱管闲事的人。”

我的朋友微微一笑。

“福尔摩斯，一个爱管闲事的家伙！”

他笑得更加欢了。

“福尔摩斯，你这个伦敦警署的自高自大的芝麻官！”

福尔摩斯咯咯地笑出声。

“你讲话可真有意思。”他说，“你出去的时候一定记得把门带上，有一股穿堂风。”

“我把话讲完就会离开的。你竟敢插手我的事。我知道斯通纳小姐到这儿来过，我在跟踪她。我可是一个不太好惹的危险人物！你看这个。”

他快速地朝前走了几步，拿起火钳，用他那双褐色的大手把它扭曲。

“当心点不要让我抓到你。”

他吼叫着说，顺手把弯曲的火钳扔进壁炉里，然后便扬长而去。

“看起来他是一位非常和蔼可亲的人。”福尔摩斯哈哈大笑，“我的块头尽管不如他那么大，但要是他在这里多待上一会儿，我就会给他点儿颜色瞧瞧，我的手劲比他的小不了多少。”说着，他又拾起那根铁制火钳，猛地一使劲，把它重新给掰直了。

“真有意思，他竟然那么粗鲁地把我和政府的侦探混为一谈！不过，这样一段插曲却给我们的调查增添了不少的乐趣，我唯一盼望的是，但愿我们的小姑娘不会因为粗心大意而让这个畜生跟踪上了而受到什么折磨。好了，华生，我们下去吃早饭吧，饭后我要步行去医师协会，但愿我在那儿能弄到一些有利于我们办好这件案子的材料。”

夏洛克·福尔摩斯回来时已经快一点了。

他手里拿了一张蓝纸，上面潦草地写了一些笔记和数字。

“我看到了那位已经去世的妻子的遗嘱，”他说，“为了弄清它的确切数目，我不得不计算出遗嘱中所涉及的那些投资究竟价值多少钱。其全部收入在那位女人去世的时候略少于一千一百英镑，现在，由于农业行情不景气，至多不超过七百五十英镑。可是每个女儿一结婚就有权索取二百五十英镑的收入。因此，非常明显，假如两个小姐都结了婚，这位已经仙逝的美女就会只剩下菲薄的收入，甚至即使一个女儿结了婚也会弄得她的丈夫焦头烂额。我早上的工作没有白费，因为这些证明了他有着最强烈的动机，那就是阻止她们结婚这一类事情的发生。华生，现在一刻都不能耽搁了，特别是那老头已经知道我们对他的事非常感兴趣；所以，如果你准备好了，我们应该马上叫一辆马车，前往滑铁卢车站。假如你悄悄地把你的左轮手枪揣在口袋里，我将不胜感激。对于能把钢火钳扭曲的先生，一把埃利二号手枪是解决争端的最佳工具了。这个东西连同一把牙刷，我想，这些就是我们需要的所有东西。”

在滑铁卢车站，我们正好赶上一班开往莱瑟黑德的火车。到站后，我们从车站旅店雇了一辆双轮轻便马车，沿着可爱的萨里乡间小路行驶了四五英里。那天天气非常好，丽日当空，蓝天上飘浮着朵朵白云。树木和路边的树篱刚刚吐露出第一批嫩芽，空气中散发着令人心旷神怡的湿润的泥土气息。而我却感觉到怪怪的，最起码觉得这美丽的春天的田园风光和我们接手的这件邪恶的案子形成了鲜明的对比。我的伙伴两臂交叉地坐在马车的前部，帽子耷拉下来遮住了眼睛，头垂到胸前，陷入深深的沉思之中。可是他又忽然抬起头来，拍了拍我的肩膀，指着对面的草地。

“你看，那边。”他说。

一片茂盛的小树林沿着一条不是非常陡的斜坡向上延伸，在最高处形成了密密的一片丛林。在这枝繁叶茂中间矗立着一座非常古老的邸宅，隐约能看见灰色的山墙和高高的屋顶。

“斯托克莫兰？”他说。

“是的，先生，那是格里姆斯比·罗伊洛特医生的房子。”马车夫说。

“那边正在修缮房屋呢，”福尔摩斯说，“那正是我们要去的地方。”

“村子在这边，”马车夫指着左边远处的一排屋顶说，“但是，如果你们想到那幢房子去，你们从这边走会更近一些：跨过篱笆两边的台阶，然后顺着田间小径走。就是那条小路，有一位小姐正在那边走呢。”

“一位小姐？我猜，那肯定就是斯通纳小姐。”福尔摩斯手搭着凉棚，认真地瞧着说，“是的，我看我们最好还是按你说的办。”

我们下了车，付了钱，马车“噔噔噔”地驶回莱瑟黑德。

“和我想象的一样，”当我们登上台阶时，福尔摩斯说，“最好让这个家伙把我们当做这儿的建筑师，或许是过来办事的人，免得他说太多废话。午安，斯通纳小姐。你看，我们按照约定过来了。”

这位我们早上见过的委托人急匆匆地赶过来迎接我们的到来，脸上流露出愉快的神情。

“我一直在着急地巴望着你们来呢。”她热情地与我们一边握手一边大声说道，“一切都非常顺利。罗伊洛特医生进城了，看起来他今天傍晚之前是不会回来的。”

“我们已经荣幸地结识了这位医生。”福尔摩斯说。然后他把经过大体地叙述了一番。

听着听着，斯通纳小姐的整张脸和嘴唇都变得煞白。

“我的上帝啊！”她喊道，“那么，他一直在跟踪我了。”

“看来是这样的。”

“他太狡猾了，我知道只要有他在，我就一刻也不能安宁。他回来之后都说了些什么呢？”

“他肯定要保护自己的安全，因为他或许已经发现，比他更加狡猾的人已经看出了他的把戏。今天夜里，你一定得把你的房间门锁好，别让他进去。要是他使用暴力，我们把你送去哈罗你姨妈家里。这会儿，我们必须抓紧时间，所以，请立即领我们到需要检查的那些房间去。”

这座邸宅是用灰色的带有斑纹的石块砌成的，中间的部分高高拱起，两边则是弧形的厢房，像一对蟹钳似的向两边延伸。一侧厢房的窗子都已经打破了，用木板堵着，房顶也有一部分坍陷了，完全是一幅残垣断壁的景象。房子的中央部分也是早就应该整修了。不过，右手那一排房子相对来说比较现代，窗户上的百叶窗，烟囱上冒出袅袅炊烟，这些表明这里还有人居住。靠山墙的地方竖着一些脚手架，墙的石头部分已经凿通了，但是我们到达那里时却没见到工人。福尔摩斯在那块修剪得非常潦草的草坪上慢慢地走来走去，非常仔细地检查了窗子的外边。

“我想，这是你以前的寝室，当中那间是你姐姐的房间，挨着主楼的那间是罗伊洛特医生的卧室。”

“没错。但是现在我睡在当中那间。”

“我想这是因为房屋正在修缮中。顺便说一说，那座山墙似乎并没有什么非常急切的理由要加以修缮吧。”

“是的，根本没有必要，我相信那只不过是要我从我的房间里搬出来的一个借口。”

“呵呵，这个说法非常有启发性。嗯，这排狭窄的厢房另一边是走廊，就是三个房间的房门都朝向它的那条走廊。里面当然也有窗子的吧？”

“有的，不过是一些非常窄小的窗子。太窄了，人钻不进去。”

“既然你俩晚上都锁上自己的房门，从走廊那一边进入你们的房间是不可能的了。现在，麻烦你到自己的房间里去，并且关上百叶窗。”

斯通纳小姐照他吩咐的那样做了。

福尔摩斯非常细致地检查打开的窗子，之后用尽了各种办法想要打开百叶窗，但就是没法打开。连一条能插进一把刀子把窗闩撬开的裂缝都没有。随即他用放大镜检查合叶，但是合叶是铁铸的，牢牢地嵌在了坚硬的石墙上。

“嗯，”他有点疑惑不解地敲着下巴说，“我的推理遇到了一些困难。要是这些百叶窗都闩上了，是没有人能够钻进去的。好吧，那让我们来看一看里边是不是有什么线索可以帮助我们搞清楚事情的真相。”

一道非常窄小的侧门通向漆得雪白的走廊，三间卧室的房门全朝着这个走廊。福尔摩斯不想检查第三间卧室，因此我们立刻就来到第二间，正是斯通纳小姐现在当做卧室、她姐姐不幸丧命的那个房间。这是间普通的小屋子，显然是一种旧式的乡村风格，有矮矮的天花板跟一个外挂式的壁炉。房间的一个角落立着一只带有抽屉的褐色柜子，另一角安放着一张窄窄的罩上了白色床单的床，窗户的左边放了一个梳妆台。这些家具加上两把柳条做的椅子，一块四方形的威尔顿地毯，就是整个房间的全部陈设了。房间周围的木板和墙上的嵌板上是蛀孔斑斑的棕色橡木，非常古旧，而且褪了色。有可能当时建造这座房子时就已有了这些木板和嵌板了。福尔摩斯搬了一把椅子把它放到墙角，默默地坐在那儿，眼睛却前前后后，上上下下不停地在观察着，对房间的每一个细节都进行了细致入微的察看。最后，他指着挂在床边的一根粗粗的拉绳问道，“这个铃通往什么地方？”绳子的那一头其实就搭在枕头上。

“通往保姆的房间。”

“看起来它比其他东西都要新一些。”

“是的，才装一两年。”

“我觉得是你姐姐要求装的吧？”

“不是的，我从来没听说她使用过它。我们需要什么东西都是自己去取的。”

“是啊，看起来没有必要在那里安这么好的一根铃绳。对不起，让我花一些时间来研究一下地板。”

他趴下身去，手中拿着他的放大镜，快速地前后匍匐移动，非常细致地查看木板之间的裂缝。然后，他对房间里的嵌板做了相同的检查。最后，他来到床前，目不斜视地看了它好一会儿，又沿着墙上下来回瞧着。接着他用手拿住铃拉绳，突然用力拉了一下。

“怎么？这个铃拉绳是假的。”他说。

“铃没有响吗？”

“没响，上面甚至没接上线。这非常有意思，现在你可以看清，绳子正好是系在小小的通气孔上的钩子上。”

“这件事好荒唐啊！我之前怎么一直没有注意到呢。”

“非常奇怪！”福尔摩斯手拉着铃绳喃喃地说，“这房间里有一两个非常特别的地方。例如，造房子的人有多么愚蠢，竟会把通气孔朝向隔壁房间，花费同样的工夫，他本来可以把它通向户外的。”

"那也是最近的事情。"这位小姐说。

"是和铃绳一起安装的吗？"福尔摩斯问。

"是的，有好几处小的改动是那个时候进行的。"

"这些东西实在太有趣了——做做样子的铃绳，不通风的通气孔。你要是允许的话，斯通纳小姐，我们到里面那一间去检查检查。"

格里姆斯比·罗伊洛特医生的房间比他的继女房间宽敞一些，但房间里的陈设也那么简朴：一张行军床，一个摆满书籍的小木制书架，架上的书籍多数是技术性的，床边是一把扶手椅，靠墙有一把普通的木椅，一张圆桌和一只大铁保险柜，一眼就能看出这些是主要家具和杂物。福尔摩斯在房间里慢慢地绕了一圈，全神贯注地，逐一地将它们都检查了一遍。

他敲敲保险柜问道："这里面是什么？"

"我继父业务上的文件。"

"哦，那么你看见过里面吗？"

"只有一次，那是几年以前。我记得里面装满了文件。"

"比方说，里边会不会有一只猫呢？"

"不会，这是多么奇怪的想法！"

"哦，看看这个！"他从保险柜上边拿起一个盛奶的浅碟。

"不，我们没养猫。但是有一只印度猎豹和一只狒狒。"

"哦，是的，当然！嗯，一只印度猎豹也差不多就是一只大猫，可是，我敢说要满足它的需要，一碟奶怕不怎么够吧。还有一个特点，我必须确定一下。"他蹲在木椅前，聚精会神地检查了椅子面。

"谢谢你，差不多可以解决了。"说着，他站了起来把手中的放大镜放在衣袋里，"喂，这儿有件非常有趣的东西！"

引起他注意的是挂在床头上的一根小打狗鞭子。不过，这根鞭子是卷着的，而且打成结，使鞭绳盘成一个圈。

"你怎么看这件事，华生？"

"那只不过是一根普通的鞭子。但我不明白，它为什么要打成结？"

"并不那么普通吧，哎呀，这真是个万恶的世界，一个聪明人如果把脑子用在为非作歹上，那就糟透了。我想我现在已经察看够了，斯通纳小姐，如果你许可的话，我们到外面草地上去走走。"

离开现场的时候，我从来没有见过我朋友眉头那么紧锁过，神色是那么的严峻。我们在草坪上来来回回地走着，不管是斯通纳小姐还是我，都不愿意打断他的思路，直至他自己从沉思中回过神来为止。

“这非常重要，斯通纳小姐，”他说，“你必须得在每一个方面都要绝对按照我所说的去做。”

“我一定会尽我最大的努力照办。”

“事情非常危险，不允许我们有半点的犹豫。你的生命也许取决于你是否听从我的安排。”

“我对你保证，我一切都听从你的安排。”

“第一，我的朋友与我都一定要在你的房间里过夜。”斯通纳小姐和我都愕然地看着他。

“是的，必须要这样，我来解释一下。我想，那里就是村里的旅店？”

“是的，那儿是克朗旅店。”

“非常好。从那儿可以看得到你的窗子？”

“当然。”

“你继父回家之后，你一定要装作头疼，把自己关进房间里。随后，当你听到他夜里休息后，你就必须要打开你那窗户的百叶窗，解开窗户上的搭扣，把灯放在窗台上当做给我们发送的信号，之后带上你可能用得着的东西，悄悄回到你之前住的房间。我觉得没问题，虽然现在正在修理，但你在那里住上一晚是没有任何问题的。”

“哦，是的，当然。”

“其他的事情就交给我们处理好了。”

“但是，你们准备做什么呢？”

“今天晚上，我们得在你的卧房里过夜，侦查打搅你的这种声音是从哪里而来。”

“我相信，福尔摩斯先生，你已经打定主意了。”斯通纳小姐拉着我同伴的衣袖说。

“是这样的。”

“那么，发发慈悲吧！告诉我，我姐姐是怎么死的？”

“在没有掌握到足够确切的证据之前，我还是不要说了。”

“你至少能告诉我，我的推测是否正确，她或许是突然受惊吓而死的。”

“不，我不是那样认为的。我认为也许有某种更为具体的原因。好啦，斯通纳小姐，我们必须要离开你了，因为，如果罗伊洛特医生回来见到我们，我们这次来的全部努力就会白费了。再见，勇敢一些，只要你按我说的话去做，你可以完全放心，我们会非常快解除威胁着的这种险境的。”

夏洛克·福尔摩斯和我非常容易就在克朗旅店订了一间卧室和一间起居室。房间在二层楼，通过卧室的窗户，我们刚好可以看到斯托克莫兰庄园的大门和门前的林荫道旁以及住人的厢房。薄暮时分，我们看到格里姆斯比·罗伊洛特医生驱车过去，他那庞大的身躯出现在给他赶车的瘦小的少年身旁，显得格外醒目。少年下车后，非常吃力地打开沉重的大铁门，我们听到医生嘶哑的咆哮声，并且看到他由于激怒而对那少年挥舞着拳头。马车继续前进，过了一会儿，我们看到树丛里突然亮起了一道灯光，原来这是有一间起居室点上了灯。

“你知道吗，华生？”福尔摩斯说。这时，夜幕逐渐降临。我们正坐在一起闲谈，“今天晚上带你一同去，我的确感到非常担心，因为存在着非常危险的因素。”

“我能助你一臂之力吗？”

“你在场可能会起非常重要的作用。”

“那么，我当然肯定会去。”

“你真是太好了！”

“你说到危险。显然，你在这些房间里看到的东西比我看到的要多得多。”

“不，但是我想我可能稍微多推断出一些东西。我想你同我一样看到了所有的东西。”

“除了那铃绳以外，我没有看到其他值得注意的东西。至于那东西有什么用途，我承认，我实在想象不出来。”

“你也看到那通气孔了吧？”

“是的，但是我想在两个房间之间开个小洞，并不是什么特别的事情。那洞口是那么窄小，连个耗子都不容易钻过去。”

“在我们没来斯托克莫兰以前，我就知道，我们将会发现一个通气孔。”

“哎呀，亲爱的福尔摩斯！”

“哦，是的，我知道。你记得当时她在叙述当中提到的她姐姐可以闻见罗伊洛特医生的雪茄烟味。那么，自然这表示在两个房间之间一定有一个通道。但是，它只会是非常窄小的，否则在验尸官的问询中，就会被提及。所以，我推测是一个通气孔。”

“但是，那又有什么害处呢？”

“嗯，起码在时间上有着奇特的巧合，开了一个通气孔，挂上一条绳索，睡在床上的一位小姐丧了命。难道这些不能给你一点启示吗？”

“我还是看不出里面有什么联系。”

“你发现那张床有什么非常特别的地方吗？”

“没有。”

“它被牢牢地钉在地板上。你之前看到过一张那么固定的床吗？”

“我确实从来没有见过。”

“那位小姐移动不了她的床。那张床就一定总是保持在相同的位置上，既朝着通气孔，又对着铃绳，或许我们可以这么称呼它，因为很显然，它也从来没有被当做铃绳使用过。”

“福尔摩斯，”我叫了起来，“我好像隐约地体会到你暗示着什么。我们正好来得及防止发生一起阴险而可怕的罪行。”

“真是够阴险恐怖的。一旦一个医生步入歧途的话，他肯定会成为犯罪中的顶尖高手。他既有理智的头脑又有足够的知识。帕尔默和奇里查德就是他们之中的佼佼者，但这个人显然在这条道路上走得更远。但是，华生，我想我们会比他技高一筹的。不过在天亮之前，我们需要担心害怕的事情还非常多；看在圣母的分上，让我们静静地抽一斗烟，清醒清醒脑子。在这段时间里，还是多想点愉快的事情吧。”

大约晚上九点钟的时候，树丛中透过来的灯光熄灭了，庄园邸宅那边一片漆黑。两个小时缓慢慢地过去了，时钟刚好敲响十一点的时候，我们的正前方出现了一盏孤灯，照射出明亮的灯火。

“那是给我们的信号，”福尔摩斯跳了起来说，“是从中间的那个房子里照出来的。”

在我们向外走的时候，他和旅店老板说了几句话，解释说我们要连夜去拜访一个熟人，可能会在他那里过夜。一会儿，我们就来到了漆黑的路上，凉飕飕的冷风吹在脸上，在朦胧的夜色中，昏黄的灯光在我们的前方闪烁，引导我们去完成这个艰巨而又可怕的使命。

因为山墙常年失修，四处是残垣断壁，我们非常容易就进入了他们的院子。我们穿过树丛，又越过了草坪，正等着通过窗户进屋时，突然从一片月桂树里，跳出了一个看起来令人讨厌的、丑恶畸形的孩子样的东西，它舞动着四肢跃身跳到了草坪上，接着飞快地穿过草坪，消失于黑暗中。

“我的上帝啊！”我轻声地叫了一句，“你看见了吗？”

那个时候，福尔摩斯和我都被吓了一大跳。他在紧张中用老虎钳一样的手紧紧地抓住我的手腕。接着，他轻声地笑了，把嘴凑在了我的耳边。“真是挺好的一家人！”他悄声地说，“这就是那只狒狒。”

我刚才已经完全忘记了医生饲养的古怪宠物。还有只印度猎豹呢！或许它随时都会扑到我们的肩上来。我学着福尔摩斯那样，脱掉鞋子，钻入了卧室。我承认，直到现在，我才感觉到放心了一点。我的同伴轻手轻脚地关好了百叶窗，把灯放在桌子上，朝屋子四周看了看，屋内一切，与我们白天见到的相同，他轻轻地走到我跟前，把手圈成喇叭形，又对着我的耳朵小声说："即使是最轻的声音，都会毁掉我们的计划。"声音小的我正好可以能听出他讲的是什么。

我点头示意表示我已经听到了。

"我们得摸黑坐着，他会从通气孔看见有亮光的。"

我又点了下头。

"千万不要睡着，这关乎你的性命。把你的手枪备好，有备无患。我坐在床边，你去坐在那把椅子上。"我掏出左轮手枪，放在桌子角上。

福尔摩斯带了一根又细又长的藤鞭，把它搁在身边的床上。床边放了一盒火柴跟一段蜡烛。然后，他把灯熄灭了，我们就坐在一片漆黑中。

我无论如何也无法忘记那个恐怖的夜晚。我听不到任何声响，甚至连喘息的声音也听不到。但是我知道，我的同伴正瞪大眼睛坐着，与我仅隔咫尺之遥，而且跟我一样保持着十二分的警觉。百叶窗把有可能照进房内的一丝光线都挡住了。我们坐在伸手不见五指的黑暗里等待着。

突然，从通气孔那个方向闪现过一道转瞬即逝的光亮，随之而来的是一股燃烧煤油和加热金属的强烈气味。隔壁房间里有人点着了一盏遮光灯。我听到了轻轻挪动物体的声音。接着，一切又都沉寂下来，可是那气味却越来越浓。我竖起耳朵坐了足足半个小时，突然，我听到另一种声音——一种非常柔和轻缓的声音，就像烧开了的水壶刺刺地喷着气。在我们听到这个声音的那一瞬间，福尔摩斯从床上跳了起来，划着了一根火柴，用他那根藤鞭猛烈地抽打那根铃绳。

"你看见了没有，华生？"他大声地嚷着，"你看见了没有？"

可是我什么也没有看见，就在福尔摩斯划着火柴的时候我听到一声低沉、清晰的口哨声。但是，突如其来的耀眼亮光照着我疲倦的眼睛，使我看不清我朋友正在拼命抽打的是什么东西。可是我却看到，他的脸色死一样的惨白，满脸充满了恐怖和憎恶的表情。

他已停止了抽打，朝上注视着通气孔，紧接着在黑夜的寂静之中，突然爆发出一声我有生以来未听到过的最可怕的尖叫，而且叫声越来越高，这是交织着痛苦、恐惧和愤怒的令人可怖的尖声哀号。据说这喊声把远在村里，甚至远教区的人们都从熟睡中惊醒。这叫声使我们毛骨悚然。我站在那里，呆呆地望着福尔摩斯，他也呆呆地望着我，一直到最后的回声逐渐地消失，一切又恢复到原来的寂静时为止。

“这是什么意思？”我忐忑不安地说。

“意思是事情就这样结束了，”福尔摩斯回答道。“而且，总体的来说，这可能是最好的结局。带着你的手枪，我们到罗伊洛特医生的房间里去。”

他把灯点着，带头走过过道，表情非常的严峻。他敲了两次卧室的房门，里面没有任何回音，他随手转动了门把手，进入房内，我紧跟在他身后，手里握着扳起击铁的手枪。出现在我们眼前的是一幅奇特的景象。桌上放着一盏遮光灯，遮光板半开着，一道亮光照到柜门半开的铁保险柜上。桌上旁边的那把木椅上，坐着格里姆斯比·罗伊洛特医生，他身上披着一件长长的灰色睡衣，睡衣下面露出一双赤裸的脚脖子，两脚套在红色土耳其无跟拖鞋里，膝盖上横搭着我们白天看到的那把短柄长鞭子。他的下巴向上翘起，一双眼睛恐怖地、僵直地盯着天花板的角落。他的额头上绕着一条异样的、带有褐色斑点的黄带子，那条带子似乎紧紧地缠在他的头上，我们走进去的时候，他既没有做声，一动也不动。

“带子！带斑点的带子！”福尔摩斯压低了声音说。

我向前跨了一步。只见他那条异样的头饰开始蠕动了起来，从他的头发中间猛然钻出一条又粗又短、长着钻石型的头部和胀鼓鼓的脖子、令人恶心的毒蛇。

“这是一条沼地蝰蛇[1]！”福尔摩斯喊道，“印度最毒的毒蛇。医生被咬后十秒钟内就已经死去了。真是恶有恶报，阴沟里翻船了。让我们把这畜生弄回到它的巢里去，然后我们就可以把斯通纳小姐转移到一个安全的地方，再让地方警察知道发生了些什么事情。”

正说着，他迅速从死者的膝盖上拿过那条打狗的鞭子，把活结甩过去，套住那条蛇的脖子，从它恐怖地盘踞着的地方拽了起来，伸长胳膊提着它，扔进铁柜子里头，顺手把柜门关上了。

这就是斯托克莫兰的格里姆斯比·罗伊洛特医生死亡的真实过程。这个讲述已经太长了，至于我们如何把这伤心的消息告诉那被吓坏了的女士；如何乘坐第二天的早班列车送她去哈罗交给她善良的姨妈照料；警方费了非常大的力气，才得出了调查结果，认为医生是在不理智地玩弄他养的危险宠物而丧生的等，便没有必要在这儿再一一赘述了。关于这桩案子有一些地方我还不大明白，在我们回去的途中，福尔摩斯把剩

[1]一种神经性剧毒蛇，分布在印度等地。体长约1.5米，灰褐色，两侧有三排黑白圈红棕色斑纹。

余的疑点一一给我做了解答。

“亲爱的华生，”他说，“我曾经得出过一个彻底错误的结论，这表明在材料不充分的情况下进行推理是非常危险的，那帮吉卜赛人的存在，那位不幸的小姐使用了‘带子’一词，这当然表明她在火柴的光下惊惶之中所看到的东西，这些情况足以使我推导出一个完全错误的结论。唯一让我感到欣慰的是，我确信任何威胁到房内居住者的危险既不会来自窗户，也不可能来自房门，我就马上重新调整思路。正如我先前告诉你的那样，我的注意力飞快地被那一个通气孔，那个挂在床头的假铃绳所吸引。当我看到那根绳子只是个幌子，而那张床又是被螺钉钉牢在地板上时，这两件事立即引起了我的怀疑，我怀疑铃绳只是起个连接作用，是为方便什么东西钻进通气孔来到这张床上的。我马上就想到了蛇，我知道医生养了一大群从印度运来的动物，当我把这两件事联系在一起时，我发现极有可能我的思路是正确的。”

“用一种用任何化学试验都检测不出的毒物，这一念头正是一位受过东方式训练的聪明而冷酷的人才能够想到的。从他的看法出发，这种毒药能够非常快地发挥作用也正是可取之处。的确，要是哪一位验尸官可以看出那毒牙咬过的两个小小的黑洞，也真算得上是目光敏锐的人了。随即，我想到了口哨声。显然，一旦天亮他就得把蛇唤回去，免得他想要谋杀的人发现它。他训练那蛇能一听见召唤就回到他那儿，非常可能用我们见到的牛奶。他会在他以为最佳的时机把蛇送过通气孔，相信它会沿着绳子爬到床上。蛇或许会咬，或许不会咬床上的人，她或许能够在一星期七天内每个晚上都幸免于难，但她早晚会送命的。”

“我在走进他的房间之前就已经得出了这个结论。尤其是对他椅子的检查证明，他常常站在椅子上，这样做完全是必要的，因为他必须要够得着通气孔。见到保险柜、那一碟牛奶和鞭绳的活结，就足以消除余下的任何怀疑了。斯通纳小姐听到了金属哐啷声非常明显是由于他继父急急忙忙把他那条可怕的毒蛇关进保险柜时引起的。一旦做出了决定，你已经知道我采取了些什么步骤来验证这件事。我听到那东西嘶嘶作响的时候，我那时候可以肯定你一定也听到了，我马上点着了灯并开始抽打它。”

“我把它从通气孔赶了回去。结果又引起它在另一边反过去扑向它的主人。我那几鞭子打得它实在够受的，激发了它的毒蛇本性，所以它就扑向了第一个看到的人。从这一角度来看，我当然得对格里姆斯比·罗伊洛特医生的死负间接责任。凭良心讲，我是不会为此而感到愧疚的。”

工程师大拇指案

在我们交往非常密切的那段日子里，在我提供的好友夏洛克·福尔摩斯解决的所有问题中，只有两个案子是通过我介绍而引其他人注意的：一件是哈瑟利先生大拇指案，另一件是沃伯顿上校发疯案。在这两个案子中，对每一位机敏而又有独到见解的读者来说，后一件可能更值得探讨。但是，前一件，一开始就非常奇特，事情的情节又非常富有戏剧性，因此它更值得记述，虽然它很少用得上我朋友取得卓越成就所运用的那些进行推理的演绎法。我相信，这个故事在报纸上已经登载过不止一次了。但是，就像所有其他诸如此类的叙述那样，只用半栏篇幅简单笼统地刊登出来，结果肯定不能引起人们的注意。因此，还不如让事实慢慢地在你眼前展开，并且让案情之谜随着每一项有助于进一步使人了解全部事实真相的新发现而逐渐得到解决，这样更加引人入胜。当时的情景，给我留下了非常深的印象，尽管时光已经飞逝了两年多了，我仍然还感觉记忆犹新。

我现在简单地讲一下，故事发生于我婚后不久的一八八九年的夏天。我那时已经重操旧业开始行医，并且最终把福尔摩斯一个人丢弃在贝克街的公寓里，尽管我还时不时地去看望他，甚至偶尔还规劝他放弃他那放荡不羁的习性到我家来做客。我的工作逐渐有了起色，正好我的住处离帕丁顿车站不远，有几位铁路员工就经常到我这儿来看病。因为我治好了他们其中一位患的非常痛苦难缠的病，他便不厌其烦地四处宣扬我的医术，尽可能将他可以对之施加影响的每一个病人都送我这里治病。

有一天早上，快七点钟的时候，我被一阵女仆的敲门声吵醒。她对我说，从帕丁顿来了两个病人，正在诊室里候诊。我连忙穿好衣服，快步下楼。经验告诉我，凡是铁路上过来的病人，病情多半都非常严重。下楼后，我的老朋友——那位铁路警察从诊室里走了出来，并随手把门紧紧地关上了。

“我把他带到这儿来了，”他把大拇指举到肩头朝后指指，悄悄地说，“他现在问题不是非常大了。”

“这是怎么回事？”我问道，因为他的举止使我感觉到似乎他把一个怪物关在了我的房间里。

“是一个新病人，”他悄悄地说，“我认为最好还是我亲自把他送过来，这样他就跑不掉了。我现在就得走，大夫，我和你一样，还得值班去，他现在在这里已经安然无恙了。”说完，这位忠实的介绍人，甚至不让我有向他道谢的机会，就走掉了。我走进诊室，发现有一位先生坐在桌旁。他穿着朴素，一身花呢衣服，一顶软帽放在我的几本书上面。他的一只手裹着一块手帕，手帕上斑斑点点，尽是血迹。他非常年轻，看上去最多不超过二十五岁，容貌英俊，但面色非常的苍白。在我的印象中，他正在用他全部的意志来极力控制由于某种剧烈的震动而产生的痛苦。

“非常抱歉这么早就把您给弄醒了，医生，”他说，“我在晚上碰到了一起非常严重的事故。今天早晨我坐火车来到这儿，在帕丁顿车站打听哪儿能够找到医生时，一位好心人非常热心地把我护送到这里来了。我给了女仆一张名片，我看到她把它放到那边一旁的桌子上了。”我拿起名片看了一眼，上面印着：维克托·哈瑟利先生，水利工程师，维多利亚街16号甲（四楼）。这便是这位病人的姓名、身份和地址。

“非常抱歉，让您久等了，”我边说边坐到椅子上，“看得出您刚坐了整整一晚上的车，晚间乘车本来就是一件非常单调和无聊的事情。”

“哦，我这一宵可不能说是单调乏味的！”他说着不禁放声大笑起来，笑声又高又尖。他身子往后靠在椅子上，捧腹大笑。这种笑声引起我医学本能极大的反感。

“别笑了！”我喊道，“你先镇定镇定吧！”我从玻璃水瓶里倒了一杯水给他。

然而，这根本没有起到任何作用，他正在处于发作状态。这是一种性格坚强的人在渡过一场巨大危难之后所产生的歇斯底里。片刻后，他又清醒过来，精疲力竭，面色苍白。

“我真是出尽了洋相。”他气喘吁吁地说。

“没事的话，把这喝下去吧。”我往水里掺了些白兰地，他那毫无血色的双颊开始有些红润了。

“好多了！”他说，“那么，大夫麻烦你费心给我瞧瞧我的大拇指吧，确切地说，瞧瞧我的大拇指原来所在的部位。”

他解开手帕，将手伸了出来。这场面就是铁石心肠的人也会感觉目不忍睹的！只见四根突出的手指和一片鲜红可怕的海绵状断面，这里本来该是大拇指的部位，但是大拇指已被连根剁掉或硬拽了下来。

“天哪！”我喊着，“这么可怕的创伤，一定流了不少血吧。”

“是的，流了不少血。受伤之后我昏了过去，我想我一定是有很长的一段时间没有知觉了。等我醒过来的时候，我看到它还在流血，于是就用手帕的一端紧紧地系在手腕上，并拿一根小树枝把它绷紧。”

“包扎得太好了！您本来可以成为一名外科医生才对！”

“您看，这是一项水利学问题，在我自己的专业知识领域之内。”

“这是用一件非常沉重、锋利的器具砍伤的。”我一边检查伤口一边说。

“好像是用屠夫的切肉刀。”他说。

“我想，这是一次意外事故，是吗？”

“绝不是。”

“什么？是有人故意残忍地砍的吗？”

“嗯，的确非常的凶残。”

“太可怕了。”

我用海绵洗涤了一下他的伤口，揩拭干净，将它敷裹好，最后用脱脂棉和消毒绷带将它包扎起来。他躺在那里，并没有因为疼痛而动一动，尽管他不时地咬紧牙关。包扎好后，我问道：“现在您觉得怎样？”

“好极了，您的白兰地和绷带，使我觉得自己变成另外一个人了。原来我非常虚弱，但是现在我感觉自己还有许多事情要办。”

“我看您最好还是别再谈论这件事。非常明显，这对您的神经是一种折磨。”

“哦，不会，现在不会了，我还得把这桩事报告警察。但是，不瞒您说，如果不是有这个伤口为证的话，他们肯定不会相信我的话的，因为这是一件极不寻常的事，而我又没有什么证据足以证明我的话是真实的。况且，即使他们相信我，我所能提供的线索也是非常有限的，他们能否愿意为我主持正义还是个问题。”

“嘿！”我喊道，“如果您真想解决这个问题，我倒要向您大力推荐我的朋友福尔摩斯先生。在你去找警察之前，不妨先去找他。”

“哦，我听说过他，”我的客人回答，“如果他接手这个案子，我会非常高兴，不过同时我也要报告给警察。您能替我介绍一下吗？”

“不止为您介绍，我还要陪您去一趟。”

“那实在太感谢您了！”

“我们租一辆马车一起走，我们还能来得及赶上跟他一起吃顿早餐。您觉得要是这么做身体吃得消吗？”

“可以，不讲一下我的遭遇，心里就感觉非常不舒服。”

“那么，让我的仆人去雇一辆马车。我去去就来。”我匆忙跑到楼上，简单地向妻子解释了几句。五分钟之后，我和这位新朋友，已乘上一辆双轮小马车奔向贝克街。正像我所预料的那样，夏洛克·福尔摩斯穿着晨衣正在他的起居室里一边踱步，一边读着《泰晤士报》上刊载的寻人、离婚等启事的专栏，嘴上叼着早餐前抽的烟斗。这个烟斗装的都是前一天抽剩下来的烟丝和烟草块。这些东西被小心地烘干了之后就堆积在壁炉架的角落上。

他和蔼可亲地接待了我们，吩咐拿来咸肉片和鸡蛋跟我们一起吃了一顿饱餐。饭后，他把我们的新结识的人安顿在沙发上，在他的脑后搁了一个枕头，并在他手边放了一杯掺水白兰地。

“不难看出您的遭遇的确非常不寻常，哈瑟利先生。”他说，“请您就在这里先随便躺一下，不要拘束，尽量把您经历的事情告诉我们，累了就稍作休息，喝口酒提提神。”

“谢谢，”我的病人说，“但是自从医生给我包扎以后，我就感觉和之前判若两人了，而我认为您这顿早餐使得整个治疗过程几乎达到了完美。我尽可能少占用您的宝贵时间，我就马上开始叙述我那奇怪的经历吧！”

福尔摩斯坐在他的那把大扶手椅里面，脸上带着一副疲倦和困乏的样子，正好掩饰了他那敏锐和热切的心情。我坐在他的对面，我们静静地倾听着我们的客人细说他那桩稀奇的故事。

“您二位或许不知道，”他说，“我是个孤儿，又是单身汉，孤身一人住在伦敦。就工作来说，我是名水利工程师，在格林威治的一家有名的文纳和马西森公司的七年学徒生活中，我学到了这一行非常丰富的经验。两年以前，我学徒期满，在我可怜的父亲去世之后，我便继承了一笔相对比较高额的遗产。于是我便下决心自己创业，并在维多利亚大街租了几间办公室。”

“我觉得，每一个人都会发现，第一次自己创业其实是件枯燥乏味的事。这对于我来说，尤其明显。两年内，我仅受理了三次咨询跟一件小活儿，而这便是我的职业带来的我的全部工作。我的全部收入合计二十七英镑十先令。每天从早上九点至下午四点，我都是在我的办公室里盼望着，一直到最终后感觉非常的失望为止。我终于发现，以后一直不会有一位顾客上门了。”

“但是，昨天就在我要离开办公室时，我的办事员进屋告诉我说，一位先生因为业务上的事情想要见我，同时还拿过来一张名片，上面印上了莱桑德·斯塔克上校的名字，紧随他进屋的便是上校本人。他中上等身材，但是非常瘦削，我从未见到过这么瘦的人。他整个面部瘦削只剩下了鼻子跟下巴，脸上的皮肤紧绷在高凸的颧骨上面。但是他这种憔悴的样子应该是天生的，不是因为身体患有疾病的原因，因为他目光炯炯有神，步伐轻盈，举止自如。他衣着朴素整洁。他的年龄，照我判断，大概也就是将近四十岁。”

“‘是哈瑟利先生吗？’他说，有点德国口音，‘哈瑟利先生，有人向我推荐说，您不但精通业务，而且为人小心谨慎，能够保守秘密。’”

“我鞠了一躬，就像任何一个青年那样，听到这类恭维的话就感到飘飘然。‘我可以冒昧地问一下，是谁把我说得这么好？’”

“哦，也许目前我还是不告诉您为好。我从同一消息来源还听说您既是一个孤儿，又是一个单身汉，并且是独身一人住在伦敦。”

“‘一点也不错，’我回答说，‘但是请您原谅，我看不出这些和我业务能力有什么关系，据我所知，您是为了一件业务上的事情来同我洽谈的。’”

“确实如此。但是您会发现我说话从来没有半句废话。我们有一件工作想委托您，但是最重要的是绝对保密，绝对保密，你懂吗？当然，我们可知道一位独居的人比一位和家属生活在一起的人更能做到绝对保密。”

“‘您可以绝对相信，’我说，‘如果我向您保证严守秘密，那我一定会做到的。’”

“我说话的时候，他的眼睛一直紧紧地盯着我，我好像从来没有见过如此猜忌多疑的眼光。”

“最后，他说：‘那么，您作出保证啦？’”

“是的，我保证做到。”

“在事前事后以及整个事情进行的过程中，完全彻底保持缄默，绝对不提这件事，口头上和书面上都不提，能做到吗？”

“我已经对您保证过了。”

“‘那太好了。’突然间他跳了起来，飞快地穿过房间，砰地打开了门，外面的过道上空无一人。‘还不错！’他又走了回来。‘我了解办事员们有时候对他们的东家的事情是非常好奇的。现在，我们可以放心地谈了。’”

“他把椅子拉至紧靠我身边的地方，再一次用充满疑虑和探究的眼神打量着我。”

“看到这骨瘦如柴的人的奇特行为，我的心中泛起一股反感和近乎恐惧的感觉，甚至失去顾客的不安也抑制不了我流露出的不耐烦的情绪。”

“‘请您说一下您的事吧，先生，’我说，‘我的时间是非常宝贵的。’请上帝饶恕我说的后一句话，可这句话的确是脱口而出的。”

“‘一个晚上付五十个畿尼你觉得可以吗？’他问。”

“这可真不少。”

“我说的是一晚上的工作，事实上或许只用一个小时就可以了，我只是想求教您关于一台水力冲压机齿轮脱掉的事。只要您能说出毛病出在哪儿，我们自己马上就会把它处理好的。对于这么一份委托，您觉得怎么样？”

“工作看来非常轻松，报酬却极为优厚！”

“一点不错，我们想请您今天晚上乘坐末班车来。”

“到哪儿去？”

“去伯克郡的艾津。那是接近牛津郡的一个小地方，离雷丁不到七英里。帕丁顿有一班车可以在十一点十五分左右送您到那儿。”

“非常好。”

“我会坐一辆马车来接您。”

“还得坐马车赶一段路程吗？”

“是的，我们那小地方完全是在乡下，离艾津车站足足有七英里。”

“这么说午夜前我们是赶不到那儿了。我估计赶不上回程的火车，那么我就不得不在那儿过夜了。”

“对，我们会给您安排过夜的地方的。”

“那非常不方便，我不能到比较方便的时候去吗？”

“我们认为，您最好能够晚上来。正是为了补偿您的不便之处，我们才对您这个默默无闻的年轻人，出那么大的价钱。这个价钱用来请教您这一行中最高明的人士也是足够了。当然，如果您想推掉这笔业务，现在还来得及。”

“我想到了五十个畿尼，以及这笔钱对我将多么有用。‘我不是这个意思，’我说，‘我将会非常愉快地满足您的愿望。我其实是想更清楚地了解一下，您要我做的是什么工作。’”

“是啊，我们要您一定保证严守秘密，这肯定会引起您的好奇心，我们并不打算委托您办一件事情而又不让您知道它的底细。我想，绝对不会有人偷听吧？”

“绝对不会。”

“那么，事情是这样的，您可能知道，漂白土是一种非常贵重的矿产，在英国，只有一两处发现有这种矿藏？”

“我听说过。”

“不久前，我在距离雷丁不到十英里那儿买了一小块土地，这块土地非常小，但是我非常幸运地发现，其中的一块地里有漂白土矿床。但是，经过勘查之后，我知道这个矿床比较小。可它却连通了左右两个要大得多的矿床——但是，这两个地方都在我的邻居的地上。这样善良的人们，对在他们的土地里所蕴藏的与金矿一样贵重的矿产却一点儿都不知情。当然，在他们知道他们土地的真正价钱之前把它们买下来是非常划算的。可是，不幸我没有购买土地的资金。为了这个，我找了几位朋友秘密商谈。他们建议我们应悄悄地、偷偷地开采我们自己那一小块矿床，用这样的方法来筹得购买邻居土地的钱。到目前为止，我们已经开始这么干了一段时间了。为了操作方便，我们装了一台水压机。正如我之前已经讲过的，这台机器出了问题，我们希望可以得到你的帮助。我们非常小心地保守着这一秘密，但是，万一有人知道我们请过水利工程师来我们的小房子，很快便会引起人们的好奇心。那个时候，要是真相泄露出去，那么得到这些土地和实施我们的计划的机会就会没有了。这就是我要您保证不向任何人说您今天晚上要去艾津的原因。我希望已经把所有的事情都说明白了。”

“‘我听得非常清楚，’我说，‘唯一不大明白的就是，水压机对你们挖漂白土有什么用处？据我了解，漂白土好像是从矿坑里挖沙砾那样子挖出来的。’”

“‘嗯’他不在乎地说，‘我们有自己的办法，我们将土碾压成砖坯，便于在搬运的过程中不至于透露它们是什么。可那只是一些细节罢了。现在我已向您透露了全部的秘密，哈瑟利先生，我也已经向您表示出我们对您的信任。’他一边说一边站了起来。‘那么，十一点十五分艾津见。’”

“我一定到那里去，”

“‘绝对不能对任何人说。’最后，他又久久地以怀疑的眼光凝视着我。然后，用他那湿冷的手和我握了一下，就急急忙忙走出了房间。”

“后来的事情正如您两位可以想象出来的那样，当我冷静下来，全盘考虑这件事的时候，我对我所接受的这件突如其来委托给我的业务感到非常惊讶。当然，一方面我非常高兴，因为假如给我的任务定个价格，他出的酬金至少是我所要求的十倍，并且非常可能这次任务会带来其他一些任务。另一方面，我的主顾的那副尊容和举止给了我一个非常不愉快的印象，我觉得他关于漂白土的解释不足以说明我深夜前往的必要性，也不足以说明他为什么那么担心，唯恐我会对别人谈到我这件差事。”

“不管怎样，我把这些恐惧置诸脑后，晚饭的时候饱饱地吃了一顿，驱车前往帕丁顿，接着就上了路，严格遵守客人要我守口如瓶的禁令。在雷丁，我不仅必须换车，而且必须更换车站。但是，我刚好赶上了开往艾津的最后一班火车，十一点钟以后，就到达了那灯光暗淡的小站。我是在那里下车的唯一的乘客，除了一个提着灯笼显得发困的搬运工人之外，站台上没有一个人。然而当我走出检票口时，我发现我早上结交的那位客人正在另一边没有灯光的暗处等着我。他一言不发就攥住了我的胳膊，催我赶紧登上一辆敞着车门的马车。他拉上两边的窗子，敲了敲马车的木板，马就飞快地奔跑了起来。”

“只有一匹马吗？”福尔摩斯突然插话问道。

“对，只有一匹。”

“您注意到它的颜色了吗？”

“是的，当我跨进车厢时，借着边灯我瞧了一下，是匹栗色的马。”

“看上去非常蔫还是生气勃勃的？”

“哟，生气勃勃，毛色非常光润。”

“谢谢，对不起，打断了您的话，您的叙述非常有趣，请您接着往下讲。”

“就这样，我们上了路，马车行驶了至少得有一个小时。莱桑德·斯塔克上校说只有七英里远，但是我感觉，从我们行进的速度和所花的时间来看，肯定得有将近十二英里的路程。整个行程中，他一直默默地坐在我的旁边，有几次我朝他那个方向瞟过去，觉察到他一直在紧张地盯着我。那个地方的乡间道路看来不太好走，因为车子颠簸得非常厉害，弄得我们东倒西歪。我尽力向窗外看去，想看看我们到了什么地方。但是窗子是毛玻璃的，除了偶尔经过有灯的地方时看到一片模模糊糊的亮光以外，我什么也看不清。我不时地找几句话来打破旅途的沉闷，但是上校只是用只言片语来回答我。这样，话也谈不下去了。最后，马车由在崎岖不平的路上颠簸变成在砾石路上平稳行驶，接着就停了下来。莱桑德上校跳下马车，我跟随在后面，他突然一把将我拉进了我们面前敞开着的大门。我们仿佛是一跨出马车便进入了大厅，以致我连粗略地平视一下房子正面的机会都没有。我一跨进门槛，门就在我的身后砰的一声重重地被关上了。我隐隐约约地可以听到马车离开时吱吱嘎嘎的车轮声。”

“房子里一片漆黑，上校摸索着找到火柴，并小声地咕哝着。这时走廊的另一头一扇门忽然打开了。一条长长的金色光亮射向我们这里。灯光越变越亮，然后出现了一个女人，手里拿了一盏灯，高举在头顶，她向前探身盯着我们。我看得清楚，她长得非常漂亮，灯光照在她黑色的衣服上，从反射出的光泽我可以看出那是非常华丽的材料。她讲了几句外国话，听口吻像是在问话。当我的同伴粗鲁地用三言两语解答时，她是那么的惊讶，手中的灯差点掉了下来。斯塔克上校走到她身旁，向着她的耳朵轻声地说了些什么，把她推回到她走出来的那间房间里，之后他手里拿着灯又向我走来。”

“‘可能需要请您在这房间里稍微等上几分钟，’他说着，推开了另一扇房门。这是间安静、摆设简单的小房间。房间中央摆了一张圆桌，上面散放堆着几本德文书。斯塔克上校把灯放在门边一架小风琴的上面。‘不会让您等太久的。’说着，他就隐消失在黑暗中了。我看着桌子上的书，虽然我不懂德文，我还是看得出当中两本是科学论文，其余是诗集。我随即走到窗口，想要看一眼乡间的景色，可是一扇关得非常牢的栎木百叶窗挡住了窗户。房间里安静得出奇，一座古老的钟表在走廊中不知哪个地方滴答滴答地走着。”

“除此之外，一切都是死一般的寂静。一阵隐隐约约的非常不安的情绪渐渐支配了我。这些德国人是什么人？他们居住在这穷乡僻壤做些什么勾当？这地方又是在哪里？我只知道这里离艾津十英里左右，可是连东西南北，都弄不清楚。就这个地方的位置来说，雷丁还有其他一些大镇子都应该是在这个半径范围之内，所以这个地方可能并不那么偏僻。然而，这里是那么的寂静，可以非常肯定我们是在乡间。我在房间里踱来踱去，低声地哼着小调来壮胆，并感觉到我完全是为了挣那五十畿尼的酬金来的。”

“突然，在这非常的寂静之中，事先没有听到一点响声，我房间的门慢慢地被打开了。那个女人站在门缝里，身后是黑暗的大厅，我那盏灯上昏黄的灯光照在她那热切而美丽的面庞上。我一眼就看出她惶恐不安的神色，这个情景使我感到胆战心惊。她哆哆嗦嗦地举起一只手指警告我不要做声，飞快地对我说了声不太标准的英国话。她的眼睛就像一匹受惊的马驹那样，匆匆地回顾身后的阴暗处。”

“‘我要是您我就会跑掉，’她说。看来她是在力图使自己讲得平静一些，‘我不会留在这儿，留下来对您没有好处。’”

“‘但是，夫人，’我说，‘我还没有做为此而来的工作呢。我在看过机器之后，才能离开这里。’”

“‘不值得一等，’她接着说，‘您可以从这扇门走出去，没有人会阻拦您。’她见我微笑着摇摇头，突然摆脱了局促的状态，向前走了一步，两手紧握在一起。‘看在上天的面上！’她低声说，‘趁现在还来得及，您赶快逃跑吧！’”

“可是我这个人天生就有些固执，在从事某一项工作而遇到困难时，便更加会坚持不懈。我想到我的那五十畿尼的报酬，那一趟疲累的旅途，还有看起来摆在我眼前的将会是一个非常不开心的夜晚。是否这所有这些毫无价值地让它们付诸东流呢？为什么我不做完委托的任务，也不领到我应得的酬金就偷偷逃走呢？就我所知，她非常可能是个非常偏执的女人。所以，虽然她的神情给我的震惊大大超出了我愿意承认的程度，但我却态度坚决，仍旧摇摇头，表示我要待在那儿的意图。她正要再次提出她的恳求，这时就听到楼上响起了非常响的关门声，随即就听到楼梯上的脚步声。她听了一会儿，举起双手做出了一个非常绝望的姿势，便同她来的时候一样，无声无息地消失了。进来的是莱桑德·斯塔克上校和一个身材矮胖、双下巴的褶痕上长着栗鼠胡须的人。上校向我介绍他是弗格森先生。”

“‘这位是我的秘书兼经理，’上校说，‘顺便说一下，我记得刚才这扇门是关着的。我担心这堂风吹着您。’”

“‘不是的，’我说，‘是我自己把门打开的，因为我感到这个房间有点闷。’”

“他狐疑地看了我一眼。‘那么，我们最好还是着手进行我们的事吧，’他说，‘弗格森先生和我准备领您到上面去看看机器。’”

“我想，我最好还是戴上帽子吧。”

“哦，没有必要，就在这所房子里面。”

“什么？你们在房子里挖漂白土？”

“不，不。这只是我们压砖坯的地方。不过这无关紧要。我们希望您做的只是检查一下机器，并让我们知道是出什么毛病了。”

“我们一起走上了楼梯，上校提着灯走在前面，胖经理和我跟在他后面。这是一座迷宫似的古老房子，有许许多多走廊、过道、狭窄的盘旋式楼梯、低矮的小门，由于几代人的践踏，门槛已凹陷了下去。在底层的地板上没有地毯，也没有安放过家具的痕迹，墙上的灰泥已经剥落，绿色肮脏的污渍上还在冒出湿气。我尽量摆出一副不在意的姿态，但是我并没有忘记那位夫人的警告，尽管我没有把它当一回事，我还是留神注意着我的两位伙伴。弗格森看样子是个性格冷僻沉默的人，可是从他所说的很少几句话里还是可以判断出他至少是一位同胞。最后莱桑德·斯塔克上校在一扇矮门前站住，打开锁。门内是一个小小的方形房间，我们三个人不能同时进去。弗格森留在外面，上校领我走了进去。”

“‘我们，’他说，‘实际上是在水压机里面，如果有谁开动它的话，对我们来说那将是一桩非常不愉快的事。这个小房间的天花板，实际上是下降活塞的终端，它下落到这个金属地板上时带有好几吨的压力。在外面有些小的横向的水柱，里面的水受压力后就会按照您所熟悉的方式传导和增加所受的压力。机器非常容易运转，只是在运转时有点不灵活，浪费掉一小部分压力。请麻烦您查看一下，并告诉我们怎样才能把它修好。”

“我从他手中接过灯，非常彻底地检查了一下那台机器。这确实是一台庞大的机器，可以产生出巨大的压力。但是，当我走到外面，压下操纵杆时，便听到有飕飕的响声，我立即明白这是机器里细微的裂隙，裂隙使水可以通过一个侧活塞回流。检查表明传动杆头上面的一个橡皮垫圈已经皱了，因此不能塞住在里面来回移动的杆套。这很显然是浪费压力的原因，我向我的伙伴说明了这一点。他非常认真地听着我的讲述，并问了一些有关该如何修理好这台机器的实际问题。对他们解释清楚之后，我回到了机器的主室内。”

“为满足我的好奇心，我细致地打量了一下这个小房间。只要看上一眼就会知道，有关漂白土的事，完全是骗人的。因为要是认为这台功效如此巨大的机器竟然是为了这么不适合的目的而设计的，那才是可笑呢。房间的墙壁是木头做成的，可是地板却由一个大铁槽构成。当我开始观察它时，我发现上面积了满满的一层金属积屑。我蹲下身子，正要用手指去挖一下看看，究竟是什么东西，这时只听一声德语的低沉的喊叫，同时上校那张死灰的脸正向下看着我。”

“‘你在那儿干什么？’他问道。”

“由于上了他那精心编造的故事的当，我感到非常生气。‘我正在欣赏您的漂白土，’我说，‘我想如果我知道了使用这台机器的真正目的，我不是更能向您提供一些有关它的建议吗？’可是话一出口，我立即就为自己鲁莽的话而感到后悔。他的脸色变得非常难看，灰色的眼睛里射出了邪恶的光芒。”

“‘非常好，’他说，‘你会知道这个机器的一切的！’他向后退了一步，砰的一声关上了小门，将插在锁孔里的钥匙转动了一下。我向门冲了过去，使劲地拉着把手，但是这门关得严严实实，尽管我连踢带推，它也纹丝不动。”

“‘喂！’我大叫起来。‘喂，上校！放我出去！’”

“这时，在寂静之中，我突然听到了一种声音，这种声音让我一下子急得心都要跳了出来。那是杠杆的铿锵声和水管漏水的嗖嗖声。他开动了机器。灯还在地板上，是我检查铁槽时放在那里的。借着灯光我看到黑黝黝的房顶正缓慢地、摇摇晃晃地向我压下来。没有人比我更清楚了，它的压力足以在一分钟内把我碾成烂肉酱。我尖声呼喊，用身体撞门，用指抠门锁。我苦苦哀求上校放我出去，但是无情的杠杆铿锵声淹没了我的呼喊。房顶离我的头只有一两英尺了，我举起手就能摸着那坚硬粗糙的表面。这时候我心里突然掠过一个念头，想到一个人死亡时的痛苦很大程度上是取决于临死时的姿势。如果我是趴着的，重量就会落在脊椎骨上。一想到那压断骨头时可怕的噼啪声，我不禁浑身打起颤来。也许另一个姿势会好一些，然而是否我有胆量仰面躺在那里眼巴巴地望着那一团要命的黑影摇摇晃晃地向我压下来呢？我已经不能直立地站着，突然我的眼光落在一件东西上，心里迸发出了希望的火花。”

“我曾经说过，虽然房顶和地板是铁的，墙壁却是木头的。在我向四周投以最后的一瞥时，我看到两块墙板之间透过来一线微弱的黄色亮光。随着一小块嵌板被往后推去，亮光也变得越来越亮，一刹那间我简直不敢相信这儿确实是一扇死里逃生之门。我立刻就从那里冲了出去，失魂落魄地躺在墙的另一边。嵌板在我身后又合上了，但是那盏灯的碎裂声以及其片刻后两块铁板的撞击声表明我是怎样千钧一发地脱了险。”

“我是被人发疯似的扯着我的手腕才觉醒过来的。我发觉我躺在一条狭窄的走廊的石头地面上，一个女人右手拿着一根蜡烛，俯着身用她的左手用力地拉着我。她不是别人，正是那位好心的朋友！当时我是那么愚蠢地拒绝接受她的警告！”

“‘快！快！’她有点上气不接下气地嚷着，‘他们很快就会找到这里来了，他们会发现您不在那里。哎呀，可不能浪费这些珍贵的时间啦，快！’”

“这次，我至少没有无视她的忠告。我费劲地站了起来，跟着她顺着走廊跑去，接着跑下一条盘旋而上的楼梯。楼梯的下面是另一条笔直的过道。就在我们刚跑到过道时，我们听到奔跑的脚步声和两个人的叫嚷声。一个人在我们刚才待的那一层，另一个在他的下一层，两个人互相呼应着。我的向导停了下来，好像一个走投无路的人那样朝四周看看。紧接着她推开一扇通向一间卧室的房门，皎洁月光从窗户照进了卧室。”

“‘这是您最后的一次机会了，’她说，‘非常高，但也许您能跳下去。’”

“就在她说话的这个时候，过道的尽头处闪现着非常多灯光。我看到莱桑德·斯塔克上校急步奔来的瘦削的身影，他一只手提着提灯，另一只手拿着一把像屠夫的切肉刀那样的凶器。我拼命跑过卧室，猛地推开窗户向外望去。月光下的花园看上去是多么恬静，多么芳香，多么生机盎然，它就在下面最多不过三十英尺的地方。我爬到窗台上，但是在我知道我的救命恩人和追赶我的恶棍之间会发生什么事情之前，我踌躇着，没有直接就跳下去。因为如果她被欺负，我决定不管冒什么危险都要回去帮助她。这个念头刚在我的脑海里闪现，只见他已到了门口，想推开她闯过来，但是她伸开两臂抱住了他，使劲把他往后推。”

“‘弗里茨！弗里茨！’她用英国话喊着，‘记住你上次事后对我的诺言。你说过这种事情再也不会发生了。他不会说出去的！哎呀，他不会说出去的！’”

“‘你疯啦，伊利斯！’他咆哮着，竭力从她的双臂中挣脱出来。‘你会毁了我们的。他看到的太多了，我说，让我过去！’他把她摔倒在一边，奔到窗口，用他那沉重的凶器向我砍来。这时我身子已经离开窗口，当他砍下来时，我的两手还抓着窗台。我感觉到一阵隐痛，松开了手，我掉到下面的花园里。”

“我只是震动了一下，并没有摔伤，我急忙站了起来，拼命冲到矮树丛中，我明白我还没有脱离危险。可是，正当我向前跑着，我突然感到一阵要命的晕眩和恶心。我瞅了一眼那只疼得阵阵抽搐的手，这时我才发现我的大拇指被砍掉了，血正从伤口不断地涌出来。我竭尽全力用手帕把伤口裹了起来，这时突然一阵耳鸣，接着我就昏厥过去，倒在蔷薇的花丛之中。”

“我不知道到底昏迷了有多久。只知道时间一定非常长，因为当我醒过来时，已经是星沉月落、旭日东升之时。我的衣服已经全被露水浸湿了，袖子被从伤口流出的血浸透了。伤口剧烈的疼痛马上使我回想起昨天夜里的险恶遭遇，一想到我有可能还没有逃脱追赶我的人，我马上就跳了来。然而使我大吃一惊的是，当我向四周张望的时候，既看不到房子了，也没有发现花园。原来我一直是躺在紧靠着公路的树篱的一个角落里面，前边不远处是一座非常长的建筑物。当我走近观察时，原来正是我昨天晚上下车的那个火车站。要不是有我手上这个恐怖的伤口，在这一段恐怖的时间里发生的一切，非常可能只不过是一段噩梦。”

“我迷迷糊糊地走进车站，询问早班火车的时间，了解一小时内会有一班驶往雷丁的火车。我发觉值班的还是我来时就在那儿的那个搬运工。我向他询问是否听说过莱桑德·斯塔克上校这个人，但是他对这个名字非常陌生；我询问他是否观察到昨天晚上等着我的一辆马车，他说没有；问他旁边是否有警察局，他说在三英里外有一个。像这样，伤疲交加，这段距离对我来说实在是太远了。我决定回到城里以后再去报警。回到城里时才刚过六点，所以我先去包扎伤口。难为这位医生把我送到这里来，我把这个案子托付给您，我将完全按照您的意见办。”

听完这段不同寻常的叙述之后，我们两个人沉默地坐了好一会儿。然后，夏洛克·福尔摩斯从架子上取下一本贴剪报的笨重的大本子。

“这里有一则或许会令你们感兴趣的广告，”他说，“约一年以前所有的报纸都刊登过。您听我念念：‘寻人。杰里迈亚·海林先生，现年二十六岁，职业水利工程师，于本月九日晚十时离寓所后下落不明。身穿……’等等。哈！我想，这表示上一次上校需要对他的机器进行大检修。”

“天哪！”我的病人叫道，“那么这样就可以解释那夫人所说的话了。”

“毫无疑问。非常清楚，上校是一个冷酷的亡命之徒，他绝不会让任何东西妨碍他的小人行径，就像那些地道的海盗一样，他们绝不会在被他们俘获的船上留下一个活人。好啦，现在时间非常的宝贵，所以，如果您还能支持得住，我们得马上赶到苏格兰场报案去，这是我们去艾津的第一步。”

大概三个小时之后，我们一起上了火车，从雷丁出发前去伯克郡的小村子。我们一行数人有夏洛克·福尔摩斯还有那个水利工程师和苏格兰场的布雷兹特里特巡官，另外一位便衣侦探与我。那个布雷兹特里特在座位上展开一张本郡的军用地图，急忙用圆规以艾津为中心画了一个圆圈。

“就在这儿，”他说，“这个圆圈以这个车站为中心、以十英里为半径。我们要找的那个地方大概是在靠近这边线的某些地方。先生，我还记得您说的是十英里之外。”

“马车整整跑了有一个小时。”

“您觉得他们是在您昏迷之后把您从那么远的地方送回来的吗？”

“他们应该是想这样做的。我隐约地有点记忆似乎是被抬起来运到什么地方去过。”

“我不能理解的是，”我说，“为什么他们在发觉您昏迷在花园里时还把您给放了呢？有可能那个坏蛋因为那个女人的求情而心软了？”

“我认为那种可能性不大。我一生中从来没有见到过比那更冷酷的面孔。”

“哦，我们不久就会把这一切搞清楚的。”布雷兹特里说，“瞧，我已经划好这个圆圈，我现在只是希望知道的是在哪里我们能找到那个家伙。”

“我想我能指出来。”福尔摩斯平静地说。

“真的吗？现在！”巡官叫了起来，“您已经作出了判断！那么好，让我们看看谁和您的看法一致。我说是在南面，因为那一带乡间更为荒凉。”

“我说在东面。”我的病人说。

“我说在西面，”那便衣侦探说道，“那一带有好几个非常平静的小村子。”

“我说在北面，”我说，“因为那一带没有山，而我们的朋友说他注意到马车没有上过坡。”

“咳！”巡官笑着喊道，“意见分歧还不小。我们兜了一个圈子，您这决定性的一票投给谁呢？”

“你们全搞错了。”

“但是我们不可能全错呀！”

“哦，是的，你们全错了。你们听听我的观点，”他将手指放在圆圈的中心，“这就是我们要找到他们的地方。”

“但是，那十二英里的路程呢？”哈瑟利气喘吁吁地说。

“去六英里，回来六英里。没有比这再简单的了。您自己说过当您上马车的时候，那骑马精神饱满，毛色光泽。如果它已经奔驰了十二英里那么难走的路，怎么会是那个样子呢？”

“的确是这样，非常可能是这么一个诡计，”布雷兹特里特若有所思评论说，“当然，至于这个匪帮是什么性质的也就毫无疑问了。”

“那当然是毫无疑问的。”福尔摩斯说，“他们是大规模制造假币的罪犯，他们使用那台机器铸造合金来代替白银。”

“其实我们早就发现有一伙聪明的坏家伙正在干着这个行当。”巡官说，“他们一直是在成批地铸造半克朗的硬币。我们甚至一直跟踪他们到雷丁，但之后就没有再发现什么线索了，因为他们利用了某种非常掩蔽的方法。这表明他们是精于这方面的惯犯。然而现在，多亏有这个幸运的机会，他们逃不掉的。”

但是这位巡官错了，这些罪犯命中注定不会落入法网。当我们所乘的火车驶进艾津车站时，只见一股巨大的浓烟，从邻近的一个小树丛后面滚滚升起来，特别像是一匹硕大无比的鸵鸟毛悬挂在美丽的田园上空。

“是房子失火了吗？”当火车喷着气开出车站时，布雷兹特里特问道。

“是的，先生，”车站站长回答说。

“什么时候起火的？”

“我听说是夜里起火的，先生。但是火越烧越旺，现在已经成了一片火海了。”

“这是谁的房子？”

“比彻医生的。”

“那你说，”工程师插了一句，“比彻医生是个德国人，非常瘦削，有个又长又尖的鼻子，对不对？”

站长放声大笑起来：“不对，先生，比彻医生是个英国人，在我们这个教区里没有一个人比他穿得更讲究。据我了解，他倒是和一位先生住在一起，那位先生是外国人，是一个病人，但是看起来您请他饱餐一顿上好的牛排，他也不会觉得吃得太饱的。”

站长的话还没说完，我们已经急急忙忙地朝着失火的方向跑去。这条路一直通向一座低矮的小山顶。这时在我们眼前出现了一座非常高大的用白灰粉刷的建筑物。它的每一扇窗，每一道裂缝都还在向外吐着火舌，眼前的花园里三辆消防车正努力地想把火势压下去。

“就是这里了！”哈瑟利显得非常激动地喊道，“看这条沙石路！那里就是我睡过的蔷薇花丛。那第二扇窗就是我跳下去的地方！”

“这样啊，”福尔摩斯说，“至少您已经报了仇了。可以肯定，是您的那盏油灯被那台机器压碎的时候弄着了木板墙。肯定他们在追逐您的时候实在太激动了，以至于当时并没有察觉。您现在睁大眼睛瞧着，人群里有没有您那天晚上的朋友？我觉得他们早已经走出足足有一百英里了。”

福尔摩斯的担忧的确成为现实。从那一天直到现在，不论是那位漂亮的女人，还是那位阴险的德国人，还是那个英国人，再也没有出现过。那天早晨，有一位农民偶然遇到过一辆马车，上面载着几个人和几只非常沉重的大箱子，向着雷丁的方向飞速地驶去。然而这些亡命之徒逃到那里之后就没有任何消息了，甚至连足智多谋的福尔摩斯，也无法从那儿发现哪怕只是那么一点点有关他们去向的线索。

消防队员们发现房子里面的布置非常奇怪，感到非常伤脑筋。更使他们不安的是在三楼的一个窗台上发现了一根刚被砍下来的大拇指。大约在日落西山的时候，他们总算没有白费劲，终于控制了这场大火。但是房顶已经烧塌了，整个现场已经变成了一片废墟，甚至除了一些弯曲的气缸和铁管子外，我们不幸的朋友为之付出如此巨大代价的那台机器，竟没有留下任何其他的痕迹。我们发现了贮藏在一间附属的外屋里的大量镍锭和锡锭，但却没有找到硬币。这情况也许可以说明为什么有上面提到的那些沉重的大箱子。

要不是那块松软的泥土给为我们留下了清晰的印迹，我们这位水利工程师是怎么样从花园里被送到他恢复知觉的那个地方，可能会永远是个谜。显而易见他是被两个人抬过去的。一个人的脚非常小，另一个人的脚却大得出奇。总的来说，非常可能那个沉默寡言的英国人不像他的同伙那么胆大妄为，或者说不像他的同伙那么凶残，是他帮助那个女人把失去知觉的人抬离危险的地方的。

当我们再一次登上火车返回伦敦的时候，我们的这个工程师垂头丧气地说，“唉，这对我来说真是一件非常糟糕的事情。我不仅失去了我的大拇指，而且失去了五十畿尼的酬金，我到底得到的是什么呢？”

“经验！”福尔摩斯苦笑着说，“您要知道，间接地说这可能是非常有价值的；要是这事一旦被宣传出去，在今后的生活中，您的事务所马上就会赢得卓越的声誉。”

单身贵族案

过了很长一段时间，圣西蒙勋爵所在的贵族社交圈已经对他的婚事及其奇异的收场不再感兴趣了，因为又出现了一些新的丑闻，其情节之辛辣刺激足以和四年前那幕丑剧相媲美。但是，我又有充足的理由相信，这件案子的所有真相从来没有向任何公众披露过，而我的朋友夏洛克·福尔摩斯以前为澄清这件事作出过特别大的贡献，我觉得要是不对这段非同寻常的插曲进行简短的概述，那关于他的回忆录将是不完整的。

那还是我和福尔摩斯一起住在贝克街的时候，我结婚前的几个星期中的一天，福尔摩斯午后散步回来，看到桌子上有他一封信。那天突然天气阴雨绵绵，加上秋风凉爽，我的胳臂由于残留着作为我当年参加阿富汗战役的纪念品的那颗阿富汗步枪子弹，又开始隐隐作痛，因此我就整天待在家里。我躺在一张安乐椅里，把双腿搭在另一张椅子上，把头埋在摆满身边的报纸堆里，直到最后，脑袋里装满了当天的新闻，我才把报纸丢开，无精打采地躺在那里，看着桌子上那封信的信封上端的巨大饰章和交织字母，一面懒洋洋地揣度着是哪位贵族给我的朋友写了这封信。

他走进屋时，我说："这儿有一封非常时髦的信。如果我没有记错的话，你早晨的那些来信是一个鱼贩子和一个海关检查员写的。"

"对，我的信件肯定都有丰富多彩、引人入胜的地方，"他笑着回答说，"通常越是普通的人写来的信越是有趣。可是这封看来像是一封不受欢迎的社交上用的传票式的信，叫你不是感到厌烦就是要说谎才行。"

他把信封拆开并浏览了信的内容。

"哦，你来瞧，说不定还是一件有意思的事呢！"

"是么，那就不是社交的了？"

"不是，显而易见这是业务性的。"

"一位由贵族的委托人发来的？"

"这是英国地位最高的贵族之一。"

"老兄，那我要恭喜你了。"

"实话实说，华生，不怕告诉，对我来说，委托人的社会地位并不是最关键的，我感到有乐趣的是案子本身。并且，非常有可能，高贵的社会地位在这些新案子的调查中不是所必需的。最近你一直都非常认真地看报，是吗？"

"好像是这样，"我朝着角落里的一大堆报纸非常沮丧地说道，"我没有其他的事做。"

"那太好了，或许你可以向我提供一些最近的消息。我除了一些犯罪消息和私事广告栏除外，别的是全都不看。私事广告栏的内容总是一些非常有启发性的。既然你严密地注视着新近发生的事，你一定看过对于圣西蒙勋爵和他婚礼的报道了吧？"

"哦，是的，我看报纸的时候对这个非常感兴趣。"

那太好了，我手中这封信就是圣西蒙勋爵写来的。我读给你听听，作为回报，你一定要将这些报纸翻遍，让我知道关于这件事的所有报道。他是这么写的：

亲爱的夏洛克·福尔摩斯先生：

贝克沃特勋爵告诉我，我完全可以信赖您的判断和分辨能力。因此，我决定登门拜访，就那件令我非常痛苦的事情向您咨询，那是在我的婚礼期间发生的一场意外。伦敦警察厅的雷斯垂德先生已经开始着手进行调查了，但是他向我声明，他对您的参与合作没有任何异议，甚至还认为会给案子带来一些益处。下午四点，我将登门造访。鉴于此事事关重大，届时您如另有预约，诚望您延缓接见。

您忠实的圣西蒙

“这封信是从格罗夫纳大厦发来的，是用鹅毛笔写的。尊贵的勋爵不小心在他右小指的外侧沾上了一滴墨水。”福尔摩斯一边将信折好一边说。

“他说下午四点到。现在已经是三点钟了。一个小时之内他就会马上到达这儿的。”

“既然你需要帮忙，我还有一些时间能够把这件事情弄明白。我翻一翻这些旧报纸，要按时间次序把关联的摘录都排好，我来找一下我们这位委托人到底是谁。”他从壁炉架旁的一堆参考书中拿出一本红皮书。

“这边有，”他边说边坐了下来，把书平整地铺在了膝盖上，“罗伯特·沃尔辛厄姆·德维尔·圣西蒙勋爵，他是巴尔莫拉尔公爵的次子。哈，勋章！并且是蓝底儿，黑色的带上会镶有三个铁蒺藜。他出生于一八四六年，现年四十一岁，本来早就应该结婚生子了。他在上届政府中担任过殖民地事务的副部长。那位公爵，也就是他的父亲，曾经当过外交大臣。他们世袭了金雀花王朝的血统，并且是直系后裔。他们的母系血统归属于都铎王朝。哈！嗯，这些并没有什么具有启发性的。华生，我觉得我还得向你求助，提供一些更有用的情况。”

“我非常轻松地找到了我想要要的一些情况，”我说，“事情是在不久前发生的，给我留下了非常深刻的印象。可是，我怕跟你说这些会打搅你，因为我了解你手头正有一个案子，但况且你又不喜爱有其他事打扰。”

“哦，你是指格罗夫纳广场那件家具运货车的案子吧。现在已经全部搞清楚了——事实上，从一开始就非常清楚。现在请你把翻检报纸的结论告诉我吧。”

“这是我能找到的第一条消息，登在《晨报》的个人启事栏里，日期是，你看，几周以前：‘一场婚礼正在筹备（据说），而且如果传闻属实，婚礼将非常快举行。结亲的双方是巴尔莫拉尔公爵的次子，罗伯特·圣西蒙勋爵，与美国加利福尼亚州旧金山阿洛伊修斯·多兰先生的独生女哈蒂·多兰小姐。’就这些。”

“请简单点说。”福尔摩斯说。他把他那又瘦又长的腿向火炉旁边伸了伸。

“同一周内还有一家社会新闻报纸上对这件事有一段更详细的记载。啊，在这儿：

‘婚姻市场急需出台保障措施的呼声越来越高涨，因为现在这种类似貌似自由贸易式的婚姻规则，严重削弱了我们英国同胞的利益。通过一次次婚约，非常多的大不列颠名门望族目前正在被来自大西洋对岸他们的女表亲接手。这些优美的入侵者从大不列颠抢走数不清的战利品。而在上个星期，这一名单中又增加了一位非常重要的人物。过去的二十多年间，圣西蒙勋爵从没有堕入过情网，目前却确定地宣称立刻与加利福尼亚百万富翁漂亮的女儿哈蒂·多兰小姐结婚。多兰小姐是他的独生女，她的体态典雅、容貌迷人，过去在韦斯特伯里宫的庆典盛宴上吸引了人们非常大的注意。最近据称，她的嫁妆将大大地超过六位数字，预计将来还可能会增加。因为巴尔莫拉尔公爵近些年来不得不拍卖自己的藏画，这已经成为人尽皆知的秘密，而圣西蒙勋爵除了伯奇穆尔荒地那份少得可怜的产业之外，其他没有任何东西。这位加利福尼亚的女继承人正是通过这次联姻而使她由一位女共和党人转变成为一位大不列颠的贵妇。况且，获利的肯定不会只有她一个人。’”

“还有什么别的吗？”福尔摩斯打着呵欠问道。

“哦，肯定，还有非常多。然后《晨报》上还有另一则短讯说婚礼肯定会将低调举行，预计在汉诺佛广场的圣乔治大教堂举办，那时候只有邀请几位他的至亲好友参与。婚宴的举办地点将会是在阿洛伊修斯·多兰先生在兰开斯特盖特租借的装饰豪华的寓所。在两天之后，也就是上个星期三，有一个非常简短的通信，宣布婚礼已经结束。新婚夫妇将在彼得斯菲尔德旁边的巴克沃特勋爵的别墅度蜜月。这是新娘失踪之前的所有报道。”

“在什么之前？”福尔摩斯非常惊奇地问道。

“在这位新娘失踪之前。”

“她是在什么时候不见的呢？”

“在婚礼当天吃早饭的时候。”

“是啊，事情比原来想象的要有趣多了。实际上，是非常戏剧性的。”

“对，正是它的不同寻常吸引了我。”

“她们时常在举行结婚仪式以前失踪，或者在蜜月期间不见的。然而我还猜想不出来有比这个来得更加彻底的，请你把全部的细节都说给我听听。”

“我可是有言在先，这些内容不是非常完整。”

“或许我们可以把它们全都拼凑出来。”

“就比如这样，昨天的晨报上的一篇文章讲得还非常详尽，还是让我读给你听听吧！文章的标题是：《上流社会婚礼中的奇事》。”

“罗伯特·圣西蒙勋爵日前在举办婚礼的时候，发生了一件离奇并且非常倒霉的事件，让他们整个家族非常惊讶。正像昨天报纸上简单报道的那样，婚礼仪式是在前天上午举办的，可是一直到现在，仍无法证实四处流传的谣言。不管朋友们想努力掩饰，此事还是吸引了大众的极大的关注，甚至一度成为大众谈论的焦点，如再任其发展肯定会贻误时机。

在汉诺佛广场的圣乔治大教堂举办的婚礼相当低调，除了新娘的父亲，阿洛伊修斯·多兰先生以及巴尔莫拉尔公爵夫人、巴克沃特勋爵、尤斯塔斯勋爵和克拉拉·圣西蒙小姐（他们是新郎的弟弟和妹妹）以及艾丽西亚·惠廷顿夫人之外，没有其他人参加。在婚礼之后，一行人立刻前往在兰开斯特盖特的那间阿洛伊修斯·多兰先生的寓所，那里早餐已经准备好了。此刻好像有一个女人发生了一点小麻烦。现在她的姓名也不知道。她跟在新娘及其亲友之后，努力强行闯入寓所，表明她有权向圣西蒙勋爵提出要求。但是经过相当长时间的吵闹，管家和使役还是没有把她撵走。

幸好新娘在发现这件不愉快的纠纷之前已经提前进入了屋里，和亲友一同就座共同享用早餐，但是她忽然说感到不舒服，就立刻回到自己的房间去了。她离席非常久，但是没有回来这让人议论纷纷，她父亲立刻去找她。但是根据她的女仆所说，她只来到她的卧室停留一段时间，很快就拿了一件长外套和一顶无边软帽，就匆匆忙忙下楼走到走廊去了。一个男仆说他曾经发现一个这样装束的太太因此离开寓所，可是不敢确信那就是他的女主人，认为她还和大家在一起呢。

阿洛伊修斯·多兰先生在确信女儿肯定是失踪了之后，就马上跟新郎以及警方联系，此案现在正在紧急侦查。确信这件奇特的事或许很快就会调查清楚。但是，一直到昨天晚上，那个失踪的小姐好像人间蒸发了一样，一点消息也没有。对于这件事社会上出现了非常多谣言，以为新娘可能被杀害了。据说警方已经拘捕了那个最初挑起麻烦的那个女人，以为她出于妒忌或因为其他的动机，或许与新娘奇异的失踪相关。”

“只有这些吗？”

“在另外一份晨报上也只有一些小道消息，可是却非常有启发性。”

“那是怎样……”

“弗洛拉·米勒小姐，也就是肇事的那个女人，实际上已经被逮捕。她以前好像在阿利格罗当过芭蕾舞女演员。她和新郎认识很多年了。再没有更多的细节了，现在你已经掌握了所有的材料，报纸上就报道了这么多。”

“看来这真的是一件非常有趣的案子。我无论如何也不能放过。华生，你听，门铃响了，四点钟刚过一点儿，我肯定这一定是我们的贵族委托人来了。你可别想走，华生，因为我非常希望有一个目击证人，即便仅仅是为了检验一下我自己的记忆力。”

“罗伯特·圣西蒙勋爵到！”我们的小童推开房门报告说。一位绅士走了进来，他的面容非常令人愉悦，显得颇有教养。高高的鼻子，面色苍白，嘴角给人的感觉非常暴躁。一双眼睛睁得大大的，但却显得格外平静，仿佛有一种发号施令让人服从的尊严。他行为举止清爽利落，然而整个儿外表给人的感觉与年龄非常不相称。当他走路时，略有点弯腰驼背，还有点屈膝。头发也是如此，当他脱去他那顶呈弧卷状的帽子时，只见头部周围一圈灰白的头发，头顶上头发稀稀拉拉。至于他的穿着，那是考究得近乎有些奢华：高高的硬领，黑色的大礼服，白背心，黄色的手套，漆皮鞋和浅色的绑腿。他慢慢地走进房内，眼睛从左边到右边打量着，右手晃动着金丝眼镜的细链子。

“你好，圣西蒙勋爵。”福尔摩斯一边说着一边站起身来，并鞠了个躬。“请你坐在这条柳条椅上吧。这位是我的朋友兼同事华生医生。请您往火炉前稍微靠近一点，我们来好好谈一下这件事情吧！”

“这件事情对我来说实在太痛苦了，你应该可以轻易地猜想到这一点，亲爱的福尔摩斯先生。真是让我痛心疾首。我必须尽快解决掉它，亲爱的先生，我了解你以前处理过几件颇为相似的案子，但是我猜想之前那些委托人的社会地位跟本案的委托人的身份不可能相提并论。”

“可是，委托人的社会地位实际上是下降了。”

“对不起，麻烦您能再说一遍。”

“我上次这种案子的委托人实际是一位国王。”

“哦，是真的吗？我还真没考虑到，是哪位国王呢？”

“那是斯堪德纳维亚国王。”

“什么！他的妻子也不见了吗？”

“你明知道的，”福尔摩斯和蔼地说，“我对其他委托人的事情保守秘密，就像我答应对你的事情保守秘密一样。”

“是这样的，对！对！请你一定要原谅。至于我这个案子，我会告诉你一切有助于你作出判断的情况。”

“谢谢，我已经看到了报纸上的全部报道，也就是这些而已。我想，我可以把这些报道看做属实的——例如这篇有关新娘失踪的报道。”

圣西蒙勋爵看了看：“是的，这篇报道所说的情况完全属实。”

“但是，无论是谁在提出他的看法以前，都需要大量的补充材料。我想我可以通过向你提问而直接得到我所要知道的事实。”

“请问吧。”

“你第一次见到哈蒂·多兰小姐是在什么时候？”

“一年以前，在旧金山。”

“当时你正在美国旅行？”

“是的。”

“有着密切的往来？”

“我能和她交流让我感觉非常快乐，她是知道我是多么愉快。”

“她的父亲非常有钱吗？”

“传说他是太平洋那边最有钱的人。”

“他是靠什么发财的呢？”

“开矿。几年前，他还是一无所有的。但是有一天，他突然挖到了金矿，然后投资，就这样扶摇直上就成了暴发户。”

“现在，谈谈你对这个年轻小姐的印象——也就是你的妻子的性格是怎么样的？”

这位贵族一直盯着壁炉，可是系在眼镜上的链子却猛烈地晃动了起来。

“你知道，福尔摩斯先生，”他说，“我的妻子在她的父亲发财之前就已经二十岁了。在这段时间，她在矿镇上自由自在，整天徜徉在金矿附近的山野或森林里。所以她所受的教育与其说是学校教师传授的，还不如说是大自然赋予的。按照英国人的标准，她是一个野姑娘，性格泼辣、粗野，而又任性，不受任何习俗的约束。她非常性急——我几乎想说是暴躁。她总是轻易地做出决定，丝毫不担心会带来什么可怕的后果。另一方面，我决不会让她享受我所享有的高贵称号。”他庄重地咳嗽了一声，“但是我考虑到她毕竟是一位高贵的女人，我相信，她是能够做出英勇的自我牺牲的，任何损坏名誉的事情都是她所不允许的。”

“你还有她的照片吗？”

“我随身带着的。”他打开他的表链上的小金盒，里面是一位非常漂亮的女人的全部面容。那不是简单的一张照片，而是一个象牙做的袖珍像。艺术家充分利用了那头美丽的黑发、又大又黑的眼睛和细致的嘴唇的感染力。福尔摩斯一直仔细地盯着那画像非常长时间，接着盖上小盒。把它还给圣西蒙勋爵。

“这样，你们是在这位美丽的小姐来到伦敦后又旧情复燃了吗？”

“对，她父亲带领她来参加这一次伦敦岁末的社交活动。我和她在见面几次后，终于缔结了婚约，目前又和她结了婚。”

“我了解到她带来了一份相当丰厚的嫁妆？”

“嫁妆那的确是非常丰厚，这在我们这种家族里面是非常常见的。”

“这样，既然已经举办了婚礼，那份嫁妆理所应当归你了？”

“我实在没有去问过这件事。”

“没有过问那是非常自然。婚礼的前一天你见过多兰小姐吗？”

“我见过。”

“她当时的心情还好吧？”

“她心情非常好，她一直在跟我讨论我们将来应该做些什么。”

“对的！那真是太有趣了。那么在结婚那天早上又怎么了呢？”

“她的兴趣再也不像以前那样高涨——至少直到婚礼结束时还是这样。”

“那么这之后你观察到她有什么不同吗？”

“哦，说实话，那时候我看到了我之前没有看见过的第一个裂痕。她的脾气是有些急躁的。不过那是件小事情，好像不值一提的，而且不可能会与这件案件有什么关联的。”

“也许这样，还是请你说说。”

“唉，简直是孩子气。当我们去教堂法衣室的时候，她手里的捧花掉下来了。当时她正走过前排座位，花束就掉在座位前面。稍微过了没多大一会儿，座位上的先生把花束拾起来还给她，而且花束看起来依然完好如初。可是当我和她谈起这件事时，她非常敷衍地回答了我。回家途中在马车里，她似乎为这件微不足道的琐事而感到心烦意乱。”

“真的！你是说在前排座位上坐着一位先生，那么当时在座的也有很多不相干的人了？”

“哦，是的，因为教堂开放着，不可能不让他们进去的。”

“这位先生不会是你妻子的一位朋友吗？”

“不会，不会，我称呼他先生是出于礼貌，他只不过是一个外表非常平常的人。我几乎没有注意到他的容貌。但是，我想，真的，我们谈得好像有点离题太远了。”

“圣西蒙夫人，参加婚礼回来之后，远没有她去时那么心情愉快。那么，当她重新回到她爸爸寓所的时候，她做了什么事？”

“我看到她和她的女佣人在说话。”

“她的女佣人是些什么人？”

“她的名字叫做爱莉丝，她是个美国人，从加利福尼亚和她一起来的。”

“她的一名亲信佣人？”

“这么描绘可能有点过分。我觉得好像她的女主人给了她非常大的自由。但是，在美国她们对这种事情有不同看法。”

“她和这位爱莉丝有交谈了多久？”

“哦，只有几分钟。那时候我正在思考一些其他的事。”

“你有没有听到她们讲些什么？”

“圣西蒙夫人讲到些‘强占别人土地’类似的话，她总是习惯于说这一些的俚语。我不了解她所指的是什么东西。”

“美国的俚语有时候是相当有表现力。你的妻子和女佣人谈过这些话之后又做了些什么事情呢？”

“她走进吃早餐的房间。”

“你挽着她走进去的吗？”

“不，她自己一个人。像这一类的事情，她一向都不在意的。接着，在我们就座大约几分钟以后，她急急忙忙地站起身来，咕哝了几句道歉的话，就离开了房间。从此她就再也没有回来。”

“但是，据我了解，那位女佣人爱莉丝作证说，女主人走进自己的房间，拿了一件长外套罩在新娘的礼服上，戴上一顶软帽，就出去了。”

“是这样的。过后，有人看到她和弗洛拉·米勒一块走进海德公园。弗洛拉·米勒就是现在被拘留的那个女人。那天早上，她曾经在多兰的寓所里惹起一场风波。”

“哦，是的。至于这位年轻漂亮的妇女，我想了解一点她的真实情况，还有你跟她的关系问题。”

圣西蒙勋爵突然耸了耸肩，并把眉毛一扬，“我们已经有很多年交情了，也可以说是非常要好的关系。她过去曾住在阿利格罗。我对她非常慷慨，她对我也应该没有什么好抱怨的。可是，福尔摩斯先生，你了解这个女人是怎么回事呢，弗洛拉是个有趣的小东西，可是有的时候也会头脑发热，并且会一时冲动爱上了我。”

“当她听说我要结婚的时候，就给我写过几封非常骇人的信。说实话，我之所以这样静悄悄地举办婚礼，就是因为我害怕会在教堂里出丑。我们举办婚礼回来以后，她正好来到多兰先生的门前，努力想闯进去，当场用非常难听的话羞辱我的妻子，甚至还威胁她。可是我早就估计到有可能会发生类似的事情，于是就在那里准备了两名便衣警察。他们立刻就把她再次赶出门去，当她知道吵架是不会有什么好的结果时，就平静了下来。”

“你妻子听到这些事情了吗？”

“没有，感激上帝，她并没有听到。”

“之后，有人看见她正是和这个女人走在一起？”

“是对的，这也是伦敦警察厅的雷斯垂德先生会把这件事看得这样严重的缘故。据推测，弗洛拉把我的妻子拐骗出去，而且对她设下了可怕的圈套。”

“哦，那只是一种推测而已。”

“你也觉得是这样吗？”

“我并不是非常肯定。可是你自己不认为是这样吗？”

“我知道，弗洛拉是连只苍蝇都不会伤害的。”

“可是，出于妒忌能让人的性格产生奇特的转变。请你告诉我，关于这件事，你自己是怎么判断的呢？”

“哦，对，我到这里来就是要寻求答案的，不是来说我的看法的。我已经把所有的事实都告诉你了。既然你要问我，我或许可以说，在我看来也许是这件事让她过于兴奋了，她感觉到自己的社会地位发生了这样巨大的转变，导致了我妻子也有点神经错乱。”

“坦白地说，她是怎么突然精神错乱了？”

“哦！是的，当我想她把我甩了——我不是想讲我，但是这是多少女人急切地想得到，但是都没有成功——我不能做其他的说明。”

“哦，当然，这也是一种可能的假设。”福尔摩斯微笑着说。“现在，圣西蒙勋爵，我想我已经几乎有了全部的材料。我想再问一下，从你们所坐的早餐桌是否可以看到窗外的情况？”

“我们能够看到马路的另一边和公园。”

“正是这样，那么我想没必要让您在此逗留了，我以后会再跟你联系。”

“但愿你有足够的运气来解决这个问题。”我们的委托人说着站了起来。

“我已经解决了。”

"啊？怎么一回事？"

"我是说我已经解决了这案件。"

"那么，我的妻子在哪儿？"

"那个我非常快就能告诉你的细节。"

圣西蒙勋爵摇了摇头，"我恐怕需要一个比你或我更聪明的脑袋。"他说着，行了一个庄严的老式鞠躬礼便迈步走了出去。

"圣西蒙勋爵将我的脑袋和他自己的脑袋相提并论，真是不胜荣幸之至。"夏洛克·福尔摩斯说着，笑了起来，"经过这么长时间的盘问，我想我得来一杯苏打威士忌和一支雪茄。在我们的委托人进门以前，我就已经做出了这个案子的结论。"

"我尊敬的福尔摩斯！"

"我之前说过，我有好几个相似案件的记录，可是没有一个像这个这么干净利落。我的所有调查有助于确信我的推论。旁证有时是非常有说服力的。正像梭罗[1]所说的，就跟你在牛奶里找到了一条鳟鱼一样。"

"可是，我也跟你一样，听到了你所听到的一切。"

"可是，以前发生过的一些案例知识帮了我非常大的忙。很多年之前，在阿伯丁有一个状况与这件案子极为类似的例子。那是普法战争后的一年，在慕尼黑又有一起相似的案件。这就是这种案例中的一个。可是，喂，你看，雷斯垂德来了！你好啊，雷斯垂德先生！餐具柜上有一个非常大的酒杯，并且盒里装有雪茄烟。"

这位官厅警察身上穿着一件水手的粗制上衣，戴着一条老式的领巾，好像一个老水手的样子。他手里拿着一只黑色的帆布做的提包，简练地说了几句马上就坐下，并且点着了一根递给他的雪茄。

"出了什么事啦？啊？"福尔摩斯眨了眨眼睛问道，"看你这样子似乎非常不称心。"

"我的确感到非常不称心，就是圣西蒙勋爵婚事这件倒霉的案子。对这件案子我是一点头绪也没有。"

"真的吗？这真让我感到惊讶。"

"谁听说过这样一团乱糟糟的事情？每一条线索似乎都从我的手指中溜掉了。我一整天都在忙着搞这件事。"

"看来这件事把你搞得浑身都湿透了。"福尔摩斯说着，一只手搭在他那件粗布上衣的胳膊上。

[1]美国作家，主张回归自然，作品《论公民的不服从》，影响巨大。

“是的，我正派人在塞彭廷湖[1]里打捞。”

“天哪，那是为什么？”

“寻找圣西蒙夫人的尸体。”

福尔摩斯一听到这个，仰身靠在椅子上，开始捧腹大笑起来。“你有没有在特拉德尔加广场的喷水池里进行打捞啊？”他问道。

“你说什么？你这话到底是什么意思？”

“因为在那个地方找到这位夫人的机会和其他地方的机会是一样多的。”

雷斯垂德听后，气得瞪了我的同伴一眼，“你好像全都知道。”他咆哮道。

“哦，我不久前才听说这件事情的经过，然而我已经做出了推测。”

“哦，真的！那么你认为塞彭廷湖和这件事毫无关系了？”

“我认为根本不可能有关系。”

“那么，也许你能够解释清楚，我们在那里找到这些东西是怎么回事？”他一边说一边打开他的提包，将一件波纹绸结婚礼服，一双白缎子鞋以及一顶新娘的花冠和面纱，乱糟糟地倒在地板上。这些东西全都被水浸得褪了色。“还有，”他说，把一只崭新的结婚戒指放到这堆东西上面。“我可是让你帮忙解决难题的啊，福尔摩斯大师。”

“哦，真的吗？”我的朋友说着，向空中吐出一个个蓝色的大烟圈。“这些东西是你从塞彭廷湖中打捞上来的？”

“不是，是一个守卫公园的人发现这些东西在湖边漂浮着的。已经认出这些是她的衣服，我认为既然衣服在那儿，尸体也不会太远了。”

“通过同样高明的推论，每个人的尸体，都应该在他的衣橱附近找到。请问你想通过这个得出什么结论？”

“我已找到弗洛拉·米勒与新娘离奇失踪案子有关的证据了。”

“我觉得这个你是非常难做到的。”

“真的？现在你真是这样想吗？”雷斯垂德非常生气地喊了起来。“我害怕，尊敬的福尔摩斯先生，你的推论法和结论并不非常实用。在两分钟之内你就已经出现了两个严重的错误，这些衣服确实与弗洛拉·米勒小姐有联系。”

“这话什么意思？”

“衣服上面有个口袋，口袋里放有一个名片盒，里面还有一张便

[1]这里指伦敦一处弯曲的水流。

条。”也就是那个便条，他便把便条一下子抛到他面前的桌子上，你说说看这到底写的是些什么：

所有准备好了之后，你会看到我的。请立刻就来。

F. H. M.

“现在我认为圣西蒙夫人是被弗洛拉·米勒哄骗出去的。可以确定地说，她跟她的同谋者，必须对她的离奇失踪负责。那么这就是那张用她名字的起首字母写下的便条。可以确信这是在门口私下送给这位夫人的，以便诱使她落入她们的魔爪之中。”

“那真是太好了，雷斯垂德，”福尔摩斯一边说着笑了起来，“你真是不简单啊，让我看一下吧。”他不是很经心地拿起那张纸条，但是他的注意力立刻就被吸引住，而且非常满意地说了一声，“这确实非常重要。”他说。

“哈哈，你也觉得的确是如此？”

“非常重要。我衷心地祝福你。”

雷斯垂德马上趾高气扬地站了起来，但又低下头去瞄一眼。“怎么了啊？”他失声地大叫了起来，“你肯定看反了！”

“恰恰相反，这才是正面。”

“正面？你疯了！这一面才是用铅笔写的便条”。

“哦，这儿，这儿看来是一张旅馆的账单，这使我非常感兴趣。”

“那上面没有什么，我已经看过了。”雷斯垂德说，“十月四日，房间8先令，早饭2先令6便士，鸡尾酒1先令，午饭2先令6便士，葡萄酒8便士。我看不出这可以说明什么问题。”

“你可能看不出什么来，但它不管怎么说还是非常重要的。至于便条，也非常重要。或者说，至少这些起首字母的签字是非常重要的，所以我再次向你祝贺。”

“我已经浪费了非常多时间了，”雷斯垂德说着站了起来，“我相信艰苦的工作，不相信坐在壁炉边编造出色的理论。再见，福尔摩斯先生，让我们瞧瞧是谁先把事情弄个水落石出。”他收拾起衣服，把它们塞进提包，向门口走去。

“我给你一点提示，雷斯垂德，”在他的对手走出门去以前，开始慢吞吞地说，“我可以把这件事的全部答案都告诉你。圣西蒙夫人是一位类似于神话的人物。目前没有，过去也不能有这样一个人。”

雷斯垂德非常郁闷地看了我的同伴一眼，然后回过头来看了看我，轻松地在前额上拍了三下，好像想起来什么似的摇了摇头，就急急忙忙地走了。他刚一关上后面的房门，福尔摩斯马上就站了起来，并且穿上了外衣。“这家伙说的那个户外工作还是有点作用，”他说，“因此我想，华生，你还是看看今天的报纸吧。”

夏洛克·福尔摩斯走的时候是五点多钟，可是我完全没有感觉到孤单。因为他走之后还不到一个小时，就来了一个食品店的伙计，他送来一个非常大的平底食盒。他领来的一个年轻人帮忙他打开了食盒，我惊奇地看到一份非常丰盛的冷食晚餐已经摆在我们破旧的寓所的餐桌上。共有两对山鹬，一只野鸡，还有一块肥鹅肝饼跟几瓶陈年佳酿。当这些美味佳肴摆放好了以后，那两位陌生人就马上消失了，这就跟天方夜谭里面的精灵一样，除了表明这些东西已经是付过账了之外，并没有再作更多的解释。

刚好在九点钟以前，福尔摩斯脚步轻盈地走进房间。他神情非常严肃，但他两眼闪闪发光，这使我确信，他所做的结论并没有使他失望。

“那么，他们已经把晚餐摆上了。”他搓着手说。

“你好像有客人要来。他们摆了五份。”

“是的，我想象中会有客人顺便来访的，”他说。“我非常奇怪为什么圣西蒙勋爵还没有到。哈哈，我敢说我听到了他在楼梯上的脚步声。”

确实是我们上午来过的客人。他急急忙忙地走了进来，他的眼镜也跟着一晃一晃的，在他那贵族气派的面容上，显出非常不安的表情。

“那么说我的信差到你那里去过了？”福尔摩斯问道。

“是的，我承认信的内容使我感到无比的震惊。你有充分的根据证明你的话吗？”

“绝对有。”

圣西蒙勋爵一下子坐在椅子上，一只手按着前额。

“如果公爵听说他的家庭成员之中有人受到这般的羞辱，他会怎么说呢？”他小声地嘟哝着。

“这完全是一场误会，我不觉得这是一种屈辱。”

“啊？你是从另外一个角度对待这些问题的。”

“我不知道有谁应该受到指责，我很难想象这位小姐除了这么做之外还有没有别的什么办法，虽然她对待这件事的方法确实有点唐突。肯定是让人感到抱歉的。在这么重要的时刻，要是没有母亲在身边，是没有别人肯给她出这种主意的。”

“这是一种轻视，公然的轻视。”圣西蒙勋爵用手指用力地敲着桌子说。

“你原谅这位可怜的姑娘，她遇到的情况是谁也没有遭遇过的。”

“我决不会去宽恕她，我被她无耻地玩弄了，我实在非常的生气。”

“我似乎听到门铃响，”福尔摩斯说，“对的，楼梯口好像有脚步声。要是我无法说服你对这件事要宽大对待的话，圣西蒙勋爵，我现在请来了一位说客，这个人或许更能担当。”

他顺便打开门，请进来一位女士和一位先生。“亲爱的圣西蒙勋爵，”他说，“请让我向你介绍，这两位是弗朗西斯·海·莫尔顿先生和他的夫人。这位尊敬的女士，我想你也已经见过了。”

一见到新来的人，我们的委托人从椅子上一下子跳了起来，直挺挺地站在那里，双眼下垂，一只手插进大礼服的前胸，一副尊严受到伤害的样子。那位女士向前紧走几步，向他伸出了手，但是他还是不肯抬起头来看她，这样做或许是为了表达他的决心，因为她那恳求的眼神是非常难拒绝的。

“你生气了，罗伯特，”她说，“是的，我想你是完全有理由生气的。”

“请你不必向我道歉，”圣西蒙勋爵满怀妒忌地说。

“哦，是的，我知道我确实非常对不起你了。我在出走之前应当对你说一声，但是当时我有点心慌意乱。从我在这里再次见到弗兰克时，我简直不知道我说了些什么和做了些什么，我当时竟没有在圣坛前摔倒或者昏过去，真有点奇怪。”

“莫尔顿太太，也许你在解释的时候，希望我和我的朋友离开这房间一下吧？”

“我也想谈谈我对这个问题的看法，”那位陌生的先生说道，“对于这件事，我们已经保密得有些太过分了。就我来说，我倒愿意整个欧洲和美洲的人都来听听事情的真相。”这位先生是一位瘦长结实、皮肤晒得黝黑的人，脸上刮得干干净净，面部轮廓分明，举止显得非常机警的样子。

“那么，我现在就把事情的经过说给你们听一听，”那位女士说道，“我和弗兰克是一八八四年在落基山附近的麦圭尔营地认识的。我爸爸当时正在经营一个矿场，我和弗兰克订了婚。后来有一天爸爸突然挖到了一个富矿，从此发了财。可是这位可怜的弗兰克所拥有的土地上的矿脉却渐渐变小，以至于完全消失了。我的爸爸越来越富，弗兰克却越来越穷。所以，后来爸爸硬是不同意我们把婚约继续下去。他把我带到旧金山去。尽管如此，弗兰克也不愿意放手，于是，他接着也到了那里，并且瞒着爸爸和我见面。爸爸知道后非常生气，所以，我们就自己作了安排。弗兰克说，他也要去发一笔财，直到他像爸爸一样富有，他才回来跟我结婚。我当时答应等他一辈子，并且发誓只要他活着，我就不嫁给别人。‘那么，为什么我们不马上就结婚呢？’他说，‘这样我对你就感到放心了，无须在我回来以后要求人家承认我是你的丈夫。’就这样，我们经过了商量，他把一切都安排得那么妥帖，请好了一位牧师，我们当即举行了婚礼。”

“从此之后，弗兰克就离开了我去奔前程，而我就回到了爸爸身边。当我再次听到弗兰克的消息是他那时到了蒙大拿的时候，接着他又在亚利桑那探矿。后来我又听说他去了新墨西哥。在那以后报上刊登出过一篇长篇报道，说那儿有一个矿工营地遭到亚利桑那印第安人的袭击，遇难者的名单中里就有我的弗兰克。我看了之后昏厥了过去。接着我就卧病在床达数月之久，病得非常的厉害。爸爸认为我快不行了，于是带我找遍了整个旧金山差不多一半的医生。”

“一年多来，弗兰克杳无音信，我确信他的确是死了。以后，圣西蒙勋爵来到旧金山，我们到了伦敦，接着缔结了婚约，爸爸非常高兴。但是我一直认为我的心已经全部给了我可怜的弗兰克，世上再没有哪一个男人可以取代他。话虽如此，既然我嫁给圣西蒙勋爵，我当然会履行我对他的义务。我们不可能勉强我们产生爱情，但是我们却可以勉强我们的行动。”

“和他一起走向圣坛的时候，我是怀着尽我最大努力做他的好妻子的美好愿望的。但是你们可以想象，我当时的感觉是怎么样的，那就是：正当我走到圣坛栏杆前的时候，我回首一瞥，忽然看到弗兰克站在第一排座位那里望着我。起初我还以为是他的鬼魂出现。但是当我再往那儿看时，发现他仍在那里，眼睛里充满了疑问的神情，好像在问，我见到了他，是高兴还是难过。我奇怪我怎么没有昏过去。我只是感到天旋地转，牧师的话，就像一只蜜蜂嗡嗡地在我的耳朵里响着。我不知道该怎么办才好。难道我应该打断正在进行的仪式，在教堂里上演一出闹剧吗？我又瞧了他一眼，他看来好像知道我在想些什么，因为他把手指贴在嘴唇上，示意我不要作声。接着我看到他在一张纸上草草地写了几个字，我明白他是在给我写便条。我在出来的路上经过那排座位时，故意让花束掉在他的座位前面，当他捡起花束给我时，悄悄把纸条塞在我的手里。纸条上只有一行字，要我在他向我发出信号的时候，就跟他一起走。当然，我当时毫不犹豫，我知道自己的首要任务就是听他的，并且下决心完全按照他的要求去做。”

“在回到寓所之后，我就把这个事情告诉了我的女佣人。她在加利福尼亚时就知道他，而且和他也是好朋友。我嘱咐她什么也别讲，只要拾掇一些东西，准备好我的那件长外套。我明白我应该向圣西蒙勋爵说一声，但是在他母亲和那些尊贵的客人面前我无法开口，因而只好狠下心来不辞而别，以后再向他解释。”

“我到餐桌就座还不到两分钟，就看见弗兰克站在窗外马路的对面上。他向我招了招手，然后自己走进了公园，我穿戴好之后就溜了出来，跟随着他。这时候有一个女人跑过来跟我讲了一些圣西蒙勋爵以前一些这样那样的琐事——从她的谈话中，大概可以听出来圣西蒙勋爵在结婚前也有一点儿秘密——然而我设法摆脱了她，飞快就赶上了弗兰克。随后我们一起坐上了一辆出租马车，驶向他在戈登广场租下的寓所。在经历那么漫长的等待之后，这次我才算是真的结婚了。弗兰克在亚利桑那被印第安人关押过的，后来他设法越狱逃跑，并且经过长途跋涉来到旧金山。他发觉我以为他死了，并且已经搬到英国去了。他便追到了这里，终于在我举行第二次婚礼的那天早上找到了我。”

“我是在一张报纸上发现的，”这位美国人补充说。“报纸上刊登着教堂的名字，但没有找到女方的住址。”

“紧接着，我们就商量接下来怎么办，弗兰克主张完全公开。但是我对这一切感到非常的惭愧，我宁愿从此销声匿迹，永远不再见到他们之中的任何一个人——也许可以仅仅给爸爸写张条子，表明我尚在人间就是了。我一想起那些爵士们、贵妇们正围坐在早餐桌旁等我回去，心里就感觉羞愧难当。于是，弗兰克为了使别人找不到我，就把我的结婚礼服和其他东西收拾起来捆成一包，扔到一个没有人找得到的地方。本来我们明天就可能到巴黎去了，要不是这位好心的福尔摩斯先生今天晚上来找我们的话。虽然我想象不出他是怎样发现我们的地址的，但是他善意地开导了我们，指出是我错了，弗兰克是对的，而我们继续保守秘密的话，那是要犯更大的错误。然后，他提出给我们一个跟圣西蒙勋爵单独谈话的机会，所以，我们就马上赶到了这里了。好了，罗伯特，你现在什么都明白了吧。如果我使你感到痛苦，那我感觉抱歉了。希望你不要把我想得太卑鄙。”

圣西蒙勋爵一点没有放松他那僵硬的姿态，皱着眉头，绷着嘴唇，侧耳聆听这篇冗长的叙述。

“对不起，”他说，“但是这样公开地讨论我的个人私事，我是非常不习惯的。”

“那么说，你不肯原谅我了？你不肯在我走之前和我握一下手吗？”

“哦，当然可以，如果这样做会使你高兴的话。”他伸出他的手，淡淡地握了一下她伸过来的手。

“我本来是希望这样的，”福尔摩斯提议说，“我们能够共进一顿友好的晚餐。”

“我觉得你的要求实在有点过分，”勋爵回复说，“我可能被迫承认最近事态的发展，但是也别指望我会变得高兴起来。如果你们许可的话，我想现在祝各位晚安。”他向我们非常快地鞠了个躬，之后就昂首阔步地走出了房间。

“那么，你们应该不会不赏光吧，”夏洛克·福尔摩斯说，“能结交一个美国人，总是让人非常高兴的。莫尔顿先生，很多人包括我在内确信，多年前一位君王的愚蠢行径和一位大臣的错误，不会阻碍我们的子孙某一天共同成为同一世界的公民，在这个土地上，将飘扬着一面由米字旗和星条旗组成的国旗。”

“这是一件非常有意思的案子。”在客人走后福尔摩斯说道，“因为它非常清楚地证明，一件开始看起来基本上不能解释的事情，后来解释起来却又能如此的简单。不会再有什么事情比这位女士所叙述的事情发生的先后顺序更自然了。而另一些人，比方说伦敦警察厅的雷斯垂德先生，在他看来，就没有什么事情比这事情的结局更难以解释了。”

“那么，难道你就一点没弄错吗？”

“从一开始，对我来说有两件事情就已经非常清楚了。一件是那位女士原来非常愿意举行婚礼；另一件是她在回家后还不到几分钟的时间就后悔了。那么非常明显，一定是早上发生了什么事情，让她改变了主意。究竟发生了什么事情呢？出了门以后，她不可能同任何人说过话，因为新郎一直和她在一起。那么，她有没有看到什么熟人呢？如果有的话，这个人必然是从美国来的。因为她来到我们这个国家的时间不长，不可能会有什么人给她造成这么深刻的影响，以致只是看了那么一眼，就可以让她完全改变自己的计划。你瞧，通过这样的排除法，我们已经得到这样一个结论，就是她可能看到了一个美国人。那么，这个美国人又能是谁呢？他为什么对她具有那么大的影响呢？可能是个情人，也可能是她的丈夫。我知道，她的少女时代是在那样艰辛而怪异的环境中度过的。在我听到圣西蒙勋爵的叙述之前，我只了解这么一点儿。当他告诉我们以下这些情况：在第一排座位里有一位男人；新娘的态度起了变化，显而易见，是为了取得字条而从手里掉下了花束，无非是这么一个小花招；她求助于她的心腹女仆以及她提到的侵占土地——这在采矿者的行话中，意味着占据别人原来已占有的探矿权——这是个非常有含意的暗示，整个情况就非常清楚了。她跟一个男人走了，那么这个男人不是她的情人，就肯定是她过去的丈夫，并且丈夫的可能性要大一些。”

“你到底是怎么找到他们的呢？”

“本来应该是非常难找到的，可是雷斯垂德老兄手里已经获取了一个信息，他自己都还不明白这个信息多有价值。肯定的是，那几个姓名的起首字母是最为重要的，但是比这更具有价值的是，了解了他在一周之内曾经在伦敦一家收费最高的旅馆结过账。”

“你怎么推测出来地位非常高呢？”

“我是从这些昂贵的价格推论出来的：八先令一个床位，八便士一杯葡萄酒，从这些可以发现那是一家价格昂贵的旅馆。伦敦收费这么高的旅馆并不是非常多的。在诺森伯兰大街我查阅第二家旅馆时，通过查访登记簿，我发觉有一位美国先生弗朗西斯·H.莫尔顿，恰好在前一天离开。我查看他名下的账目时，我又碰巧发现了我在复写的收据上发现的那些账目。这位美国先生正好留下话要求将他的信件转到戈登广场226号。”

“紧接着，我就赶到了那里，非常庆幸，我发现这对热恋的人正好也在家。我非常冒昧地以长辈的身份跟他们提出了一点建议。我向他们提出，不管从哪方面来说，他们都最好还是向公众，尤其是向圣西蒙勋爵将他们的处境解释得更明白一点。我邀请他们到这里来跟他见个面，而且，正像你所看到的，我让他遵守了约定。”

“但是，结局不怎么好，”我说道，“当然，他的表现也没什么风度可言。”

“哈，华生，”福尔摩斯微笑着说，“假如你经过求婚、结婚等一系列的麻烦程序之后，却发现顷刻之间妻子和巨额财富化为泡影，估计你也不会有绅士风度的。我想我们看待圣西蒙勋爵不妨宽容一些，并且期望有一天不要让我们落到同样的境地。请你将椅子向前挪挪，把我的小提琴递给我。现在还需要我们解决的唯一问题是，如何打发随之而来的寒冷的秋夜。”

绿玉皇冠案

有一天清晨，我正站在凸肚窗前俯瞰街景。我说：“福尔摩斯，看，有个疯子正朝着这儿走过来。他家里人竟然会让他自己跑了出来，真的是太让人可悲。”我的朋友懒洋洋地从扶手椅里站了起来，双手插在晨衣兜里，从我的背后望了出去。这是一个晴朗、清澈的二月的早晨，地上还铺着昨天下的一层厚厚的一层雪，在冬日的阳光下熠熠发光。贝克街马路中心的雪被来往车辆碾成一条灰褐色带状的轨迹，但是两旁人行道上堆得高高的雪却依然好像刚下时那样洁白。灰色的人行道已经清扫过，不过还是非常滑，所以路上的行人比平常稀少多了。实际上，从大都会车站方向朝这边走过来的，除了这位孤零零的先生外，就再也没有其他人。

我被这位先生古怪的行为吸引了。这个人大约五十来岁，身材异常魁梧，脸庞厚实，并且堂堂仪表，可以说是相貌非凡。他身穿一件黑色的大礼服，头戴带有光泽的帽子，脚蹬一双式样雅致带有绑腿的棕色高筒靴，裤子剪裁精致，为珠灰色。总的说来他的衣着虽然色泽暗淡，但却奢华时尚，然而，相比他端庄尊贵的衣着和仪表，他的行动显得荒唐可笑。因为他正一股劲地奔跑，偶尔还夹杂着小幅度的蹦跳，就像一个疲惫困乏的人不习惯让自己的双腿加重负担而那样的蹦跳。而且当他跑起来的时候，双手还痉挛地上下挥动着，脑袋也晃来晃去，因此他的脸部抽搐得非常难看。

“他到底在干什么啊？”我不禁问道，“他在查看这些房子的门牌号码。”

“我肯定他是想到我们这里来。”福尔摩斯搓着手说。

“来这里？”

“是的，我想他是来请教与我专业相关的事，我能看得出这种迹象。哈！我刚才不是对你说过吗？”

正在我们说话的时候，那个人已经气急败坏地冲到我们的门口，把门铃拉得响彻整所房屋。一会之后，他已经在我们房间里了，仍然气喘吁吁，一边还在做着手势，然而两眼充满忧愁失望的神情。见到这种情况，我们的笑容顿然消失，并感觉非常的震惊和同情。一时他还说不出话来，只是颤动他的身子，抓着头发，十足像一个失去理智的人。随后他突然跳起来将头部向墙壁用力撞去，吓得我们两人一起赶紧把他拉住，拖到房间的中央来。夏洛克·福尔摩斯将他按到一张安乐椅上坐下，自己坐在一旁陪着他，轻轻地拍着他的手，并十分在行地运用他那轻松的令人宽心的语调和他攀谈了起来。

“你到我这儿来是为了要告诉我你的事情，是吗？”他说，“你匆忙地跑累了，请稍微休息一下，等你缓过气来，我会非常高兴地研究你可能向我提出的任何问题。”

那个人坐了一两分钟，胸部剧烈地起伏着，极力把情绪稳定了下来。然后他用手帕擦了擦他的前额，紧闭着嘴，将脸转向我们。

他说：“你们一定认为我是疯子吧？”

“我看你肯定是遇到了非常麻烦的事情。”福尔摩斯答道。

“天晓得，我遇到了什么麻烦！这麻烦来得这样突然，这样可怕，足以使我丧失理智。我可能要蒙受公开的耻辱，尽管我从来是一个气质上没有任何瑕疵的人。每一个人都会有自己的苦恼，这是命里注定的，但是这两桩事以这样可怕的形式一起降临到我的头上，这简直把我弄得六神无主。而且，事情还不止和我个人有关，如果得不到解决这件可怕的事情的办法，那我国最尊贵的人都可能会受到连累。”

“先生，请镇静一下，”福尔摩斯说，“让我们弄清楚你是谁，你究竟出了什么事情。”“我的名字，”我们的客人回答说，“你们也许是熟悉的，我是针线街霍尔德—史蒂文森银行的亚历山大·霍尔德。”

这个名字我们的确非常熟悉，他是伦敦城里第二大私人银行的主要合伙人。究竟是什么事情会使伦敦的一位一流公民落到这样可怜的境地。我们非常好奇地等待着他再振作起精神来陈述他自己的遭遇。

“我觉得时间非常的宝贵，”他说，“所以当警亭巡官建议我和你们合作时，我就急急忙忙地赶到这里来了。我是乘坐地铁并且急急忙忙步行来到贝克街的，因为马车在雪地上行驶缓慢。所以我刚才气都喘不过来，或许这是因为我平时很少锻炼的缘故。现在我感觉好一点了，我尽量简单明了地把事情讲给你们听。”

“当然，你们都知道，一家有成就的银行必须依靠善于为资金找到有利的投资，同时还依靠能够增加业务联系和存户的数目。我们投放资金最能获利的方法之一是在绝对可靠的担保之下，以贷款的方式将钱放贷出去。这几年来我们做了很多笔这样的交易，许多名门贵族把他们珍藏的名画、图书或金银餐具作为抵押品向我们借贷大笔款项。

“昨天上午，我在银行办公室里，我的职员递进一张名片。我一看上面的名字，吓了一跳，因为这不是别人，他的名字，即使是对于你们，我也只能说这是全世界家喻户晓的，一个在英国最崇高最尊贵的名字。他一进来，我感觉受宠若惊，正想表达他对我的知遇之恩，可他却开门见山地谈起正事来，好像是急急忙忙要赶紧完成一桩不愉快的任务似的。”

“‘霍尔德先生，’他说，‘我以前听说你们处理贷款业务。’”

“‘如果是抵押品值钱的话，本行是处理这种业务的。’我回答说。”

“‘我非常着急需要，’他说，‘马上得到五万英镑。肯定，我可以从我的朋友那里借到十倍于这笔微不足道的款项，然而我情愿把它当一桩正事来办，并且要由我亲自来办。处于我的职位，你可能知道，随便接受别人的帮助是件非常不明智的事。’”

“‘我能否问一下，您要求这笔款项多长时间？’我问。”

“下星期一我就可以收回一大笔到期的款项，到那时我肯定可以归还这笔借款，利息不管多少，要是你觉得合理就行。可是对我来说最关键的是必须马上就能够拿到这笔钱。”

“‘我本来应该非常高兴地用我私人的钱贷给您而不必作进一步的洽谈，’我说，‘如果不是因为这样做会有点使我负担过重的话。另一方面，如果我以银行的名义办理这桩交易，那么为了公平对待我的合伙人起见，即使是对您我也必须坚持，应当要有全部的业务上的担保。’”

“‘我倒是希望能够这样做。’他说着把放在他坐椅旁边的一只黑色四方形摩洛哥皮盒端了起来，‘你无疑听说过绿玉皇冠吧？’”

“‘这是我们帝国一件最宝贵的公产。’我说。”

“‘一点都没有错！’他打开盒子，衬托在柔软肉色天鹅绒上面的就是他所说的那件华丽珍贵、灿烂夺目的珍宝。他接着说：‘这里有三十九块大绿宝玉，上面的镂金雕花，价值连城。这顶皇冠最低的估价也要值我所要借的钱的两倍。我准备把它放在你这里作为抵押。’”

“我把这贵重的盒子拿在手中，有些茫然不知所措地把眼光从盒子转向这位高贵的委托人。”

“你怀疑它的价值吗？”他问。

“一点儿也不。我只是不确定……”

“至于我将它留在这里是否适当，这个请您尽管放心。如果我不是绝对有把握在四天之内把它赎回的话，我连做梦也不会想到这样做的。这纯粹是一种形式而已。这件抵押够吗？”

“够了。”

“霍尔德先生，你要知道，根据我听到的有关你的一切，我这样做充分证明我对你的信任。我指望于你的不仅仅是小心谨慎，而且避免因此而产生的任何流言蜚语，最重要的还是要对保藏这顶皇冠采取一切可能的防范措施，因为如果它受到任何的损坏，不言而喻，就会造成一起众目睽睽的大丑闻。对它的任何损坏也几乎和丢失一样严重，因为这些绿玉是举世无双的。要想代替它们也是不可能的。然而我现在非常信赖地把它留在你这里，星期一上午我将亲自过来取回。”

“见到我的委托人着急离开，我便不再说什么，当即招来出纳员，叫他支给委托人五十张票面一千英镑的钞票。当我再次独自一人在办公室里时，对着放在桌子上的这只贵重的盒子，不免对需要承担这样巨大的责任而感到有点忐忑不安。无疑因为它是一件国宝，倘若它遇到什么意外，接踵而来的必定是可怕的公愤。我已经开始后悔我当时为什么竟然会同意负责保管它。然而，已来不及作任何改变了，我只好将它锁在我私人的保险箱里，然后继续工作。”

“到了傍晚，我觉得把这么贵重的东西放在办公室里毕竟太不谨慎。在此之前，银行的保险箱曾经被人撬过，怎见得我的保险箱就不会被撬？万一出了这种事，我的处境该是多么可怕啊！因此我决定在往后几天，来来去去都要随身携带着这只盒子，使它实际上和我一刻都寸步不离。这样决定以后，我就雇了一辆出租马车带着这件珍宝回到在斯特里特哈姆的家里。我将它拿到楼上，锁在我起居室的大柜橱里面，这才松了一口气。”

“现在说一下我的家里的情况，福尔摩斯先生，因为我希望你对整个情况有个全面的了解。我的马夫和听差是睡在房子外面的，这两个人可以完全撇开不谈。我有三个女佣人，她们已经跟随我很多年了，都是绝对可靠而毋庸置疑的。不过，另外有一个叫露茜·帕尔的当帮手的侍女，在我家里服侍虽然只有几个月，然而她的优秀品格使我深感满意。她是个非常漂亮的姑娘，有时会招惹一些爱慕她的人在周围荡来荡去，这是我们发现她身上唯一的不足之处，但是无论从哪方面讲，我们都相信她是个十足的好姑娘。关于仆人方面的情况就是这些。”

“我家庭本身就非常的简单，无须花费许多时间来讲。我是个鳏夫，只有一个名叫阿瑟的独生子。他让我非常失望，福尔摩斯先生，真叫人伤心啊。这无疑是我自己的过错。人家都说是我宠坏了他，很可能是这样。在我爱妻去世后，我觉得只有他一个人是我应该疼爱的，我甚至看见他有片刻的不高兴都受不了。我对他从来是有求必应的。如果一开始我对他严格一点，也许对我们俩都要好些，但我现在所做的一切都是为他好。非常明显，我希望他将来能够继承我的事业，可是他不是那种干事业的人，他放荡而又任性。说实在的，我甚至不敢信任他经手大笔款项。虽然他还年轻，但已经是一家贵族俱乐部的会员，在那里他因为举止风流潇洒，很快就成为一批挥霍成性的富家子弟的亲密朋友。他学会在牌桌上下大赌注，在赛马场上乱花钱，又不时跑来求我预支给他津贴费去应付赌债。”

“他曾经多次试图和他那帮害人的朋友断绝关系，但是在他的朋友乔治·伯恩韦尔爵士的影响下，他又一次次地被拉了回去鬼混。而且，我的确一点也不奇怪，像乔治·伯恩韦尔爵士这样的人能够对他施加影响，我儿子经常把他带到家里来，我觉得连我自己都难免不被他的翩翩风度所迷惑。他比阿瑟年纪大，是一个地地道道纨绔子弟。哪儿都去过，什么都见过，能说会道，并且相貌出众。然而，当我撇开他仪容的魅力，冷静地想想他的为人时，他那冷嘲热讽的谈吐，以及我觉察到的他看人的神情，使我意识到他是个彻底不可信赖的人。”

“我是这样想的，我的小玛丽也有和我同样的想法，她具有一种女性善于洞察一个人气质的本领。讲到这里，现在只剩下玛丽一个人的情况需要说一说了。她是我的侄女，五年前我兄弟去世后，把她自己一个人孤苦伶仃地留在这世界上。我收养了她并一向把她看做我的亲生女儿。她是我家里的阳光——温柔、可爱、美丽，非常会管理和操持家务，而且具有妇女应有的那种文雅和恬静以及极其温顺的气质。她是我的左膀右臂，我不知道如果没有她我该怎么办。只有一件事她违背了我的意愿，我的儿子两次向她求婚，因为他诚心诚意地爱她，但是她都拒绝了。我想如果说有谁能够把我儿子引导到正路上来，那只有她能做到，我想他婚后的全部生活肯定会有所改变。可是现在，哎呀！已经是无可挽回了，永远都不能够挽回了。”

“福尔摩斯先生，目前你对我家里所有的人都已经知道了，下面我把这桩倒霉的事继续讲给你听。那个晚上我吃过了晚饭并在客厅里喝咖啡时，把这件事的经历说给阿瑟和玛丽听，而且告诉他们那件珍重的宝物现在就在这个屋子里，我只是把委托人的名字隐瞒了。我确信露茜·帕尔在拿来咖啡以后就离开了房间，可是她出去时是否把门带上了，我不敢肯定。玛丽和阿瑟听了之后非常感兴趣，并想看一下这顶著名的皇冠，可是我想还是别去动它的好。”

"'你现在把它放在哪里了?'阿瑟问道。"

"在我自己的那个柜子里。'"

"'哦,要是夜里不能被偷走才好呢。'他说。"

"'柜子都被锁上了。'我回答说。"

"'哎,那个柜子随便什么旧钥匙都能打开。我小时候自己用厨房食品橱的钥匙打开过它。'"

"他时常说话直率,所以他说些什么我都很少考虑。但是,那天晚上他跟随我来到我的房间里,脸色非常凝重。"

"'爹,'他垂着眼皮说,'你能不能借给我二百英镑?'"

"'不,绝对不能!'我非常严肃地回答说,'在金钱方面我一向对你太宽容了!'"

"'你向来是非常的仁慈的,'他说,'但是我必须有这笔钱,不然,我就一辈子没脸再进那个俱乐部了!'"

"'那再好不过了!'我嚷着。"

"'是的。但是你不会让我名誉扫地吧,'他说,'那样丢脸我可无法忍受。我必须设法筹集这笔钱。如果你不肯给我,那我就得试试别的法子。'我当时非常生气,因为这是这个月里他第三次问我要钱。'你别想从我这里得到一便士!'我大声说。于是他鞠了一躬,一言不发就离开了房间。等他走后,我将大柜橱打开,查看我的宝物是否安然无恙,然后我再把柜子锁上。接着我开始到房子各处巡视一番,看看是否一切安全,没有差错。在平时,我总是将这个任务交给玛丽的,但我想当晚最好由我亲自巡视。当我下楼梯时,我看见玛丽一个人在大厅的边窗那里。而在我走近她时,她把窗户关上并插好。"

"'告诉我,爹,'她说,神情似乎有些慌张,'是你允许侍女露茜今天晚上出去的吗?'"

"当然没有。"

"她刚从后门进来。我相信她刚才是到边门去会见什么人,我想这样非常不安全,必须制止她。"

"明早你一定对她讲讲,假如你希望我讲的话,那我就对她讲好了。你肯定各处都关好了吗?"

"非常肯定,爹。"

"'那么,晚安!'我亲了她一下便上楼到卧室里去,不久就睡着了。"

"我尽可能将一切讲给你听,福尔摩斯先生,这跟案件也许有些关系。我哪一点没讲清楚,请你务必提出来。"

“恰恰相反，你讲得非常清楚。”

“现在说到我要特别指出的那一部分情节。我不是睡得非常死的人，并且担心出事，无疑使我睡得比平时还易惊醒。大约凌晨两点钟的时候，我被屋里的某种响声吵醒了。在我完全清醒以前这声音便没有了，但它留给我一个似乎什么地方有一扇窗户曾轻轻关上的印象。我侧着身子全神贯注地倾听着。忽然间，使我惶恐的是，隔壁房间里传来了清晰的、轻轻走动的脚步声。我满怀恐惧地悄悄地下了床，从我起居室的门角处张望过去。”

“我放在那里的煤气灯还半亮着，我那不幸的孩子只穿着衬衫和裤子，站在灯旁，手里拿着那顶皇冠。他似乎正在使尽全身力气扳着它，换句话说，拗着它。听到我的喊声，他手一松，皇冠便掉落到了地上。他的脸死一般地苍白。我把它抢到手一检查，发现在一个金质的边角处有三块绿玉不见了。”

“你这恶棍！”我气得发狂地嚷了起来。“你把它弄坏了！你让我丢一辈子的人！你偷走的那几块宝石哪儿去了？”

“偷？！”他叫了起来。

“是的，你这贼！”我吼叫着，摇撼着他的肩膀。

“没有丢掉什么，不可能丢掉什么的。”他说。

“这里有三块绿玉没有了。你是知道它们在哪里的。你要我不但说你是贼，而且还说你是骗子吗？我不是看见你正在试着把另外一块绿玉扳下来吗？”

“你骂够了吧，”他说，“我再也忍受不下去了。既然你肆意侮辱我，这件事我就不愿再提一句。一早我就会离开你的屋子到别处去自己谋生。”

“你必定要落在警察手里！”我气急败坏半疯狂似地喊着，“这件事我要追究到底！”

“你别想从我这里了解到任何情况。”

我想不到他竟一反常态如此激动地说，“如果你愿意叫警察，那么就让警察去搜索好了！”“这时候，因为我盛怒中的大声叫喊，全家都惊动了。玛丽首先奔进我的房间，一看见那顶皇冠和阿瑟的脸色，她就觉察到了全部情况，只听她一声尖叫，随即昏倒在地。我立刻派女用人去招来警察，请他们马上进行调查。当一位巡官带着一位警士进屋的时候，阿瑟交叉着两臂悻悻地站着，问我是不是打算控告他偷窃。我回答他说既然这顶弄坏了的皇冠是国家财产，这就不是私事而是一桩公事了。我不得不决定，一切都应遵照法律行事。”

“‘至少，’他说，‘你不会马上让人逮捕我吧。我要是能够离开这间屋子五分钟，对你我两人都有好处。’”

“‘这样，你就可以逃之夭夭，也许就可以把偷的东西藏起来了。’我说。这时我才意识到我可怕的处境，我恳求阿瑟不要忘记，不光是我的，而且是一位比我高贵得多的人的荣誉处在非常危险关头，他有可能会引起一桩震惊全国的丑闻。但是他可以使这一切不至于发生，只要他告诉我，他是如何处置这三块失踪的绿玉就成。”

“‘你也应该正视这件事，’我说，‘你是当场被抓住的，而拒绝承认只会加重你的罪行，如果你想采取你能做到的这样一个办法补救，也就是把隐藏绿玉的地方告诉我们，那么一切都可宽恕，并且不念旧恶。’”

“‘将你的宽恕留给那些向你恳求宽恕的人吧。’他轻蔑地一笑回答道，转身离开了我。我看他顽固到了绝非任何话语所能够感化的程度。没有其他的办法，于是只好叫巡官进来把他看管起来，立刻作了全面搜查，他的身上，他所住的房间以及屋里他可能藏匿宝石的每个地方都搜查遍了，但是没有发现任何痕迹。尽管我们用尽了种种劝诱和恐吓，这不幸的孩子还是一句话都不肯讲。”

“今天早上他又被送进了牢房。而我在解决完了警方要求我办的所有手续之后，便匆匆赶到这儿来央求你的帮助。警察已经公开承认他们眼下仍是一无所获。你能够为这件事花费你认为必要的费用。我们已经出价一千英镑。天啊，我该怎么办呢？在一夜之间我就失去了我的荣誉，我的宝石和我的儿子。啊！我到底该怎么办呢？”他两手猛地抱着脑袋，全身摇摇晃晃，自言自语地嘟哝着好像是一个苦不堪言的小孩子。

夏洛克·福尔摩斯默默地坐了有几分钟，并且皱着眉头，两眼注视着炉火。“你平常接待的客人多吗？”他问。

“只不过是我的合伙人和他的家庭，以及偶然还有阿瑟的朋友来访。乔治·伯恩韦尔最近也曾经来过几次。我想应该没有其他别的什么人了。”

“你经常出去参与社交活动吗？”

“阿瑟是常去的。玛丽和我都待在家里。我们俩谁都不愿去。”

“对于一个年轻的姑娘来说，这不多见的啊！”

“她生性安静。并且，她已经不再年轻，已经到二十四岁了。”

“这件事情，根据你所说，似乎也让她受到非常大震惊。”

“非常震惊！她可能比我更为惊讶。”

“你们两人都认定你儿子会有罪吗？”

“这还有什么可怀疑的呢，因为我亲眼看见皇冠在他手里拿着。”

“我不认为这是确凿的证据。皇冠的其余部分损坏了没有？”

“嗯，它被扭歪了。”

“那么你是否这样想过，他或许是想要把它弄直？”

“上帝保佑你！你是在为他和我做你所能做的一切，但是这个任务过于艰巨了。他究竟在那里干些什么？如果他是清白无辜的，他为什么不说话呢？”

“正是这样。如果他有罪的话，他为什么不编个谎言呢？他的保持沉默在我看来可作两种解释，这案子有几个比较奇怪的地方。对于把你从睡梦中吵醒的声音，警察是怎么认为的？”

“他们认为这可能是阿瑟关他卧室房门的声音。”

“说得倒像呢！好像一个存心作案的人非得大声关门把全家吵醒不可似的。好吧，那么对这些宝石的失踪他们是怎么说的？”

“他们此时还在敲打地板，搜查家具，希望能找到它们。”

“他们有没有考虑到房子外面看看？”

“他们考虑了，他们劲头十足，整个花园都已经仔细检查过了。”

“这件事情的确比你或警察起初所想的要深奥得多吗？据你们看，这只不过是一桩简单的案件，但在我看来它似乎特别复杂。想想你们的分析都是一些什么，你猜想你的儿子从床上下来，冒着非常大的风险，走到你的起居室，打开柜子，取出那顶皇冠，用非常大的力气从上面扳下一小部分，再到别的什么地方去，把三十九块绿玉中的三块用任何人都无法发现的巧妙办法藏了起来，然后带着其余的三十六块回到房间里来，让自己冒着被人发现的极大危险。现在我来问你，这个分析能够站得住脚吗？”

“可是还能作什么别的分析呢？”这位银行家做出一个失望的姿态嚷着。“要是他没有不良动机，那他为什么不解释清楚呢？”

“正是我们要做的工作，把事情弄清楚。”福尔摩斯回答说，“所以现在如果你愿意的话，霍尔德先生，我们就一起动身到你斯特里特哈姆的家里去，花上一个小时更周密地查看一下。”

我的朋友坚持要我陪同他们一起去进行调查，正好我也非常急切地希望一同去，因为我们刚刚听到的陈述深深地激起了我的好奇心和同情心。我承认，对这银行家的儿子是不是罪犯这点，我当时和这位不幸的父亲有相同的看法，都认为是非常明显的；但是我仍然对福尔摩斯的判断力抱有十足的信心，因而觉得既然他对已为大家所接受的解释不满意，那么一定有某种理由表明这事情还有希望。在去南郊的全部路程中，他一言不发地坐着，把下巴贴到胸口上，把帽子拉下来遮住了眼睛，沉浸于深深的思考之中。我们的委托人，由于有一线希望呈现在眼前，显得有了新的勇气和信心，他甚至杂乱无章地和我聊其他业务上的一些事情。坐了一会儿火车，再走短短的一段路程，我们就到了这位大银行家住的不算豪华的费尔班寓所。

费尔班是一所非常大的用白石砌成的房子，离马路有点远。一条双行的车道沿着一块积雪的草坪一直通到紧闭着的两扇大铁门前面。右面有一小丛灌木，连绵于一条狭窄的、两旁有小树篱的小径，这条小径从马路口一直通到厨房门前，成为零售商人的进出小道。在左边有一条小道通到马厩，这条小道不在庭院之内，是一条并不常用的公共马路。福尔摩斯让我们站在门口，他自己慢慢地绕房步行一周，经过屋前沿着那小贩走的小道，再绕到花园后面进入通往马厩的小道。他来回走了好长一段时间，霍尔德先生和我直接进屋，在餐室的壁炉边等候他。当我们正沉默地坐着的时候，房门被人推开，一位年轻的女士走了进来。她身高在中等以上，身材苗条，漆黑的头发和眼睛，在她非常苍白的皮肤衬托下似乎显得分外黑。我想不起几时曾经见到过脸色如此苍白的妇女。她的嘴唇也是毫无血色，她的眼睛却因哭泣而红肿。她静悄悄地走了进来，给我的印象好像她的痛苦要比银行家今早所感受的更厉害，因为她显然是一位个性非常强、并且具有非强大的自制力的妇女，这就显得更加引人注目。她不顾我在座，径直走向她叔父跟前，以妇女的温情抚摸着他的头。

“你已经命令将阿瑟释放了，是吗，爹？”她问。

“没有，没有，我的姑娘，这件事情必须要追查到底的。”

“但是我确实相信他是无罪的。你懂得女人的本能是怎么回事。我知道他没有做什么错事，这样严厉地对待他，你是要后悔的。”

“那么，如果他是无辜的话，他为什么什么都不说？”

“谁知道？也许他是因为你这样怀疑他而感到恼怒。”

“我怎么能不怀疑他呢？当时我确实看见那顶皇冠在他手里拿着。”

“唉，他只不过是将它拾起来看看。哦，相信我的话吧！他是无辜的。这件事就这样算了吧，不要再提它了。想到我们亲爱的阿瑟被关进监狱是多么可怕啊！”

“我找不到绿玉绝不罢休——绝不，玛丽，你对阿瑟的感情使你看不到它给我造成的严重后果。我绝不能就这样了事，我从伦敦请了一位先生来更深入地调查这件事。”

“是这位先生？”她转过身来看着我问道。

“不，是他的朋友。他要我们让他一个人走走。他现在正在马厩那条小道那边。”

“马厩那条小道？”她的黑眉毛向上一扬，“他能指望在那里找到什么？哦，我想这就是他吧。我相信，先生，你一定能证明我所确信的是实情，那就是我的堂兄阿瑟是无罪的。”

“我非常同意你的看法，而且，我相信，有你在一起，我们能证明这一点。”福尔摩斯一边答话，一边走回擦鞋垫上把鞋底下的雪蹭掉。“我认为我非常荣幸地在和玛丽·霍尔德小姐谈话，我可否向你提一两个问题？”

“请吧，先生，如果能对澄清这件可怕的事件有所帮助的话。”

“昨天晚上你没听见什么声音吗？”

“并没有，一直到我的叔父开始大声地说话。我听见时才从楼上下来。”

“你昨天晚上把门窗都关上了，但是有没有把所有的窗户都关上呢？”

“都关上了。”

“今天上午这些窗户是否都还关着？”

“都还关着。”

“你有个女仆，她还有个情人吧？我了解你昨天晚上曾经跟你叔叔说她出去见他来的？”

“对的，她就是那个在客厅里等待的女仆，她可能听见叔叔讲到关于皇冠的话。”

“我知道，你的想法是说她非常可能出去将这事偷偷告诉了她的情人，而他们俩可能密谋盗窃这顶皇冠。”

“但是这些苍白的理论没有任何说服力。”银行家没好气地大嚷了起来，“我不是对你说过我当时亲眼目睹阿瑟手里拿着那顶皇冠吗？”

“请不要急啊！霍尔德先生。我们一定要细问一下这件事。霍尔德小姐，对于这个女仆，我想你可能看见她是从厨房门旁边回来的，是吗？”

“是的，当我发现那扇门有没有关好时，我碰见她悄悄地溜了进来。我还看见那个男人躲在暗地里。”

“你知道他吗？”

“哦，我知道！他就是给我们送蔬菜的菜贩。他的名字叫做弗朗西斯·普罗斯珀。”

“他站在那儿，”福尔摩斯说，“在门的左侧——也就是说，偏离需要这门的路上？”

“对的，就是这样。”

“他还是一个装有木头假腿的那种人？”

这位年轻小姐充满了表情的黑眼珠忽然显得有点惊讶。“怎么？你真像个魔术师啊，”她说，“你是怎么知道这个的？”

她那时候面带笑容。可是福尔摩斯瘦削而显得急切的脸上并没有迎合对方的微笑。

“我非常想现在就马上上楼去。”福尔摩斯说，“我还要到房子外边再去走一圈，不过我在上楼之前最好再查看楼下的窗户。”他马上从一个个窗户前穿过，只是在那扇可以从大厅向外张望到马厩小道的大窗户前停顿了一下。他打开这个窗户，用随身携带的高倍放大镜非常细致地检查着每一个窗台。

最后他说，“现在我们可以上楼去了。”

这位银行家的卧室是一间布置简单的小房间，地上放着一块灰色地毯，摆放着一个大柜橱和一面长镜子。福尔摩斯先跑到大柜橱跟前，紧盯着上面的锁。

“是用哪把钥匙开这锁的？”他问道。

“就是我儿子指出的——那把开贮藏室食品橱的锁的钥匙。”

“它在你这里吗？”

“就是那把放在化妆台上的钥匙。”

福尔摩斯把它拿过来打开大柜橱。

“这是一把无声的锁，”他说，“怪不得他没有吵醒你。这只盒子我想就是装那皇冠的。我们必须看一看。”他打开盒子，将皇冠取出来放在桌子上。这是一件华丽的珠宝工艺品，那三十六块绿玉是我从未见过的精美的玉石。皇冠的一边有一道裂口，一个角上有三块绿玉被扳掉了。

“现在，霍尔德先生，”福尔摩斯说，“这个边角和那不幸丢失绿玉的边角是对称的。我请你试一试看能否将它扳开。”

那银行家惊慌地往后退缩。他说：“我连做梦也不敢去扳它。”

“那么我来试试，”福尔摩斯猛然用足力气去掰它，但是纹丝不动。“我觉得它有点松动，”他说，“但是，虽然我的手指特别有劲，要掰开它也非常费劲。一个普通人是不可能把它扳开的。好了，霍尔德先生，如果我真的扳开了它，会是什么情况呢？那就会发出像枪响一样的声音。你敢说，这一切是发生在仅离你卧榻数码之遥的地方，而你却一点什么声音也没听见吗？”

“我什么也不敢想，什么问题也看不出来。”

“但是事情也许会越来越清楚。你是怎么想的，霍尔德小姐？”

“我承认我和我叔叔一样感觉非常不解。”

“当你看到你的儿子时，他没有穿鞋或拖鞋，是吗？”

“除了裤子和衬衫外，他什么也没有穿。”

“谢谢你。我们确实从这次询问中受益匪浅，实在太幸运了，如果我们还不能把这事情弄清楚的话，那就完全是我们自己的过错了。霍尔德先生，请允许我再到外面去继续调查。”

他要求他自己一个人去，因为他解释说，人去多了会留下一些不必要的脚印，可能给他的工作造成更多的困难。他工作了一个多小时，最后回来时他的脚上满是积雪，而他的面孔仍然是那样的神秘莫测。

“我想这里我要看的我都看过了，霍尔德先生，”他说，“我想我对你现在最好的效劳就是回到我的住房去。”

“但是那些绿玉，福尔摩斯先生，它们在哪里？”

“我说不好。”

“那我永远再见不到它们了！”这位银行家搓着双手大声地说，“还有我的儿子呢？你不是给了我希望吗？”

“我的意见一点也没改变。”

“那么，我的天哪，昨晚在我屋子里究竟发生了什么事情？”

“如果明天上午九到十点钟你能到贝克街我的住所来找我，我将高兴地尽我所能把它讲得更清楚些。我的理解是，你全权委托我替你办这件事，只要我能找回那些绿玉，你不会限制我可能支取的款项数目。”

“为了找回它们，我愿拿出我的全部财产。”

“非常好，我将在明天上午之前这段时间内调查这件事。再见，也非常可能我傍晚以前还得再来到这里一趟。”

我清楚地知道我的伙伴现在对这个案件已经胸有成竹，至于他究竟有了些什么样的结论，我连一点模糊的印象也没有。在我们回家的途中，我几次想从他那里探听出这一点，但是他总是扯到别的话题上去，最后我只好失望地放弃了这个意图。还不到下午三时，我们就回到了自己屋里。他急忙走进他的房间，几分钟后便打扮成一个普通的流浪汉下楼来。他把领子翻上去，穿着磨得发光的破外衣，打着红领带，穿着一双非常破旧的皮靴，成了一个典型的流浪汉。

“我这样打扮还算是像吧，”他一边说一边对着壁炉上的镜子照了一下，“我真希望你能够和我一起去，华生，但是恐怕不行。我可能找到这个案子的线索，也可能是跟着鬼火瞎跑，但是我不久就会明白是哪种可能。我希望几个小时内就会回来。”他从餐柜上放着的大块牛肉上割下一块，夹在两片面包里，然后把这干粮塞进口袋，就出发探险去了。

我刚喝完茶，只见他手里晃着一只边上有松紧带的旧靴子兴高采烈地回来了。他把那只旧靴子扔在角落里，便去倒茶喝。

“我只是经过这里进来顺便看一下，”他说，“我马上就得走。”

“到哪里去？”

“哦，到西区那边去。可能得过相当长的时间我才能回来。如果我回来得太晚，就别等我了。”

“你事情进行得怎么样？”

“哦，还可以。没有什么可抱怨的。我离开你后又到斯特里特哈姆去了，只是没进屋。那个小疑点是非常有意思的，我怎么也不能轻易放过它。我不能尽坐在这里闲聊天，我必须把这套下等人的服装脱下来，重新穿上我自己那套上等人的服装。”

从他的言行举止可以看出，他有比他谈话中所暗示的更值得满意的理由。他的眼睛里闪烁着光彩，他菜色的面颊上甚至泛出了红晕。他匆匆地下了楼，几分钟后，我听见大厅的门砰地一响，我知道他又一次出发去搞他天生喜欢的侦察去了。我一直等候到半夜，还是没发现他回来，我就回房去休息了。他连续几天几夜外出紧追一个线索是平常的事，因此他今天迟迟不回来我并没有感到奇怪。我不知道他是在什么时候回来的，可是当我上午下楼吃早餐时，只看见他已经坐在那里了，他的一只手拿着一杯咖啡，另一只手放着一份报纸，并且精神饱满，显得非常华贵。“对不起，华生，我没等你就先吃了起来。”他讲道，“可是你不要忘掉我们的委托人今天午跟我们的约会。”

“怎么，现在已过了九点钟了，”我答复说，“我听到了敲门声，我想是他在敲门。”

果然，来得正好是我们这位金融家朋友。在他身上出现了非常多变化，让我感到非常惊奇，因为他天生又壮阔又厚实的脸庞，现在消瘦并干瘪了下去，他的头发似乎也比之前更加灰白了。他带着萎靡疲惫的面容走了进来，比之前那个早晨那种暴躁的样子显得更加的困苦不堪，他沉重地跌坐在我推给他的扶手椅上。

“我不知道做了什么缺德事让我承受这么痛苦的折磨，”他讲道，“只不过是两天之前我还是一个幸福又富有的人，过着无忧无虑的生活。但是目前我落到了非要过孤独和不光彩的暮年的地步。那真是祸不单行啊。我的侄女玛丽也不要我了。”

“不要你了？”

对。今天上午发觉她的床是一夜没有人睡过了，她的房间现在也已经是人去楼空了，只有一张写给我的便条放在大厅的那张桌子上。我昨天晚上曾经悲伤地跟她说，如果她跟我儿子结了婚，他本来可能所有都会变好的。或许我这样说实在没有认真的斟酌。她的便条里也讲到了这些话：

我最最亲爱的叔叔：

我感觉到我已经给你带来了烦恼，要是我采用另外一种行动，这骇人的不幸事情也许就永远都不会出现了。我心里放着这种念头，就再也不能快乐地住在那个你的屋檐下了。我一定要永远离开你。不要为我的前途担心，因为我自己有该去的地方；最为重要的是，不要去找我，因为这将是白费工夫，并且会帮我的倒忙。不论我是生还是死，我将永远是你亲爱的玛丽。

“她这张便条是什么意思，福尔摩斯先生？你认为她暗示想要自杀吗？”

“不，不，根本不是这么回事。这也许是最好不过的解决办法。我相信，霍尔德先生，你的这些苦恼事马上就要结束了。”

“哈！你肯定是这样？你听见了什么，福尔摩斯先生，你听到了什么消息？那些绿玉在哪里？”

“你不认为一千英镑一块绿玉的价钱太大吧？”

“我情愿付出一万英镑！”

“这没有必要。这件事只要三千英镑就够用了。我想，还有一笔小小的酬金。你带着支票簿没有？给你这支笔，开一张四千英镑的支票好了。”

这位银行家神色茫然地如数开了支票。福尔摩斯走到他的写字台前，取出一个小小的三角形的金纸包，里面有三块绿玉，顺手将它扔在桌子上。

我们的委托人一声喜悦的尖叫，一把将它抓在手中。

“你弄到手了！”他急促地说，“我得救了！我得救了！”

这喜悦的反应和他以前的愁苦一样的激烈，他将这几颗重新获得的绿玉紧紧地贴在胸前。

“你另外还欠了笔债，霍尔德先生。”福尔摩斯相当严肃地说。

“欠债？”他拿起一支笔，“欠多少，我这就偿还。”

“不，这笔债不是欠我的。你应该对那个高尚的小伙子、你的儿子好好地道歉，他把这件事揽在自己身上了，我要是能够看到我自己的儿子这样做，我也会感到非常的骄傲的，倘使我有这样一个孩子的话。”

“那么，不是阿瑟拿走的？”

“我昨天就告诉过你，今天我再重复一遍，不是他。”

“你确定是这样！那么让我们马上赶到他那里去，让他知道已经真相大白了。”

“他已经知道了。我全部搞清楚后去找他谈过了，发现他不愿意将实情告诉我，我干脆对他说了，他听后不得不承认我是对的，并且对我还不很清楚的几个细节作了补充。你今天早晨带来的消息，必定能够让他开口。”

“我的老天爷呀！那么，快告诉我这离奇的谜到底是怎么回事吧！”

“我是要这样做的，并且我要对你说明我为弄清事情的底细所采取的步骤。让我从头讲给你听，首先，这话我觉得难以启齿，你也非常难听入耳：那就是乔治·伯恩韦尔爵士和你的侄女玛丽有私情。他们两人现在已经一起逃走了。”

“我的玛丽？不可能！”

“不幸的是它不仅仅是种可能，而且是非常肯定的事实。当你们将此人接纳到你们家中时，不论是你或是你的儿子，都不非常了解他的真实脾性。他是英国最危险的人物之一——一个潦倒的赌徒、一个凶恶透顶的流氓、一个没有心肝和良知的人。你的侄女对这种人一无所知。当他对她信誓旦旦一如他以前向成百个其他女人所做的一样时，她非常的得意，认为只有她一个人触动了他的心。这个恶魔深知如何用花言巧语使她能为他所利用，并且几乎每晚都和他幽会。”

“我不能，也绝不会相信有这种事！”银行家脸色灰白地嚷道。

“那么，让我来告诉你，前天晚上你家里所发生的一切。你的侄女，当她认为你已经回到你的房间去后，悄悄地溜下来在那扇朝向马厩小道的窗口和她的情人谈话。他的脚印因为久站在那里而深深地印透了地上的雪。她和他谈到了那顶皇冠。这消息燃起了他对金子的邪恶贪欲，他就强迫她服从他的意愿。我不怀疑她是爱你的，但是经常会有这种女人，她们对情人的爱会淹没对所有其他人的爱，而我认为她，肯定也是这样一个女人。她还没有听完他的指使，就见你下楼来，她急忙把窗户关上，并向你诉说那女仆和她那装木头假腿的情人的越轨行为，那倒是确有其事。”

“你的儿子阿瑟和你谈话后，便上床去睡觉，不过他因为欠俱乐部的债心神不安而难以入睡。半夜的时候，他听见轻轻的脚步声经过了他的房门，因此他起床向外探视，惊讶地看到他的堂妹蹑手蹑脚地偷偷沿着过道走去，直到她消失在你的起居室里。这孩子惊讶得目瞪口呆。急忙随便披上一件衣服伫立在暗地里要看看究竟是怎么回事。这时只见她又从房间里走了出来，你儿子在过道灯光的亮光下看见她手里拿着那顶珍贵的皇冠走向楼梯，他感到一阵恐慌，跑过去将身子隐藏在靠近你门口的帘子后面，从那里他可以看到下面大厅里所发生的一切。他看见她偷偷地将窗户打开，把皇冠从窗户里递出去交给暗地里站着的什么人。然后把窗户重新关上，从非常靠近他站立的地方——他躲藏在帘子后面——经过，匆匆地回到她房间里去了。”

“只要她在现场，他就不可能采取任何行动，以免暴露他心爱的女人的可耻的行径。但是她刚一走开，他马上意识到这件事将会使你遭受多大的不幸，并感觉到把它纠正过来是多么重要。他急奔下楼，仍然是披着衣服，光着脚，打开那扇窗户，跳到外面雪地里，沿着小道跑去，在月光里他瞧见一个黑影。”

“乔治·伯恩韦尔爵士正在企图逃跑，但是被阿瑟捉住了，两个人在那里争夺起来，你的孩子抓着皇冠的一端，而他的对手抓着另外一端。扭打之间，你的儿子揍了乔治爵士一拳，打伤了他的眼部。这时忽然间有什么东西被拉断了，当时你的儿子发现皇冠已经在他手里，便急忙跑回来，关上窗户，上楼走到你的房间里，正在察看那扭坏了的皇冠并用力要把它弄正的时候，你就出现在现场了。”

“这可能吗？”那银行家捏了一把汗说。

“正当他认为他非常值得你最热烈地感谢的时候，你对他的谩骂激起了他的怒火，他既不能说明实际情况而又不至于出卖肯定值得他认真考虑手下留情的人。他认为应有绅士风度，于是将她的秘密隐藏了起来。”

“这就是为什么她一看到那顶皇冠便发出一声尖叫晕了过去的原因。”霍尔德先生大声嚷着，“哦！我的天！我真是瞎了眼的蠢人！是的，他要求过我让他出去五分钟！这亲爱的孩子是想到争夺的现场去寻找那皇冠的失落部分。我是多么残酷无情地冤枉了他！”

“当我走到你屋子的时候，”福尔摩斯接着说，“我马上到四周仔细地观察了一下，看看雪地里到底有什么痕迹便于我的调查。我了解在前天晚上一直到现在都没有再下过雪，而且这期间刚好有重霜保护着的痕迹。我穿过商贩所走的那一条小道，可是脚印都已经被踩得无法查看了。然而，正好在它的这一边，距离厨房门不远的地方，却发觉有过一个女人站在那一侧同一个男人讲话时遗留下的痕迹，那边的脚印有一个是圆的，这正表明这个人有一条木头做的假腿。我甚至能够断定有人打扰了他们，因为有那个女人飞快地跑回到门口的印迹，这能够从雪上前脚印深后脚印浅的样子中可以看出来。那个装木头假腿的人看起来在那里的确是待了一段时间才走开的。”

“我那个时候猜测这非常有可能是那女仆和她情人的。关于他们的事你已经告诉过我。后来我经过查看表明确是这样。我到花园里又转了一圈，除了凌乱的脚步之外，别的没发现到什么，我了解这是警察留下的；可是我到了通过马厩的小道时，印在雪地上的一段非常长却也复杂的情景便出现在我的面前。那里有两条穿靴子的人留下的脚印，另外还有两条，我非常高兴地看到这是一个赤脚的人留下的脚印。我马上根据你以前告诉过我的话知道后两条脚印是你儿子所留下的。头两个脚印是来回走的，而另外的两条则是跑得飞速的脚印，并且他的脚印在有些地方盖住在那穿靴的脚印上，明显的他是在后头穿过去的。”

“我顺着这些脚印一直走，发觉它们通往大厅的窗户，那穿皮靴的人正在这里等待的时候把四周全部的雪都踩化了。随后我到另外一边，这里从那个小道走下去有一百多码。另外，我看出那穿起靴的人曾转过身来，地上的雪被踩得纵横交错，狼藉不堪，好像在那里发生过一场搏斗，并且最后我还发现那里还有溅下的几滴血，这说明我没搞错。这时，那穿皮靴人又沿着小道跑了，在那里又有一小摊血说明他受了伤。当他来到大路上另一头时，我看见人行道边已经清扫过，所以线索就此中断。”

“你记得，我进屋子的时候，曾经用放大镜查验大厅的窗台和窗框，我马上看出有人从这里曾经进出过。我能够分辨出脚的轮廓，因为一只湿脚跨进来时曾在这里踩过。那时我对于这里发生过什么事就有了初步的看法。也就是说，一个人曾在窗外守候过；一个人将绿玉皇冠带到那里。这情况被你的儿子看见了，他去追那个贼，并和他搏斗。他们两个人一起抓住那皇冠，一起使劲争夺，才造成并非任何单独一个人所能造成的那种损坏。他夺得了战利品回来，但却留下一小部分在他对手的手中。我当时所能弄清的就是这些。现在的问题是，那个人是谁？又是谁把皇冠拿给他的？我记得有一句古老的格言说道，‘当你排除了不可能的情况后，其余的情况，尽管多么不可能，却肯定就是真实的’。”

“我知道，一定不是你将皇冠拿到下面来的，所以剩下来只有你的侄女和女仆们。但是如果是女仆们干的事，那为什么你的儿子愿意替她们背黑锅呢？这没有可以站得住脚的理由。正因为他爱他的堂妹，所以他要替她保守秘密，这样解释就通了。更因为这秘密是一件不光彩的事，他就越要这样做。当我记起你说过曾经看到她在那窗户那里，后来她见到那皇冠时便昏过去，我的猜测便变成非常肯定的事实了。但是，是谁可能成为她的共谋者呢？显然是一个情人，因为还有谁在她心上可以超过她对你的爱和感恩之情呢？我知道你深居简出，你结交的朋友数量非常的少，而乔治·伯恩韦尔爵士却是其中之一。”

“我以前曾听到过他在妇女当中名气非常的不好，穿着那双皮靴并持有那失去的绿玉的人一定是他。尽管他明白阿瑟已经发觉是他，他依然认为自己可以没有问题，因为这小伙子只要有一词吐露，就不能不危及他的家庭。”

“好啦，根据你自己良好的辨别力就能联想到我采取的第二个步骤是什么了。我打扮成流浪汉的样子到乔治爵士住处，结识了他的贴身仆人，知道了他的主人前天晚上被划破了头。最后我花了六个先令买了一双肯定是他主人扔掉的旧鞋。我带着那双鞋来到斯特里特哈姆，并核对出它和那脚印完全相符，丝毫不差。”

“昨天晚上，我在那条小道上见到了一个衣衫褴褛的流浪汉。”霍尔德先生说。

“一点没错，那就是我。我感觉到我已经查到了我所要查的人，所以我就回家更换衣服。这里有一个微妙的角色要我扮演，因为我感到必须避免起诉才能不至于出现丑闻，而且我明白如此狡猾的一个恶棍一定会看出在这件事上我们的双手是受到束缚的。我登门找他。开始的时候，自然，他矢口否认一切。但是，当我向他指出发生的每一具体情况以后，他从墙上拿下一根护身棒企图威吓我。然而，我懂得我要对付的是什么人，我在他举棒打击以前，迅即将手枪对着他的脑袋。这时他才开始有点理性。我告诉他我们可以出钱买他手里的绿玉——一千镑一块。这才使他显出一种非常后悔的样子。”“啊唷，糟透了！”“他说他已经把那三块绿玉以六百英镑的价格卖给人家了。我在答应不告发他之后，很快就从他那里得到了收赃人的住址。我找到了那个人，和他多次讨价还价后，我以一千镑一块的价格把绿玉赎了回来。接着我就去找你的儿子，告诉他一切都已经办妥了。终于，我在可称之为真正艰难辛苦的一天之后，两点钟左右才上床睡觉。”

“这一天可以说是把英国从一桩公之于众的大丑闻中救了出来，”银行家说着站起身来，“先生，我真的不知道该说什么来感谢你，但是你会看到我不会辜负你所做的一切。你的本领实在是我前所未闻的。现在我必须飞快地去找我亲爱的儿子，为我冤枉了他向他道歉。至于你所谈到的关于可怜的玛丽的事，让我太伤心了。你的本领再大，恐怕你也说不出她现在是在哪里吧！”

“我想我们可以有把握地说，”福尔摩斯回答说，“乔治·伯恩韦尔爵士在哪里她就在哪里。同样，还可以肯定地说，不论她犯了什么罪，不用多久，他们就会受到严厉的惩罚。”

铜山毛榉案

“一个为了艺术而爱好艺术的人，”夏洛克·福尔摩斯将《每日电讯报》的广告专页扔在一边说，“通常会从最无关紧要和最普通的形象中找到最大的欢趣。华生，我高兴地发现，从你老老实实地为我们的案件所做的那些记录中，你已经了解了这个真理。并且，我要确定地讲，有时你还是需要加以润色的。你要加以突出的并不是那些我以前参与过的很多有名案件的侦破和轰动一时的审查过程，而是那些本身情节有可能是普通琐碎的案件，但是这些案件有发挥推断和逻辑综合能力的余地，我会把它们列入我的特别的研究范围之内。”

“然而，”我微笑着说，“我不能完全为自己在记录中采用耸人听闻的手法开脱。”

“或许你的确是有错误的，”他一边评论一边用火钳夹起火红的炉渣来点燃他那长把的樱桃木烟斗，当他是在争论问题而不是在思考问题的时候，他常常是用这个烟斗来替换陶制烟斗的。“也许你错就错在总想把你的每项记述都写得生动活泼些，而不是将你的任务限制在记述事物因果关系的严谨的推理上——这实际上是事物唯一值得注意的特点。”

“在这个问题上，我看我对你还是非常公正的。”我有点冷漠地说，因为我不止一次地观察到我的朋友的奇特性格中有非常强的自私自利的因素而让我感觉颇为反感。

“不，这不是因为我自私自利或自高自大，”他回答说，和往常一样，他不是针对我所说的话而是针对我的思想，“如果我要求非常公正地对待我的技艺，这是因为它不是属于我个人的东西……一种不属于我自己的身外物。犯罪是常有的事，逻辑是难得的东西。因此你详细记述的应该是逻辑而不是罪行。可是你已经把本来应该是讲授的课程降低为讲一连串的故事了。”

一个初春的清晨，我们吃过早餐后，两人面对面坐在贝克街老房子里熊熊燃烧着的火炉旁边。一阵浓雾拥了过来，弥漫于一排排的暗褐色房子中间。对面的窗户在这深黄色的迷雾中，模模糊糊成为昏暗的、不成形状的一片非常模糊东西。我们点亮了气灯，它打在白的台布上，照在了微微发光的瓷瓶和金属制成的器皿上，因为餐桌当时还没有被收拾整齐。夏洛克·福尔摩斯整个上午一直默默地翻查着一堆报纸的广告栏，最终，他明显放弃了翻阅，好像带点情绪地针对我文笔上的缺点批评了我一顿。

“同时，”他稍微停顿了一次，然后坐在一边抽起了他的长烟斗，一边盯着炉火对我说，“不会有谁会去责备你看起来有些危言耸听的写法的，因为在这些你这么感兴趣的案子中，非常大的一部分并不是真正法律意义上的犯罪行为。我努力帮助波希米亚国王的那种小事，以及玛丽·萨瑟兰小姐的奇特经历，有关那歪唇男人的非常难理解的问题，还有那个贵族单身汉事件，这些都是不属于法律范围以内的事情。虽然你非常努力地去尽量避免危言耸听，但是我还是觉得你的描写感觉过于啰唆了。”

“结果也许是这样，”我回答说，“然而我所采用的方法还是新颖而又非常有趣味的。”

“呵，我的好朋友啊，对人们——众多理解力并不强的人们来说，他们压根不能够从一个人的牙齿看出他就是一名编织工，或从一个人的左拇指辨认出他是一名排字工，他们才不会有耐性去理解解析和推导的细微区别呢！然而，要是你实在写得太繁琐，我也不能完全责备你，因为作大案的日子已经过去了。一个人，或者最少是一个犯刑事罪恶的人，已经没有了过去的那种肯冒险和创新的能力了。我在自己的小行业，好像也已经退化到一种代理处的境地，只做一些为人家寻找不见的铅笔，或是替寄宿学校的年轻少女们出出主意。我感觉，无论如何，我的事业现在已经是在走下坡路了。今天上午我收到的这封信，我猜想这正预示着我的事业已经到了谷底。你先读读这个吧！”

他将揉成一团的一封信抛过来给我。这是前个晚上从蒙塔格奇莱斯寄来的，信的内容如下：

敬爱的福尔摩斯先生：

我非常急切地想与你讨论一下关于我应不应该答应人家招聘我当家庭女教师的问题。要是你方便的话，我于明天十点三十分来访问你。

你的诚实的维奥莱特·亨特

“你知道这位年轻的小姐吗？”

“我不认识。”

“现在已经是十点半了。”

“我敢肯定这是她在拉门铃。”

“这件事也许比你想象的要有意思得多，你还记得蓝宝石事件开头的研究好像只不过是一时的兴趣，后来却发展成为严肃的调查，这件事或许也会这样。”

“嗯，但愿是这样吧。我们的疑团非常快就会解开，因为要是我没搞错的话，当事人这就来了。”

话音未落，房门打开的地方就看见一位年轻的小姐走进房间。她衣着朴素，但非常整齐，面容生气勃勃、聪明伶俐，长着像鸻鸟蛋那样的雀斑，举动敏捷，像个为人处世非常有主意的妇女。

“我想你会原谅我来打扰你的，”当我的同伴起身迎接她的时候，她说，“我遇见一件非常奇怪的事，由于我没有父母或任何其他亲属可以请教，我想也许你会好心告诉我该怎样办。”

“请坐，亨特小姐，我将会非常高兴地尽力为你服务。”

我看得出来福尔摩斯对这位新委托人的举止和谈吐留下了非常良好的印象，他以探究的眼光打量了她一番，然后镇静下来，垂着眼皮，指尖顶着指尖，听她陈述事情的经过。

“我在斯彭斯·芒罗上校的家里当家庭女教师已经五年了，”她说，“但是两个月以前，上校奉命到新斯科舍的哈利法克斯去工作，他带了他的几个孩子前往美洲，我便失业了。我登报寻找职业，并按报纸上的招聘广告前往应征，但都没有成功，最后我积蓄的小小存款开始枯竭，我已经到了无计可施不知道如何是好的地步。西区有一家非常有名的家庭女教师介绍所叫做韦斯塔韦，我每星期都要到那里探望是否有适合我的职业。韦斯塔韦是这家营业所创办人的名字，但是实际上经理人是一位斯托珀小姐。她坐在她的小办公室里，求职的妇女等候在前面的接待室里，然后挨个被领进屋，她则查阅登记簿，看看有没有适合她们的职业。”

“嗯，上个星期我照常被领进那间小办公室，我发现斯托珀小姐并不是自己一个人在那里，一个异常粗壮的男人，又大又厚的下巴一层垒一层地挂到他的喉部，笑容满面地坐在她肘边，鼻子上戴着一副眼镜，正仔细地观察进来的妇女。当我走进里面时，他在椅子上着实颤动了一下，很快转身面向斯托珀小姐。”

“‘这个就可以，’他说，‘我觉得这一个非常好。好极了！好极了！’他仿佛非常热情，搓着两手，表现出非常亲切的样子。他这种和气的神态，使人看了感到非常愉快。”

“‘你是来找工作的吧，小姐？’他问。”

“是的，先生。”

“做家庭女教师？”

“是的，先生。”

“你要求多少薪水？”

“我以前在斯彭斯·芒罗上校处是每月四英镑。”

“‘嗯！嗯！苛刻啊……这够苛刻的！’他一面嚷着，一面伸出一双肥胖的手，好像情绪激动的人那样，在空中挥舞。‘怎么会有人出这么少的钱给这样一位有吸引力和这么高造诣的女士？’”

“‘我有造诣吗，先生，可能不如你所想象的那么深，’我说，‘懂一点法文，懂一点德文、音乐和绘画……’”

“‘嗯，嗯！’他喊着，‘这些都不是最主要的问题，关键是你有没有一位有教养妇女的举止和风度？简单地说，就是这一句话，你要是没有，那你就不适宜教育一个将来有一天也许会对国家的历史起非常大作用的孩子；但是倘若你有，那么，为什么竟有一位先生好意思要求你屈尊俯就接受少于三位数的数目的薪金？小姐，你在我这里的薪水，一百磅一年。’”

“您知道，福尔摩斯先生，这样的待遇，在我这样穷得不名一文的人看来几乎是好得难以令人相信啊！可是这位先生，大概看见我脸上怀疑的表情，便打开钱包，拿出一张钞票。”

“‘我习惯这么做，’他说，甜蜜蜜地笑得两眼在他那布满皱纹的白脸上只剩下两条发亮的细缝，‘预付一半薪金给年轻的小姐，好让她们应付旅费上的零星开支和添置一些服装！’”

“我以前从来没遇到过这么感人、这么体贴人的人。由于我那时还欠着小商贩的债，这预付给我的钱当然对我是非常大的方便。然而，整个接洽过程当中，我总觉得有些地方不太对劲，决定多了解一些情况然后再表态。”

“‘我是否可以问你住在什么地方，先生。’我说。”

“可爱的乡村地区汉普郡铜山毛榉，它离温切斯特才五英里。是非常可爱的乡村，我亲爱的小姐，并且还有一座最可爱的古老的乡村房子。”

“那么，我的职务呢，先生？我非常想了解一下是什么工作。”

“‘一个小孩子——一个刚刚六岁的可爱的淘气包。哟，你要是能够看见他用拖鞋打死蟑螂！啪哒！啪哒！啪哒！你眼睛还来不及眨一眨，三个已经报销了！’他靠在椅背上笑得又把他的眼睛眯成一条缝了。”

“孩子喜欢这样的游戏有点让我感到惊讶，但是他爸爸的笑声使我认为也许他是在开玩笑。”

“‘那么，我唯一的工作，’我说，‘是照管一个孩子？’”

“‘不，不，这绝对不是唯一的，不是唯一的，我亲爱的年轻小姐，’他大声地说，‘你的任务应该是，我肯定你聪明的头脑会意识到，听候我妻子的任何命令，假如这些命令是一位小姐理应遵从的话。你看，没有任何困难，是吗？’”

“我非常非常高兴为您效劳。”

“太好了，现在说说服装，比如说，我们喜欢时尚，你知道，有时尚癖，但是心眼不坏。倘若我们给你件服装要你穿的话，你不会反对我们的小小怪癖，是吗？”

“‘不，’我说，但是我对他的话感到非常的惊讶。”

“叫你坐在这里，或者坐在那里，这将不至于会让你不高兴吧？”

“啊！不会的。”

“或者在你到我们那里之前，让你把头发剪短呢？”

“我简直不敢相信自己的耳朵。我的头发，福尔摩斯先生，正如你能见到的，长得相当密，并且有着栗子般的特殊色泽，颇为艺术，我做梦也想不到要这样随随便便地把它牺牲掉。”

“‘这个我恐怕不太可能，’我说。他的小眼睛一直热切地注视着我，当我说这话的时候，我注意到一道阴影掠过了他的脸。”

“‘我恐怕这一点是非常有必要的，’他说，‘这是我妻子的小小癖好，夫人们的癖好，你明白，小姐，夫人们的爱好是必须考虑的，那么，你不打算剪掉你的头发了？’”

“‘是的，先生，我实在不能。’我坚决地回答说。”

“啊，那好，这件事那就算了。非常可惜，因为其他方面你实在都非常合适。既然那样，斯托珀小姐，我最好再多看几位你这里其他的年轻姑娘。”

“那位女经理正坐在那里忙着阅读文件，一句话也没有和我们两人说过。可是现在她显得非常不耐烦地瞧着我，使我不禁怀疑她是否因为我的拒绝而失掉一笔可观的佣金。”

“‘你想不想把你的名字仍然留在登记簿上？’她问我，‘如果你乐意的话，斯托珀小姐。其实，登记似乎也没有什么用处了，既然你用这种方式拒绝了人家提供的最优越的机会，’她尖刻地说，‘你非常难指望我们再为你另外找一个这样的机会，再会，亨特小姐。’她打了一下台上的叫人铃，一个仆人进来把我带了出去。”

“嗯，福尔摩斯先生，我回到寓所，打开食橱，里面已经没有可以吃的粮食了，桌子上又放着两三张索款单，这时我开始自问是不是做了一件非常愚蠢的事。毕竟，如果这些人有奇怪的癖好而又希望别人顺从他们这种最异乎寻常的要求，那么，他们至少是准备为他们的怪癖付出代价的。”

“在英国，一名家庭的女教师能够获得一年一百镑的薪水是非常少见的了。再说，我的头发对于我来说有什么用？许多人把头发剪短之后都变得更精神了，或许我也应该把头发剪短些。在第二天时，我觉得我大约是错了，再过一天我确信自己是错了。在我马上要克制我的傲气、继续前往介绍所咨询那个位置是否还空闲着的时候，我突然接到那位先生亲自写来的一封信。我已经把它带来了，我马上就念给你听。”

在温切斯特附近的铜山毛榉

亲爱的亨特小姐：

承蒙斯托珀小姐的善意告知了我的地址，所以我从这里写信询问你是否愿意再次考虑过你的决定。我的妻子殷切盼望你能来临，因为我对你的解释对她产生了巨大的吸引力。我们愿意每季度给你三十英镑，也就是达到一年一百二十英镑，用来补偿因为我们的癖好可能会给你带来的小小不方便。然而这些要求对你来说并非过于严厉。我的妻子喜欢非常深的铁蓝色，并期望你在早晨于室内要穿着这种颜色的衣服，但是你并不需要用自己的钱购买，因为我们有一件原来为我们心爱的女儿爱莉丝（现在美国费城）准备的服装，根据我观察，这件衣服对你来说，还是非常合身的。

关于坐在这里或那里，或是按照规定的方式来娱乐，这将不至于让你感到有任何不方便。至于你的头发，这一定是令人惋惜的，特别是在和你短短的相见时我就不禁为它的这样美丽而大为欣赏。可是我恐怕必须坚持这一点，只希望增加的薪水可以来补偿你的个人损失。至于照看孩子方面的责任，那是一件非常轻松的事。希望你一定前来，我将乘坐马车来到温切斯特迎接你。请告诉我你乘坐的火车班次。

你忠实的朋友杰夫罗·鲁卡斯尔

"这是我刚刚收到的信，福尔摩斯先生，我已经决定答应这个工作，可是，我觉得在采用这最终一步之前最好还是把事情的全部的经历都告诉你，请你代我决定。"

"嗯，亨特小姐，既然你已经拿定了主意，那就这么办吧。"福尔摩斯微笑着说。

"但是你并不劝我拒绝它？"

"我承认我不愿意看到我自己的一个姐妹去申请这个职位。"

"这究竟是什么意思，福尔摩斯先生？"

"我没有材料，说不上来，也许你已经有自己的想法了。"

"哦，我好像只有一种可能的解释。鲁卡斯尔看来是个非常和蔼、脾气非常好的人，他的妻子会不会是个疯子？因而他想对此保守秘密，以免她被送入精神病院。所以他要采取各种办法来满足她的癖好以防止她的神经病发作？"

"这种说法还可以讲得通，实际上，事情可能就是这样，这是一种言之成理的解释。但是无论如何，对一位年轻的小姐来说，它并不是一户好的人家。"

"可是，钱给得非常多！福尔摩斯先生，钱给得非常多啊！"

"是的，当然那薪水是高的……太高了。这正是我担心的原因，为什么他们要给你一百二十英镑一年，他们非常可以出四十英镑挑选一个，这后面必定有些非常特殊的原因。"

"我想我把情况告诉了你，如果以后我请你帮忙的话，你就会明白是怎么回事。而且，我觉得如果有你作我的后盾，我就会胆壮一些。"

"啊，你可以带着这种想法前去，我向你保证，你的小难题有可能成为我几个月最感兴趣的事。这里有一些特征，显然是非常奇怪的，如果你自己感到疑虑或遇见了危险……"

"危险？你预见到有什么危险？"

福尔摩斯非常严肃地摇了摇头，"如果我们能够确定它，那就不能称其为危险了。"他说，"但是不论什么时候，白天或是夜晚，打个电报我就马上来帮助你。"

“这就可以了，”她活泼地从坐椅上站起来，面部的忧容一扫而光，“我现在就可以安心到汉普郡去了，我会马上写信回复鲁卡斯尔先生的，今天晚上就把我可怜的头发剪掉，明天早晨就动身到温切斯特去。”她对福尔摩斯说了几句感谢的话后，就向我们俩道晚安告别，急忙走了出去。

“至少，”当我们听到她以敏捷、坚定的步伐走下楼梯时我说，“她应该是一位非常会照顾自己的年轻姑娘。”

“她的确需要这样，”福尔摩斯严肃地说，“如果我们许多天后还听不到她的消息的话，我就是大错特错了。”

没过多久，我朋友的预言果然应验了。两个星期过去了，在这期间我时常发现我的心思一直朝着她那个方向转，疑虑着这个孤单的女孩子误入了什么样的不可思议的歧途。不平常的薪水、奇怪的条件、轻松的职务，这一切都说明有点异乎寻常，尽管我无法确定这件事是一时的癖好还是一项阴谋，这个人是个慈善家还是个恶棍。至于福尔摩斯，我看到他时常一坐就是半个小时，紧蹙着眉头，独自在那里出神，可是我一提到这件事时，他就把大手一挥表示算了。“材料！材料！材料！”他不耐烦地嚷着，“没有粘土，我做不出砖头！”可是最后他又经常咕哝着说，他决不会让自己的姐妹接受这样的职位。

一封电报终于在一天深夜送到我们手里。这时我正打算上床睡觉，而福尔摩斯正要安顿下来搞他着了迷的经常通宵达旦进行的化学研究——通常在这种情况下，我晚上离开他时，他总是弯着腰在试管或曲颈瓶上搞化验，次日早上我下楼吃早餐时发现他还在那里——他打开那黄色信封看了一下电报内容，就把它扔给我。

“马上查一下开往布雷德肖的火车时刻，”他说，接着就转身又去搞他的化学研究。

这个召唤既简短又紧急：（这封电报说）明天中午请到温切斯特黑天鹅旅馆。一定要来！我已经无计可施了。亨特

“你愿意跟我一起去吗？”福尔摩斯抬起眼睛看了我一下问道。

“我愿意去。”

“那么就查一下火车时刻表。”

“九点半有一班车，”我查看着我要找的布雷德肖，“十一点半到达温切斯特。”

“这倒正合适，那么，我也许最好还是将我的丙酮分析推迟一下，因为明天早上我们的精神体力都要处于最佳状态才行。”

第二天大约十一点钟，我们就已经顺利地在前往英国旧都的途中

了，福尔摩斯一路上只是埋头翻阅晨报，但在我们过了汉普郡边界以后，他扔下报纸，开始欣赏起风景来了。这是春天的一个理想的日子，蔚蓝色的天空中点缀着朵朵飘浮的白云，由西往东悠悠地飘去。阳光灿烂耀眼，然而早春天气仍然凛冽清新，令人心旷神怡，力气倍增。远至环绕着奥尔德肖特的重叠山冈，展开了一片乡村景色，从青翠的新绿中到处隐约地现出红色和灰色的农舍小屋顶。

“多么清新美丽的景色啊！”来自雾气腾腾的贝克街的我，耳目为之一新而不禁充满热情地大声赞叹起来。

但是福尔摩斯严肃地摇摇头。

“华生，你知道吗”他说，“我观察每一件事情都一定要和自己探讨的特殊问题联系起来，这就是我的性格应该受到诅咒的一个方面。你目睹这些星星点点散布于树丛间的房屋，它们的秀丽景色给你留下了深刻的印象。但我看到它们时，心里涌现的唯一想法是觉得这些房子互相隔离，会让那些犯罪行为得不到应有的惩罚。”

“我的天哪！”我叫了起来，“谁会想到把犯罪和这些可爱的古老乡村房屋联系起来呢？”

“它们经常使我充满某种恐怖之感，我的这个信条，华生，是根据我的经验来的，那就是说，即使是伦敦最卑贱、最恶劣的小巷也不会比这令人愉悦的美丽的乡村里发生更加可怕的犯罪行为。”

“你把我吓坏了！”

“但这道理非常的明显，在城市里，公众舆论的压力可以做出法律所不能做到的事。没有一条小巷会坏到连一个被虐待挨打的孩童的哀叫声或一个醉汉的殴打的噼啪声都不会引起邻居们的同情和愤怒的。而且，整个司法机构近在咫尺，一提出控诉就可以使它采取行动，犯罪和被告席只有一步之遥。但是看看这些孤零零的房子，每幢都造在自己的田地里，里面居住的大多是愚昧无知的乡民，他们对法律了解得非常少。想想看，凶恶残暴的行为，暗藏的罪恶，可能年复一年在这些地方连续不断发生而不被人发觉。向我们求援的这位小姐要是住在温切斯特，我就绝不会为她担忧，但是危险在于她住在五英里之外的农村。不过，非常清楚，她自己个人安全并没有受到威胁。”

“没有，如果她能够到温切斯特来和我们见面，说明她是可以脱得开身的。”

“一点不错，她有人身自由。”

“那么，究竟是什么事情呢？你能作出解释吗？”

“我曾经假设过七种不同的解释，每一种都适用于到目前为止我们所知道的事实。但它们当中哪一种是正确的，只能等到我们的新消息后才能作出决定。好了，那边就是教堂的塔，不久我们就会听到亨特小姐要告诉我们的一切了。”

那“黑天鹅”是这条大路上一家有名的小客栈，离火车站不远。在那里，我们看到那位年轻的小姐正在等着我们，她已经预订了一个房间，我们的午餐也已经在桌上摆好。

“看到你们我真是太高兴了！”她热情地说，“非常感谢你们两位，但是我实在不知道该怎么办，你们的指点对我将是非常宝贵的。”

“请告诉我们你遇到了什么事。”

“我要讲，我还必须赶紧讲，因为我答应鲁卡斯尔先生要在三点以前回去，今天早上我向他请假到城里来，不过他不知道我是因为什么事出来的。”

“请你将所有的事一件一件地按顺序讲。”福尔摩斯将他的又瘦又长的腿伸到火炉边，镇静自若地准备倾听。

“首先，总体来说，我可以说实际上我不曾受到鲁卡斯尔先生和夫人的虐待，对他们我这样讲是公平的。但是我无法理解他们，我心里对他们非常不放心。”

“你无法理解他们什么？”

“他们为自己行为辩解的理由。但是你可以从所发生的事情当中知道这些。当初我来到这里时，鲁卡斯尔先生在这里接我，并用他的单马车把我接到铜山毛榉。这里，正如他所说的，环境非常优美，但是房子本身并不美。因为它是一幢大的、四四方方的房子，刷成白色，然而被潮湿和坏气候侵蚀得全都现出斑斑点点的污渍。它的周围有场地，三面是树林，另一面是一块斜平地，它通向从这房子门前大约一百码处拐弯的南安普敦公路。屋前的这块场地是属于这所房子的，至于周围所有的树林，则是萨瑟顿领主的部分防护林木。一丛铜山毛榉长在这屋子大厅门前的正对面，故而这地方就以铜山毛榉命名。我的雇主驱车载着我，他还和以往一样和蔼可亲，那天晚上他将我介绍给他的妻子和孩子。福尔摩斯先生，我们在贝克街你们房子里所猜测的情况并不符合事实。鲁卡斯尔太太没有疯，我看她是一位恬静的女人，脸色苍白，比她的丈夫年轻得多。我估计她不到三十岁，至于他，不会少于四十五岁。从他们谈话中我了解到他们结婚大约已有七年。他原来是个鳏夫，他的前妻遗留下唯一的一个孩子就是已经到美国费城去的女儿。鲁卡斯尔私下对我说，他的女儿离开他们是因为她对她后母有一种不讲道理的反感。既然他女儿的年龄不会小于二十岁多岁了，我完全可以设想她和他父亲的年轻妻子在一起，处境一定非常的为难。”

“在我看来，鲁卡斯尔太太，无论是她的心灵或相貌，都非常的平常，她既没有给我留下什么好感，也没有什么坏印象，她是个无足轻重的人，非常容易看出她是专心一意地热爱她的丈夫和她的小儿子的。她淡灰色的眼睛不时地东顾西盼，一觉察到他们任何一点小小的需要，便尽可能想法满足要求。他对她也非常好，只是方式鲁莽粗野。总的来说，他们两好像是一对幸福的夫妇。然而这个女人，她仍然有一些秘密的愁苦，她时常会沉浸在深思之中，满面愁容。我不止一次意外地看见她在掉眼泪，我有时想这一定是她的孩子让她这样满怀心事的，我从来没有见过这么一个完全宠坏了的、偏偏又这么坏的小家伙。他的个子显得比同龄人小，脑袋却大得和身躯非常不相称。他好像整天不是野性发作，便是绷着脸闷闷不乐。他唯一的消遣似乎就是对一些比他弱小的动物施加酷刑。在捕捉老鼠、小鸟和昆虫方面，他表现出让人惊叹的才智，但是我还是不谈这个小家伙。福尔摩斯先生，实际上他与我的事情没有多大关系。”

“你所谈的全部细节我都乐意听。”我的朋友说，“不管你认为它们与你有没有关系。”

“我尽量不让重要的环节漏掉。这个屋子使我立刻感到最不愉快的就是仆人们的外表和行为。这家人只有两个仆人，一个男人和他的女人。托勒是男的名字，粗鲁笨拙，灰白的头发和连鬓胡子，并且永远是那么酒气熏人。有两次我和他们在一起的时候，他就醉得非常厉害，然而鲁卡斯尔先生似乎视若无睹，满不在乎。他的老婆是一个高个子的强壮女人，面目可憎，和鲁卡斯尔太太一样沉默寡言，但远不如她和气。他们夫妻俩是非常让人讨厌的一对配偶。但幸运的是我大部分时间是在保育室和我自己的房间里。这两间房间是毗连的，都在这屋子的一个角落里。我到铜山毛榉后，一开始的两天生活非常安静。第三天，鲁卡斯尔太太早餐后下楼来，低声地和她丈夫说了些什么。”

“‘啊，是的，’他转向我，‘我们非常感谢你，亨特小姐，因为你迁就了我们的癖好而将头发剪掉。我向你保证这丝毫无损于你的容貌。我们现在来看一看你穿铁蓝色服装合适不合适。这件衣服放在你房间的床上，你可以在那里看到它，如果你肯把它穿上，那我们两人都非常地感谢你。’”

“放在那里等着我去穿的那件衣服的色泽是特殊的暗蓝色，那是一种极好的哔叽料子缝制的，但是一眼就能看出是穿过的衣服，这件衣服非常地合身，好像是比着我的身材做的。他们在客厅等我。鲁卡斯尔先生和夫人看了都非常地高兴，高兴得甚至有些过于热烈。这间客厅非常宽敞，占据了房子的整个前半部，有三扇落地窗，靠中间那扇窗放着一张椅背朝着窗户的椅子。他们要我坐在这张椅子上。接着，鲁卡斯尔先生在房间的另一边来回踱步，开始给我讲一连串我从来没有听到过的最好笑的故事。你们都想象不出他有多么滑稽，我都笑累了。可是鲁卡斯尔夫人显然没有什么幽默感，甚至连笑也不笑，只是双手放在膝盖上端坐在那里，脸上既忧郁又焦急的样子。大约过了一个小时的左右，鲁卡斯尔先生忽然说已经到了开始一天工作的时间，我可以换衣服去保育室找小爱德华了。两天以后在完全相同的情况下又照样地表演了一番。我又一次换上衣服，又坐在那窗户旁边，听我的东家讲他那说不完的可笑的故事，我又一次不禁尽情大笑。后来，他递给我一本黄色封面的小说，又将我的坐椅向旁边移动了一下，以免我自己的影子遮挡了书。他请求我大声念给他听。我从某一章的当中开始念了差不多十分钟，忽然间当我念到一个句子的一半时，他就叫我停止，并去换衣服。”

“福尔摩斯先生，你可以想象，我难以理解这种异乎寻常的表演究竟是什么意思。我察觉到他们总是小心翼翼地让我的脸背着那扇窗户，因为我心中充满了想看看我背后到底发生了什么事情的愿望。起初，这好像是不可能的。但我非常快想出了一个办法。我有一面手镜打破了，我灵机一动，偷偷地把一片碎镜子藏在手帕里。在下一次的表演中，当我正在发笑的时候，将手帕举到眼睛前面，稍为摆弄一下，就能够看到我背后的一切了。我承认开始时我非常失望，因为我没有看到什么东西。至少我第一个印象是如此。可是第二次我再一看，我察觉到有一个长着小胡子、穿着灰色服装的男人正站在南安普敦路那边，好像正在向我这一方向探望。这是一条非常重要的公路，平时路上总是有人来往的。可是这个人却斜靠在我们围着场地的栏杆上，并且非常认真地朝这边张望。”

“我把举着的手帕放低了，看了鲁卡斯尔夫人一眼，发现她正在以最锐利的目光紧盯着我。她什么也没有说，但是我相信她已经猜出我手里握着一面镜子，并且也已经看到我背后的情形，她立刻站了起来。”

“‘杰夫罗，’她说，‘那边路上有一个不三不四的家伙正向这边盯着亨特小姐。’”

“‘不是你的朋友吧，亨特小姐？’他问。”

“不，这里我没有认识的人。”

“哎呀，多么不礼貌！请你回过身去挥手叫他走开。”

“当然，还是不理他更好些吧。”

“不，不，那他会常常在这里游荡的。请你转过身去，像这样挥手叫他走开。

“我照吩咐的那样做了，与此同时，鲁卡斯尔夫人将窗帘拉了下来。这是一星期以前的事，从那个时候开始，我就不再穿那身蓝衣服坐到窗户那边，也没有再看到路上的那个人了。”

“请往下说，”福尔摩斯说，“你的叙述非常有趣。”

“你是不是觉得有点支离破碎，没有条理。也许这正表明我所讲的各个不同事件之间没有什么关联。在我刚到铜山毛榉的头一天，鲁卡斯尔先生带我到厨房门附近的一间小外屋。当我们走近那里时，我听见有一根链条当啷作响，还有一头大动物在走动的声音。”

“‘从这儿朝里看！’鲁卡斯尔先生指点我从两块板缝中往里看，‘它不是一个漂亮的家伙吗？’”

“我从板缝中张望进去，只觉得有两只炯炯发亮的眼睛和一个模糊的身躯蜷伏在黑暗里。”

“‘不要害怕，’我的东家说，看见我非常惊讶的样子他笑了起来，‘那是我的獒犬卡罗。我说它是我的，但实际上只有老托勒——我的饲养员，才能够对付它。我们一天喂它一次，不能喂得太多，所以它才能总是像芥末那样辣劲。托勒每天晚上放它出来，倘若有哪个私自闯进来的人碰上它的尖牙齿，那只有求上帝保佑了。看在老天爷的面上，你千万不要以任何借口在晚上将脚跨过那门槛，因为如果那样做，就等于你不想活了。’”

“这警告是有根据的。过了两个晚上，我碰巧在凌晨大约两点钟的时候从卧室窗口向外眺望。那天晚上月光皎洁，屋前的草坪银光闪烁，明如白昼。我正站在那里沉湎在这宁静美丽的景色中，忽然间警觉到有什么东西在铜山毛榉树的阴影下移动。当它出现在月光底下后，我清楚地看到它是什么。原来它是一只像头小牛犊那么大的巨狗，棕黄色，颚骨宽厚下垂，一张黑嘴巴和硕大突出的骨骼。它慢慢地走过草坪，在另一角的阴影里消失了。这个可怕的守卫使我的心里打了个冷战。我想它比窃贼更让我害怕。”

“现在，一件非常奇怪的事我要告诉你。你知道我是在伦敦将我的头发剪短的。我将剪下的一大绺头发放在我的箱底。有一天晚上，我把小孩子安置上床后，就开始检查房间里的家具和整理我自己的零星东西作为消遣。房间里有一个旧衣柜，上面两只抽屉是没有锁上的，里面什么都没有，下面的一只抽屉则锁上了。”

“我把我的衣物装满了上面两只抽屉，但是还有非常多东西没有地方放，因为不能用第三只抽屉，自然使我感到非常的懊恼。我突然想到它也可能是无意中随便锁上的，所以我拿出一大串钥匙试着去打开它。正好第一把钥匙就配这把锁，于是我就把它打开了。抽屉里只有一件东西，可是我肯定你们永远猜想不到它是什么。它是我的那绺头发！我拿起头发来细细地检查。那罕有的色泽、密度和我的一模一样。眼睁睁不可能的事却摆在我眼前。我的头发怎么会锁在这个抽屉里呢？我双手颤抖地将我的箱子打开，把里面的东西统统倒了出来，从箱子底抽出我自己的头发。我把两绺放在一起，我敢向你们保证，它们完全一样。这不是非常离奇吗？我真是莫名其妙，我想不出这是什么道理。我把那绺奇怪的头发放回到抽屉里。关于这件事，我对鲁卡斯尔夫妇没有提起过这个事情，因为我觉得打开他们锁上的抽屉这件事做得不对。”

“你可能注意到我是个非常喜欢留心观察事物的人，福尔摩斯先生。不久我的脑子里就对整个房子有了一个非常清楚的轮廓。有一边的厢房看来根本就没有人住。托勒一家住处的通道对面的一扇门可以通向这套厢房，但是这扇门总是锁着的。可是有一天我正上楼时，碰见鲁卡斯尔先生从这扇门里走出来，手里拿着钥匙。看他那时的脸和我平时惯常看到的胖胖的、愉快的样子俨然判若两人。他因发怒而两颊涨得通红，眉头紧皱着，激动得太阳穴两旁青筋毕露。他锁好那扇门后急急地从我身边走过，一言不发，也没有看我。”

“这引起了我的好奇心，所以当我带着看管的孩子到场地散步的时候，兜个圈子溜达到房子另一边，这样我可以看到房子这一部分的窗户。那里一排有四个窗户，其中三个简直非常肮脏不堪，第四个拉下了百叶窗，是关着的。显而易见所有这些窗户都是好久没有用过了，就在我来回漫步、时而将眼睛平视它们一下的时候，鲁卡斯尔先生走到我跟前，显得和往常一样愉快和高兴。”

“‘啊！’他说，‘如果我不作声从你身边走过去，你一定不要以为我粗鲁无礼。我亲爱的年轻的小姐，我刚才着急处理一些事务。’”

“我让他放心，我并不以为他冒犯了我。‘顺便问一下，’我说，‘好像上面有一整套空房间，其中一间的窗板是关着的。’“他显得非常的意外，并且，我似乎觉得他听了我的话有点惊讶的样子。‘照相是我的一种爱好，’他说，‘我把那边几间当做暗室。但是，哎呀！我们碰到了一位多么细心的年轻小姐啊！谁会相信呢？’他用开玩笑的口吻说。但是他并不是用打趣的眼光看我。我看到的是他怀疑和烦恼的神情，绝不是在开玩笑。”

“嗯，福尔摩斯先生，自从我明白这套房间里有些东西是不让我知道，我心里更加热切地想要查出个究竟。与其说这是我的好奇心，虽然我和别人一样好奇，倒不如说是责任感，一种认为由于我识破这个地方的内幕说不定可以做出什么好事来的感觉。人们谈论女人的本能，也许就是女人的本能才让我有那样的感觉。不管怎么说，的确是有这种感觉。我密切地注意有什么机会可以冲过这道禁止入内的门。”

“直到昨天，机会来了。除了鲁卡斯先生外，还有托勒和他的妻子都曾在这个空房间里忙活些什么。有一次我看见托勒抱着个大黑布袋从那房里出来。最近，他经常酗酒。昨天晚上他喝得酩酊大醉。我上楼时，发现钥匙还插在门上，我毫不疑心是他留在那里的。鲁卡斯尔先生和太太当时都在楼下，孩子也和他们在一起，真是难得的好机会。我轻轻地把钥匙一转，开了那扇门，然后就悄悄地溜了进去。”

“我的面前有一条小过道，这条过道没有裱糊过，也没有铺地毯。过道尽头转弯的地方是一个直角。转过这个弯并排有三扇门，第一和第三扇门是敞开着的。每扇门里面都是一间空房，又脏又阴暗，一间有两扇窗，另一间只有一扇窗，窗户上尘土厚积，使得傍晚的光线照到那里显得非常昏暗。当中一扇门关着，外面横挡着一根铁床上的粗铁杠，一头锁在墙上的一个环上，另一头是用一根粗绳绑在墙上。这扇门本身也上了锁，但钥匙不在那里。这扇严密封锁的门显然是和外面所看到那扇关着的窗户是同一个房间的。而且从它下面的微弱光线中，我仍可以看到那房间里并不非常黑暗。里面肯定是有个天窗，可以从上面透进光线。我站在过道里，注视着那扇凶险的门，疑惑里面藏着什么秘密。”

“这时候，我突然听到房间里传来脚步声，从房门底下小缝透出来的微弱灯光中我发现有一个人影在来回踱步。这种景象让我心里猛然升起一种剧烈的而又无名的恐怖。福尔摩斯先生啊，我神经实在是紧张得突然失去了控制，马上回头就跑，跑的时候似乎有一只可恶的手在后面抓牢了我的衣裙似的。我顺着过道一直狂跑，一直跨过那扇门，一直等到冲到等候在外面的鲁卡斯尔先生的怀抱中。”

“‘好的，’他微笑着说，‘果真是你，我发现门开着，我猜肯定是你。’”

“‘啊，这可把我吓死了！’我喘着一口气说。”

“‘我心爱的年轻小姐！’你猜想不出他的态度是多么的亲热，多么的体贴，‘有什么把你吓成这样子吗，我心爱的年轻小姐？’然而他说话的声音好像就在哄孩子。他做得实在太过分了，我是时时在提防着他的。”

“‘我是非常傻，一直走到那边的空房子里去了，’我回答说，

‘然而，在阴暗的光线下，那里是非常凄惨，又是多么的可怕呀！你把我吓得又跑了出来。啊，那里面死沉沉地沉静得可怕！’”

“‘只有这些吗？’他尖锐地盯着我说。”

“‘怎么啦？你到底是怎么想的？’我问他。”

“我把这个门锁上你是怎么考虑的？”

“我实在不知道。”

“‘就是不能让闲人走进去的，你了解吗？’他还是用那非常亲切的样子微笑着。”

“要是让我早知道，我一定……”

“‘那么，好的，你应该了解啦！要是你再把你的脚跨过了那个门槛……’说到这时，他的微笑片刻之间就变成龇牙咧嘴的狞笑，一张脸就像魔鬼似地盯着我，‘我就把那条獒犬扔给你。’”

“我当时吓得不知道该做些什么。我想我大约是飞速地从他的身边径直跑进了我的房间。我什么也想不起来了，直到发现自己躺在床上，已经浑身颤抖不已。”

“这时我想到了你，福尔摩斯先生。要是没有人给我出点意见的话，我就再也不能够在这个地方待下去了。我担忧那所房子、那个男人、那个女人、那些仆人、还有那个孩子，他们一个个都让我觉得害怕。我若是可以带领你们到那里去，那就好了。肯定，我本来能够逃离那所房子，不过我的好奇心同我的恐怖心一样强烈。”

“我就立即下定决心给您拍一份电报。我马上戴上帽子，并穿上外衣，走到大约有半英里外的电报局；当回去的时候，心里感觉安稳多了。我靠近大门时不觉心里又惊恐不安起来，害怕那只狗已经被放出来了。但是我想起托勒那天晚上喝得烂醉以至不省人事，而且我还了解在这家里只有他能够处理这只野性的畜牲，然后不会有别人敢于冒险把它放了出来。我偷偷地跑了进去，平安无事。晚上的时候，我想到没多久就要看到你们了，我开心地躺在床上一整夜都没有合眼。今天早晨我没有任何困难地请了假到温切斯特来。然而三点钟之前我一定要赶回去，是因为鲁卡斯尔先生和太太准备出去去别人家里作客，今天晚上都不会在家，所以我务必要照看孩子。目前，我已经把我的所有冒险经过都告知你了，福尔摩斯先生。如果你能告诉我这些东西意味着什么，我将非常高兴，而且，最为重要的是，我应该怎么办？”

福尔摩斯和我在听了这奇异的故事也像着了迷一般。我的朋友就站了起来然后在房间里走来走去，他的两手插在上衣口袋里，他的脸色显得非常深沉严肃。“托勒是不是还没有醒过来？”他问。

“是的，我听到他的老婆告诉鲁卡斯尔太太，说她对他是一点儿办法也没有的。”

“那非常好啊，鲁卡斯尔夫妇今天晚上还是要出去吗？”

“对啊。”

“那里是否有一间地下室和有一把牢固的好锁？”

“对，那间放酒的地窖就是。”

“亨特小姐，根据你处置这件事的经历来看，你可说得上是一位非常机智勇敢的姑娘。你考虑一下能不能再做一件非常了不起的大事？要是我不以为你是个非常优秀的女性，我是不会那样要求你的。”

“我会试试看，你要我做什么事呢？”

“我的朋友和我大约七点钟到达铜山毛榉。在那个时候鲁卡斯尔夫妇已经出门了。而托勒，我们期望那时候他是无能为力的。那余下的就只剩下托勒太太了，她非常有可能会报警。你如果能让她到地窖里去做些差使，接着把她锁在里头，那就会非常有利于这件事的行动了。”

“我一定会这样干的！”

“那样太好了！那么我们就来个彻底查访这件事。确实，只有一个道理解释得清，你是被邀请到那里去假冒某个人，而那个人事实上被关在那间屋子里，这是毋庸置疑的。关于这个被囚禁的人到底是谁，我能够肯定就是那个女儿爱莉丝·鲁卡斯尔小姐。要是我没记错的话，她是被解释成已经到美国去了。可以肯定的是，你能够被选中是凭借你的高度、身材，还有你的头发的色泽和她的都一样。好的头发被剪掉非常有可能是因为她以前患过什么病，所以，当然也要你牺牲你的头发。你看见那绺头发实在是巧合。”

“那个在公路上的男人一定是她的什么朋友，或者非常有可能是她的未婚夫。而且可以肯定，正是因为你穿着那个姑娘的衣服，而且又这么地像她，因此每当他发现你的时候，他可以从你的笑容中，以后又从你的姿态中，确信鲁卡斯尔小姐实在非常愉快，并以为她已经不再需要他的关怀了。那条狗晚上放出来是为了阻止他企图和她接触。全部这些都是非常清楚的，这桩案件最为重要的一点就是那个孩子的性格。”

“这和孩子又到底有什么关系？”我忽然叫了出来。

“华生啊，一个像你这样的医生要慢慢地知道一个孩子的品性，就要从钻研他的父母亲开始，你没考虑到反过来也是相同的道理吗？我常常从钻研孩子入手来获得对其父母性格基本的实在的深入了解。这孩子的性格非常残暴，而且是因为残忍而残忍。不论这种性格是像我所猜测的那样根源于他那笑眯眯的父亲还是根源于他的母亲，这对在他们控制之中的那个可怜的姑娘一定是非常不好的。”

“我觉得你是对的，福尔摩斯先生，”我们的委托人非常大声说，“非常多的事回忆起来使我非常确信你说得非常中肯，让我们一点时间也不要耽误，马上去营救那个可怜的人吧！”

“我们务必要小心谨慎了，因为我们是在对待一个非常奸诈的人。我们在七点钟以前办不了什么事，一到七点我们就马上会和你在一起，不用多久我们就能解开这个谜了。”

我们七点整就已经来到了铜山毛榉，并把双轮马车停靠在路旁一家小客栈里。那一丛树上的黑叶，好像是擦亮了的金属一样，它在夕阳的光辉下是熠熠发光。即使亨特小姐没有站在门口台阶上微笑地朝着我们的话，这也能够让我们辨认出那幢房子。

“那你都处理好了吗？”福尔摩斯问。

那时从楼下的什么地方传出了非常响亮的撞击声。“那是因为托勒太太在地窖里，”她说，“她的丈夫就躺在厨房的地毯上好像鼾声如雷地睡熟了。这是他的一大串钥匙，和鲁卡斯尔先生的那串钥匙是一样的。”

“你干得非常的漂亮了！”福尔摩斯先生非常热情地喊着，“现在请你带路，我们就要发现这桩勾当的结果了。”

我们马上走到楼上去，然后把那房门的锁打开，顺着过道往里走，径直走到亨特小姐所描述的障碍物前面。福尔摩斯马上割掉绳索，将那根横卧着的粗铁杠移开，接着他用那串钥匙一把一把地企图打开那门锁，但是都是开不开的。房间里没有动静，在这寂静之中，福尔摩斯的脸色阴沉了下来。

“我想我们来得并不太晚，”，他说，“亨特小姐，我想最好你还是不要跟我们进去。现在这样，华生，你把你的肩膀顶住它，看看我们到底能不能进去。”

这是一扇老旧的已经摇摇晃晃的门，我俩合起来一使劲，门便立刻塌下来。我们两人冲进门一看，只是一间空荡荡的房间，除了一张简陋的小床，一张小桌子以及一筐衣服，没有其他家具，上面的天窗开着，被囚禁的人已无影无踪了。

“这里面有鬼把戏，”福尔摩斯说，“这个家伙大概已经猜到了亨特小姐的意图，先一步将受害者弄走了。”

“怎么弄出去的？”

“从天窗。我们很快就可以知道他是怎么弄出去的。”他攀登到屋顶，“哎呀，是这样！”他叫喊着说，“这里有一架长的轻便扶梯，一头靠在屋檐上，他就是这样干的。”

“但这是不可能的，”亨特小姐说，“鲁卡斯尔夫妇出去的时候，这扶梯肯定是不在那里。”

“他又跑回来搬的，我告诉过你他是一个非常狡猾而又危险的人物。我现在听见有脚步声上楼来。如果这不是他那才怪呢。我想，华生，你最好也把你的手枪准备好。”

他话声未落，只见一个人已经站在房门口，一个非常肥胖的、粗壮结实的人，手里拿着一根粗棍子。亨特小姐一看见他，立即尖叫一声，缩着身子靠在墙上。但是夏洛克·福尔摩斯纵身向前，镇定地面对着他。

“你这恶魔！”他说，“你的女儿在什么地方？”

这胖子用眼睛向四周打量了一下，又看看上面打开的天窗。“这句话是要由我来问你们才对！”他尖声叫喊说，“你们这帮贼！贼探子！我可捉住你们了，是不是？你们掉进我的掌心里来了，我要让你们够受的！”他转过身去，咯噔咯噔地尽快跑下楼去。

亨特小姐大声说：“他是去找那只狗来的！”

“我有左轮枪！”我说。

“最好把门关上，”福尔摩斯说，于是我们一起向楼下冲去。我们还没到达大厅，便听见猎犬的狂吠声，然后是一阵凄厉的尖叫和令人可怖的猎犬撕咬人的声音，让人听了为之毛骨悚然。

一个红脸蛋、上了年纪的人挥舞着胳膊跌跌撞撞地从边门里面走了出来。他大声喊着：“我的天，什么人把狗放出来了。它已经两天没喂过食啦，快，快，要不就来不及了！”

福尔摩斯和我急忙飞奔出去转过房角，托勒紧紧跟在我们后面。只见那边一只庞大的饿慌了的畜生，一张黑嘴紧紧咬着鲁卡斯尔先生的喉咙，而他正在地上打着滚悲惨地号叫着，我跑上去就是一枪，把它的脑袋打开了花。它倒了下来，锋利的白牙仍然嵌在他那肥大的满是褶皱的颈部。我们用了好大力气才把人和狗分开，然后将他抬到房子里。人虽然还活着，但是已经是血肉模糊了，非常可怕。我们把他放在客厅的沙发上，并差遣吓醒了的托勒送信去通知他的太太。我尽我所能地来减轻他的痛苦，我们都围着他聚集在一起，这时，房门打开了，一位瘦高个的女人走了进来。

“托勒太太！”亨特小姐喊道。

“是的，小姐，鲁卡斯尔先生回来后先把我放了出来，然后才上去找你们。啊，小姐，可惜你不曾让我知道你的打算。因为我本来可以告诉你，省得你费那么大的劲。”

“哈！”福尔摩斯敏锐地注视着她说，“显然，托勒太太对这件事的情况知道得比任何人都多。”

“先生，是的，我确实知道。我现在就把我所知道的全都告诉你们。”

“那么，请坐下来，让我们听听看。因为我必须承认这桩事情里面还有几点我仍然不太明白。”

“我现在就对你们说明白，”她说，“我早就可以这样做，要是我能早点从地窖里出来的话。如果这件事真要闹到法庭上去，你要记住我是作为朋友站在你们一边的。我也是爱莉丝小姐的朋友。”

“她在家里从来就没有高兴过，自从她的父亲再娶时，爱莉丝小姐就一直闷闷不乐，她在家里受到怠慢，对任何事情都没有发言权。但是她在朋友家里碰到福勒先生之前，她的情况确实还不算非常坏。根据我所听到的，根据遗嘱，爱莉丝小姐有她自己的权利，但是她是如此安静和忍让，从来不曾讲过一句关于这权利的话，而将一切都交给鲁卡斯尔先生处理。他知道和她在一块可以非常放心，但是一旦一个丈夫要挤进来的时候，那他一定会要求在法律范围内应该给他的东西。于是她的父亲认为是该制止这件事发生的时候了。他要他女儿签署一个字据，声明不管她结婚与否，他都可以用她的钱。由于她不愿意签，他一直闹到她得了脑炎，六个星期濒临于死亡的边缘。最后她逐渐康复，但是已经骨瘦如柴，并且把美丽的头发也剪掉了。但是这些都不能使她的年轻的男朋友变心！他对她仍然是十二分的忠诚。”

“啊，”福尔摩斯说，“我想你好意地告诉我们的这些情况让我们对这件事情已经一清二楚，至于其余的我就可以推断得出了：我敢断言鲁卡斯尔先生因而就采取了监禁的办法？”

“是的，先生。”

“专门把亨特小姐从伦敦请来是为了摆脱福勒先生不愉快的纠缠？”

“先生，正是这样。”

“可是福勒先生就像一名好水兵必须做的那样，他是一位坚持不懈的人，他封锁了这所房子。后来遇见了你以后，通过用金钱或其他方式说服了你，使你相信你和他的利益是一致的。”

托勒太太安详地说：“福勒先生是一位说话和蔼、出手慷慨的先生。”

“通过这个手段，他设法让你的男人不缺酒喝，让你当主人一出门就把一架扶梯准备好。”

“你说得对，先生，是这么一回事。”

“我们应当感谢您，托勒太太，”福尔摩斯说，“因为无疑是你把使我们伤脑筋的一切都澄清了。现在村里的那位外科医生和鲁卡斯尔夫人就要来了，我认为，华生，我们最好是护送亨特小姐回温切斯特去，因为我似乎感觉到我们在这里是不是合法是个非常大的问题。”

于是铜山毛榉的那所不吉祥房子的谜解开了。鲁卡斯尔先生总算幸免于死，然而已是一个精神颓废的人了，只是由于他那忠心耿耿的妻子的护理，他才能够活下来。他们的老佣人们还和他们住在一起。大概他们知道鲁卡斯尔这家人过去的事太多了，以致鲁卡斯尔先生非常难辞退他们。

福勒先生和鲁卡斯尔小姐就在他们出走后的第二天在南安普敦申请到特许证书结了婚。福勒先生现在在毛里求斯岛担任政府职务。至于维奥莱特·亨特小姐，我的朋友福尔摩斯让我感到有点失望。因为她已经不再是他谜中的一位中心人物，他就不会对她有进一步的感觉了。她现在是沃尔索尔地区一家私立学校的校长。我确信她在教育工作上是会做出非常大成绩的。

《世界文学名著》（全译本）

序号	书　名
87	笑面人
88	克莱孟梭事件
89	红发特里斯丹
90	茶花女
91	悲惨世界（上）
92	悲惨世界（下）
93	红与黑
94	巴马修道院
95	小王子
96	海底两万里
97	追忆似水的年华（1，2，3，4）
98	漂亮朋友
99	波斯人信札
100	蒙田随笔（上下）
101	错中错
102	卡门
103	约翰·克里斯朵夫（上）
104	约翰·克里斯朵夫（下）
105	名人传
106	忏悔录
107	社会契约论
108	巨人传
109	羊脂球
110	背德者　窄门
111	昆虫记
112	都德中短篇小说集
113	最后一课
114	基督山伯爵（上）
115	基督山伯爵（下）
116	二十年后
117	三个火枪手
118	八十天环游地球
119	一个乡村教士的日记
120	高老头
121	驴皮记
122	欧也尼·葛朗台
123	交际花盛衰记
124	幻灭
125	幽谷百合
126	局外人
127	鼠疫
128	娜娜
129	格兰特船长的儿女
130	神秘岛
131	莫泊桑小说选集
132	高龙巴
133	包法利夫人
134	诚实的贼

序号	书　名
135	卡拉马佐夫兄弟
136	白痴
137	群魔
138	被侮辱与被损害的人
139	复活
140	苦难的历程
141	穷人
142	贵族之家
143	猎人笔记
144	初恋
145	契诃夫短篇小说选
146	变色龙
147	黑桃皇后
148	上尉的女儿
149	安娜·卡列尼娜（上）
150	安娜·卡列尼娜（下）
151	战争与和平（上）
152	战争与和平（中）
153	战争与和平（下）
154	钦差大臣
155	萨宁
156	罪与罚
157	罗亭
158	克雷洛夫寓言
159	死魂灵
160	大师与玛格丽特
161	奥勃洛莫夫
162	格林童话全集
163	查拉图斯特拉如是说
164	拿破仑传
165	荒原狼
166	浮士德
167	少年维特之烦恼
168	父与子
169	安妮日记
170	希腊神话故事
171	安徒生童话故事集
172	十字军骑士
173	变形记
174	审判
175	城堡
176	一个陌生女人的来信
177	茨威格作品选集
178	一个女人一生中的二十四小时
179	群星闪耀
180	三大师传
181	变形的陶醉
182	牛虻

中图传媒 ZHONG TU MEDIA
独家发行：中图文轩（北京）文化传媒有限公司　　电话：18810238553
地　　址：北京市朝阳区安定门外安华里 504 号　　QQ：1359330205